中国中部发展论坛 2014

中部地区城乡统筹发展的思路与对策

Thoughts and Measures for
Unitary Urban-Rural Development in Central China

主　编　　范恒山
副主编　　刘苏社　张建清　刘　伟　高友才

WUHAN UNIVERSITY PRESS
武汉大学出版社

图书在版编目(CIP)数据

中部地区城乡统筹发展的思路与对策/范恒山主编. —武汉:武汉大学出版社,2015.11

中国中部发展论坛.2014

ISBN 978-7-307-17011-7

Ⅰ.中… Ⅱ.范… Ⅲ.城乡建设—中国—文集 Ⅳ.F299.21-53

中国版本图书馆 CIP 数据核字(2015)第 248880 号

责任编辑:柴　艺　　责任校对:汪欣怡　　版式设计:马　佳

出版发行:**武汉大学出版社**　(430072　武昌　珞珈山)

(电子邮件:cbs22@whu.edu.cn 网址:www.wdp.com.cn)

印刷:虎彩印艺股份有限公司

开本:787×1092　1/16　印张:22.75　字数:539 千字　插页:1

版次:2015 年 11 月第 1 版　2015 年 11 月第 1 次印刷

ISBN 978-7-307-17011-7　定价:50.00 元

目　录

中部地区城乡统筹发展的理论和实践研究

新形势下推进城乡统筹发展的若干思考

范恒山
（国家发展和改革委员会　北京　100824）

当前，我国经济进入新常态、改革进入攻坚期，正处于城镇化、工业化深入推进阶段。在此形势下，推进城乡统筹发展是全面建设小康社会的内在要求，是保持国民经济持续健康发展的客观要求，是落实“四个全面”战略布局的必然要求。客观分析当前城乡统筹面临的机遇和挑战，科学稳妥推进城乡统筹发展，对于全面建成小康社会、加快推进社会主义现代化进程具有重要意义。

一、新中国成立以来城乡关系发展的基本历程

1. 改革开放之前城乡关系发展状况

改革开放之前，我国城乡关系主要体现为“农业支持工业、农村支持城市”。在当时特殊的政治环境和薄弱的经济基础下，国家依靠农村、农业和农民的支持，迅速建立了比较完备的国民经济体系，为中国特色的社会主义事业发展奠定了较为坚实的基础。新中国成立之时，我国经济发展不平衡，城乡之间差距较为严重，上海、广州等城市呈现现代化气息，但大部分农村地区停滞在封建社会自然经济之中，某些少数民族地区仍然处于奴隶社会阶段。面对这一现实，1949 年 3 月七届三中全会上，毛泽东提出了“城乡必须兼顾，决不可丢掉农村仅顾城市”的政策方针。这一时期，国家对农村发展非常重视，全面推进社会主义改造，发动群众大规模开展农村水利、交通等基础设施建设，农村面貌发生较大的变化，基本做到城乡稳定、合作交流，这一时期城乡差距明显缩小。

1956 年以后，在当时特殊的国内外政治环境下，为迅速改变“落后就要挨打”的不利局面，中央确立了“赶超型”发展战略，优先发展重工业，国家城乡政策向“农业支持工业、农村支持城市”转变，主要表现在以下几个方面：**工农产品“剪刀差”价格政策**。国家工业基础薄弱，没有足够的资本积累支持工业发展，因此强制性地压低劳动力、原材料、农产品价格支持工业生产，粮食、棉花等主要农产品价格一直维持在较低水平。同时，为了保证工业获得较高的利润，国家提高工业产品价格，形成了长期以来的工农产品“剪刀差”价格政策。**农村经济自由度不高**。在当时环境下，为了集中有限资源支持工业和城市发展，强调发展农村集体经济，国家限制或者关闭农村集贸市场，“割资本主义尾巴”，不准农民从事家庭副业生产，限制甚至打击商品自由流通。为了保证农业生产劳动力，加之工业对劳动力需求不大、国有企业劳动力“宗族式”自我循环，国家限制农村劳动力向非农业生产转移，农民自由流动和自主择业的空间较小。**城乡二元社会管理制度**。为了维持城市人口低工资、低消费，优先保证工业从业者的各种利益，除了实施工农业产品“剪刀差”价格政策之外，国家还出台了户籍管理制度、社会保障制度、粮食配

给制度、劳动就业制度等一系列安排，形成了“城乡分治、一国两策”的社会管理模式。

2. 改革开放以来城乡关系发展状况

十一届三中全会确立的改革开放战略，推动我国由传统农业社会向现代工业社会转型、由传统计划经济向社会主义市场经济体制转轨，城市和农村均得到了快速发展。但是，在市场经济条件下，城市不断吸纳农村要素资源，城乡差距在发展中有扩大趋势。十六大以后，中央重视城乡统筹问题，城乡关系逐步转向统筹融合发展。

改革开放以来，我国城乡关系发展先后经历以下几个过程：**受益于“普惠型”改革政策，农村经济获得了较大的发展，城乡差距有所缩小。**从1978年安徽小岗村发起“包产到户”改革到1984年，全国基本实行家庭联产承包责任制，充分调动了农民的积极性，促进了农村经济和整个国民经济的发展。同时，随着农业生产效率提高，农村富余劳动力大量释放并开始向城市和二三产业转移，农民收入水平较快提高。**市场经济条件下，农村要素资源长期低价向城市流动，城乡差距在发展中有扩大趋势。**20世纪80—90年代，随着改革开放的不断推进，城市对农村要素资源的吸纳效应越来越强。劳动力要素方面，全国每年2亿~3亿的农村劳动力向城市和沿海地区流动，农民工工资长期维持在较低水平，农民工的付出与回报不成正比。金融要素方面，国家金融信贷资源主要支持城市发展，农村储蓄取之于农但未用之于农，城市对农村金融的不断“抽血”，是农村发展长期落后的重要原因。土地要素方面，农村集体土地进入市场要经过征收，农业用地征收价格与国家建设用地出让价格差距较大，土地“剪刀差”价格政策进一步加剧了城乡发展的不平等。居民收入方面，1985年国家取消农村教育补贴，农村每年征收的教育提留达300亿~500亿元，农民负担较重。国有企业职工、机关事业单位人员收入因为工资改革而很快提高，奖金、各类补贴高于基本工资。1985年，城市居民收入是农村居民收入的1.8倍，而到2000年，差距扩大到了2.8倍。**面对较为突出的城乡矛盾，中央提出城乡统筹要求，城乡关系发展进入新时期。**20世纪90年代末，城乡矛盾到了比较突出的时期，“农民真苦、农村真穷、农业真危险”概括了当时的形势。面对日益扩大的城乡差距，2002年，党的十六大提出了实施城乡统筹发展的重要方略，十六届三中全会提出“五个统筹”并将“城乡统筹”放在首位。十六届四中全会提出了“两个基本趋势”的重要论断，确立了“工业反哺农业、城市支持农村，实现工业与农业、城市与农村协调发展”的政策方针。2004年开始，每年的中央1号文件都对城乡统筹发展进行明确部署。十七届三中全会提出了“城乡一体化”的要求。随着取消农业税、增加农业补贴、加强农村基础设施建设等一系列强农惠农富农政策的实施，农村发展步伐明显加快。新一届党中央和国务院高度重视城乡统筹发展问题，十八大报告指出，解决好农业、农村、农民问题是全党工作的重心，提出构建以工促农、以城带乡、工农互惠、城乡一体的新型工农城乡关系。2014年3月，《国家新型城镇化规划（2014—2020）》发布，城乡统筹由政策性调整转变为制度性建设。

总体来看，改革开放之前，我国走重工业优先发展道路，城乡关系向“二元结构”发展；改革开放之后，伴随着经济的快速发展，城乡关系经历了“改善、停滞、再改善”等过程；在新的形势下，统筹城乡发展的力度不断加强，随着新型城镇化、新型工业化的加快推进，我国城乡关系将进入快速改善、一体发展的新阶段。

二、当前统筹城乡发展面临的问题与机遇

1. 统筹城乡发展面临的主要问题

我国城乡统筹发展任务仍然艰巨，中西部地区特别是老、少、边、穷地区的农村，在居民收入水平、基础设施条件、社会保障、公共服务等方面仍远远落后于城市。对于这些情况，有关各方已经有较为充分的认识，正在采取措施应对解决。当前，推进城乡统筹发展仍然存在以下几个较为突出的问题。

一是政策和制度创新较为滞后。我国城乡发展差距较大，与长期以来形成的城乡二元制度有关，较为突出的是土地管理制度和户籍管理制度。土地管理制度方面，农民名义上是土地的主人，是土地增值最大的受益者，但在征收农村土地过程中，农民并没有完全公平分享土地增值的收益。同时，十八届三中全会已经明确，要稳定农村土地承包关系并长久不变，但当前可供操作的具体政策尚未出台，在农村开展土地流转、规模经营等活动面临后顾之忧，这是现阶段制约城市资本、人才、技术向农村流动的重要原因之一。户籍管理制度方面，当前户籍管理制度改革正在推进，但是附着在户籍上的医疗、教育、养老、社会保障等方面的差别化政策如何处理，近2.5亿农民工待遇问题如何妥善解决，需要深入研究。有关城乡统筹发展的政策制度的改革创新，我们既要坚持正确原则和方向，又要能适应形势，积极稳妥推进。

二是市场机制作用不够充分。越是经济欠发达地区，计划经济体制的色彩就越是浓厚，市场机制作用发挥不够。在推进城乡统筹发展时，如果忽视市场规律，主要依靠行政力量的指令性、强硬性和垄断性，对城乡统筹发展是一种伤害。比如，在推进农村特色经济发展过程中，有些地方政府大包大揽，往往产品滞销，造成效益低下，伤害农民发展经济的积极性。而在特色经济发展较好的地方，政府主要是引导“农村能人”、“种养大户”形成示范效应，做好土地流转、信贷融资、技术培训、交易和信息平台建设等方面的服务，让农民自主、自觉参与市场。近年来，有关方面对“三农”的投入不断加大，但对市场的带动效应还有提升的空间，未来在推进农村经济发展、加强基础设施建设、提升公共服务水平等重点任务时，要为市场主体参与创造良好条件。

三是金融对农村发展支持较弱。同步推进工业化、信息化、城镇化、农业现代化，最薄弱的是农业现代化，而金融支持不够是制约农业现代化发展的重要因素。有关部门统计，截至2014年底，全国农户贷款（包括生产、生活贷款）余额仅占全部贷款余额的6%左右。根据现有国家法律法规和某些金融机构的要求，农户土地承包经营权、宅基地使用权按规定不能抵押，农机、畜禽等抵押物银行不愿意接受，农户贷款额度一般较小，单笔贷款成本高，在追求利润和规避风险的双重任务约束下，金融机构大多不愿意发展农村金融业务。推进城乡统筹发展，要大力发展农村金融服务，弥补政府投资的缺口，推动传统农业向资金、技术密集型现代农业转变。

四是县域经济统筹城乡能力不强。县域经济是城乡统筹发展的具体组织者、实施者，是推进城乡统筹发展的主要力量。但是，我国县域经济发展很不均衡，中西部地区县域经济与中心城市、东部地区相比，发展差距很大，2014年，全国2000多个县（市）行政区中，仍然有592个国家级贫困县，这些县推进城乡统筹发展的能力较弱。同时，根据当前

财政体制，上级政府与县级政府的财权与事权不平衡，“财权向上、事权向下”，导致很多地方对基础建设投资、社会保障体系投入严重不足。推进城乡统筹发展，必须明确县域经济体的主体作用，增强县城和中心镇对产业、人口的集聚能力和对“三农”发展的带动能力。

2. 统筹城乡发展具备的有利条件

同时要看到，新形势下，推进城乡统筹具备一系列有利条件：**一是经济增长为城乡统筹奠定坚实基础**。改革开放以来，我国经济持续保持高速增长，经济增长年均增速近10%，2014年GDP总量已达63万亿元，全国财政收入达14万亿元，分别是1978年的170倍和120倍，人民生活达到总体小康水平，农村基础设施建设取得了长足的进步，经济不断发展为推进城乡统筹发展奠定了良好的基础。**二是全面深化改革释放农村发展活力**。习近平总书记指出，要努力在统筹城乡关系上取得重大突破，给农村发展注入新的动力。随着全面深化改革的加快推进，城乡统一的要素市场体系、人口管理制度进一步完善，土地管理制度改革深入推进，以往束缚农村发展的体制机制障碍加快消除，农村经济发展活力将进一步增强。**三是经济转型升级促进城乡协调发展**。农村投资需求、消费需求巨大，是国家经济增长最具潜力的空间，也是国家抵御经济风险的回旋余地，促进城乡经济协调发展，是经济结构调整和转型升级的重要内容。随着国家对中西部地区特别是农村地区发展的支持力度越来越大，区域发展差距、城乡发展差距将进一步缩小。**四是“四化”同步推进加快城乡统筹进程**。我国正处于城镇化、工业化加速推进阶段，工业支持农业、城市反哺农村是未来城乡关系的主要趋势。随着信息化与工业化深度融合、工业化与城镇化良性互动、城镇化与农业现代化相互协调，城乡之间产业联动发展、要素平等交换、公共资源均衡配置，城乡统筹将不断全面纵深推进，城乡关系将更加统一和谐。

三、新形势下推进城乡统筹的总体思路

1. 城乡统筹发展的主要目标

统筹城乡发展既是国家现代化建设的重点任务，也是建立完善市场经济体制的基本内容。中央对统筹城乡提出了明确的目标要求，即要形成以工促农、以城带乡、工农互惠、城乡一体的新型工农、城乡关系，让广大农民平等参与现代化进程、共同分享现代化成果。而形成新型工农城乡关系，就要逐步实现城乡居民基本权益平等化、城乡公共服务均等化、城乡居民收入均衡化、城乡要素配置合理化，以及城乡产业发展融合化。这个目标要求可以细化为两个方面。**一是实现城乡经济协调发展**。在市场机制的引导下，城乡产业合理分工，实现产业优势互补，实现农村居民就近就业、就地城镇化。按照平等交换的原则，实现城乡之间资金、土地、技术等要素的优化配置、自由流动，使城乡各类市场主体公平竞争，进一步增强城乡区域发展的协调性。**二是推进城乡社会均衡发展**。统筹城乡人口发展，实现城乡人口的均衡增长，缩小城乡之间人口素质的差距。统筹城乡科教文化发展，逐步实现城乡之间科技、教育、文化、体育等方面的均衡发展。统筹城乡社会保障，建立城乡衔接、公平统一的社会保障制度。统筹城乡环境保护，按照基本相同的标准和协调一致的步骤实现城乡资源环境保护。

2. 城乡统筹发展的基本原则

基于历史经验和发展需求，当前与今后推进城乡统筹发展应该坚持这样一些基本原则：**因地制宜，科学有序推动发展**。坚持从国情出发，从我国城乡发展不平衡不协调和二元结构的现实出发，从我国的自然禀赋、历史文化传统、制度体制出发，既要遵循普遍规律、又不能墨守成规，既要借鉴国际先进经验、又不能照抄照搬。**改革先行，完善政策制度设计**。加快土地管理、户籍管理、涉农金融、公共服务等方面的政策和制度创新，加快消除阻碍农村经济自由发展的政策机制，建立健全城乡要素平等交换和公共资源均衡配置的体制机制，给农村发展较大的自由空间。**以人为本，以农村居民需求为导向**。城乡统筹最终目的是造福百姓，富裕农民，使广大农民能够享有现代化发展成果。推进城乡统筹发展，要以人的解放、人的自由流动、人的创造潜力发挥等前提，以农村居民的合理需求为基本导向。**政府引导，充分调动市场主体积极性**。政府重点做好政策设计、规划引导、基础设施建设、基本公共服务等工作，通过良好的政策让市场看到发展前景，通过规划引导市场找到投资方向，通过城乡产业融合及基础设施建设打造聚集资源要素的发展平台，为市场参与城乡统筹发展提供基础服务。**节约集约，提高资源利用效率**。坚持集聚发展，提高效率、效益。节约集约利用农村土地资源，对于愿意放弃现有宅基地到农村聚居点或小城镇住居的农民，可以无偿或者低价提供建设用地，逐步引导和改变农民分散居住的局面。**生态环保，推进城乡生态文明建设**。严格控制农村污染源，对于不符合生态环保要求的工业、养殖业，要坚决禁止。对于破坏农村生态环境的开发建设行为，要坚决打击。要加强对农村生态环境治理投入力度，清理环境历史欠账，构建农村生态安全屏障。

3. 城乡统筹发展的路径选择

城乡统筹发展是十分复杂的社会系统工程，要充分认识这项任务的长期性、艰巨性和复杂性，要有计划、分阶段、有重点地沿着科学合理的路径稳步推进。在路径选择上，要把握这样一些方向：**经济发展是城乡统筹的基础条件**。要在产业政策、财税优惠、基础设施投入、科技支持、人才流动、金融服务等方面，构建支持农村经济发展的系统性政策，充分发挥农村资源要素丰富、劳动力成本较低等优势，优化城乡产业发展结构，统筹推动城乡经济发展。**体制机制创新是城乡统筹的政策保障**。推进城乡统筹发展，关键在推动体制机制改革创新。要围绕制约城乡统筹发展的深层次问题，在规划管理、土地管理、户籍管理、财政体制、农村金融等方面，积极改革创新，构建城乡统一、倾向支持农业农村的政策机制。**工农、城乡融合互动是城乡发展的主要动力**。农村的发展，离不开城市的辐射和带动，城市的发展离不开农村的促进和支持。推进城乡统筹发展，既要重视城市对农村的带动，同时也要重视农村对城市的促进作用，发挥城市、农村和农业、工业之间积极互动作用，调动农村居民和城市居民双向流动的积极性。**提高农村居民收入是核心任务**。继续调整国民收入分配机制，缩小城乡居民收入差距。加大对农业的补贴，适当提高农产品价格，以价格机制推动农民收入增长。通过发展适合农村的产业、支持创新创业等，给农民提供更多收入增长的渠道。保障农村居民充分享受土地要素资源增值和流动带来的财产性收入。**完善农村基础设施是现实需求**。要加强水利等农业基础设施建设，提升现代农业发展水平。努力完善农村交通基础设施和物流运输体系建设，降低农村物流成本，方便各类资源要素在城市和农村之间流通，为农村产业发展提供保障。

四、未来推进城乡统筹发展的主要任务

1. 建立健全工农、城乡平等利益交换机制

切实改变城市依靠优势地位不断吸纳农村低廉的要素资源的状况，充分发挥政策调控作用，推动资源要素在工农之间、城乡之间自由平等交换。**土地要素方面**，把握好土地集体所有制和家庭承包经营的关系，积极探索在集体所有制前提下，农民土地财产权益的实现形式，落实集体所有权、稳定农民承包权、放活土地经营权。调整土地征收收益分配机制，要把大部分土地征收收益、转让收益用于农业、农村和农民，保障农村居民公平分享土地增值收益。**金融要素方面**，扩大农村金融服务规模和覆盖面，落实中央关于县域内银行业金融机构新吸收的存款主要用于当地发放贷款的要求，完善定向扶持政策，推动资金回流农村。改善农村金融服务，大力发展为农服务的小微型金融机构，鼓励大中型银行开展涉农贷款批发业务、小微型银行开展零售业务。完善农业保险制度，扩大保险覆盖面。**劳动力要素方面**，进一步清理针对农民工就业的歧视性政策，促进城乡劳动力平等就业，加强农民工权益保护，让农民外出务工找到工作、拿到工资、劳动安全，工伤大病有保险、有地方住、子女能上学。加快推进户籍管理制度改革，以就业、居住、缴税、缴纳社保等作为落户条件，让稳定就业和居住的农民工尤其是新生代农民工转为市民。

2. 完善城乡发展一体化的规划体制

切实强化规划引导，把工业与农业、城市与乡村、城镇居民与农村居民作为一个整体统筹谋划，促进城乡在规划布局、要素配置、产业发展、公共服务、生态保护等方面相互融合和共同发展。**用地规划方面**，在乡镇土地利用总体规划的控制下，探索编制村的土地利用规划，科学划定城乡建设用地、住宅用地、生态用地，提高土地资源节约集约利用水平。**空间布局方面**，完善县域村镇建设规划和镇、乡、村庄规划，促进城镇合理布局。小城镇和农村社区是沟通城乡的桥梁和纽带，重视小城镇和农村社区的规划建设，要科学规划、合理布局、完善功能、聚集人口，不断提高小城镇和农村社区的承载能力和发展潜力。**建设规划方面**，要解决当前城乡基础设施建设差距较大、功能布局不够合理的问题，要做好城乡基础设施建设的统筹规划，强化城乡基础设施的衔接互补，实现基础设施城乡共建、城乡联网、城乡共享，统筹推进城乡水务、交通、能源、社会事业、生态环境等基础设施建设。

3. 构建城乡统筹发展的公共财政体制

按照城乡统筹发展的要求，完善农村公共财政体制，坚持落实“多予、少取、放活”的方针，支持农村、农业的发展。**明确各级政府的财权、事权**。明确各级政府在统筹城乡发展方面的事权，并以此赋予其履行职责必要的收入来源。适当扩大地方政府财权，提高农村基层的财政自主权、自给率。**加强对乡级财政的转移支付力度**。乡镇财政是城乡统筹发展的基础，但当前乡镇财政普遍存在“钱少事多”的现象。在完善财政体制的过程中，各级政府财力分配要适当向乡镇倾斜，解决农村公共财力不足的问题。建立以中央财政为主、地方财政为辅的农村义务教育投入机制，加大对农村文化体育、医疗卫生等公共服务

事业发展的预算支出。**统筹城乡基础设施建设资金**。切实改变以往重城市、轻农村的投入分配机制，财政预算要加大对农村水务、电力、交通、环保等基础设施的投入力度。加强以工代赈支持力度，扩大以工代赈支持范围，鼓励和支持村级组织通过自主筹集资金加强农村基础设施建设。

4. 加快推进城乡基本公共服务均等化

实现基本公共服务均等化是消除城乡差距的重要标志，也是城乡统筹的核心内容与关键环节，要发挥政府的统筹能力，合理配置基本公共服务资源，实现城乡基本公共服务均等化。**建立健全城乡基本公共服务均等化制度**。建立适应农民生产生活方式转变要求的基本公共服务标准体系，建立保障有力的公共财政投入保障机制。建立健全城乡义务教育、公共文化服务、基本医疗卫生、基本养老等制度，形成覆盖全面、综合配套、便捷高效、城乡统一的社会化公共服务体系。**合理配置城乡基本公共服务资源**。突出城乡教育均衡发展，促进教育资源的调整和优化，加快普及高中教育，推进寄宿制学校建设，鼓励和支持农村中等职业教育、成人教育发展，提升农村教育质量和水平。建立统筹城乡的文化事业发展机制，促使城市文化功能向农村延伸，构建覆盖城乡的公共文化服务体系。整合卫生医疗资源，建立城乡居民方便共享的公共卫生和基本医疗服务体系。推进社会保障制度改革，实现城乡社会保障对接并轨。建立城乡一体的社会养老保障制度，实现城乡社会养老保障制度的一元化。建立城乡统一的社会基本医疗保险体系。

5. 推动农村一、二、三产业融合发展

产业发展是城乡统筹发展的前提和基础，要采取有效措施，积极推进农村一、二、三产业加快发展、融合发展。**农业方面**，要在农村土地流转、股份合作经营、规模经营等方面做文章，用工业化理念和先进技术、物质装备、现代经营组织形式发展农业，充分发挥工业化、城镇化对发展现代农业、转移农村富余劳动力的带动作用，努力实现农业现代化与工业化、城镇化、信息化协调发展。**工业方面**，目前有相当部分农村居民处于隐性失业，根据调查，农村闲散劳动力月工资意向水平为沿海地区的1/3左右。在进一步提升农村物流水平的基础上，可以采取积极的财税政策，引导劳动力需求大、技术水平要求不高、符合节能环保要求的产业向农村转移，既能提升农村居民收入水平，又能部分解决我国劳动力成本不断上行的现实问题。**服务业方面**，在积极推进中小城镇、农村聚居点建设的条件下，农村服务业需求将有较大增长，加快推动农村商业、餐饮、咨询、文化体育等服务业发展，既能容纳一部分人就业，又能提高农村居民生活水平。此外，要大力发展农村各类新型业态，积极发展信息化农业、观光休闲农业、创意农业、工厂化农业和农村电子商务等。

6. 建立健全城乡统筹发展的长效机制

统筹城乡发展必须调动各方力量，要健全有关政策机制，全面协同推进各项工作。**完善调动各方主体积极性、能动性的工作机制**。消除有关政策障碍，推动城市人才、技术、资金、管理等生产要素主动向农村流动。设计好有关激励、奖励机制和退出机制，鼓励企业、个人积极参与城乡统筹发展，同时要重视调动农村居民参与城乡建设的主体积极性。**建立政府推动、市场主导相结合的推进机制**。继续增加财政对“三农”的资金投入，形

成支农资金稳定增长机制。在资金项目安排、涉农补贴等方面，对市场主体逐步实行无差别政策。探索建立城乡发展利益共享机制，发挥政府投资对市场投资的带动作用，形成多元化投资格局。对于经营性、适合市场运作的城乡统筹发展项目，交由市场主体建设和运营。**建立健全农村集体经济发展的推进机制**。农村集体经济是推进城乡统筹发展的重要基础，要通过优选人才、优化手段、创新机制，做大做强农村集体经济。可依托城市资本、技术、人才等优势资源，发挥工业企业的支撑带动作用，推进农业适度规模经营和经营制度的创新，引导家庭联产承包责任制向集体农庄、家庭农场模式发展，提升现代农业组织化、规模化水平。

现阶段我国城乡经济社会一体化发展研究

冯更新

（郑州大学中国中部发展研究院　郑州　450001）

党的十七届三中全会明确指出，我国现在已进入着力破除城乡二元结构、形成城乡经济社会发展一体化新格局的重要时期。这是一个社会历史阶段性的科学判断，具有深厚的理论基础和实践基础及丰富的科学内涵。事关我国发展全局，我们应当认真研究。

一、现阶段我国城乡经济社会发展一体化的理论基础

正确认识城市与乡村之间的关系和科学判断消灭城乡差别的历史条件，是马克思主义的一个基本原理。马克思和恩格斯早在《共产党宣言》就认为，消灭城市和乡村之间的对立或差别必须具有一定的阶级基础和物质条件，批判空想社会主义时曾经说过，由于当时无产阶级本身还不够发展，由于无产阶级解放的物质条件还没有具备，它们关于未来社会的积极的主张，例如消灭城市和乡村的对立①，消灭雇佣劳动，提倡社会和谐，这些主张本身还带有纯粹空想的性质。列宁在苏联十月社会主义革命胜利后明确指出，要消灭工农间的差别，使所有的人都成为工作者。这不是一下子能够办到的。要解决这个任务，只有把整个社会经济在组织上加以改造，只有从个体的、单独的小商品经济过渡到公共大经济。只有那种使农民能大大改善以至根本改造全部农业技术的办法来帮助农民，才能加速这种过渡。列宁在1923年提出："在城市工人与农村劳动者中间建立相互的联系，确定一种可以很容易建立起来的友好互助形式，这是我们的责任，这是执政的工人阶级的基本任务之一。"② 斯大林在论述社会主义的经济实质和经济基础时进一步明确指出，建立社会主义的经济基础，就是把农业和社会主义工业结合为一个整体经济，使农业服从社会主义工业的领导，在农产品和工业品交换的基础上调整城乡关系，堵死和消灭阶级首先是资本借以产生的一切孔道，最后造成直接消灭阶级的生产条件和分配条件。

正确处理城市和乡村之间、工业和农业之间、工人和农民之间关系的理论和指导方针，是毛泽东思想的一个重要组成部分。毛泽东一贯主张正确处理城市与乡村、工业与农业的关系，充分调动广大工人和农民的社会主义积极性。早在七届二中全会上，毛泽东就指出，城乡必须兼顾，必须使城市工作和乡村工作，使工人和农民，使工业和农业，紧密地联系起来。决不可以丢掉乡村，仅顾城市，如果这样，那是完全错误的。1955年在《关于农业合作化问题》的报告中，他在论述农业合作化和社会主义工业化关系的基础上，提出党在农业问题上的根本路线。1956年在《论十大关系》中，毛泽东把工人与农

---

① "城市和乡村的对立"在《共产党宣言》1888年英文版中是"城市和乡村之间的差别"。

② 《列宁全集》第33卷，人民出版社1965年版，第420页。

民、工业与农业的关系摆在一个非常重要的地位。1957年在《关于正确处理人民内部矛盾的问题》中，他进一步发展了《论十大关系》的思想，明确指出正确处理重工业和轻工业、农业的关系问题，是社会主义工业化的道路问题。1958年，毛泽东又把在优先发展重工业的条件下实行工业同农业、重工业同轻工业同时并举的两条腿走路方针，列为社会主义建设总路线的基本内容。1962年，他进一步提出"以农业为基础，工业为主导"的发展国民经济的总方针，强调以农、轻、重为序安排国民经济计划，工业部门的发展要为农业生产服务。毛泽东把马克思主义的普遍真理运用于中国建设的具体实践，丰富和发展了马克思主义关于正确处理城市与乡村、工业与农业、工人与农民之间关系的理论。

党的十一届三中全会以后，指导思想实现拨乱反正，冲破"两个凡是"和教条主义的束缚，确立了解放思想、开动脑筋、实事求是、团结一致向前看的指导方针，作出把工作重点转移到社会主义现代化建设上来的战略决策。党的十一届六中全会通过的《关于建国以来党的若干历史问题的决议》，认真总结新中国成立以来社会主义建设的历史经验，把马克思主义的普遍真理同中国的具体实际结合起来，作为我国进行社会主义建设的根本原则；明确社会主义革命和建设应当注意学习借鉴外国的经验，但照抄照搬别国的经验和模式从来是不会成功的。基于上述历史经验的总结，邓小平同志在党的第十二次全国代表大会开幕词中正式提出"建设有中国特色的社会主义"的科学命题。他精辟地指出，把马克思主义的普遍真理同我国的具体实际结合起来，走自己的道路，建设有中国特色的社会主义，这就是我们总结长期历史经验得出的基本结论。"建设有中国特色的社会主义"这一科学命题的提出及大会所确定的路线、方针和政策，标志着"有中国特色的社会主义"思想和理论体系的产生。其后，随着邓小平理论的确立，"三个代表"重要思想的提出，胡锦涛同志以马克思主义创新的方法论阐明了科学发展观的内涵及其战略意义。他说："坚持以人为本，树立和落实全面、协调、可持续的发展观，做到统筹城乡发展、统筹区域发展、统筹经济社会发展、统筹人与自然和谐发展、统筹国内发展和对外开放，是我国二十多年改革开放和现代化建设实践经验的总结，是全面建设小康社会的必然要求，符合社会发展的客观规律。"① 这标志着科学发展观的基本思想已经形成。邓小平理论、"三个代表"重要思想和科学发展观构成的中国特色社会主义理论体系，是现阶段指导我国城乡经济社会发展一体化的思想和理论。

总之，马列主义、毛泽东思想和中国特色社会主义理论体系，在不同的历史条件下，始终把城市与乡村、工人与农民、工业与农业作为一个重大理论研究和发展，为现阶段我国正确认识和实现城乡经济社会一体化奠定了深厚的理论基础。

二、现阶段我国城乡经济社会发展一体化的实践基础

统筹城乡，根除城乡二元结构，实现城乡经济社会协调发展，形成城乡一体化的新格局，不仅是我们梦寐以求的重要理念，而且已经成为中国特色社会主义建设实践的宏伟目标。改革开放以来，党和国家围绕着农村、农业、农民这个全局性问题主要开展了下列实

① 胡锦涛：《高举中国特色社会主义伟大旗帜　为夺取全面建设小康社会新胜利而奋斗——在中国共产党第十七次全国代表大会上的报告》。

践活动：

（1）农民首创中国改革之路。中国改革大业是从农村首先兴起的。30多年来，我们确立以家庭承包经营为基础的农村基本经营制度，极大地调动了农民的生产积极性，极大地解放和发展了农村社会生产力，农业发展越过长期的短缺阶段，呈现出总量大体平衡、丰年有余的新局面；通过改革农产品流通体制，市场在资源配置中的基础性作用得以发挥，促进了农产品和农村其他生产要素的流通；理清了统筹城乡经济社会发展的战略思路，按照建设社会主义新农村的重大战略部署开创了我国经济社会发展的新格局。

（2）实现小康社会建设历史性跨越。改革开放的历史性抉择和30多年中国特色社会主义伟大实践，使中国成功地实现了从温饱不足到总体小康的历史性跨越，创造出全面建设小康社会的伟大成就。30多年来，我国农民年人均纯收入从134元增加到4140元，贫困人口从2.5亿减少到1479万。农村饮水工程和水利、公路、电网等方面的建设突飞猛进，新型农村合作医疗体系基本形成、免费义务教育和最低生活保障制度已经实施，广大农民享受到越来越多的公共服务。

（3）创新市场经济体制。建立和完善社会主义市场经济体制，是贯穿中国改革的一条主线。价格和经营放开，从水产水果开始，然后扩大到其他农产品；所有制方面取得突破，个体、私营等非公有制经济快速发展。市场化取向的改革和流通体系的形成，为城乡经济社会发展注入源源不断的动力和活力。

（4）确立农民主体地位。农民是社会主义新农村建设的主力军。改革开放以来，包产到户和乡镇企业这两个新生事物都是农民在党的支持下进行的伟大创造。农村劳动力的广泛流动，为城市经济和国民经济发展作出巨大贡献。特别是村民自治制度的建立和完善，使广大农民实现民主选举、民主决策、民主管理、民主监督，开创了农村基层民主政治新格局。实践证明，只有始终尊重农民首创精神，充分发挥农民群众的积极性、主动性、创造性，才能真正确立农民的主体地位。

（5）着力废除陈旧制度。农村改革发展30多年历程表明，推进农村改革发展，关键在于党。9次中央全会专题讨论、出台10个中央一号文件等一系列重大决策，强化工业反哺农业、城市支持农村、多予少取放活、统筹城乡等具有鲜明时代战略特征的发展思路和政策措施，清楚地记载着党领导农村改革发展实践的历史轨迹。我国已全面取消农业税，并对农业生产实行直接补贴，结束了中国2600多年种田纳税的历史。同时，国家基础设施建设和社会事业发展的重点已向农村转移，统筹城乡发展新的投入体系正在形成。统筹城乡综合配套改革试验，在促进公共财政向农村倾斜、公共设施向农村延伸、公共服务向农村覆盖方面已呈现成效。这些政策措施的落实，为实现对农村投入增长制度化和城乡协调发展奠定了良好的实践基础。

三、现阶段我国城乡经济社会发展一体化的内涵

1. 城乡经济社会发展一体化的规律性

我国总体上已进入以工促农、以城带乡，形成城乡经济社会发展一体化新格局的历史阶段。这是党的十七届三中全会对我国经济社会发展进程所作出的历史阶段性科学判断。它揭示了城乡经济社会发展一体化的客观规律。

对世界发达国家工业化发展的实践考察表明，在工业化初期阶段，农业在国民经济中居主导地位，劳动力大部分在农业中就业，工业发展依赖于农业剩余和抽取农业资源，农业客观上承担着为工业化提供原始积累的任务。当工业化发展到中期后，工业在国民经济中居于绝对主导地位，农业处于相对弱势地位，工农两大产业增长速度的差距呈现扩大趋势，工业自身积累和发展能力日趋增强，具有反哺农业的能力；同时调整发展政策，使工业对农业、城市对农村的支持力度不断强化，促进工农、城乡协调发展。根据城乡经济社会发展实践的理论研究概括，工业化国家或地区工业反哺农业、以城带乡的发展阶段的标志主要有五个方面：（1）人均 GDP 达到 3500 美元以上；（2）非农产业产值占 GDP 的 85%以上；（3）非农业部门的劳动力占全社会劳动力的 60%以上；（4）城市化水平以人口计算占总人口的 40%以上；（5）工业已建立相对完整的体系，拥有比较完整的工业部门、工业产品品种和基础设施。在工业化进程中，适时推进由农业为工业提供积累向工业反哺农业、以城带乡阶段的转变，是城乡经济社会发展的客观规律，势必成为各国加快发展城乡一体化的成功之路。

从我国的国情分析来看，1949 年新中国成立后，在一穷二白的基础上，我们之所以能够建立起比较完整的工业体系、城市体系和国民经济体系，农业、农村、农民作出了巨大贡献，农业为工业发展提供巨额原始积累，农村为城市建设给予强大支持，农民为整个经济社会繁荣作出重大付出。同时，城乡二元结构不断强化，农村发展趋于滞后，经济社会的协调发展失衡。党的十一届三中全会以来，我们党深刻总结历史的经验教训，从加强农业、搞活农村入手，推进改革开放，逐步调整工农、城乡关系，不仅农业和农村发生显著变化，工业和城市得到巨大发展，而且经济总量不断提升，综合国力日益增强。据统计，2005 年，我国人均 GDP 达到 1703 美元（按照 IMF 的购买力平价方法计算，2002 年我国人均 GDP 已达到 4390 美元）；非农产业产值比重达到 87. 5%，非农产业在国民经济中已占绝对主导地位；非农产业劳动力比重上升到 55. 3%，超过农业劳动力比重；城市化水平按人口计算提高到 42. 99%，已进入加速发展阶段；工业部门已建立起相对完整的体系，工业竞争力显著上升。上述指标显示，除非农产业劳动力比重这一指标尚未达到外，其余指标均超过工业反哺农业、以城带乡发展阶段的指标。我国非农产业劳动力比重之所以严重滞后，是因为我国长期以来实行城乡分割体制和存在大量农业劳动力兼职工商业。目前，我国工业已形成较好的基础，具有自我发展的能力，工业化和城镇化进程明显加快，总体上已进入以工促农、以城带乡的发展阶段。

但是，我们必须清楚地认识到，我国城乡二元结构尚未从根本上消除，城乡产业结构从战略上还没有达到优化升级，城乡居民收入水平和共享改革发展成果的水平差距甚大，构建和谐社会和全面建设小康社会的任务相当艰巨。现阶段解决这些问题的唯一途径，就是尊重和运用经济社会发展的客观规律，把实现城乡经济社会发展一体化作为必由之路。

2. 城乡经济社会发展一体化的基本要求

现阶段，我国城乡经济社会发展一体化是一个具有丰富内涵的新课题。我们从规律上认识，它的基本要求可以概括为六个方面：

第一，城乡建设规划一体化。城乡建设规划，是构建城乡经济社会发展一体化的蓝图和前提。没有城乡统一的建设规划，城乡经济社会发展一体化就无从谈起。因此，我们要把国家规划视为引导经济社会发展和资源配置的重要依据和手段。我国过去长期受城乡二元结构的制约，在发展规划方面，重城市、轻乡村，城乡发展规划相互脱节。这就造成农业、农村与工业化、城镇化的进程不能协调一致，不仅导致农村经济社会发展滞后、城乡差距扩大，而且使得城市建设无序扩展，降低土地资源配置效率，浪费和侵占大量的耕地。因此，必须着手从根本上改革城乡分割的行政管理体制，理顺规划体系，通盘考虑和安排城市发展和农村发展，统一制定土地利用总体规划和城乡建设规划。制定城乡发展统一规划，要尊重自然规律、经济规律和社会发展规律，依据主体功能区定位的要求，合理安排城市和县域范围内城镇建设、农田保护、产业聚集、村落分布、生态涵养等空间布局。这样做既可以节约集约利用土地等资源，又能够使城乡发展紧密衔接、相互促进。

第二，城乡基础设施建设一体化。基础设施是城乡居民生产生活运行的物质载体，是改变农村落后面貌、促进城乡经济社会发展一体化的着力点。目前，我国城乡基础设施差距大，特别是农村的水利、能源、公路、信息化等公共设施严重落后，因而必须从统筹城乡出发把加强农村农业基础设施建设放在突出地位。为此：一是加强水利设施建设。从我国现时水情考察，水利发展所面临的深层矛盾尚未根本解决，人多水少，水资源时空分布不均，水土资源和生产力匹配失调，特别是一些地方水资源过度开发、无序开发、低水平开发引发一系列新的矛盾，甚至制约着我国经济社会可持续发展。因此，在新形势下推进水利改革发展，要积极践行可持续发展治水思路，构建充满活力、富有效率、更加开放、有利于水利科学发展的体制机制，以水资源可持续利用保障经济社会可持续发展。坚持统筹兼顾、突出重点、注重效益的原则，推动水利基础设施建设快速发展，持续提升水利对经济社会发展的保障能力。要围绕提高水旱灾害综合防御能力建立健全防灾减灾体系，围绕提高水资源配置调控能力建立健全供水安全保障体系，围绕提高水土资源保护能力建立健全水生态安全保障体系，要把大力发展民生水利作为水利工作的重中之重，加快解决直接关系人民群众生命安全、生活保障、生产发展、人居环境、合法权益的民生水利问题。构建以维护农民用水权益为重点的群众利益保障体系，保证人人共享水利发展与改革的成果。要从我国水情出发，实行最严格的水资源管理制度，对水资源进行合理开发、综合治理、优化配置、全面节约，有效保护。要强化规划的指导和约束作用，抓紧完成全国水资源综合规划，明确水资源开发利用和节约保护的控制性指标。全面推进节水型社会建设，建立健全用水总量控制与定额管理相结合的用水管理制度，加快制定和完善相关法律法规，严格执法监督，健全水事纠纷调处机制。要建立健全流域与区域相结合、城市与农村相统筹、开发利用与节约保护相协调的水资源综合管理体制，强化水行政主管部门的水资源管理与监督职能，着力推进城乡水务一体化。二是强化清洁能源工程建设。要切实加大农村沼气建设投入力度，具备条件的地方要开展养殖场大中型沼气建设，着力发展乡村清洁能源，实施乡村清洁工程。在适宜地区要积极发展秸秆气化和太阳能、风能等清洁能源，推动绿色能源示范县建设。要强化农村水能资源开发管理，扩大小水电替代燃料工程实施的范围和规模，认真落实对贫困地区农村水电开发的投入和信贷支持。三是完善公路建设。公路是构建城乡一体化和谐社会的重要载体，它不仅可以从根本上改善农村交通状况，便利农产品流通，促进农村经济的快速发展，缩小地区差距，统筹城乡发展；而且通过农村公路建设，可以转变农民落后的生产生活方式，传播新思想、新理念，促进农村地区的精神文明建设，密切党群、干群关系，树立执政为民的政府形象，在构建城乡一体化和谐社会过程中发挥重要作用。我国农业正处于由传统农业向现代农业转变的关键时期。农村公路作为先导性基础设施，我们要从服务现代农业的新视角，拓展农村公路发展思路，完善相关政策措施。农村公路通达、通畅工程不仅要连接乡镇和行政村，为农民出行服务，而且要为发展现代农业服务。要根据现代农业发展布局和要求，把农村公路延伸到农田示范区、生产团区、生态观光园、畜牧养殖基地等人流、物流集中地区。农村公路联系千家万户，服务亿万群众，对整个国民经济和社会发展具有重要作用；农村公路是直接服务农业生产和农村商品流通的重要基础设施，是直接服务农民群众安全便捷出行最重要的交通方式，在一些地方甚至是唯一的方式，是交通部门服务人民群众最直接的体现。在完善公路建设过程中，要切实做到：（1）拓宽资金渠道，解决资金问题。资金是农村公路发展的关键，要坚持政府投资为主、其他投资为辅的原则，体现政府公共服务责任。（2）以质量和安全为核心，加强农村公路建设管理。要进一步完善“政府监督为主，群专结合”的质量监督体系，严格落实质量责任制，建立工程质量责任档案，明确工程各环节和各单位的责任人，质量出问题要依法追究责任；创新质量管理制度，工程质量要与项目资金补助挂钩，与政府绩效挂钩，与企业信用挂钩。（3）保护环境、节约资源，实现农村公路的可持续发展。在技术标准和路线方案选择上，要注意节约用地、保护耕地和生态环境；在路面结构选择上，要鼓励各地因地制宜，选择适合本地实际、造价低、利于农民养护的多种路面结构形式。（4）发挥行业优势，加强指导和服务。各级交通部门要加强作风建设和行业管理，充分发挥行业的技术优势和人才优势，转变工作思路和工作方法，采取政策引导、技术指导、宣传发动、经验交流、人员培训等方法，支持地方政府建好农村公路。要继续采用示范引路，以点促面的方法，推进农村公路建设、养护和客运网络化工作。四是推进信息化建设。现阶段在我国加快推进农业信息化工作，运用信息技术改造传统农业、装备现代农业，通过信息服务实现小农户生产与大市场的对接、提高信息化水平缩小城乡差距，已经成为城乡经济社会发展一体化的重要路径。现阶段推进农业信息化工作的总体思路，应当遵循“政府部门主导，社会力量参与，完善运行机制，实现多方共赢，服务亿万农民”的原则，优化配置信息资源，开发应用信息技术，提升信息服务能力，不断提高我国农业信息化水平，充分发挥信息化在发展现代农业和建设社会主义新农村中的重要作用，推动形成城乡经济社会发展一体化新格局。其主要任务有五个方面：（1）全面实施“金农”工程。要积极落实配套资金，结合各地实际，抓紧相关工程项目的实施；要建立目标责任制，切实加强项目和资金管理工作，确保工程建设的高质量。（2）加快推进“三电合一”工程建设。要认真总结项目建设、运行管理、资源整合、服务机制的经验，研究解决工作中的实际问题，不断改进创新，着眼于需求、着力于服务、着重于成效，把农民急需的农产品市场和科技信息传播到乡镇村屯。（3）完善农业综合信息门户网站。要充分利用网络技术，加强整合，形成合力，打造协同合作、上下联动的农业门户网站体系，提高农业门户网站信息发布（服务）的及时性、针对性和权威性，最大限度地实现资源共享。（4）开发完善农业信息应用系统。要增强农业部门经济调节、市场监管和公共服务能力，开发完善农业和农村经济监测预警、市场监管、市场与科技信息服务等应用信息系统；要完善农村市场供求信息全国联播系统、完善全国农产品批发市场信息网络系统、建立农业科技信息联合服务系统。（5）提高农业信息化工作队伍素质。要注重提高各级农业信息管理人员的业务素质和工作技能，努力建设一支责任心强、素质高、知识结构合理的工作队伍；要加强信息管理和服务的职能机构建设，为农业信息化提供组织保障；要采取集中培训、以会代训等多种方式，努力提高信息工作人员的业务素质和水平。

第三，城乡转变发展方式一体化。这是促进城乡经济社会发展一体化的重要物质技术基础。国家要在体制、规划、政策上着力消除城乡分割状态的过程中，顺应城乡经济社会发展不断融合的趋势，统筹规划和整体推进城乡产业发展，引导城市资金、技术、人才、管理等生产要素合理流动；依据一、二、三产业互动、城乡经济相融的原则，促进城乡各种产业之间形成有机联系、协调发展；要用现代工业物质技术装备改造传统农业，以现代农业的发展推进二、三产业升级，以现代服务业的发展带动产业融合，强化三次产业在城乡科学布局、合理分工、优势互补、联动发展；要着力推进农业专业化生产、集约化经营和区域化布局，引导农村工业向城镇集聚，催化乡镇企业转型升级，加快农村服务业发展，引导劳动密集型产业从城市向农村转移和扩散，形成城乡分工合理、区域特色鲜明、生产要素和资源优势得到充分发挥的产业发展格局。为此：一是必须在生产、建设、流通、消费等各个领域节约能源资源，尽快形成节约能源资源和保护生态环境的发展方式与消费模式，使经济发展方式由主要依靠第二产业带动向依靠一、二、三产业协同带动转变，由主要依靠增加物质资源消耗向主要依靠科技进步、劳动者素质提高、管理创新转变。要加快形成节能降耗型产业结构，落实节能减排责任，强化淘汰落后生产能力。要把节能减排作为国家宏观调控的重点，把节能减排指标完成情况纳入各地经济社会发展综合评价体系，着力遏制高耗能、高污染产业增长，切实保证节能减排、保障民生等工作所需资金的投入。要鼓励发展低能耗、低污染的先进生产能力。二是必须提升自主创新能力，为结构调整优化升级和经济发展方式从根本上转变创造物质技术支撑。要努力掌握核心技术和关键技术，增强科技成果转化能力，提升产业整体技术水平，以信息化带动工业化，广泛应用高技术和先进适用技术装备制造业，发挥制造业对经济发展的重要支撑作用。要大力开发对经济社会发展具有重大带动作用的高新技术和重大产业技术，制定新的技术标准，构建根本转变发展方式的技术基础。三是必须在优化产业结构上下硬工夫。要切实加快推进现代农业建设，进一步巩固和加强农业基础地位，确保国家粮食安全；要着力振兴装备制造业，大力发展高技术产业，调整原材料工业结构，加强矿产资源勘查、开发和保护，加强能源、交通、水利、信息基础设施建设，促进第二产业由大变强；要全面发展服务业特别是现代服务业，要优化服务业结构，科学调整服务业布局，深化服务业改革开放，加大投入和政策扶持力度，强化拓展新型服务领域。

第四，城乡社会建设一体化。经济建设是社会建设的物质前提和基础；社会建设是经济建设的重要目的。我们必须坚持以经济建设为中心，不断增强国家经济实力、增加社会财富，从而为改善民生、加快社会建设奠定可靠的物质基础。基于现在我国社会发展滞后于经济发展的问题比较突出，诸多涉及人民群众切身利益的问题亟待解决。因此，我们必须在经济发展的基础上，更加注重以改善民生为重点的社会建设。按照城乡一体化的要求，以解决人民最关心、最直接、最现实的利益问题为重点，积极解决好教育、就业、收入分配、社会保障、医疗卫生和社会管理等直接关系人民群众根本利益和现实利益的问题，努力使全体人民学有所教、劳有所得，病有所医、老有所养、住有所居，构建和谐社会。为此：一是要优先发展教育，建设人力资源强国。全面贯彻党的教育方针，坚持育人为本、德育为先，培养德智体美全面发展的社会主义建设者和接班人；优化教育结构，根据教育发展规律和经济社会发展的需要，科学配置教育资源，促进义务教育均衡发展。教育改革创新，要着眼于构建现代国民教育体系，面向现代化提高学生的综合素质；教育要坚持公益性，加大财政对教育投入，规范教育收费，健全公共财政投入和保障机制，为全体公民创造接受良好教育的均等机会和条件。二是要实施扩大就业的发展战略，以创业带动就业。要千方百计扩大就业岗位，坚持发展经济与促进就业互动，积极发展经济、调整结构，以发展促进就业，扩大就业规模，优化就业结构；鼓励自主创业，自谋职业，转变就业观念，营造自主创业的社会环境；要推进就业体制改革创新，统筹城市就业和农村劳动力转移就业，建立城乡统一规范的人力资源市场，形成城乡劳动者平等就业的制度。三是要深化收入分配制度改革，不断提高城乡居民收入。坚持和完善按劳分配为主体、多种分配方式并存的分配制度，进一步健全劳动、资本、技术、管理等生产要素按贡献参与分配的制度；逐步增加居民收入在国民收入分配中的比重，提升劳动报酬在初次分配中的比重；强化个人收入分配调节力度，创新收入分配共同富裕的格局。四是要建立覆盖城乡居民的社会保障体系，保障人民基本生活。要坚持广覆盖、保基本、多层次、可持续的指导方针，以社会保险、社会救助、社会福利为基础，以基本养老、基本医疗、最低生活保障制度为重点，以慈善事业、商业保险为补充，着力构建覆盖城乡居民的社会保障体系。五是要建立基本医疗卫生制度，提高全民健康水平。要建立基本医疗卫生制度，实现人人享有基本医疗服务的目标；完善重大疾病防控体系，健全突发公共卫生事件应急处置医疗机构运行机制、卫生投入体制、医疗服务和药品价格形成机制。六是要完善社会管理体制，维护社会安定团结。要适应社会主义市场经济发展和社会结构深刻变化的新情况，深入研究社会管理规律，更新社会管理观念，推进社会建设和管理的体制创新，形成和完善符合我国经济社会发展要求和人民群众愿望、更加有效的城乡一体化社会管理体制。

第五，城乡人才队伍建设一体化。现在，我国要实现经济社会又好又快发展，就必须把培养人才特别是农村实用人才放在突出位置，形成城乡人才队伍建设一体化的格局。要做好人才工作，就必须树立人力资源是第一资源的理念。农村的实用人才与专业技术人才、企业经营管理人才同城镇的人才一样，都是社会主义现代化建设的主体力量，必须同等重视，共同发展。既重视在农村成长起来的经验型人才，又积极吸引城市有学历、有职称的知识型人才；既重视农业科研专业人才，又把创业型农民列入议事日程。要不断加大培养人才的力度，从主要开发物质资源、自然资源转向开发人才资源，把农村人力资源开发作为促进城乡经济社会又好又快发展的一个重点。要按照人的全面发展的要求，不断提高实用人才自身的思想道德素养和科学文化素质，充分发挥他们的主观能动性和创造精神。从我国社会发展的态势看，随着工业化、城镇化和城乡统筹进程的加速，由于农业的比较效益相对下降，农民持续增收难度加大，农村大批劳动力向城镇和非农产业转移日趋增多。因此，农村实用人才的开发，必须超越就农村人才开发论农村人才开发的模式，要把农村实用人才开发与城镇化进程结合起来。从经济社会发展的实际出发，探索创新农村实用人才培养模式，既要突出农业系统教育机构在农民培训中的地位和作用，建立依托农业院校、农业龙头企业和农民专业合作组织等单位的多层次的人才培训体系，提高人才培训的覆盖面；又要适应农业产业化、农村经济结构调整和农村富余劳动力向城镇转移的需要，以市场为导向调整培训内容，把农业产前和产后培训、农业技术培训和职业能力培养、农民工转移培训和就业竞争力培养结合起来，全方位提高农民的综合素质。要尊重知识、尊重人才，创造宽松和谐的环境。政府要把农村实用人才培养纳入议程、列入规划，经常研究，适时地制定和落实促进人才成长的指导性政策措施。根据农村人才的成长规律和特点，建立以知识、技能、业绩、贡献为主要内容的农村人才认定体系，形成完备的农村人才信息库。要适应统筹城乡经济社会发展和城镇化的需要，不断扩大职业资格证书制度在农村的覆盖面，鼓励和支持符合条件的农村人才参加专业技术职称评定。要建立健全农村人才表彰奖励体系，对作出突出贡献的农村实用人才予以物质和精神激励。在全社会努力营造尊重和爱护农村人才的良好氛围，真正形成城乡建设人才队伍一体化的格局。

第六，城乡公共服务一体化。这是保持社会和谐稳定、促进城乡经济社会发展一体化的重要社会基础。随着改革开放不断深入和社会主义市场经济不断发展，我国的经济体制、社会结构、利益格局等发生深刻变化，城乡融合趋势加快、人口流动加速。这种空前的社会变革，既给我国经济社会发展带来巨大活力，又增加了社会服务和管理的复杂性。因此，要适应城乡经济社会发展一体化的要求，着力推进公共服务创新，改变城乡分割、条块分割的传统式，强化转变职能、理顺服务关系、优化服务结构、提高服务效能，逐步构建城乡公共服务一体化的体系，形成城市工作与农村工作对接和谐、良性互动、全体公民共享改革发展成果的新格局。要进一步深化城乡公共服务管理改革，使其运行纳入法制化、规范化、信息化轨道。

在上述六个方面中，最根本和最关键的就是从统筹城乡出发，切实转变思想观念，注重推进体制机制创新，从各方面建立健全城乡经济社会发展一体化的制度。

四、现阶段我国城乡经济社会发展一体化的建议对策

现阶段在中国实现城乡经济社会发展一体化是一项宏伟的社会工程，为了达到预期的目标，建议采取下列主要对策：

（1）贯彻统筹兼顾原则，正确处理经济社会发展的重大关系。统筹兼顾是正确处理经济社会发展中重大关系的根本方法。只有坚持统筹兼顾，才能真正处理好我国这样一个十几亿人口的发展中大国的改革发展稳定问题，真正处理好全体人民的根本利益和各方面的具体利益问题，从而把各方面的积极性充分发挥出来，更好地实现我国城乡经济社会一体化发展。第一，要统筹城乡发展关系。按照形成城乡经济社会发展一体化新格局的要求，贯彻工业反哺农业、城市支持农村的方针，正确处理工业和农业、城市和农村、城镇居民和农民的关系，加大以工促农、以城带乡的力度，使稳妥推进城镇化和扎实推进社会主义新农村建设成为我国现代化进程的双轮驱动，逐步解决城乡二元结构矛盾，努力实现城乡共同繁荣。第二，要统筹区域发展关系。要根据推进国家区域发展总体战略的部署，积极推进西部大开发，全面振兴东北地区等老工业基地，大力促进中部地区崛起，积极支持东部地区率先发展，充分发挥各个地区的优势和积极性，引导生产要素跨区域合理流动

和产业合理布局；加强国土规划，推动形成主体功能区，完善区域政策，注重实现基本公共服务均等化，加大国家对欠发达地区财政转移支付力度，大力扶持革命老区、民族地区、边疆地区、贫困地区经济社会发展，逐步形成东中西部相互促进、优势互补、共同发展的新格局。第三，要统筹经济与社会发展关系。以发挥政府在促进就业、调节分配、完善社会保障、实现社会公平等方面的职能为主导，加快科技、教育、文化、卫生、体育、社会保障、社会管理等社会事业发展，实现经济发展与社会进步的有机统一。第四，要统筹人与自然和谐发展。坚持节约资源和保护环境的基本国策，处理好经济建设、人口增长与资源利用、生态环境保护的关系，增强可持续发展的能力。第五，要统筹国内发展和对外开放关系。我国要善于从国际形势变化中把握发展机遇、应对风险挑战，统筹利用好国内国际两个市场、两种资源，统筹把握好国内产业发展和国际产业分工，不断完善我国社会主义市场经济体制和参与制定国际经济贸易规则，运用综合优势，为我国现代化拓展更加广阔的市场空间和提供持久可靠的资源保障。第六，要统筹中央和地方关系。为了充分发挥中央和地方两个积极性，既坚持全国一盘棋，保证中央政令畅通、令行禁止；又支持地方因地制宜，创造性地开展工作。统筹个人利益和集体利益、局部利益和整体利益、当前利益和长远利益，正确处理最广大人民的根本利益、现阶段群众的共同利益和不同群体的特殊利益的关系，兼顾和统筹不同方面的利益要求。

（2）深化改革，创新城乡统一的公共服务体制机制。经过改革和发展，我国社会开始由生存型向发展型过渡，进入新阶段之后，农村潜在的基本公共需求全面释放出来。农村基本公共服务的供求矛盾从根本上说是体制机制问题。为顺应这个变化，深化以改善民生为重点的农村改革，为广大农民提供基本而有保障的公共服务，已成为现阶段统筹城乡发展的重要任务。第一，必须建立城乡统一的公共服务体制。现阶段应通过建立城乡统一的公共服务体制，着力解决公平问题。农民要获得与城市居民平等的社会成员地位，应从统一城乡制度入手，全面深化体制改革和机制创新；在全国实行统一政策，规划和解决农民的基本公共服务问题。第二，必须形成基本公共服务社会化供给机制。从长远说，要制订城乡基本公共服务均等化战略规划。在当前应制定基本公共服务新标准，确定实施进度和保障措施；在正视基本公共服务水平存在一定差距的前提下，全国着力实行统一制度安排，解决不同省（市）、不同部门政策口径不统一、跨城乡区域对接困难的问题。以为农民提供有保障的基本公共服务为目标调整乡镇政府的职能定位，乡镇政府应按照统筹城乡发展的基本要求，把为农民提供基本而有保障的公共服务作为主要职能。以发展农村社会事业为重点，通过有效地提供公共服务调节农村各种利益关系；健全农村社会治安防控体系，创新公共服务和社会管理方式，保持乡村安定有序；以提高农村公共服务效率和质量为中心，为农民提供更多公共服务，合理配置农村公共资源，创新农村公共服务体系。严格实行政事分开，除国税、地税、国土等国家垂直管理的站所和公安、林业、交通等县级延伸派驻单位之外，其他“七所八站”要按照自主经营、自负盈亏、自我约束、自我发展的原则，依法注册登记成为具有企业法人性质的经济实体或社会中介服务组织。构建公共服务委托代理机制，实行基本公共服务“项目化、数量化”的办法，逐项约定服务内容、质量要求、价格标准、考核程序和结算方式，面向社会公开招标，采取合同管理，结算由政府“买单”。第三，必须形成公共服务责任与财力相匹配的筹资机制。国家必须调整财政支出结构，把资金投向重点转向农村基本公共服务领域。要缩减政府的经济建设支出和行政管理支出，对基本公共服务投入加大力度。要进一步深化省以下财政管理体制改革，以增强基层财政保障能力为重点推进县乡财政管理体制改革；探索推进省直接管县的财政管理体制，减少财政层级；经济欠发达、财政收入规模小的乡镇试行由县财政统一管理乡镇财政收支的办法，一般乡镇则实行“乡财县管乡用”方式。通过完善激励约束机制，强化省级政府调节地方财力分配的责任，增强省级财政对市县级财政的指导和协调，形成合理、平衡的纵向与横向财力分布格局，逐步强化基层政府供给基本公共服务的体制保障能力。同时，要完善和规范中央财政对地方的转移支付制度，加快形成全国统一的财政转移支付制度，增加一般性转移支付规模。中央财政新增财力中要安排一定数额用于加大一般性转移支付力度，重点帮助贫困县乡解决财力不足问题；加强中央对地方专项转移支付管理，逐步减少中央各部委提供公共服务的支出责任，强化其政策、规划、指导和监督的职能；各部委缩减的资金直接由中央财政转移给地方政府，中央部委必须保留的专项转移支付应加以规范；建立监督评价体系，提高中央财政转移支付绩效。

（3）发挥城镇的中心功能，实现城乡一体化服务。城乡经济社会发展一体化，重点和难点均在农村。统筹城乡发展，必须从经济社会发展全局的高度研究和解决“三农”问题，实行以城带乡、以工促农、城乡互动、协调发展。在这个过程中，城镇应当主要从商贸中心、生产要素集聚中心、农产品加工中心、就业中心这四个方面对农村的发展起到带动作用。第一，要发挥城镇商贸中心的功能，加快农村经济的市场化进程。农村各项产出的商品化，必须发挥城镇的商贸中心作用。城镇商贸中心功能对农村的带动作用有多种形式。其中，比较有效的是订单农业，即以销售型龙头企业、销售公司通过订单引导农民批量地种植市场需要的农副产品。由于需要批量生产，而且生产出来的农产品要符合国际国内市场检疫、营销标准，国家对农业生产提出标准化、集约化经营的要求，从而推进农村发展方式的转变。同时，为了促进农业经济的集约化、规模化、标准化经营，就必须由市场通过城镇，向农村提供符合需要的种子、肥料、农药、农业生产资料、农业科技，进而推动农村第三产业的发展，促进生产的规模化和标准化，而广大农民通过订单农业，增加了收入。所以，发挥城镇商贸中心的作用，是促进农村发展方式转变，变小生产为大生产的重要途径。第二，要发挥城镇生产要素集聚中心的功能，为农村要素配置最佳化创造条件。一般来说，城镇拥有比较完善的生产要素市场。诸如以信息为主要交易对象的通信、邮电、新闻宣传市场，以货币（资本）为主要交易对象的金融市场，以劳动力为主要交易对象的人才市场，以推广科技为主要职能的农业科技市场，以农业生产资料为交易对象的供销系统。这些市场的管理机构基本上在城镇，要发挥城镇生产要素集聚中心的功能，除充分利用生产要素流动，提升农村经济的活力外，更重要的是要发挥管理机构和政策对生产要素配置的指导作用。第三，要发挥城镇农产品加工中心的功能，促进农业生产方式的转型。农副产品的加工中心，是城镇的一个重要功能。这种功能大多是以龙头企业为代表的各种农业企业所承担的。这些企业一般以城镇为依托，以农副产品为原料，进行规模化生产。为了保证企业原材料的需要，农业企业一般愿意采取公司加农户的模式，带动农民为其提供生产原料。公司加农户模式是以公司与农户的合同关系为前提的。农业企业为保证原料的质量，在合同中除确定供求关系、使农民生产的农副产品有直接的销路外，更重要的是明确规定农业企业为农户提供各种生产服务的责任。在这种机制下，农户不仅能解决产品的出路问题，而且还可以解决种子、肥料、田间管理技术现代化等问题，从而使农业经济不断实现升级，实现农业生产方式的转型。第四，要发挥城镇农村就业中心的功能，不断吸纳农村剩余劳动力。发挥城镇的就业中心功能，不仅可以解决农村剩余劳动力的就业问题，使其取得一定的收入，而且农民进城打工能学会一定的技能，提高农民的素质，除为农村服务的二、三产业外，城镇还可以通过重新配置农村资源，开辟新兴产业，增加新的就业机会。

(4) 从国情出发，走中国特色农业现代化道路。一般来说，20 世纪初随着工业革命和科学技术革命的演进，世界范围的农业现代化进程开始启动。在推进农业现代化过程中，各国由于自然资源禀赋和经济社会基础不同，实现农业现代化的道路选择上各不相同。主要有三种类型：一是加拿大等人少地多、劳动力短缺的国家，它们以提高劳动生产率为主要目标，以现代机械化取代人力和畜力，通过扩大单位农场种植面积和规模经营，提高农产品的总量。二是日本、荷兰等人多地少、耕地资源短缺的国家，它们以提高土地生产率为主要目标，把增加农业生产的科技含量放在突出位置，通过强化改良品种、农田建设、化肥和农药用量等措施，提高农产品单位面积产量。三是法国、德国等土地、劳动力比例适中的国家，它们以提高劳动生产率和土地生产率为主要目标，运用现代工业装备农业，着力推广应用先进技术，不断提升农产品的产量。世界农业现代化道路内涵的发展历史表明，发达国家都非常注重立足本国国情和发展阶段，积极探索各具特色的发展道路。因此，实现农业现代化没有一成不变的固定模式。在中国，从 20 世纪 70 年代就提出农业现代化的目标，但对农业现代化内涵的认识，是随着实践的发展而不断深化的。综合国内外实现农业现代化的经验，根据我国农业发展现状和基本国情，中国特色农业现代化道路的基本内涵可作如下概括：以保障农产品供给、增加农民收入、促进可持续发展为目标；以提高农业劳动生产率、资源产出率和商品率为途径，用现代科技装备农业；在家庭承包经营的基础上，运用市场机制和政府调控的综合作用，构建农工贸紧密衔接、产加销融为一体、多元化的产业形态和多功能的产业体系。我们这样概括中国特色农业现代化道路的内涵主要是由以下因素决定的：第一，我国是世界上人口最多的发展中大国，吃饭问题始终是头等大事。因此，我国必须把保障农产品供给、增加农民收入、促进可持续发展作为推进农业现代化的首要目标。第二，我国农业生产力水平较低，与发达国家平均水平相比科技贡献率低 20%～30%。因此，实现农业现代化必须提高农业科技水平，通过增加资本投入、应用现代科技和装备、适度集中土地和强化组织管理等来提高农业效益。第三，我国农户经营规模普遍较小，农产品商品率和农业资源配置的市场化程度较低。因此，我国实现农业现代化必须强化市场机制和政府调控的综合作用。第四，我国农户数量多、规模小、结构单一、行为相似，要与千变万化的大市场有效衔接非常困难。因此，我国必须产业化方式推进农业现代化，形成农工贸紧密衔接、产加销融为一体、多元化的产业形态和多功能的产业体系。我国实现农业现代化的指导方针应当是：用现代发展理念引领农业，用现代科学技术装备农业，用现代产业体系提升农业，用现代经营方式推进农业，用新型农民发展农业，提高农业产业化、机械化、水利化和信息化水平，提高土地产出率、资源利用率、农业劳动生产率和商品率，强化农业整体素质、经济效益和竞争力。

（5）强化节约能源，建立科学合理的能源资源利用体系。我国是一个幅员辽阔、物产丰富的国家，但又是一个世界上人口最多的发展中国家，无论哪种能源、资源，人均拥有量都非常低。我国的耕地、草原、淡水、森林等资源数量都位居世界前列，但人均拥有量却分别只有世界平均水平的2/5、1/3、1/4、1/8。同时，我国正处在工业化和城镇化加快发展阶段，随着经济社会不断发展、人口数量不断增加和人民生活水平的持续提高，未来一个时期对能源资源的需求将会持续增加。因此，要增强我国可持续发展的能力，确保到2020年实现全面建成小康社会的宏伟目标，就必须按照节约资源和保护环境基本国策的要求，周密策划，统筹兼顾，加快建设科学合理的能源资源利用体系。我国建立科学合理的能源资源利用体系的核心要求是：按照减量化、再利用、资源化的原则，以提高能源资源利用效率为中心，以节能、节水、节地、节材、资源综合利用为重点，通过加快产业结构调整，推进技术进步，加强法制建设，完善政策措施，强化节约意识，建立长效机制，形成节约型的发展方式和消费方式，促进经济社会可持续发展。现阶段构建科学合理的能源资源利用体系重点是做好三个方面的工作：第一，加快调整产业结构。要大力发展服务业。落实《国务院关于加快发展服务业的若干意见》，分解落实任务，从财税、信贷、土地等方面制定相关配套政策，完善组织协调机制。特别要着力发展生产性现代服务业，促进现代制造业与服务业的有机融合，提高资源配置效率，强化节能降耗。推动高技术产业基地建设，培育一批新兴高技术产业群。第二，加快发展循环经济。我国发展循环经济，既是缓解能源资源约束矛盾的根本出路，又是从源头上减少污染、减轻环境压力的治本国策。要探索有效的发展模式，研究建立循环经济的评价指标体系，推动重点行业、园区、城市和农村发展循环经济，把循环经济的发展理念落实到规划编制、政策制定、制度设计、项目决策和法规规范制定等关键环节上。要按照减量化、再利用、资源化的要求，积极开发和推广应用能源资源节约、替代、循环利用和治理污染的先进适用技术。在着力工业节能降耗的同时，要把建筑业、交通运输业、公用事业、政府机构和居民生活等领域的节能降耗放在突出位置。第三，加快完善循环经济政策。要加快建立能够反映资源稀缺程度和环境损害成本的价格形成机制，促进生产要素的高效使用。对发展循环经济、推行清洁生产成绩显著的企业，要给予税收减免等政策优惠。要切实对节约能源资源方面科技创新加大支持力度，着力推进节约能源资源技术的原始创新、集成创新和引进消化吸收再创新。

（6）积极发展林业，构建城乡生态文明。“建设生态文明”是我国在对经济社会发展规律和人类文明发展趋势深刻认识的基础上所作出的重大决策。林业是生态建设的主体，建设生态文明是时代赋予林业新的历史使命。林业具有巨大的生态功能、经济功能和社会功能，对推进城乡生态文明建设具有不可替代的重要作用。要紧紧围绕建设生态文明，深入推进现代林业建设，着力以“创绿色家园”为切入点，以“建富裕新村”为结合点，做好以下重点工作：首先，要全面推进集体林权制度改革。已经完成主体改革的地方，要调整和完善采伐管理、减轻税费、生态补偿等政策，建立健全评估流转、抵押贷款、森林保险、专业合作等制度，解决林农融资难问题，巩固扩大成果，真正建立起生态受保护、农民得实惠的长效机制。严格按照法律、法规、政策、程序进行，真正让农民满意，让农民拥有林地的用益物权。其次，要全面推进现代林业建设，加快构建林业“三大体系”，取得新的突破。构建完善的生态体系。通过培育和发展森林资源，着力建设和保护好森林生态系统、荒漠生态系统、湿地生态系统，努力构建以森林植被为主体、林草结合的国土生态安全体系；构建发达的林业产业体系。一、二、三产业都与林业有直接关系。因此，要切实加强第一产业，全面提升第二产业，重点发展第三产业，不断培育新的增长点，积极转变发展方式，努力构建门类齐全、优质高效、竞争有序、充满活力的林业产业体系，充分发挥林业产业的潜力和优势；构建繁荣的生态文化体系。必须大力普及生态知识，宣传生态典型，树立生态道德，倡导人与自然和谐的价值观。切实完善生态文化基础设施，在有代表性的林区、森林公园、自然保护区、湿地、荒漠，建设一批规模适当、独具特色的生态文化博物馆、图书信息馆、科技馆、标本馆，命名一批生态文化教育示范基地，为人们了解森林、认识生态、探索自然提供更多更好的场所和条件。要充分发掘林文化、花文化、竹文化、茶文化、湿地文化、野生动物文化、生态旅游文化等发展潜力，增强生态文化的活力与影响力。着力构建主题鲜明、内容丰富、贴近生活、富有感染力的生态文化体系。总之，我国要通过推进城乡绿化一体化，不断创新和完善创建生态文明的模式。

（7）激发全民族文化创造力，提高国家文化软实力。文化软实力是综合国力和国际竞争力的重要组成部分。我国要激发全民族文化创造力，提高国家文化软实力，就必须做好以下工作：第一，构建社会主义核心价值体系，增强中华民族的凝聚力。文化软实力在很大程度上表现为国民的精神状态、意志品格和内在凝聚力，而这一切主要来自于人们对社会核心价值的共识。历史经验表明，任何一个国家要把全社会的意志和力量凝聚起来，都必须有一个完整的与经济基础、政治制度相适应的核心价值体系。我国是拥有13亿多人口、56个民族的大国，要把建设社会主义核心价值体系，作为提高我国文化软实力的首要任务，坚持用中国特色社会主义共同理想凝聚力量，用以爱国主义为核心的民族精神和改革创新为核心的时代精神鼓舞斗志，用社会主义荣辱观引领风尚，不断增强人们对中国共产党领导、社会主义制度、改革开放事业、全面建设小康社会目标的信念和信心。要切实把社会主义核心价值体系融入国民教育和精神文明建设全过程，融入经济、政治、文化、社会建设的各个领域，使之成为全体社会成员普遍理解接受、自觉遵守奉行的价值理念，成为全民族奋发向上的精神力量和团结和睦的精神纽带。第二，加快发展文化事业和文化产业，不断提高我国文化的总体实力和国际竞争力。发展是硬道理，是解决中国所有问题的关键。我们要树立强烈的机遇意识、发展意识，开阔发展思路，拓宽发展途径，推动我国文化事业全面繁荣和文化产业快速发展。要把发展公益性文化事业作为保障人民基本文化权益的重要途径，坚持以政府为主导，加大财政投入力度，加强社区和乡村文化设施建设，鼓励社会力量积极参与公益性文化建设，拓宽服务渠道，健全服务网络，不断提高公共文化产品和服务的供给能力。要坚持以市场为主导，通过积极的产业政策和有序的市场化运作，充分发挥国有文化企业的骨干作用，保护好、引导好民营企业投资文化产业的积极性，迅速壮大我国文化产业的规模，使文化产业占国民经济比重明显提高、国际竞争力显著增强。要实施重大文化产业项目带动战略，着力文化产业基地和区域性特色文化产业群建设，培育文化产业骨干企业和战略投资者，打造具有核心竞争力的文化产品和文化品牌。第三，提高文化传播能力，不断扩大我国文化的影响力。传播深度决定影响广度。一个国家文化的影响力，不仅取决于其内容具有独特魅力，而且取决于先进的传播手段和强大的传播能力。在当今的信息社会，凡是传播手段先进、传播能力强大的国家，其文化理念和价值观念就能广为流传，就能掌握影响世界、影响人心的话语权。文化的传播能力已经成为国家文化软实力的决定性因素。提高我国文化软实力，一方面要不断丰富和创新文化内容形式，另一方面必须强化提高文化传播能力。新闻媒体是信息传播、文化扩散的重要载体，在文化传播中处于特殊地位。要把提升主流媒体影响力作为提高文化传播能力的战略重点，要深刻认识互联网在文化传播方面的巨大潜能和可能产生的不可估量的影响，高度重视互联网的运用和管理，把发展积极健康的网络文化作为提高我国文化软实力的新引擎，使互联网成为传播社会主义先进文化的新阵地、公共文化服务的新平台、人们健康精神文化生活的新空间。第四，调动社会各方面力量参与支持文化建设，激发全社会的文化创造活力。提高国家文化软实力，是一个宏大的系统工程，需要全党全社会共同努力。人民群众不仅是物质财富的创造者，又是精神财富的创造者。必须充分发挥人民群众在文化建设中的主体作用，坚持发展为了人民、发展依靠人民、发展成果由人民共享，进一步激发人民群众的文化创造潜能，使文化大发展大繁荣拥有广泛而坚实的群众基础。要充分调动广大文化工作者的积极性，发扬艺术民主和学术民主，营造宽松和谐的文化发展环境，使各类文化人才有展示才华的舞台、实现价值的空间。要创造有利条件，引导社会各界共同参与文化建设，使一切文化创造的活力竞相迸发，把一切文化创造的源泉充分涌流，让一切有志于文化创造的建设者的积极性表现出来。

（8）保障人民基本生活，建立覆盖城乡居民统一的社会保障体系。构建完善的社会保障体系，历来被称为人民生活的“安全网”、社会运行的“稳定器”和收入分配的“调节器”，是维护社会稳定和国家长治久安的重要保障。现在，我国社会保障体系的构建已进入关键时期，要实现建立覆盖城乡居民的社会保障体系的战略目标，就必须立足基本国情，坚持全覆盖、保基本、多层次、可持续的指导方针，构建具有中国特色的社会保障体系。重点是加强农村社会保障制度建设，使社会保障向覆盖全体城乡居民的战略目标不断拓展。要加强公共财政体制建设，增加财政投入，重点支持城乡居民基本养老、基本医疗制度和社会保障体系建设。要进一步加强法律法规建设，为完善社会保障体系提供制度保障。为此：第一，统筹城乡发展，把构建覆盖城乡居民社会保障制度体系的重点放在农村。现在，我国总体上已进入以城带乡、以工促农的发展阶段，必须根据经济社会发展阶段性变化和建设社会主义新农村的要求，各地区各部门要坚持“多予少取放活”的方针，把“多予”的重点落实到农村。社会保障制度建设必须按照统筹城乡发展的要求，着力实现由城镇为主向城乡统筹、由城镇职工为主向覆盖城乡居民的转变。强化健全覆盖城乡的社会保障体系，使城乡全体居民特别是贫困地区困难群众都能分享改革发展的成果。第二，要加快社会保障管理服务能力建设，不断提高服务的质量和效率。随着社会保障体系不断完善，覆盖范围不断扩大，管理服务对象不断增多，社会保障管理服务任务日益繁重。根据新形势新任务的要求，社会保障管理服务必须坚持以人为本的理念，不断提高管理服务水平。既要加强基础设施建设，加快公共服务设施和服务网络建设，建立健全街道社区社会保障工作平台，不断改善工作环境，又要提高社会保障管理服务能力建设，制定社会保障经办机构服务标准，优化服务流程，改善服务手段，不断提高效率和服务水平，推进管理服务的规范化、信息化、专业化，实现对社会保障对象“记录一生、跟踪一生、服务一生、保障一生”。第三，要积极发挥商业保险的补充作用。商业保险能够满足人们更高层次和多样化的社会保障需要。同时它在减少危险、补偿损失、保障生活、安定社会上具有着重要作用，有利于提高我国社会保障的整体水平。因此，要积极支持人寿保险、补充医疗保险、人身意外保险等商业保险发展，为群众提供更多更好的服务。

参考文献

[1]《马克思恩格斯选集》第一卷，人民出版社 1972 年版，第 281 页、第 283 页。

[2]《列宁选集》第四卷，人民出版社 1972 年版，第 89~90 页。

[3]《列宁全集》第 33 卷，人民出版社 1965 年版，第 420 页。

[4]《斯大林全集》第 13 卷，人民出版社 1965 年版，第 318 页。

[5]《毛泽东选集》第一卷，人民出版社 1966 年版，第 1428 页。

[6] 胡锦涛：《高举中国特色社会主义伟大旗帜　为夺取全面建设小康社会新胜利而奋斗——在中国共产党第十七次全国代表大会上的报告》。

[7]《中国共产党第十七届三中全会公报》（2008 年 10 月 9—12 日）。

就近城镇化与中部地区城乡协调发展

张秀生　单娇　王百升
（武汉大学经济与管理学院　武汉　430072）

我国正经历着同世界上任何一个国家都不尽相同的城镇化过程，城镇化过程中遇到的问题也是世界上任何一个国家都没有经历过的。这些都要求我们所选择的城镇化道路必须是一条符合我国具体国情的新型城镇化道路。

李克强总理在2014年的政府工作报告中提出："城镇化是现代化的必由之路，是破除城乡二元结构的重要依托。……今后一个时期，着重解决好现有'三个1亿人'问题，促进约1亿农业转移人口落户城镇，改造约1亿人居住的城镇棚户区和城中村，引导约1亿人在中西部地区就近城镇化。"就近城镇化是新型城镇化的重要方面，是对传统城镇化范式的突破。就近城镇化重在城乡统筹发展，要把"减少农民、致富农民、幸福农民"作为重点，让更多农民在城镇安居乐业。

一、城镇化的新模式——就近城镇化

在当前我国农村剩余劳动力转移就业非常严峻的形势下，城镇化是实现农村剩余劳动力就业的重要途径。只有实施符合我国基本国情的城镇化战略，才能有效解决农村剩余劳动力转移就业的问题。中小城镇作为连接城乡的链条，一方面接受城市的辐射，另一方面吸引农民转移，实现就业和居住，避免大城市过度发展带来的"城市病"，逐渐成为实现城乡一体化、促进城镇化建设健康有序推进的重要突破口。在此形势下，不少学者主张应实施以中小城市和小城镇为载体的新型城镇化道路——就近城镇化。就近城镇化的提出，不仅是对过去旧城镇化模式的一种调整和升级，也是对新型城镇化的运用和诠释。

1. 新型城镇化与就近城镇化

（1）新型城镇化。新型城镇化突出的是"新"，强调的是集约、智能、绿色、低碳。新型城镇化需要依照统筹城乡一体化、合理布局产业、节约土地资源、完善城镇功能、保护生态环境等原则，科学规划人口、资源和环境的关系，形成城镇化与工业化、信息化、农业现代化的"四化"良性互动，促进大中小城市、小城镇和新型农村社区的协调，实现国家公共服务的均等化和国民经济的健康发展。

新型城镇化有以下三个特征：第一，发展过程的协调性。新型城镇化在尊重经济社会发展客观规律的基础之上，统筹城乡、区域之间的和谐发展，注重构建大中小城市、小城镇和新型农村社会协调发展的城镇体系。第二，发展方式的集约性。新型城镇化立足于我国人口基数大、资源消耗高、环境刚性约束凸显、城乡二元结构明显的基本国情，强调采用低投入、低消耗、低污染和高效益的集约型发展模式。第三，发展目标的人本性。新型城镇化强调城镇化发展的目标是实现人的发展，保障城乡居民享受均等化的社会公共服务，而非为了城镇化而城镇化。

（2）就地就近城镇化。工业经济的快速发展促使大量农民工进入大中城市，根据相关统计数据，截至2013年底，我国总人口为13.61亿，其中，城镇户籍人口（非农业人口）4.81亿，占总人口比重的35.3%，农村户籍人口（农业人口）8.80亿；按居住地划分，城镇常住人口7.31亿，占总人口比重为53.73%（即统计口径的城镇化率）。在这7.31亿人中，农民工人数在2.5亿以上。但是，现存的各种制度障碍以及空间资源限制使“农民工”成为“半城市化”的特殊群体，在城市中无法享受同市民一样的待遇，阻碍了城镇化的深度发展，也就无法实现新型城镇化对人本性的要求。

什么是就近城镇化？人们的看法并不一致。

观点一：以地级市为节点推动就近城镇化。李克强总理专门邀请两院院士及有关专家到中南海，听取城镇化研究报告并与他们进行座谈，叶大年院士介绍，经过长期历史沿革，我国自然形成了呈网格规律分布的200多个地级市，依托这些节点推动就近城镇化大有可为。郭华东院士也谈了城镇化布局中应注意的问题。李克强听后说，我们一定要走中国特色、科学发展的新型城镇化路子。因地制宜、尊重规律，实现大中小城市和城镇协调发展。东部如何提升城镇化质量，中西部地区怎么培育一批城市群，实现人口就近就业，都需要在实践中探索。①

观点二：农村“就地城市化”，就是农村人口不向城市迁移，而是在原有的居住地址，通过发展生产和增加收入，完善基础设施，发展社会事业，提高农民素质，改变生活方式，过上和城市人一样的生活。“就地”即原有的居住地，包括原自然村、行政村和合村并点的新社区。②

观点三：就地城镇化是指区域经济社会发展到一定程度后，农民在原住地一定空间半径内，依托中心村和小城镇，就地就近实现非农就业化和市民化的城镇化模式。就地城镇化在全国多地已开始有益探索，是新时期推进城镇化的重要补充形式。③

观点四：所谓“就地城镇化”，就是农村人口不向大中城市迁移，而是以中小城镇为依托，通过发展生产和增加收入，发展社会事业，提高自身素质，改变生活方式，过上和城市人一样的生活。农民进城仅仅是城市化的一种表象，它的实质则是农民职业非农化、生活方式城市化和思想观念现代化。我们应当倡导走农村“就地城镇化”的路子，倡导农村“就地城镇”，不仅仅表现农村人口向城镇的集中，更多地表现为实质内容的城镇化。④

从目前的研究文献，就地城镇化与就近城镇化也是不同的。就近城镇化似乎包括就地城镇化，就近城镇化比就地城镇化的地域范围要宽。

---

① 《李克强邀两院院士共商新型城镇化，强调科学论证周密谋划趋利避害，让新型城镇化路子走好走顺》，新华每日电讯，2013年9月8日。

② 杨世松：《“就地城市化”是中国农民的伟大实践》，《理论月刊》，2008年第7期。

③ 马庆斌：《就地城镇化模式值得研究和推广》，《宏观经济管理》，2011年第11期。

④ 潘海生、曹小锋：《就地城镇化：一条新型城镇化道路——浙江小城镇建设的调查》，《政策瞭望》，2010年第9期。

尽管人们对就近城镇化的表述不同，但就其内涵而言：第一，就地就近城镇化是相对于异地城镇化而言的。所谓异地城镇化是指当前我国城镇化进程中大量流动农民工进城的模式。① 第二，所谓就近城镇化，是指当国家经济社会发展到一定程度后，农民和外出回流人口在其原住地的一定空间半径内，以原居住区域内的中小城市为核心，依托户籍所在地城市、小城镇和新型农村社区，从事非农化生产，逐步实现城镇化的过程。第三，就近城镇化是将农村纳入城市发展总体规划的过程，是按照一定的人口容纳规模就近建设中心城镇的过程。第四，就近城镇化是农村人口和劳动力由乡村向周边城镇转移的过程，这一过程带动城镇数量和人口的不断增多，城镇规模的逐渐扩大。第五，就近城镇化是农业实现规模化经营，二、三产业在县域（含区）城镇集聚发展的过程，是在保证满足农产品需求的基础之上，逐渐提高二、三产业比重的过程。第六，就近城镇化是农村人口通过发展生产和增加收入，发展社会事业，提高自身素质，改变生活方式，过上和城市人一样的生活。其实质则是农民职业非农化、生活方式城市化和思想观念现代化。

2. 就近城镇化是新型城镇化的实践

就近城镇化超越了一般意义上的城镇化建设模式，是一种结合我国具体国情的本土化、就近化的新型城镇化模式。要想完成我国近六成的农业人口城市化的根本转变，完全依靠人口大规模长距离的异地化迁移，无论是从迁入地（如大城市）的承载量，还是从异地文化的适应方面看，都存在着不可逾越的阻碍。同时也会给区域均衡发展和社会稳定带来难以克服的困难，因为“城镇化是一个国家稳定、消除贫困的基础，也是木桶理论的最有实效的起决定作用的部分”。② 从这个意义上理解，实现质量优先为前提的可持续均衡化发展战略，对新型城镇化道路有重大的战略意义。就近城镇化有别于 20 世纪 80 年代的“离土不离乡”、“进厂不进城”的“老城镇化道路”③，它是一种可以通过新的土地流转与置换机制、城镇化集中居住而实现的“离土进镇”、“进厂进城”的“人口就近城镇化”发展模式④。

（1）就近城镇化符合新型城镇化要求的发展过程协调性。我国城镇化道路的推进既要维持并推动现在发达地区的城市化水平，又要保障大规模的农业人口能够逐渐稳步地转化为城镇居民，形成大城市内涵型发展、外围中小城镇规模化快速发展的中国式城镇社会结构体系，即“发达地区‘高密度、紧凑型城市圈层结构’与中西部地区相对‘低密度、疏散型城市圈层结构’”⑤。就近城镇化适用于发达地区和中西部地区两种类型的城市圈层结构形态。发达地区周边的农村与大城市距离较近、地缘文化也相近，经济发展水平相对较高，因此在其周边农村就近城镇化过程中，面临的人口压力和经济阻力较小，也就更容易实现就近城镇化。在中西部地区的人口稠密区，就近城镇化的发展速度和规模也逐渐

---

① 马庆斌：《就地城镇化模式值得研究和推广》，《宏观经济管理》，2011 年第 11 期。

② 孙雅静：《城镇化与中国特色的城市化道路》，《中国中央党校学报》，2004 年第 5 期。

③ 金大勤：《乡村城镇化应有多种模式——“离土不离乡，进厂不进城”质疑》，《建筑学报》，1986 年第 12 期。

④ 胡小武：《人口“就近城镇化”：人口迁移新方向》，《西北人口》，2011 年第 1 期。

⑤ 胡小武：《人口“就近城镇化”：人口迁移新方向》，《西北人口》，2011 年第 1 期。

增强。但在中西部一些经济欠发达、资源有限、人口密度较小的地区，城市圈层呈低密度、疏散型结构，为了推动就近城镇化，就必须加快中心城镇的建设，以县域所在城镇为重点，集中优质资源提升县域经济发展能力，扩大人口规模，提高城市内生化增长动力。这也是更加符合地区发展现状的集约化选择。

（2）就近城镇化符合新型城镇化要求的发展方式集约性。原有的城镇化建设在实施过程中遇到各种重复建设和无效投资的困境，一些地区在以地生财的利益驱动下，盲目拉大建筑框架，滥占耕地，乱设开发区，导致土地资源利用粗放，资源严重浪费。就近城镇化是将我国广阔分散的“村落型社会”改造为城镇化集中居住、就业改变、生活改善的“社区型社会”①，以就近城镇化原则为指导的新型城镇化道路，可以改善农村剩余劳动力的居住、就业和生产条件，采取集中、集约和集聚的方式规划住宅、生产和建设用地，减少土地资源的浪费，为农业规模化经营和工业产业园区的开发创造条件。同时，就近城镇化将分散的农村剩余劳动力集中到中心城镇，通过人口的规模化和居住的相对集中来达到规模效益，有利于实现公共服务的集约化供给，降低公共服务成本。

（3）就近城镇化符合新型城镇化要求的发展目标人本性。就近城镇化，能够解决农村劳动力大量转移到东部沿海地区和大城市（即异地城镇化）所带来的很多问题，诸如文化融合难度大的问题，“三留守”问题，农业经营的劳动力素质下降问题等，从而符合新型城镇化要求的发展目标人本性。

就近城镇化模式的核心在于保护农村转移劳动力的居住权利，使他们享受与居住地市民同等的社会保障和各项公共服务。以往我国的城镇化进程主要表现为城郊区域由于城市的扩张而被城市“入侵”，城郊人口转变为“失地农民”。“20世纪中叶以来，高速发展的社会经济形势下的变异现象，主要特征是郊区人口的增长，包括中心人口向郊区的迁移和郊区人口就地城市化两种过程，以及产业和社会事务部门的郊区化。”② 这种城镇化模式主要是农民的土地、宅基地等被征用，从而就地转变为建成区的空间形态。③ 就近城镇化的核心要求是保护农民的居住权益和土地权益，在完善城乡各项社会保障和基础设施，鼓励农村剩余劳动力就近转移的同时，保障农村进程务工人员享有与城镇居民同等的就业、社保、医保等权利。

（4）就近城镇化符合新型城镇化规划。《国家新型城镇化规划（2014—2020年）》指出，城镇化是现代化的必由之路，是保持经济持续健康发展的强大引擎，是加快产业结构转型升级的重要抓手，是解决农业农村农民问题的重要途径，是推动区域协调发展的有力支撑，是促进社会全面进步的必然要求。新型城镇化发展要坚的基本原则是：以人为本，公平共享；四化同步，统筹城乡；优化布局，集约高效；生态文明，绿色低碳；文化传承，彰显特色；市场主导，政府引导；统筹规划，分类指导。要按照尊重意愿、自主选择，因地制宜、分步推进，存量优先、带动增量的原则，有序推进农业转移人口市民化。

《国家新型城镇化规划（2014—2020年）》指出，要推进符合条件农业转移人口落

① 胡小武：《人口“就近城镇化”：人口迁移新方向》，《西北人口》，2011年第1期。
② 刘亚臣：《房地产经济学》，大连理工大学出版社2009年版，第289页。
③ 胡小武：《人口“就近城镇化”：人口迁移新方向》，《西北人口》，2011年第1期。

户城镇。实施差别化落户政策，以合法稳定就业和合法稳定住所（含租赁）等为前置条件，全面放开建制镇和小城市落户限制，有序放开城区人口 50 万~100 万的城市落户限制，合理放开城区人口 100 万~300 万的大城市落户限制，合理确定城区人口 300 万~500 万的大城市落户条件，严格控制城区人口 500 万以上的特大城市人口规模。大中城市可设置参加城镇社会保险年限的要求，但最高年限不得超过 5 年。特大城市可采取积分制等方式设置阶梯式落户通道调控落户规模和节奏。

《国家新型城镇化规划（2014—2020 年）》在优化城镇化布局和形态（第四篇）中指出，中西部城镇体系比较健全、城镇经济比较发达、中心城市辐射带动作用明显的重点开发区域，要在严格保护生态环境的基础上，引导有市场、有效益的劳动密集型产业优先向中西部转移，吸纳东部返乡和就近转移的农民工，加快产业集群发展和人口集聚，培育发展若干新的城市群，在优化全国城镇化战略格局中发挥更加重要作用。要促进各类城市协调发展。优化城镇规模结构，增强中心城市辐射带动功能，加快发展中小城市，有重点地发展小城镇，促进大中小城市和小城镇协调发展。

二、中部地区实施就近城镇化的必要性与可行性

1. 中部地区实施就近城镇化的必要性

（1）就近城镇化为农村二、三产业发展提供载体，有利于实现农业的规模化经营。农业自身的弱质性和比较效益的低下决定了我国城镇化进程的深入和城乡居民收入差距的缩小在很大程度上都是需要依赖农村自身的工业化发展。就近城镇化的实施促进了农村周边地市及城镇的发展，为农村自身工业化提供了载体。中心城镇作为农村经济的发展极，能够以比较强的向心力和相对较低的社会阻力吸引农村中小企业的集聚，发展符合本地资源优势的农产品加工业及相关服务业。我国人均资源匮乏，根据国土资源部相关统计数据，我国的人均耕地面积不足世界平均水平的 40%。在土地资源禀赋有限且农户经营规模小，土地零碎、分散的条件下，农业的机械化和产业化难以向深度发展。就近城镇化可以有效地促进农村土地的集约利用，原因有二：一是在土地流转政策的支持下，农村剩余劳动力多向中心城镇二、三产业转移，使得农业生产的规模化经营成为可能；二是就近城镇化注重农村居民点集中建设，强调合理布局和科学规划，节约住宅用地，优化土地资源，实现土地的规模化效益。

（2）就近城镇化为农村居民增收减支提供平台，有利于缩小城乡收入差距。从农村劳动力转移趋势看，一些异地转移的农村劳动力基于相对收入、转移成本、工作条件以及家庭赡养抚养责任等因素考虑，从原来的打工地回到自己家乡，就近打工或自主创业。随着劳动密集型产业逐渐向主要劳动力输出地靠近，区域间的产业转移加速，一些欠发达地区的中心城镇得到发展，中小企业开始集聚，为农村劳动力的回流提供了就业机会。与就近城镇化相配套的公共政策的实施也能够有效增加农村居民的各种社会性收入，如公费医疗、住房补贴和公共设施收入等。此外，就近城镇化可以减少农村劳动力的支出，包括减少远距离迁移的交通成本和城市较高的生活成本，减少常年两地分居对农民工心理以及身体所造成的创伤，进而减少健康维护的成本等。

（3）就近城镇化为新生代农民工融入城市提供空间，有利于农民工市民化。随着劳

动力规模的不断扩大，农民工内部也出现了代际更替，“80后”“90后”新生代农民工逐渐成为农村劳动力主体。承载能力趋近饱和的大城市短期内对接纳大量农业转移人口为市民有一定难度，而中小城市和小城镇，农村劳动力进入的门槛相比大城市来说要低很多，而且也具备现代城市文明的基本要素，因而实施就近城镇化，能够引导新生代农民工在原籍或回户籍所在地城镇就业，满足他们对城市生活的追求，为他们提供广阔的发展空间。

同老一代农民工相比，新生代农民工成长于社会发展转型时期，基本上没有务农经历，对土地的依赖或依恋性弱，文化程度相对较高，维权意识也比较强烈。多数新生代农民工不愿再回到农村，城市生活改变了他们的消费观念和生活习惯，他们也在自觉或者不自觉地追求并向城市生活靠拢。根据中国青少年研究中心发布的新生代农民工研究报告的数据，55.9%的新生代农民准备将来在打工的城市买房定居。但是低工资、住房及户籍等一些社会性问题又将他们隔离在城市之外。当新生代农民工较多地体会到同城市居民的生活地位差距时，很容易在心理上产生被歧视感和被剥夺感，引发一些社会纠纷和冲突。

（4）就近城镇化可以化解农民工远距离转移带来的社会问题，有利于社会稳定。农民工远距离转移产生了不同程度的社会问题，诸如：其一，造成春运压力。根据相关调查数据，2013年全国农民工总量达到26894万人，其中，本地农民工10284万人，占比38.2%；外出农民工16610万人，占比61.8%。东部地区跨省流出农民工882万人，72.6%仍在东部地区省际流动；中部地区跨省流出农民工4017万人，89.9%流向东部地区；西部地区跨省流出农民工2840万人，82.7%流向东部地区。在跨省流动农民工中，流向东部地区6602万人，占85.3%；流向中西部地区1068万人，占13.8%。具体见表1、表2。这就容易导致每年春运压力巨大，农民工购票难。其二，文化融合难度大。根据2013年的数据，在外出农民工中，在省内务工的农民工8871万人，占外出农民工总量的53.4%；在省外务工的农民工7739万人，占外出农民工总量的46.6%。文化适应和融合需要时间较长。其三，“三留守”问题突出。年富力强的劳动力离家务工，“留守儿童”、“留守妇女”和“留守老人”等弱势群体的存在容易引发一些社会问题。因此，推进中部地区的就近城镇化符合我国城镇化发展趋势的要求，能够化解远距离转移所带来的一系列社会问题，维护社会治安和稳定。

表1　**2013年按输出地划分的外出农民工人数及构成**

指标	外出人数（万人）			外出比例构成（%）		
	总数	跨省流动	省内流动	总体	跨省流动	省内流动
合计	16610	7739	8871	100	46.6	53.4
东部地区	4936	882	4054	100	17.9	82.1
中部地区	6424	4017	2407	100	62.5	37.5
西部地区	5250	2840	2410	100	54.1	45.9

资料来源：中华人民共和国中央人民政府网站（http：//www.gov.cn/xinwen/2014-05/12/content_2677889.htm）。

表 2　**2013 年按城市类型划分的外出农民工人数及构成**

指标	合计	直辖市	省会城市	地级市	小城镇	其他
外出农民工人数（万人）	16610	1410	3657	5553	5921	69
其中：跨省流动	7739	1115	1749	3064	1742	69
省内流动	8871	295	1908	2489	4179	0
外出农民工构成（%）	100	8. 5	22	33. 4	35. 7	0. 4
其中：跨省流动	100	14. 4	22. 6	39. 6	22. 5	0. 9
省内流动	100	3. 3	21. 5	28. 1	47. 1	0

资料来源：中华人民共和国中央人民政府网站（http：//www. gov. cn/xinwen/2014-05/12/content_2677889. htm）。

2. 中部地区实施就近城镇化的可行性

（1）东部地区产业结构优化升级，大量劳动密集型产业转移到中西部地区。在工业化起步时期，吸纳劳动力的主要产业是以劳动密集型产业为主的轻工业，对劳动力的基本素质与专业技能要求不高。在工业化发展中，随着产业结构的优化升级和劳动力成本的上升，在农业中转移出来的劳动力数量日益增多的同时，工业对劳动力的吸纳能力逐渐减弱。进入 21 世纪后，伴随着我国工业化进程的加快，一些问题开始出现，对经济的持续发展提出了新的要求和挑战：一方面，改革开放之初的资源优势逐渐减弱，劳动力成本和土地租金不断上升，环境要求逐渐提高；另一方面，全球范围内其他新兴经济体也在加快发展，并以更加低廉的土地租金和劳动力成本参与国际分工，削弱了我国传统制造业的竞争优势。而在我国加入 WTO 后，资本密集型的制造业也面临着跨国公司平等竞争的挑战。东部沿海发达地区各种生产性资源价格持续攀升，挤压了外向型企业的利润空间，而且区域内的企业多为简单的加工或者代工企业，科技含量低，产品竞争压力大。在利润微薄、成本上涨和激烈的同业竞争形势下，为了进一步提高经济的发展潜力，东部沿海地区政府开始着手实施产业转型和升级政策，加快发展科技含量高和附加值高的高新技术产业和服务业，同时提高投资门槛，促使一些低附加值和低技术水平的劳动密集型产业向中西部地区转移。东部沿海地区产业结构的调整导致了对劳动力需求结构的变化，劳动密集型产业的发展空间被压缩，对低素质劳动力的需求减少，而对较高素质劳动力的需求增加。劳动力需求的变化又促使农村劳动力转移的方式发生了改变，传统型的农村剩余劳动力在东部发达地区难以找到合适的工作，因此就近转移的倾向提高。

（2）劳动力异地转移的成本增加，就近转移经济效益提高。在东部沿海地区产业优化升级的同时，就农村剩余劳动力而言，远距离异地转移的成本也在增加。农村劳动力在转移的过程中，需要承担较高的交通费和生活费的支出。而一般来说，农民工多在对劳动力素质要求较低的劳动密集型制造业、建筑业和城市的一些非正规的部门就业，劳动强度高、工作环境、居住条件和工作稳定性都比较差，多数生活在城市的边缘，个人权益难以得到有效保障。由于户籍制度等一些制度性壁垒的限制，农民工难以在城市找到稳定的职业和居所，在社会保障方面也无法同城市居民一样平等地享受社会公共服务，社会交往、婚姻家庭和子女入学等方面都存在很多现实的困难，大部分农民工无法实现在城市定居的愿望。而且农民工在外远离家乡，难以赡养老人、教育儿童，滋生了各种社会问题。除了社会因素的影响之外，从经济效益的比较来看，近年来全国县域经济发展较快，一些内陆省市开始承接东部沿海地区转移的产业，大力推动“回流工程”建设，积极引导外出经商和务工的人员由沿海转回内地创业和就业，促进了农村劳动力由异地转移向优先进行就近转移的转变。相对于在城市发展的机会和收益，具有一定技能的农村劳动力就近转移更加符合现实要求。而一些农村外出务工人员在经济实力增强、技能素质提高后返乡，利用所学技术和积累资金创办个体、私营或者乡镇企业，又反过来吸纳了更多的本地剩余劳动力，形成农村劳动力就近转移的良性循环。

（3）中部地区农民工“回流”趋势形成。我国2008年金融危机后导致市场急剧萎缩，对我国外向型、出口加工型企业造成了严重影响。很多企业减产、停产或倒闭，而农民工大量集中在这些传统型、高能耗、低技术的行业中，于是形成了大规模农民工回流现象。并且，随着我国应对金融危机的一系列政策成效显现，经济强劲复苏，以及受到国家惠农政策和中西部地区“回引工程”的影响，农民工回流创业或就业的环境有了明显改善，大量农民工在金融危机后的数年内逐渐回流，使得沿海地区出现“民工荒”，农民工主动回流的总体趋势基本形成。这种趋势在国家统计局近几年的农民工监测数据中也可以得到证实。如表3和图1所示，选择在本地务工的农民工的数量以及在农民工总体中所占比重都呈现稳定的上升趋势。与此同时，在务工城市的选择上，越来越多的农民工开始倾向于选择中小城镇，而在地级市以上的大中城市务工的农民工所占比重呈现逐年下降的趋势（见图2）。

表3 **2009—2013年农民工规模变化** 单位：万人

	2009年	2010年	2011年	2012年	2013年
农民工总量	22978	24223	25278	26261	26894
外出农民工	14533	15335	15863	16336	16610
本地农民工	8445	8888	9415	9925	10284

具体到中部地区来看，表4和图3反映了在2008年经济危机之后，中部地区农民工在务工地点选择上的变化趋势。可以看出，在2008—2013年，外出务工的农民工选择在省内务工的比重呈现出明显的上升趋势，特别在2011年之后，这一趋势更加明显，选择在省内务工的农民工所占比重上升势头更加明显。

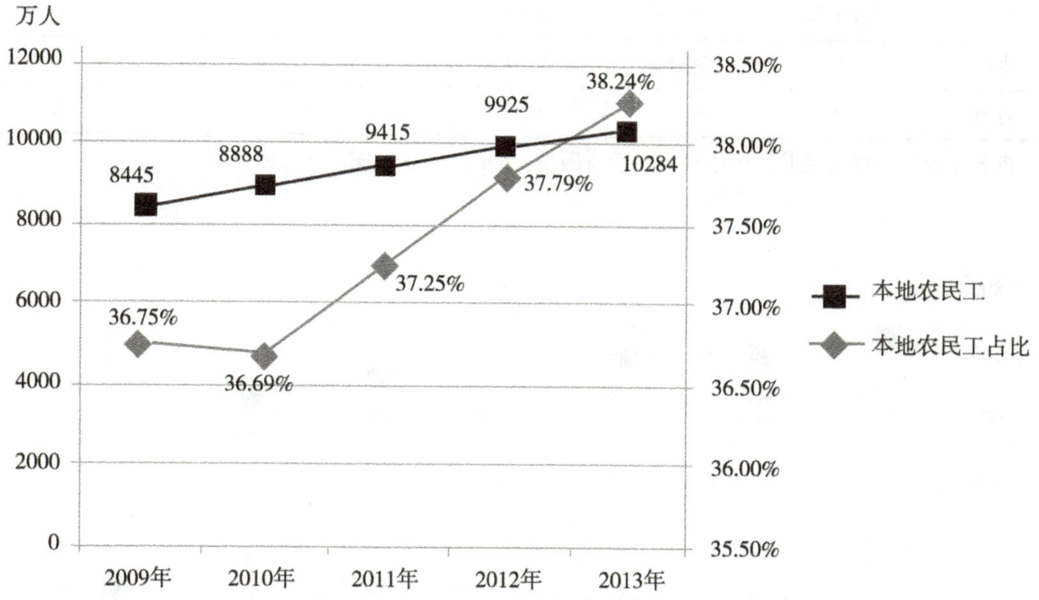

图 1　选择在本地务工的农民工及所占比重变化趋势

资料来源：中华人民共和国中央人民政府网站（http：//www.gov.cn/xinwen/）。

注：本地农民工，指在户籍所在乡镇地域以内从业的农民工；外出农民工，指在户籍所在乡镇地域外从业的农民工。

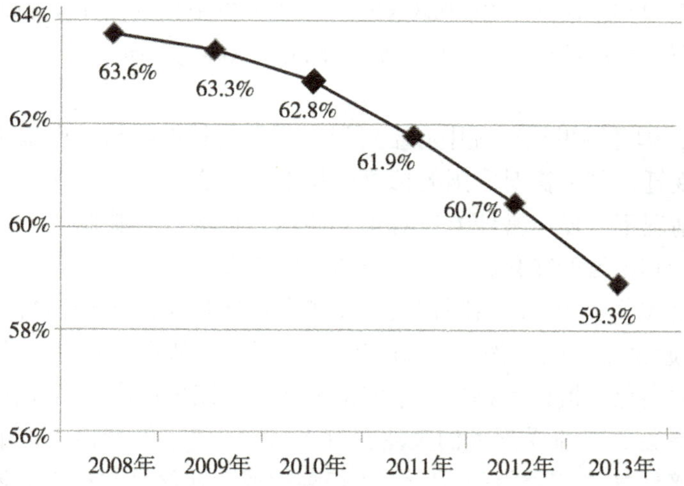

图 2　大中城市农民工务工比重变化趋势

资料来源：中华人民共和国中央人民政府网站（http：//www.gov.cn/xinwen/）。

表 4　**2008—2013 年中部地区农民工选择在省内外务工的比重（%）**

	2008 年	2009 年	2010 年	2011 年	2012 年	2013 年
省内	29	30.6	30.9	32.8	33.8	37.5
省外	71	69.4	69.1	67.2	66.2	62.5

资料来源：中华人民共和国中央人民政府网站：http：//www.gov.cn/xinwen/。

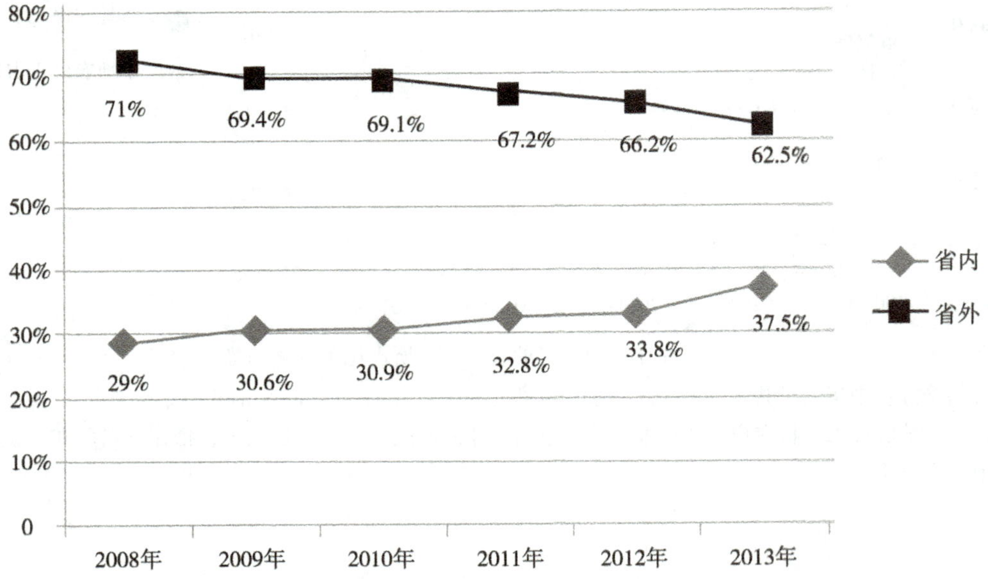

图 3　2008—2013 年中部地区农民工选择在省内外务工比重的变化趋势

资料来源：中华人民共和国中央人民政府网站（http：//www.gov.cn/xinwen/）。

2013 年 8 月，国务院发展研究中心金融研究所副所长巴曙松就曾提出用“榨菜指数”观测流动人口的变迁，其依据对全国的榨菜这几年在各地区销售份额变化情况，推断人口流动趋势。通常情况下，城市常住人口对于方便面、榨菜、火腿肠等方便食品的消费量，基本上是个定量。其销量的变化，主要由流动人口造成。

作为国内最大榨菜生产商的涪陵榨菜，其华南地区近年的市场销售额占比大幅下滑。从 2007 年的占比近 50%一路下滑至 2011 年的 29.99%，从占半壁江山滑落到 30%以下。涪陵榨菜销量上的变化，被认为是近年来华南地区人口流出速度逐步加快的表现。

这一“榨菜指数”迅速受到人们关注，有人认为，“不够严谨，也不科学”；也有人表示，该方法“接地气”；甚至有人认为，“榨菜指数”比统计数据更能说明问题。

“榨菜指数”只是劳动力回流的一种表征，隐藏在其背后的原因则是不断推进的城镇化进程。东部地区生活成本高、农民工收入结余少，在内陆地区就业机会增加的情况下，流动人口更倾向选择就近就业，这也是当前农民工流动格局变化的主因。这是一种从异地城镇化向本地就近城镇化转变的过程。伴随着这种进程的加快，流动人口的就业岗位和生活方式的改变就自然地表现出来。

三、以就近城镇化推动中部地区城乡协调发展

就近城镇化与城乡协调发展是相互促进的关系：一方面，城乡协调发展为就近城镇化提供了支持。农村经济的快速发展会带来收入的提高，经济收入的提高进而会带动需求的提高，从而产生需求结构随收入提高而变化的倾向，需求结构的改变也必然引起投入结构和产出结构的调整，带动了第一产业向第二、三产业的大规模转移，进而拉动了就近城镇化的步伐。另一方面，就近城镇化推动了城乡协调的发展，各种生产要素合理组织，先进技术得以采用，劳动生产率大幅度提高。而经济由生产导向型转向需求导向型，又促使需求增长成为维持经济增长的重要力量。就近城镇化对城乡协调发展的促进作用是从提高生产效率开始，通过提高居民收入水平来增加有效需求，最终实现刺激城乡协调发展的效果。

1. 城乡协调发展对就近城镇化的支持作用

城乡统筹是城镇化的体制保障。经过多年的发展，中部地区的城镇化包括中小城市的城镇化建设已经取得了很大成绩。但从总体上看，制约城镇化发展的制度性障碍依然存在，城市化水平滞后的问题并未得到根本解决。

城乡协调发展通过产业升级来影响城镇化。城镇在产业链条、技术水平、生产资源等方面与农村存在合理的梯度，相互间既存在差距又存在合作的空间。城乡协调发展有利于城乡之间经济要素的流动，促进二三产业的发展，加快农村工业化进程，优化农村和城镇经济的产业结构，不仅为城镇化积累资本创造条件，也带动了农村经济的发展。实践表明，凡是城乡协调发展好的地区，城镇化进程也比较快。

2. 就近城镇化对城乡协调发展的推动作用

就近城镇化可以有效转移农业剩余劳动力，加快农业现代化进程。通过农村人口逐步向就近城镇的转移和集中减少了农民和自然村庄，并通过承包地使用权的转移，使土地可以向种田能手和种植专业户集中，扩大农业经营规模。在此基础上引入机械化生产手段，改造农田水利设施，进行规模化生产，大大提高农业的生产效率，同时引进现代的生物技术，增加农产品的多样性，提高农产品的质量，使农业转向科技化、精细化、集约化经营，提高农产品的附加值，增强农产品在国际市场上的竞争能力，从而加速提高农业的经济效益，保持农业自我发展的内在动力。

就近城镇化有利于统筹工业现代化与农业现代化的发展。就近城镇化对基础设施建设、房地产开发及工业产品的消费提出了巨大的需求，为工业生产提供了巨大的市场，促进了工业化的发展，而工业化有利于吸收农村的剩余劳动力，为工业化提供廉价劳动力的同时，又能提高农民的收入，反过来又会刺激工业生产的规模。农业在剩余劳动力转移之后，就可以实现农业规模化经营，引进先进的机械化生产和生物技术，提高农业劳动生产效率和农产品市场竞争力，增加产品的附加值，促进农业生产经营的现代化，进一步提高农民收入。

就近城镇化通过促进农民生活方式和思维意识的改变影响城乡协调发展。就近城镇化

的过程既是我国经济发展现状决定的一个自然过程，也是一个社会文明变迁的人文过程。在社会主义市场经济条件下，就近城镇化除了包括城镇人口数量的增加和规模的扩大外，还伴随着农村社会生活和文化意识的变迁和更新。就近城镇化实质上意味着人类居住形式变化所引起的生活方式的嬗变、思维方式的改变和各种社会关系的变革。因此，就近城镇化的推进会改变农村地区的文化传统，使原有的传统小农意识融入现代市场经济的城市意识中，这种生活方式和思维意识的改变会对城乡协调发展的发展产生非常重要的影响。

就近城镇化有利于统筹城乡基础教育。就近城镇化过程中，大量农民要进入城市和非农产业，他们的受教育程度将影响到工业化和城市化的水平和规模。就近城镇化使分散在农村的基础教育的资金、设备、师资等资源在就近城镇地区聚集，形成优势资源，可以大幅提高教育教学水平，受教育者通过城镇化进程，或可直接享有这种优势资源，或可接受其辐射和影响，使教育水平共同提高。通过就近城镇化，地方政府有更强的财力和物力来加大对教育事业的投入，以提高教育教学的质量。

就近城镇化有利于统筹城乡居民迁移。大规模移民是城镇化过程中的必然现象，在我国突出表现为农民工在城乡之间大规模地流动。由于严格的户籍管理制度，农村人口要想迁移到大城市非常困难，面对这一流动的特殊群体，如果采取封闭、歧视、排斥和不欢迎的态度，那么这一人群的不稳定性将会增加，成为社会安定的重大隐患。就近城镇化过程中，农村剩余劳动力可以就近转移到城镇，比往大中城市迁移成本更小，门槛更低，适应更快，流动更自由。城镇是城市连接乡村的纽带，也是农民进城谋业的桥头堡和中转站，就近城镇化为农村剩余劳动力的迁移提供了一个缓冲地带，减轻了大中城市的就业和管理压力，为农村剩余劳动力的转移提供了有效的方法和途径。

四、推动中部地区就近城镇化的对策

1. 科学规划城镇布局，提高中心城镇的集聚效应

就近城镇化的推进需要充分发挥规划的指导作用，科学布局中心城镇和新型农村社区。

（1）合理选择中心城镇。从整体上对中心城镇进行规模定位，中心城镇的规模要适度，要同城镇的性质、建设的条件、现有和潜在的规模容量以及在区域城镇体系中所处的地位相适应，并与产业发展、土地利用、基础设施和社会公共服务规划相衔接。中心城镇的选择可以依托我国自然形成的呈网格规律分布的中小城市，这些中小城市大多是交通枢纽，地理环境较好，通信较方便，二、三产业正在发展，具有一定的辐射能力和带动能力，有一部分初步具有向小都市发展的潜力。

（2）合理规划中心城镇的基础设施。就近城镇化的推进离不开齐全的基础设施和完善的公共服务，中心城镇需要按照城市化的标准加强基础设施建设，集中财力优先安排水、电、路、通信等基础设施建设和公共服务设施，为构建易就业、宜定居、宜经商的良好氛围提供硬件支持。基础设施建设既要给予应有的重视，有序布局，防止重复建设，又要适度超前，通过基础设施的不断完善增强中心城镇的辐射和吸引能力。

（3）建立科学合理的城镇体系。在城镇体系的布局上，需要统筹考虑城乡一体化发展和农村劳动力的迁移，注重完善城镇综合功能，提高城镇综合承载能力。根据就近城镇

化建设的需要，稳妥实施撤乡设镇、撤乡（镇）设街道、“村改居”等政策，并且根据建设新型农村社区的要求，积极推进旧村改造、村庄合并、整体搬迁等，合理调整和优化城镇体系及村庄布局。有条件的地区要充分利用区位优势、资源条件和劳动力规模等因素，突出中心城镇的特色，发展独特区域功能的专业化城镇。

2. 强化城镇产业支撑，构建合理的“产业—空间”结构

就近城镇化的推进必须以中心城镇产业的发展为依托，没有产业集聚的城镇，无法提供足够的就业机会，人口很难实现充分就业，也就缺乏足够的收入来刺激消费，城镇就会变成没有造血功能缺乏发展动力的城镇。城镇的“产业—空间”结构不是产业和空间的简单相加，而是一个有机整体。

（1）优化农业产业结构，实现农业规模化生产。数据显示，我国2.5亿农户承包了18亿亩耕地，平均每个农户的经营规模大约为7亩。但平均数不代表大多数，现在有14个省户均耕地不到2亩，660多个县户均耕地不足1亩。农民种稻谷、小麦和玉米三大粮食作物，扣除农资成本上涨因素，亩均净利润是185.2元。也就是说，即使按户均7亩地、夏秋两季都收粮计算，每年种粮净利润不到2600元（185.2元×7亩×2季）①，农业的生产率低，农民收入低。农业的发展是就近城镇化的直接动力，能够为城镇化建设提供更多优质的原料，又会使更多的劳动力从农业中分离出来，转移到二、三产业中去，满足城市发展对劳动力的需求。优化农业产业结构，积极发展农产品加工业和特色农业，实现农业的规模化经营，不仅可以实现粮食的增产，确保农业基础地位的稳固和粮食的安全，也可以使产业发展更加符合县域特色经济发展的要求，逐步形成包括农业产业化、工业品生产和特定服务产品供给的经济体系。

（2）积极培育特色产业，主动承接产业转移。一方面，积极发展区域内的农产品加工业和商贸、物流、餐饮等服务业，并根据区域特色和资源禀赋，规划建立各类产业园，依照产业特点，宜农则农、宜工则工、宜商则商。另一方面，实施有效的产业集聚政策，吸引并承接东部转移的劳动密集型产业入驻，培育城乡经济协调发展的增长点。将招工和招商引资同步推进，对转移到城镇的企业给予各种形式的政策优惠，引导分散产业向城镇集中，充分发挥城镇作为区域商品集散中心的作用，以经济的升级为城镇化的深入进行打好基础，克服盲目的城镇化。

（3）发展关联性主导产业，推动城镇集群式发展。城镇要依据现已存在的规模经济和集聚优势，与更多相邻的城镇实现分工合作，加强县域之间以及县域和中心城镇之间产业发展的协调性和横向的经济联系，通过比较优势互补来促进城乡经济协调发展，形成集群式经济发展区。集群式的发展能够加速城镇的发展，整合区域内产业和市场，实现资源的优化配置，增强城镇的竞争力。通过地区或区域性的产业分工协调培育区域性主导产业，能够进一步推动城镇化的升级。这样不仅能够为剩余劳动力提供更多的就业机会，拓展城镇的发展空间，还能为城镇的良性发展创造良好的外部条件，使农村劳动力不仅能“搬进来”，而且“住得稳、能致富”。

---

① 张璐晶：《城镇化，请尊重农民》，《中国经济周刊》，2011年第10期。

3. 多渠道筹集资金，实现就近城镇化融资方式的多样化

目前，我国城镇化建设的投融资模式已经由早期政府完全计划控制、财政预算支付，逐步转型为由财政资金引导、市场资金相配合的市场化融资模式。但从总体来看，在城镇化建设的投资主体中，政府投资仍然占据主导地位，社会各方资金作为投资主体共同参与城镇化基础设施建设的格局尚未形成。由于我国城乡经济发展并不平衡，各个地方政府的财政投入差别也比较大，中西部地区经济较不发达，财政资金不足，直接造成城镇基础设施等公共事业建设落后，极大地制约了城镇的发展。

（1）激活社会资本，拓宽民间资本投入领域。各地应该根据自身的具体情况，针对就近城镇化中实施的不同项目，采用不同的融资方式。除了采用传统的财政投资和金融机构贷款等方式外，还可以引入项目融资的方式，将基础设施项目划分为经营性项目和非经营性项目。非经营性项目的投资主体为政府，经营性项目具有公共物品和私人物品的混合经济属性，其投资主体可以是国有企业，也可以是民营企业或者外资企业。鼓励有实力的企业通过 BT 或者 BOT 等方式参与中心城镇和新型农村社区的基础设施建设，借助市场的力量将经营性项目进行资本化运作，减少这部分可经营性资源的直接财政支出。另外需注意的是，由政府承担的非经营性项目在投资运作的过程中，也需要引入竞争机制，按招标制度流程进行操作，促进投资效益的提高。

（2）建立新型城镇建设多元投入机制，实现融资方式的多样化。通过制定相关政策，运用市场经济的办法，积极引导民间游资转移到新型中心城镇的建设上。政府可以设立中心城镇基础建设专项基金，发行基础设施融资债券等；各级金融机构除加大对中心城镇建设的信贷支持力度外，可创新试点城镇私募基金，为基础设施建设提供资金。通过引入社会资金和竞争机制，完善政府引导、市场运作的多元化投融资体制，能够为就近城镇化中城镇的基础设施等公共服务建设提供更充足的资金。

4. 深化城镇管理体制改革，增强中心城镇对农民转移的吸引力

城镇建设的重心在于管理体制的改革，只有提升农村劳动力生活质量，实现城乡居民权利的均等化，才能从根本上增强城镇对农村人口的吸引力。

（1）改革户籍制度。降低农村转移人口“城镇化”的门槛，逐步打破城乡分割的二元户籍管理制度。按照《国家新型城镇化规划（2014—2020 年）》的要求，推进符合条件农业转移人口落户城镇。实施差别化落户政策，以合法稳定就业和合法稳定住所（含租赁）等为前置条件，全面放开建制镇和小城市落户限制，有序放开城区人口 50 万~100 万的城市落户限制，合理放开城区人口 100 万~300 万的大城市落户限制，合理确定城区人口 300 万~500 万的大城市落户条件。

（2）完善相关社会保障制度。按照《国家新型城镇化规划（2014—2020 年）》的要求，推进农业转移人口享有城镇基本公共服务。农村劳动力在城乡间流动就业是长期现象，按照保障基本、循序渐进的原则，积极推进城镇基本公共服务由主要对本地户籍人口提供向对常住人口提供转变，逐步解决在城镇就业居住但未落户的农业转移人口享有城镇基本公共服务问题。要保障随迁子女平等享有受教育权利，完善公共就业创业服务体系，扩大社会保障覆盖面，改善基本医疗卫生条件，拓宽住房保障渠道，逐步实现城乡公共服

务全覆盖与均衡化。

（3）改革土地管理制度。在充分保障农民权益的前提下，探索允许农民进城落户后依法处置承包地、宅基地等农村土地的有效形式。提高农村征地补偿标准，促进农村集体土地使用权的出让、转让、出租、公开拍卖以及投资入股等，加快宅基地使用权制度的改革，逐步建立城乡统一的建设用地市场。坚持“依法、自愿、有偿”原则，积极推进土地承包经营权流转，探索建立农村劳动力就近城镇化后承包地和宅基地等农村土地资源有偿退出的机制，创新农村集体土地上房产产权产籍管理制度。对符合规划、经批准使用农村集体建设土地的城镇经营性项目，探索由农民或农村集体经济组织以多种方式参与土地开发经营。构建节约集约用地机制，鼓励农民承包的土地向种田大户集中，为农村土地的规模化经营创造条件。同时在城镇化建设中要强化各类建设用地标准控制，合理提高城镇建筑容积率，提高土地利用效率，实现土地综合利用和收益最大化。

（4）改革行政管理体制。按照就近城镇化发展的需要，逐步打破现有的行政壁垒，积极稳妥地推进行政区划调整，整合行政区划，支持有条件的设区市进行行政区划调整，优化行政层级和行政区划设置。适时适度调整行政区规模和管理幅度，逐步改变按照行政等级配置公共资源的管理体制。支持有条件的中心城镇发展成为小城市，拓展中心城市的发展空间，激发城镇的发展活力。坚持权责利相统一，合理划分政府事权，进一步简政放权，适当扩大县级政府和小城镇经济社会管理权限，解决中小城市和小城镇由于行政等级权利的限制和城市级别差异等原因享受不到应有的城镇化发展机遇等问题。

最后，特别强调的是，在推动就近城镇化的过程中要注意尊重农民的意愿，综合考虑现实需求，因地制宜地推行就近城镇化，不能盲目。城镇化的目的，首先是让农民过上更为舒适便捷的生活，而不是谋求 GDP 宏观上数字的增长。城镇化是一个渐进的过程，在农业生产无法保证，城镇的功能和产业支撑没有到一定程度，农民的切身利益没有得到有效解决和保障的情况下，盲目推进城镇化会带来一系列社会问题。例如，一些地区提出“三年大拆大建大变样”，就是要将原有的土地进行拆迁，腾出新的土地用于商业开发；许多地方的新农村建设没有立足于长远发展，出现了空壳村、空壳镇；农村出现拆旧村建新村，旧村改造，一些农民“被上楼”的情况。① 就近城镇化是农民可以选择的、自发的“城镇化”，而非地方政府强制推行的“城镇化”，农民是“上楼”还是要“平房”是农民自己的选择，要尊重农民的意愿。此外，就近城镇化的推进需要坚持因地制宜的战略。如果不是根据地方经济及产业的发展情况来推进城镇化，而是盲目造房子、盲目建大城，幻想依靠城镇规模的扩大来吸引人口迁移，这样片面追求规模扩张的城镇化，其中既没包含人的城镇化的应有内涵，也没有考虑到合适的产业支撑，无法与经济、社会发展相适应。我国不同地区之间的经济社会发展差距较大，就局部地区而言，城镇化超前与城镇化滞后的现象同时存在，因此，推动就近城镇化要综合考虑各方面因素，科学规划，循序渐进，真正做到维护广大农民利益，为经济社会发展服务。

① 据《中国统计年鉴》2012 年数据，全国平均城镇化率为 52.72%，山西为 51.26%，安徽为 46.50%，江西为 47.51%，河南为 42.43%，湖南为 46.65%，湖北为 53.50%。

要素流动对新型城镇化的影响分析
——以中部地区为例

阮陆宁　李锐
（南昌大学中部经济社会发展研究中心，南昌大学经济管理学院　南昌　330031）

一、引言

党的“十八大”明确提出走新型城镇化道路。李克强总理指出：“城镇化是中国现代化进程中一个基本问题，是一个大战略、大问题。”① 在这样一个全新的时代背景下，对新型城镇化的探索，无疑具有重大意义。

与我国传统城镇化道路相比较，倪鹏飞（2013）指出新型城镇化“新”在创新驱动、以人为本和可持续发展。为实现新型城镇化，应使区域之间、城市之间、城乡之间的要素能够迅速、便捷、便宜地自由流动，并改变过去依靠低端要素消耗的做法，利用人力资源、信息资源等新型高端要素促进城镇化的发展。新型城镇化是“以人为本”的城镇化，新型城镇化人口是享受城市各类基础设施及服务的人口，新型城镇是承载非农产业和非农人口的功能区，带来社会组织方式、生产方式和人民生活方式的变化。激活要素流动，充分利用新型高端要素，成为推动新型城镇化发展的重要途径。

国家统计局统计数据显示，2012 年全国平均城镇化率为 52.57%，同期，中部六省城镇化率有五省低于全国平均水平。要素流动，尤其是新型高端要素流动，对新型城镇化发展有着重要推动作用。本文将从推动新型城镇化发展角度对要素流动进行测度，以研究要素流动与新型城镇化之间的关系，从而有针对性地提出推动中部地区新型城镇化发展的对策建议。

二、文献回顾

国外学者就要素流动与城镇化二者关系的研究最早开始于 20 世纪 60 年代。库兹涅茨（1966）指出各个产业具有不同的要素属性，这种属性上的差异决定了要素流动对城镇化的影响。农业生产依存于土地资源要素比较富裕的地区，技术密集型产业和服务业只有在城市或者要素层次更高的乡镇中才能获得规模效应和集聚效应，随着经济的发展，制造业（第二产业）和服务业（第三产业）将取代农业（第一产业）成为主导产业，这种结构上的变动需要劳动力、资本、技术等生产要素以及人们的居住地点向城镇地区转移，由此

① 李克强：《协调推进城镇化是实现现代化的重大战略选择》，《行政管理改革》，2012 年第 11 期。

推动了城镇化进程。Barney Cohen（2004）认为在当前全球化时代背景下，能够成功吸引外资和技术的城市，发展的速度就能够加快，城镇化水平也能达到较高水平。政府如果能够在金融自由化、贸易自由化以及消除保护性贸易壁垒等方面完善其职能及作用，便能够成功吸引技术及投资。Victor F. S. Sit（2001）通过研究发现适当的外国直接投资政策，使在运输与通信设施在区域与全球竞争力上有优势的国家在城镇化中受到更大程度的影响。David Clark（1998）的研究认为，近年来亚非地区的城市化响应了新的全球经济秩序，资本从发达国家流入发展中国家，在二、三产业创造了就业机会，由此引发人口迁移进而推进了城镇化。亚非拉美的城镇化都是 FDI 引发的间接结果。

我国学者也从不同角度对要素流动与城镇化之间的关系进行了研究。邱晨曦和靳峰（2003）研究了外国直接投资与中国代表省份的城镇化进程关系，认为在 21 世纪，外国直接投资已经成为推动中国由农村向城市、农业社会向工业社会转变的强大动力。毛新雅（2006）首先分析了长三角城市结构体系，运用 FDI 对人口迁移的影响构造模型，结果显示 FDI 对人口迁移的作用并不显著，故而对城镇化的影响并不显著，但是对上海发展成为世界级的大城市意义显著。吴福象与沈浩平（2013）提出城镇化战略可以通过要素空间集聚来实现，并以长三角城市群 16 个核心城市的人力资本为代表的创新要素的空间集聚与城镇化水平建立回归模型，发现集聚提高了外部经济性进而推动产业结构升级，由此推动城镇化。张丽琴与陈烈（2013）以经济要素、人口要素、科技要素及制度要素与城镇化水平建立回归模型，运用主成分回归分析方法进行回归，发现这四类要素的聚集程度对推动产业结构升级的速度与城镇化水平有着显著正相关关系。丁丽（2013）以 FDI 在安徽省新型城镇化进程中的作用分析，采取层次分析法，构建了安徽省城镇发展的综合指标，以此建立模型进行回归，证明 FDI 能对安徽省城镇化有着极大的推进作用，而城镇化的推进也能吸引更多国外资本，二者互为因果。高峰（2014）基于 2000—2012 年省级面板数据，对要素流动下产业结构合理化、高度化对城镇化影响进行了实证分析，发现隶属第二产业要素的聚集最有利于推进城镇化，第三产业要素聚集尚有巨大潜力。

以上研究表明，要素流动对城镇化发展有着重要影响，对中部地区城镇化研究有着重要的借鉴意义。在“以人为本”的新型城镇化背景下，人力资源、信息资源等新型高端要素对城镇化发展将起到更为重要的作用。而现有的文献对要素流动度量方法研究较少，且在度量过程中对新型高端要素流动的度量也较少涉及。本文将从推动新型城镇化发展角度对要素流动进行测度，并在新型城镇化背景下考虑新型高端要素流动，以研究要素流动与新型城镇化之间的关系。

三、要素流动对新型城镇化影响的理论框架

从上述理论回顾中可以看出，要素流动对城镇化有着重要影响。城镇化通过要素流动驱动的机理，本文借鉴以 Fujita（1997）为代表的新经济地理学派的要素驱动模型进行分析，即产业结构变动，产业创新和产业增长通过要素向城镇聚集而驱动，城市的基础设施和服务水平由此上升，推动城镇化发展。

1. 资本流动

由于资本利用率的差距以及由此所引起的投资回报率的差距，资本由农业向非农产业、农村向城市转移。在某一国家或地区同一发展阶段中，城市和非农产业因其区位优势、规模经济和集聚效应等一系列优势，普遍拥有比农村和农业相对较高的技术水平和人力资源，从而导致资本利用率差异化。在资本利用率出现差距的前提下，单位经济效益产出成本也出现差异性，进而导致了单位资本投入回报率产生差距。这种差距的存在最终导致了资本在城市与农村之间的流动和资本的非农业化。

2. 劳动力流动

由于农业与非农产业资本利用率和投资回报率的差距，农业与非农产业的劳动力工资也产生差距，导致劳动力由农村向城市的转移，农业至非农产业的转移。劳动力自农村向城市的流动，必然增加城市对商品和服务的需求，进而促进服务业（第三产业）的发展，就业结构随之发生调整，进而实现产业结构升级与优化。劳动力流动过程的实质就是资源实现重新优化配置的过程，其他要素（例如技术）流动通常会与劳动力流动并存，从而实现多种要素在空间中的聚集，进一步推进城镇化发展。

3. 技术扩散

技术转移与扩散通常与劳动力转移相并行，随劳动力流动而流动。由于城市与农村之间的贫富及收入差距，高技术或具有某些专利技术的劳动者为追求更高收入水平，享受更丰富的商品与服务，选择基础设施更为完善的城镇地区作为居住地。技术随着这些人员的转移而流向城镇，进而推动城镇化发展。相关企业与产业的转移伴随着技术转移与扩散。技术创新带来某些产业生产率的提高，这些产业通过技术扩散将技术传播到相互关联的产业，而这些产业之间为了获得关联效应、规模效应也选择向城镇地区集聚。产业结构得到提升，从而推进城镇化发展。

4. 信息流动

信息是要素流动的一种外在形式。冯伟（2010）依据新经济地理学思想，指出基于产业集聚的信息流动特性，可以把产业集聚看成是具有分工协作关系的企业通过信息流动而集结在一起形成的一种空间现象。当某一地区由于某种偶然因素或难得机遇创生出了一个具有多维信息的企业，该企业通过信息流动与其他企业发生联系，并在本地市场效应和价格指数效应的循环累积作用下，在迂回生产与延长生产链的激励下吸引众多企业入驻该地区，使得由该企业所代表的产业形成一定的分工明确、纵横交错的集聚规模，从而导致产业结构升级，产业持续增长。企业因信息流动而集结，导致劳动力的集结。信息的流动使劳动力认识到了农业与非农产业、农村与城市在收入生活等方面的差距，最终导致了由贫穷地区向发达地区、低收入地区向高收入地区、农村向城市的劳动力流动，促进劳动力市场效率，推动城镇化发展。

本文将以新经济地理学思想为基础，结合新型城镇化时代背景，完善要素流动度量方法，建立实证模型，研究要素流动与城镇化之间的关系。

四、模型建立及实证分析

1. 模型建立

为说明要素流动对新型城镇化的影响，本文进行严格的计量分析。依据新经济地理学理论，资本流动、劳动力流动、技术扩散以及信息流动会导致产业结构变动、产业创新和产业增长，从而推动城镇化进程。依照新经济地理学理论，由于规模报酬递增，各要素在空间中的聚集，能促进经济持续增长，改善产业结构，促进产业创新，从而推动城镇化进程。

在城镇化测度方面，姜爱林（2002）归纳总结出测度城镇化水平的五种方法，常见的测算方法有人口比重指标法、城镇土地利用比重指标法、调整系数法、农村城镇化指标体系法与现代城市化指标体系法等几种。本文采用人口比重指标法，通过采用中部六省城镇人口占其总人口的比重来表示该六省的城镇化水平。

在要素度量方面，本文借鉴张辽（2013）对劳动力流动、资本流动以及技术扩散的度量方法。以各地区人口总变动量剔除自然增长量（LFF）衡量劳动力流动，以各省资本存量占全国资本存量的比重（CFT）测定资本的相对流动，以申请专利增长率（TFD）度量技术扩散。此外，本文结合新型城镇化背景，添加对各地区信息流动的测度，以各省年末邮电业务量（IFA）进行度量。由于是对要素流动的测度，本文对上述 4 个变量取对数处理。依据前文对要素流动影响城镇化的机理分析，各要素流动增加将会对城镇化起到推动作用，人力资源、技术以及信息资源等新型高端要素能够对城镇化推进起到更为显著的作用。

除要素流动以外，城镇化进程也受其他因素影响。普遍认为一个地区工业化程度越高，当地城镇化水平越高；一个地区对外开放程度越高，当地城镇化水平也越高；一个地区经济制度也能影响城镇化水平，市场经济越为活跃，城镇化水平也越高；基础设施建设越优越，城镇化水平也相应越高。本文选择工业化程度（industry）、对外开放程度（trade）、制度因素（regulation）以及基础设施建设程度（construction）4 个指标作为模型控制变量。工业化程度以每年各省工业增加值占 GDP 的比重测度；对外开放程度以每年各省进出口总额占 GDP 的比重测定；制度因素以国有企业总产值占当年工业总产值比重度量；对基础设施建设程度的测定，本文借鉴姚先国与张海峰（2008）的做法，以每万平方公里的公路里程数衡量。上述 4 个指标应与城镇化水平有着正相关关系。

模型建立如下：

$$\begin{aligned} urban = {} & \beta_1 \ln LFF + \beta_2 \ln CFT + \beta_3 \ln TFD + \beta_4 \ln IFA + \beta_5 industry + \beta_6 trade \\ & + \beta_7 regulation + \beta_8 construction \end{aligned}$$

本文建立中部六省省级面板数据回归模型，所选数据皆来自 1994—2013《中国统计年鉴》及中部六省统计年鉴，计量回归样本的时间跨期为 1993—2012 年，共计 20 年。

2. 实证分析

本文首先在误差项与自变量不相关的假设条件下，对固定效应以及随机效应进行Hausman 检验。表 1 为 Hausman 检验的结果。Hausman 检验结果表明，检验结果 *P* 值，Prob>chi2=0.0000，故拒绝原假设“Ho：Difference in coefficients not systematic”，认为随机误差项与自变量相关，选择固定效应模型。

表 1 **Hausman 检验结果**

	Coefficients		(b-B) Difference	sqrt (diag (V_b-V_B)) S. E.
	(b) FE	(B) RE		
LFF	16.03469	-21.81756	37.85225	10.71335
CFT	1.335946	2.524234	-1.188288	.3711112
TFD	3.25857	5.209552	-1.950982	.4005058
IFA	2.217462	3.03308	-.815618	.2807643
industry	.1201312	.0126718	.1074594	.0419757
trade	.7057779	1.808826	-1.103048	.6243706
regulation	-.0240296	-.0293317	.0053021	.0116627
construction	-.058936	-7.311781	7.252844	1.035641
_cons	-150.562	159.1424	-309.7044	92.4366

注：b=consistent under Ho and Ha；obtained from xtreg

B=inconsistent under Ha，efficient under Ho；obtained from xtreg

Test：Ho：difference in coefficients not systematic

chi2 (5) = (b-B)′ [(V_b-V_B) ^ (-1)] (b-B)

= 69.12

Prob>chi2=0.0000

(V_b-V_B is not positive definite)

资料来源：《中国统计年鉴》(1993—2012)，中部六省统计年鉴（1993—2012)。

表 2 为报告了固定效应的回归结果。表中第二列四大要素流动对城镇化影响皆为显著正效应，其中劳动力流动（lnLFF）效应最大，拟合系数为 16.03469；其次为技术扩散(lnTFD)，拟合系数为 3.25857；对城镇化推动效应最小的为资本流动（lnCFT），拟合系数为 1.335946。新型高端要素人力资源、技术和信息资源对城镇化推进作用更为显著。

表 2 中，控制变量中工业化程度对城镇化影响呈显著正效应，与假设吻合，其余控制变量对外开放程度、制度因素和基础设施建设对城镇化影响皆不显著，与假设不相符。刘勇、刘津、许云（2014）指出，中国城镇化明显滞后于工业化水平，城镇化与工业化水平的协调显著性呈现“东西部高、中部低”格局，中部六省区处于城镇化工业化中期阶段，工业化仍是推进城镇化的主要动力。这与本文结论相一致。由此可以发现，中部地

区城镇化推进主要方面在工业化，在过去城镇化进程中，工业化起着重要的推动作用，过去的城镇化推进集中在工业化。其余控制变量即对外开放程度、制度因素和基础设施建设，在过去城镇化进程中的作用还未能体现出来，中部地区在对外贸易、制度建设和基础设施建设方面还未能对城镇化起显著的推动作用。

表 2　　**固定效应回归结果**

Fixed-effects（within）regression	Number of obs = 120
Group variable：province	Number of groups = 6
R-sq：within = 0.9609	Obs per group：min = 20
between = 0.2443	avg = 20.0
overall = 0.1931	max = 20
	F（8，106）= 325.33
corr（u_i，Xb）= -0.6756	Prob>F = 0.0000

urban	Coef.	Std. Err.	t	$p>\|t\|$	[95% Conf. Interval]	
LFF	16.03469	6.852589	2.34	0.021	2.448765	29.62061
CFT	1.335946	.4496774	2.97	0.004	.4444166	2.227475
TFD	3.25857	.4268732	7.63	0.000	2.412252	4.104887
IFA	2.217462	.2962505	7.49	0.000	1.630117	2.804808
industry	.1201312	.0411747	2.92	0.004	.0384984	.201764
trade	.7057779	.5928971	1.19	0.237	-.4696984	1.881254
regulation	-.0240296	.0216992	-1.11	0.271	-.0670505	.0189913
construction	-.058936	1.333151	-0.04	0.965	-2.702037	2.584165
_cons	-150.562	59.16543	-2.54	0.012	-267.8632	-33.26077
sigma_u	12.431658					
sigma_e	1.7700259					
rho	.98013059（fraction of variance due to u_i）					

注：F test that all u_i = 0：　F（5，106）= 34.99　Prob>F = 0.0000

资料来源：《中国统计年鉴》（1993—2012），中部六省统计年鉴（1993—2012）。

五、结果与建议

本文通过对新型城镇化背景的分析，结合前人研究成果，以新经济地理学理论为基础，分析要素流动尤其是新型高端要素，对新型城镇化的影响，由此建立计量模型，并以1993—2012 年中部地区六省面板数据进行计量分析，结果证实了起初的假设，要素流动对新型城镇化有显著的推动作用，人力资源、技术及信息资源对城镇化的推动作用则更为显著。在新型城镇化发展的过程中，各级政府应当对新型高端要素充分利用，在重视资本投入的同时，也应同时建立对人力资源、技术及信息资源的管理机制，充分发挥新型高端要素在新型城镇化发展的作用。从本文模型的其余控制变量的回归结果可以看出，工业化一直是中部地区推进城镇化的重要途径，而对外贸易、制度建设和基础设施建设对城镇化的推进存在很大的空间，因此，中部地区应加大开放力度，完善制度建设，并在交通、医疗等各类公共物品及公用事业方面加大投入力度，以推进新型城镇化进程。

参考文献

[1] 李克强：《协调推进城镇化是实现现代化的重大战略选择》，《行政管理改革》，2012 年第 11 期。

[2] 倪鹏飞：《新型城镇化的基本模式、具体路径与推进对策》，《江海学刊》，2013 年第 1 期。

[3] 库兹涅茨：《现代经济增长》，北京经济学院出版社 1989 年版。

[4] Cohen, B., Urban Growth in Developing Countries: a Review of Current Trends and a Caution Regarding Existing Forecasts, World Development, 2004, 32 (1).

[5] Sit, V. F. S., Globalization, Foreign Direct Investment and Urbanization in Developing Countries, World Bank Discussion Papers, 2001, 415.

[6] Clark, D., Interdependent Urbanization in an Urban World: an Historical Overview, The Geographical Journal, 1998, 164 (1).

[7] 邱晨曦、靳峰：《外国直接投资与中国城市化的相关性分析》，《经济纵横》，2003 年第 12 期。

[8] 毛新雅：《长江三角洲地区外商直接投资的城市化效应研究》，上海市社会科学界第四届学术年会，2006 年。

[9] 吴福象、沈浩平：《新型城镇化、创新要素空间集聚与城市群产业发展》，《中南财经政法大学学报》，2013 年第 4 期。

[10] 张丽琴、陈烈：《新型城镇化影响因素的实证研究——以河北省为例》，《中央财经大学学报》，2013 年第 12 期。

[11] 丁丽：《试述 FDI 在安徽省新型城镇化进程中的作用》，安徽大学博士论文，2013 年。

[12] 高峰：《我国产业结构变迁对城镇化的影响研究》，重庆工商大学博士论文，2014 年。

[13] Fujita, M., Structural Stability and Evolution of Urban Systems, Regional Science & Urban Economics, 1997, 27 (4).

[14] 冯伟：《信息流动与产业集聚：来自江苏的例证》，《中国矿业大学学报（社会科学版）》，2010 年第 1 期。

[15] 姜爱林：《城镇化水平的五种测算方法分析》，《中央财经大学学报》，2002 年第 8 期。

[16] 张辽：《要素流动、产业转移与经济增长——基于省区面板数据的实证研究》，《当

代经济科学》，2013 年第 5 期。
[17] 姚先国、张海峰：《教育、人力资本与地区经济差异》，《经济研究》，2008 年第 5 期。
[18] 刘勇、刘津、许云：《近年来我国区域城镇化进程态势分析》，《区域经济评论》，2014 年第 3 期。

金融发展与中部地区城市化
——基于省级面板数据的实证研究

陈志刚　吴　腾
（武汉大学中国中部发展研究院　武汉　430072）

一、引　言

工业革命以来，城市逐步成为当今世界的经济主导和中心。城市的发展不仅为工业化和乡村人口转移提供了基础平台（Lewis，1954），同时也极大地提高了人们的生活质量。因此，城市化水平的高低已成为衡量一国经济发展水平的重要指标。党的十八大报告也明确提出，必须以改善需求结构、优化产业结构、促进区域协调发展、推进城镇化为重点，着力解决制约经济持续健康发展的重大结构性问题。

中国城市化问题也是近年国内学术界关注的研究热点。从多种不同角度，国内学者对城市化的决定因素与机制进行系统的研究。例如，张涛等（2007）利用中国 1999—2004 年 654 个城市的面板数据，对我国城市非农人口的增长与城市的总人口、经济发展水平、平均工资、土地价格变动以及制造业产值的关系进行了实证分析。任媛、安树伟（2011）利用局部调整自适应期望综合模型，分析城市化水平与非农业产值两者之间关系。但是，作为现代经济的核心，从金融发展角度对城市化进行研究相对较少。“十二五”以来，我国迎来了城市化发展的关键时期，研究金融发展对中部地区城市化的影响具有重要的现实意义。

由于地方保护及市场分割形成的“诸侯经济”（沈立人、戴园晨，1990），对中部六省的实证研究便呈现出类似于“跨国研究”的框架结构；同时，在很大程度上既克服了跨国研究中普遍存在的统计口径和会计标准的不一致，也避免了不同国家之间经济发展水平、制度环境和价值观念等方面的差异问题。运用 1996—2010 年中部六省面板数据，本文对金融发展与中部地区城市化之间的关系进行实证研究；基于实证研究结论，提出加快金融改革与深化，推动中部地区城市化进程的政策建议。

本文的其他部分结构安排如下：首先是简要的文献回顾；其次，介绍变量选择、统计描述与分析；再次，报告实证模型的构建、面板数据估计和内生性检验结果；最后是研究结论与政策建议。

二、文献回顾

从现有的文献来看，国内外学者对城市化问题的探讨主要集中在以下三个方面：一是城市的形成与决定，理论探讨城市形成的原因，并实证检验城市化水平的决定因素；二是合理的城市化水平，回答是否存在最优的城市化水平问题；三是城市的集中度问题，即一国大、中、小城市的分布是否合理，是否达到最佳城市集中度（Henderson，2003）。限于篇幅与相关性，本文主要回顾和梳理城市化水平的决定因素与机制，尤其是金融发展对城市化水平决定作用的研究文献。

对于城市化水平的决定因素，Firebaugh（1979）建立了如下模型：$U=f(E, R, HG)$；其中，U是城市化水平，E是经济发展水平，R是农业密度（单位耕地的农村劳动力数量），HG是历史和地理因素（用过去的城市化水平衡量）。进一步，根据上述城市化的模型，他运用1950—1970年亚洲、拉丁美洲欠发达国家跨国数据的实证研究发现，经济发展水平对城市化的影响最大，农业密度、过去的城市化水平对城市化也具有显著的正向效应，上述三个变量大约可以解释城市化水平变化的3/4。运用发达国家和发展中国家1960—1995年的面板数据，Henderson（2003）的实证结果表明，一国总人口、人均收入、制造业与服务业产值的比例提高，则城市人口增加；农业产值比值越大、土地面积越大则一国城市人口越少。进一步，他认为，人均收入水平越高则一国技术水平越先进，在使劳动力从农业中解放出来的同时，又促进制造业与服务业向城市聚集发展，进而加快了一国城市化的步伐。通过构建城市化水平与经济增长的联立方程，张明斗（2013）运用GMM三阶段最小二乘法对2002—2011年中国30个省区城市化水平和经济增长的内生关系进行实证分析。他的研究结果显示，经济增长对城市化水平的作用呈线性关系，且方向为正，城市空间承载力对城市化水平具有影响作用；同时，城市化水平对经济增长的作用呈现倒U形关系，城市化水平为59.58%是倒U拐点，此时经济增长水平为最高点，到2019年即可实现。

在金融发展对城市化水平的决定作用方面，国内学者进了积极的理论与实证探索。汪小亚（2002）从金融角度分析了城市化进程，并认为金融推进城市化的途径有三：一是为基础设施建设融资；二是支持中小企业的发展；三是促进人口流动与素质提高。通过对金融发展促进城市化进程的机制进行研究，郑长德（2007）指出，金融发展可以通过促进储蓄向投资的转化、提高资本配置效率、促进经济增长、降低交易成本、分散风险等方面促进生产要素向城镇聚集，推进城市化的发展。陆岷峰、马艳（2009）综合分析了国外城市化过程中金融支持的作用与特点，并认为金融支持城市化的关键在于优化金融市场、完善金融组织系统，鼓励多种形式的城市建设融资方式，提高综合化和个性化金融服务能力。实证研究方面，采用非结构的向量自回归模型，黄勇、谢朝华（2008）通过Johansen协整检验和Granger因果检验，发现我国银行贷款和城市化之间存在直接的因果关系，银行贷款对城市化具有重要的支持效应。以国家开发银行为例，陈元（2010）的实证研究表明，开发性金融在支持城市基础设施建设、缓解城市化的资金瓶颈约束、促进城市化作用显著。对金融发展、城市化与城乡收入差距三者之间关系的经验分析，孙永强（2012）的研究认为，我国金融体系也存在城乡二元结构，并且，金融城乡二元结构的缓解将延缓城市化的进程。或者说，金融城乡二元结构显著，反而对城市化是一种促进作用。

以国内外学者的相关研究为基础，本文旨在对金融发展与城市化之间的关系进行实证研究。同时，与国内学者的相关研究不同，本文不是以全国而是以中部六省为样本实证考察城市化水平总体变化与内部差异的金融发展归因。其次，在变量选取方面，本文从金融规模、金融效率两个方面度量金融发展水平；对于城市化水平，本文也采用城市人口占总人口的比重和非农就业人口占总就业人口的比重两个指标进行度量。最后，为克服内生性问题和估计偏差，本文引入法律环境指标作为工具变量，运用两阶段最小二乘法检验金融发展对中部地区城市化的影响。

三、变量选择及统计描述

1. 变量选择

（1）城市化水平变量。

①城市人口比重（urban）。从发展经济学角度来看，农民离开农村进入城市，城市规模就会不断扩张；所以，本文采用已有的实证研究中的普遍做法，将城市人口占总人口的比重（urban）作为衡量城市化水平的指标。

②非农就业比重（nonfarm）。一个地区城市化的进程也是从事农业人口不断转化为从事非农产业的过程；所以，除城市人口比重外，本文同时采用非农就业人口占总就业人口的比重（nonfarm）来衡量城市化水平。

（2）金融发展变量。

①金融规模（fir）。由于分省的现金、债券余额和股票市值无法获取，考虑到我国主要的金融资产集中在银行，而银行的最主要资产是存款和贷款，所以，利用金融机构存贷款占 GDP 的比重（fir）基本上可以揭示出中部六省金融规模状况。

②金融效率（fe）。在很多研究中的普遍做法是，以非国有经济获得银行贷款的比率，表示整个金融系统的效率。但是，基于国有经济在整体经济中的地位，王志强、孙刚（2003）指出这种指标设计是有缺陷的。他们认为，可以用存款与贷款的比值（fe）来衡量金融效率，本文也遵循了这一做法。该比值越大，说明商业银行的放贷越注重效益、风险，金融效率越高。

（3）其他控制变量。

①经济增长（lnrgdp）。经济增长是推进一个地区城市化的决定力量。运用全球 72 个大国（人口超过 1000 万）的样本数据，Chang 和 Brada（2006）对经济增长与城市化关系的实证研究发现，经济增长可以解释样本国家城市化水平变动的 75%。为直接剔除价格水平变动因素的影响，本文以人均实际 GDP 衡量经济增长；同时，为了防止异方差，我们采用人均实际 GDP 的自然对数形式（lnrgdp）。

②教育水平（education）。系统的教育、培训，正规教育和非正规教育可以将无知识、无技能的人群，转化为适应非农产业和城市发展的知识和技能劳动力，将人口红利转化为人力资本红利，进而促进一个地区经济增长和城市化水平的提高。本文以每万人中大学生数量（education）作为衡量中部六省教育水平的指标。

③城乡收入差距（incomegap）。根据发展经济学理论，农村劳动者向城市迁移是城乡预期收入差距的增函数。只要城市工业部门的预期收入高于乡村农业部门预期收入，农民就愿意离开土地迁移到城市谋求新的职业。所以，城乡收入差距是影响城乡人口流动和城市化水平的重要因素。本文采用城镇居民人均可支配收入与农村居民人均纯收入之比（incomegap）来衡量城乡收入差距。

2. 统计描述与分析

本文主要涉及 1996—2010 年中部六省（湖北、河南、山西、江西、安徽和湖南）的面板数据。本文的数据来源于中部六省统计年鉴（1997—2011）和中经网统计数据库。由于个别年份的一些指标数据无法取得，为了保持数据的连续性，我们采用外推法或插值法对缺失数据进行补充。本文的一些数据直接剔除了价格水平变动因素的影响，并且为了减少数据变动幅度，我们对相关变量数据取了自然对数值。本文对数据的统计分析和模型的实证估计均使用 Stata11 统计软件完成。

（1）主要变量统计描述。对 urban、nonfarm、fir、fe、lnrgdp、education、incomegap 等变量指标进行统计描述，相关统计量及其结果见表 1。

表 1 **主要变量的描述性统计结果**

变量	Obs	Mean	Std. Dev.	min	max
urban	90	0. 346	0. 0757	0. 184	0. 497
nonfarm	90	0. 4979	0. 0795	0. 3590	0. 7040
fir	90	1. 892	0. 414	1. 330	3. 200
fe	90	1. 271	0. 277	0. 728	2. 142
lnrgdp	90	9. 031	0. 614	8. 141	10. 77
education	90	90. 23	60. 70	13. 95	226. 4
incomegap	90	2. 768	0. 322	1. 932	3. 304

如表 1 所示，城市人口比重（urban）的均值为 0. 346，标准差为 0. 0757，最小值（0. 184）为 1996 年河南省的城市化水平，最大值（0. 497）为 2010 年湖北省的城市化水平。非农就业比重（nonfarm）的均值为 0. 4979，高于城市人口比重均值，标准差为 0. 0795。金融规模（fir）、金融效率（fe）的均值分别为 1. 892、1. 271，标准差分别为 0. 414、0. 277。经济增长（lnrgdp）、教育水平（education）的均值分别为 9. 031、90. 23，标准差分别为 0. 614、60. 70。最后，城乡收入差距（incomegap）的均值为 2. 768，说明中部地区的城乡收入差距明显，标准差为 0. 322。

（2）主要变量相关分析。进一步，对 urban、nonfarm、fir、fe、lnrgdp、education、incomegap 等变量进行相关分析，城市化水平与其他经济变量之间的相关系数矩阵见表 2。

表 2 **主要变量的相关系数矩阵**

变量	Pearson Correlation						
urban	1						
nonfarm	0. 8766	1					
fir	0. 3713	0. 4262	1				
fe	0. 7781	0. 6459	0. 5296	1			
lnrgdp	0. 7961	0. 6637	0. 2026	0. 8197	1		
education	0. 8854	0. 7791	0. 1497	0. 8069	0. 9001	1	
incomegap	0. 5593	0. 2581	0. 2895	0. 7239	0. 6591	0. 5951	1

如表 2 所示，城市化水平与金融发展之间存在正向联系。城市人口比重（urban）与金融规模（fir）、金融效率（fe）的相关系数分别为 0. 3713、0. 7781；非农就业比重（nonfarm）与金融规模（fir）、金融效率（fe）的相关系数分别为 0. 4262、0. 6459。经济增长（lnrgdp）、教育水平（education）和城乡收入差距（incomegap）也有利于城市化水平的提高，它们与城市人口比重（urban）、非农就业比重（nonfarm）之间显著正相关。此外，城市人口比重（urban）与非农就业比重（nonfarm）之间的相关系数为 0. 8766，说

明度量城市化水平的两个变量之间存在较强的联动性。

四、实证分析过程与结果

1. 实证模型

根据国内外学者的相关研究，为考察金融发展对中部地区城市化的影响，本文运用如下实证模型进行估计：

$$urban_{i,t}\ (nonfarm_{i,t}) = \alpha + \beta_1 fir_{i,t} + \beta_2 fe_{i,t} + \beta_3 lnrgdp_{i,t} + \beta_4 education_{i,t} + \beta_5 incomegap_{i,t} + province_i + year_t + e_{i,t} \quad (1)$$

上式中，下标 i 和 t，分别代表了第 i 个省份（涉及中部地区 6 个省份）和第 t 年（t=1996，1997，…，2010）。urban、nonfarm、fir、fe、lnrgdp、education、incomegap 分别表示城市人口比重、非农就业比重、金融规模、金融效率、经济增长、教育水平和城乡收入差距。$province_i$ 为个体固定效应，$year_t$ 为时间固定效应，$e_{i,t}$ 为误差项。

2. 面板数据估计

运用 1996—2010 年中部六省的面板数据，根据 Hausman 检验结果，对实证模型（1）进行固定效应（fixed effect）回归估计，估计结果见表 3。

表 3　　面板数据估计结果：固定效应

	(a)	(b)	(c)
被解释变量	urban	urban	nonfarm
α	−0.248**	−0.248**	0.315**
	(0.0852)	(0.0857)	(0.108)
fir	0.0270*	0.0271*	0.0167*
	(0.0117)	(0.0117)	(0.0108)
fe		−0.00418	−0.00834
		(0.0225)	(0.0268)
lnrgdp	0.0463***	0.0465***	0.0376**
	(0.00940)	(0.00950)	(0.0119)
education	0.000402***	0.000414**	0.00105***
	(0.000115)	(0.000131)	(0.000164)
incomegap	0.0316*	0.0326*	−0.0404*
	(0.0120)	(0.0133)	(0.0159)
Hausman 检验	chi2（4）= 188.12	chi2（4）= 175.05	chi2（4）= 139.08
	Prob>chi2=0.0000	Prob>chi2=0.0000	Prob>chi2=0.0000
Observation	90	90	90

注：***、**、* 分别代表 1%、5%和 10%的显著水平；表中（ ）内为标准差。

表3显示了固定效应回归估计结果。在方程（a）中，被解释变量为城市人口比重，解释变量分别为金融规模、经济增长、教育水平和城乡收入差距。由方程（a）的估计结果，在10%的显著水平下，金融规模（fir）扩张提高了城市人口比重；说明金融发展通过动员储蓄、促进经济增长、降低交易成本、分散转移风险等途径促进生产要素向城镇聚集，促进中部地区城市化。在1%的显著水平下，经济增长（lnrgdp）、教育水平（education）提升也有利于提高了城市人口比重，促进中部地区城市化。此外，在10%的显著水平下，城乡收入差距对中部地区城市人口比重、城市化产生了积极的影响；说明城乡收入差距在中部地区城乡人口流动、城市化进程中发挥着重要的推进作用。

在方程（b）中，加入金融效率解释变量后的估计结果显示，金融规模、经济增长、教育水平和城乡收入差距仍然是促进中部地区城市化的重要力量，甚至这些解释变量的估计系数和显著水平也没有发生多少根本的变化。与此同时，金融效率（fe）解释变量没有通过显著检验，对中部地区城市人口比重、城市化没有显著的影响。可能的原因是，在市场化改革背景下，国有商业银行注重效益、风险的“惜贷慎贷”行为产生的金融效率提高，一方面通过优化资源配置，促进了城市制造业和服务业增长，以及城乡人口流动；另一方面，商业银行巨额存贷差（如表1所示，存款平均是贷款的1.271倍，最高是贷款的2.142倍）间接地促进了农村民间借贷的发展，活跃了农村经济，提高了农民收入，进而放慢了城乡人口流动的步伐。作为两方面作用的综合结果，金融效率提高对中部地区城市人口比重、城市化没有产生显著的影响。

在方程（c）中，被解释变量为非农就业比重，解释变量分别为金融规模、金融效率、经济增长、教育水平和城乡收入差距。由方程（c）的估计结果，因为前述正反两方面的综合作用，金融效率（fe）依然没有通过显著检验，对中部地区非农就业比重、城市化没有显著的影响。分别在10%、5%和1%的显著水平下，金融规模（fir）、经济增长（lnrgdp）和教育水平（education）提高了非农就业比重，促进中部地区城市化。此外，在10%的显著水平下，城乡收入差距（incomegap）对中部地区非农就业比重、城市化产生了消极的影响。可能的原因是，城乡收入差距扩大抑制了农村消费市场，进而不利于城市制造业和服务业的发展和非农就业比重的提高。

3. 内生性检验

在作出金融规模扩张促进中部地区城市化的判断之前，我们还需要考虑金融规模扩张内生性问题。如果存在同时影响金融规模与城市化的遗漏变量，或者金融发展只是对未来城市化预期的一种反映，就会产生内生性问题及估计偏差。具体而言，一种可能是，金融规模与城市化不存在因果关系，二者共同受某一重要遗漏变量的影响。例如，中部地区的改革开放在不断推进城市化进程的同时也促进了金融规模扩张。另一种可能是，金融规模与城市化存在反向因果关系。也就是，因为不健全的社会保障体系，城乡人口流动、城市化发展会引起社会储蓄率上升，进而导致存贷款总额和金融规模的扩张。无论存在哪种可能，都会产生内生性问题和估计偏差。

为克服内生性问题及估计偏差，需要引入工具变量（Instrument Variable，IV）的估计方法，其关键是找到既可以解释中部六省金融发展差异，又与城市化无直接联系的工具变量。通过实证考察两大法律体系（大陆法系、普通法系）国家的金融发展，LLSV

(1998）的研究发现，相对于大陆法系，普通法系国家给投资者提供了较好的权利保护，金融发展水平也较高，较好的法律实施质量与金融发展之间存在正向联系。通过对中部六省法律环境与金融发展关系的实证考察，陈志刚（2013）的研究表明，法律制度建设促进了中部地区的金融发展。另一方面，一个地区的法律环境与城市化并没有多少直接联系。所以，本文选择法律环境作为工具变量是合理的。

运用樊纲、王小鲁和朱恒鹏（2011）估算的中部六省法律环境指数（law）作为工具变量，对内生性问题进行两阶段最小二乘法估计（2SLS estimate），估计结果见表4。

表4 **内生性检验结果**

	2SLS estimate		2SLS estimate	
	(d)	(e)	(f)	(g)
被解释变量	fir	urban	Fir	urban
α	3.5462***	-0.613**	3.7706***	-0.618***
	(1.0272)	(0.186)	(1.0553)	(0.185)
fir		0.126**		0.121**
		(0.0466)		(0.0444)
fe			0.1851	-0.0186
			(0.1965)	(0.0314)
lnrgdp	-0.3843***	0.0820***	-0.4231***	0.0840***
	(0.1284)	(0.0204)	(0.1350)	(0.0207)
education	-0.0003178	0.000170	-0.000723	0.000209
	(0.001163)	(0.000189)	(0.00124)	(0.000194)
incomegap	0.5260***	-0.0124	0.4925***	-0.00645
	(0.1045)	(0.0265)	(0.1105)	(0.0260)
law	0.1035***		0.1085***	
	(0.0293)		(0.0230)	
R^2 within	0.3995	0.8569	0.4074	0.8638
R^2 between	0.0529	0.1815	0.1892	0.1917
R^2 overall	0.1129	0.5427	0.2073	0.5661
F-statistic	11.31	18.55	9.21	18.34
Observation	90	90	90	90

注：***、**、*分别代表1%、5%和10%的显著水平；表中（ ）内为标准差。

表4显示了以法律环境（law）为工具变量的两阶段最小二乘法估计结果。由方程

(d)、(e) 可知，在1%的显著水平下，区域法律环境对中部地区金融规模扩张具有积极的正向影响；在克服了内生性的问题后，在5%的显著水平下，金融规模扩张对中部地区城市人口比重、城市化具有显著的促进作用。在加入金融效率（fe）解释变量后，方程(f)、(g) 显示，在1%的显著水平下，区域法律环境对中部地区金融规模扩张具有积极的正向影响；在5%的显著水平下，金融规模扩张对中部地区城市人口比重、城市化具有显著的促进作用；而金融效率提高对中部地区城市人口比重、城市化没有产生显著的影响。

五、结论与政策含义

作为工业化和现代化的产物，城市化被看做人类文明进步和一个国家经济发达程度的重要指标。作为现代经济的核心，从金融发展角度对城市化进行研究相对较少，本文尝试从这一新角度对城市化的归因进行实证研究。

在国内外学者的相关研究的基础上，本文运用1996—2010年中部六省的面板数据，从金融规模、金融效率两个方面，实证考察了金融发展对中部地区城市化的影响。面板数据估计结果显示，金融规模扩张显著地推动了中部地区城市化进程，而金融效率提高对中部地区城市化的影响不显著。为克服内生性问题和估计偏差，本文引入法律环境作为工具变量的两阶段最小二乘法估计结果进一步证实了上述结论。实证研究还发现，经济增长和教育水平提升也是促进中部地区城市化的重要力量。此外，实证研究表明，虽然对城市人口比重上升产生了积极的影响，城乡收入差距扩大却不利于中部地区非农就业比重的提高。

由上述研究结论引申的政策含义：一是加快金融改革与深化，推进利率市场化改革，建立显性存款保险制度，大力发展小微民营金融机构，充分发挥金融系统的动员储蓄、优化资本配置、分散风险、促进公司治理、降低交易成本等重要功能，促进人口、要素、资源向城镇聚集，推进中部地区城市化。二是加大金融对教育的支持力度，使更多的金融资源流向教育领域，大力发展正规教育和职业培训，将中部六省的人口红利转化为人力资本红利，在促进经济增长的同时，培养适应城市产业发展的知识和技能劳动力，加快中部地区城市化。三是加大金融对“三农”的扶持力度，着力提高农民收入水平，缩小城乡收入差距，为中部地区城市产业发展提供广阔的消费市场，促进城乡人口有序流动，并避免过度的城乡人口流动带来的交通拥堵、房价飙升、环境恶化等各种现代“城市病”。

参考文献

[1] Lewis, W. A., Economic Development with Unlimited Supply of Labor, The Manchester School of Economic and Social Studies, 1954, 47 (4).

[2] 张涛、李波、卜永祥、伍超明：《制造业、土地成本与中国城市发展——中国城市化决定因素的面板数据模型》，《金融研究》，2007年第3期。

[3] 任媛、安树伟：《劳动力迁移、城市化发展与民工荒》，《经济学动态》，2011年第5期。

[4] 沈立人、戴园晨：《我国“诸侯经济”的形成及其弊端与根源》，《经济研究》，1990

年第 3 期。

[5] Henderson, J. V., The Urbanization Process and Economic Growth: The So-What Question, Journal of Economic Growth, 2003, 8.

[6] Firebaugh, G., Structure Determinants of Urbanization in Asia and Latin America: 1950-1970, American Sociological Review, 1979, 44 (2).

[7] 张明斗:《城市化水平与经济增长的内生性研究》,《宏观经济研究》, 2013 年第 10 期。

[8] 汪小亚:《中国城镇城市化与金融支持》,《财贸经济》, 2002 年第 8 期。

[9] 郑长德:《中国的金融中介发展与城市化关系实证研究》,《广东社会科学》, 2007 年第 3 期。

[10] 陆岷峰、马艳:《以金融支持推进我国城市化进程的新思考》,《苏州教育学院学报》, 2009 年第 1 期。

[11] 黄勇、谢朝华:《城市化建设中的金融支持效应分析》,《理论探索》, 2008 年第 3 期。

[12] 陈元:《开发性金融与中国城市化发展》,《经济研究》, 2010 年第 7 期。

[13] 孙永强:《金融发展、城市化与城乡居民收入差距研究》,《金融研究》, 2012 年第 4 期。

[14] 王志强、孙刚:《中国金融发展规模、结构、效率与经济增长关系的经验分析》,《管理世界》, 2003 年第 7 期。

[15] Chang, G. H. and Brada, J. C., The Paradox of China's Growing Under-Urbanization, Economic Systems, 2006, 30.

[16] La Porta Rafael, Lopez-de-Silanes, Florencio Shleifer Andrei and Vishny Robert, Law and Finance, Journal of Political Economy, 1998, 106.

[17] 陈志刚:《制度、开放与中部地区金融发展: 1996—2010》,《中南民族大学学报》, 2013 年第 4 期。

[18] 樊纲、王小鲁、朱恒鹏:《中国市场化指数: 各地市场化相对进程 2011 年报告》, 经济科学出版社 2011 年版。

基于空间计量方法的人口空间分布及迁移研究
——以河南省为例

戴丽娜　王青玉
（郑州大学商学院　郑州　450001）

一、引　言

国内外有关人口问题的研究历史悠久、内容广泛，尤其在经济学产生之后，经济学家常把人口与经济联系起来，从经济学角度研究人口问题，并把人口当作经济运行中的一个内在因素，从而探寻人口与经济的相互影响。第二次世界大战后，西方就逐渐形成和发展了一门人口学和经济学的交叉学科——人口经济学，把人口与经济发展相结合，探索人口与经济发展之间的关系，从而为国家的发展提出依据。对于中国，一个人口大国，从古到今，人口问题都备受关注。中华人民共和国成立以来的几十年，中国人对人口问题进行了深入的探索，并在不同的时期适应经济的发展而采取不同的政策。关于人口分布和人口迁移的研究众多，很多学者不但从理论上对其进行研究，而且还通过各种方法进行过定量分析。

关于人口分布的研究，刘德钦、刘宇、薛新玉（2004）利用第五次人口普查数据，分别通过三维模型、罗伦斯曲线、人口重心和人口潜力等方法分析中国人口分布特征，并依据地理信息系统理论，研究人口空间分布的相关性；闫庆武（2011）首先提出了人口分布锡尔系数的概念，通过对锡尔系数进行分解，来考察人口分布的集中程度。关于河南省人口分布研究，早在1984年，林福瑞在《略论河南人口的地理分布》一文中对河南省的人口问题就进行了理论分析，并总结出了河南省人口分布的四大特点，但作者的研究只限于理论性阐述而缺乏实证性分析。秦振霞、李含琳、苏朝阳（2009）利用重心的概念及模型通过计算人口重心和经济重心来考察河南省人口的空间分布，从而验证了河南省人口分布不均的特点。地理信息系统发展以后，GIS支持下的人口空间动态研究开始备受关注，李亚丽在其硕士论文《GIS支持下的河南省人口空间动态特征研究》中，根据1980—2002年的数据，运用GIS技术对河南省人口状况进行时空研究，分析其空间差异性与关联性，并在此基础上研究其特征，作者的研究方法多样化，并结合了地理信息技术，但不足之处在于没有把GIS与计量经济学建模相结合。

关于人口迁移的研究，国外的研究相对来说比较成熟。最早的人口迁移理论可以追溯到拉文斯坦的“人口迁移法则”，此后，一系列的西方学者从人口经济学、地理学、发展经济学等不同的角度进行了探索。中国国内的研究起步较晚，也相对比较薄弱。国内的研究大多依附于国外理论的框架，并未提出较新的人口迁移理论。王振营在他的博士论文中把一些代表性的迁移理论分为了两大类：一是人口迁移表象理论，这一理论的特点是直接从迁移资料出发，归纳特定条件下的迁移规律，只注重于表象研究；二是人口迁移的成因理论，此理论从经济学、社会学等众多学科出发，探寻人口迁移的动因。人口迁移表象理论更注重于定性分析，并未对迁移原因进行说明，Ravenstein 迁移法则、Zipf 引力法则、Stouffer 中介迁移理论、Zelinasky 流转理论等迁移理论都体现了这一局限性。人口迁移的成因理论比较注重数量分析，它们是从人口的迁移成因出发，通过建立经济学的模型，定量地分析影响人口迁移的各种成因。张琪在其博士论文《中国人口迁移与区域经济发展差异》中就运用一些经典的人口迁移理论对城市间人口迁移的特征和空间模式进行了分析，并总结出了中国的东北和三大都市圈的人口迁移空间模式。此外，该文还结合计量经济学建立了影响人口迁移的各区域因素的计量模型，但只是采用一般的计量经济模型，建模时没有考虑到空间的相关性。

研究人口空间分布和迁移的文献还有很多，但总体来说这些文献要么只局限于某一种或几种方法，要么只用到传统的方法，没有考虑空间之间相互影响。在人口空间分布和迁移的研究中，需要考虑空间的影响，这是因为：首先，不同城市之间人口迁移存在相互的关联性；其次，各地区的经济发展也存在关联性，如果不考虑各地区的空间关联性，那么所得结果必定会有一定的偏差。这也是本研究在建立计量模型时所需考虑的重点问题。因此，本文以河南省人口为例，综合了全域空间相关性分析、局域空间相关性分析并结合空间计量模型等相关手段对人口的分布及迁移进行研究。

二、空间计量方法简介

对于空间数据分析主要使用三类分析工具：第一类称为全域空间相关性分析，主要分析空间数据在整个系统所表现的分布特征，一般用 Moran 指数 I、Geary 指数 C、General G 测量；第二类称为局域空间相关性分析，用来分析局域子系统所表现出来的分布特征，具体包括空间集聚区、异常值等，一般用 G 统计量、Moran 散点图、LISA 来测量；第三类为空间计量模型分析，它是以空间计量经济理论模型为基础，以地理信息技术为手段，以空间相关性数据处理和空间相关知识挖掘为线索，运用统计、计量和其他数学方法对各种空间经济现象进行的定量分析。

1. 全域空间相关性分析

$$I = \frac{n\sum_{i=1}^{n}\sum_{j=1}^{n}\omega_{ij}(x_i - \bar{x})(x_j - \bar{x})}{\sum_{i=1}^{n}\sum_{j=1}^{n}\omega_{ij}\sum_{i=1}^{n}(x_i - \bar{x})^2} = \frac{\sum_{i=1}^{n}\sum_{j\neq i}^{n}\omega_{ij}(x_i - \bar{x})(x_j - \bar{x})}{S^2\sum_{i=1}^{n}\sum_{j=1}^{n}\omega_{ij}} \tag{1}$$

$$C = \frac{(n-1)\sum_{i=1}^{n}\sum_{j=1}^{n}\omega_{ij}(x_i - x_j)^2}{2\sum_{i=1}^{n}\sum_{j=1}^{n}\omega_{ij}\sum_{i=1}^{n}(x_i - \bar{x})^2} \tag{2}$$

$$G(d) = \frac{\sum\sum \omega_{ij}(d)x_i x_j}{\sum\sum x_i x_j} \tag{3}$$

以上三个表达式中分别为 Moran 指数 I、Geary 指数 C 和 General G 的表示式，其中 n 表示研究的地区总数，x_i和 x_j表示区域 i 和区域 j 的属性，在本研究中则表示人口数，ω_{ij} 表示空间权重，一般来说，定义：$\omega_{ij}=\begin{cases}0, & \text{区域 } i \text{ 和区域 } j \text{ 不相邻时} \\ 1, & \text{区域 } i \text{ 和区域 } j \text{ 相邻时}\end{cases}$

Moran 指数 I 是最早用于全域聚类检验的，始于 1973 年，它可以检验整个研究区域内邻近区域的相似性、相异性或是否相互独立。相似或相异性即是空间的正相关性与负相关性。Moran 指数 I 也可以看成是观测值和空间滞后之间的相关系数，因此，一般来说 Moran 指数 I 的范围是［-1，1］，大于 0 时表示正相关，I 值越接近于 1，表明相似属性聚集，也即是：高值与高值相邻近，低值与低值相邻近；反之，当 I 值小于 0 时表示负相关，且越接近于-1，表明相异属性聚集，即：高值和低值相邻，如果 I 值接近于 0，则不存在空间相关性。而 Geary 指数 C 的取值范围一般在 0~2，大于 1 表示负相关，小于 1 表示正相关，等于 1 表示不相关。二者都可以表明属性的空间分布模式是随机还是集聚或分散。Getis-Ord General G 统计量则主要识别空间集聚类型，辨别是高值空间集聚还是低值空间集聚。

2. 局域空间相关性分析

1995 年，Anselin 提出了一个局域 Moran 指数，也称 LISA，它用来检验局域地区是否存在相似或相异的观察值聚集。区域 i 的局域 Moran 指数用以度量区域 i 和其邻近区域的关联度，局域 Moran 指数 I 定义为：

$$I_i = \frac{(x_i - \bar{x})}{S^2}\sum_{j \neq i}\omega_{ij}(x_j - \bar{x}) \tag{4}$$

式（4）中 $S^2 = \frac{1}{n}\sum_i (x_i - \bar{x})^2$，表示属性的方差。当 I_i大于 0 时，表示一个高值被高值包围，或低值被低值包围；当 I_i小于 0 时，表示高值被低值包围或低值被高值包围。

此外，Getis 和 Ord 在 1992 年开发了一个 Geary 指数的局域聚类检验，其公式为：

$$G_i = \sum_{j \neq i}\omega_{ij}x_j \Big/ \sum_{j \neq i} x_j \tag{5}$$

此指数用以检验局域地区是否存在高值或低值在空间上区域集聚。指数高表示高值聚集在一起，反之是低值集聚在一起，该指数可以用以解决空间自相关问题。

3. 空间计量模型分析

空间计量学的研究始于 1979 年 Paelinck 和 Klaassen 的开拓性工作，他们发展了模型、参数估计和检验技术。1988 年，Anselin 完成了《空间计量经济学：方法和模型》的经典著作，对空间计量经济学进行了系统研究，给出了众多的空间计量模型及其估计方法，并综合截面和时间序列数据的情形，把似乎不相关模型扩展到空间的情形，提出了空间 SUR 模型。在国内，沈雁冰等编著的《空间计量经济学》是第一本以“空间计量经济学”命名的中文教材，作者在书中不但详细介绍了理论知识，还对空间计量模型的方法和应用作了系统阐述。目前空间计量模型常被用于研究经济增长的地理溢出性、空间外部性和经济集聚的实证分析以及财政支出、区域知识空间外部性等研究中。空间计量模型是在传统的计量模型中考虑空间相关性后所建立的模型，Anselin 给出了空间计量经济分析中空间线性模型的通用形式：

$$\begin{aligned} y &= \rho W_{1y} + X\beta + \xi \\ \xi &= \lambda W_2 \xi + \varepsilon \\ \varepsilon &\propto N(0,\ \sigma^2 I_n) \end{aligned} \tag{6}$$

式（6）中，y 是 $n\times1$ 维向量，β 是参数，W_{1y} 和 W_2 是 $n\times n$ 维空间矩阵，分别表示与因变量的空间自回归过程和干扰项的空间自回归过程相关，通常表示一种一阶的空间紧邻关系，可以是标准化矩阵，也可以是二元矩阵或其他非标准矩阵。式（6）可以引申出一些特定的模型。

当 $\rho=0$ 时，式（6）就变为一般的多元线性回归模型。当 $W_2=0$ 时，式（6）变为式（7）所示模型的空间滞后模型（SLM）。

$$\begin{aligned} y &= \rho W_{1y} + X\beta + \varepsilon \\ \varepsilon &\propto N(0,\ \sigma^2 I_n) \end{aligned} \tag{7}$$

当 $W_{1y}=0$ 时，式（6）变为式（8）所示模型的空间误差模型，其扰动项显示出空间相关性。

$$\begin{aligned} y &= X\beta + \xi \\ \xi &= \lambda W_2 \xi + \varepsilon \\ \varepsilon &\propto N(0,\ \sigma^2 I_n) \end{aligned} \tag{8}$$

三、实证分析

1. 全域空间相关性分析

进行全域空间相关性分析的指标主要包括 Moran 指数 I、Geary 指数 C 和 General G，在软件 ArcGIS 和 GeoDa 的工具包中都可以直接得到。运用软件 ArcGIS9.3 进行计算，得出对河南省人口总体规模和人口密度的全域 Moran I 值见表 1。

表 1　**河南省人口总数和人口密度的全域 Moran I 值**

	Moran I 值	
	人口规模	人口密度
第五次人口普查	−0.01	0.33
第六次人口普查	−0.13	0.38

由表 1 可知人口规模的全域 Moran I 值表示河南省人口总数在空间上属于随机分布，不存在空间集聚或分散的情况，但在考虑了面积之后从人口密度角度分析可以发现，河南省人口密度的 Moran I 值分别为 0.33 和 0.38，空间上存在正相关性，且这种相关性逐渐

增强。从全域 G 统计量来看，第五次人口普查和第六次人口普查所得的人口密度结果表明河南省人口存在高值的空间聚集（高值簇）现象，即河南省 17 个地区中人口密度值较高的地区集聚在一起，这一点在对河南省人口密度的分布散点图中也可以得到验证。

2. 局域空间相关性分析

运用 ArcGIS 软件可以得到如图 1 所示的人口密度的局域 G 分布图。对从该图我们发现，郑州市相邻地区的人口密度相近，属于高值集聚，而驻马店等市的相邻地区密度相近，属于低值集聚。图 1 还告诉我们河南省人口密度分布的热点主要在中部地区，且在热点核心郑州市附近人口分布呈现出高—高聚集的特点，以核心向外扩展，人口密度逐渐递减，而河南省人口分布的冷点主要处于南部和西南部地区。河南省人口密度分布热点图反映了人口密度分布的重点区域，这对于引导人口流动具有非凡意义。

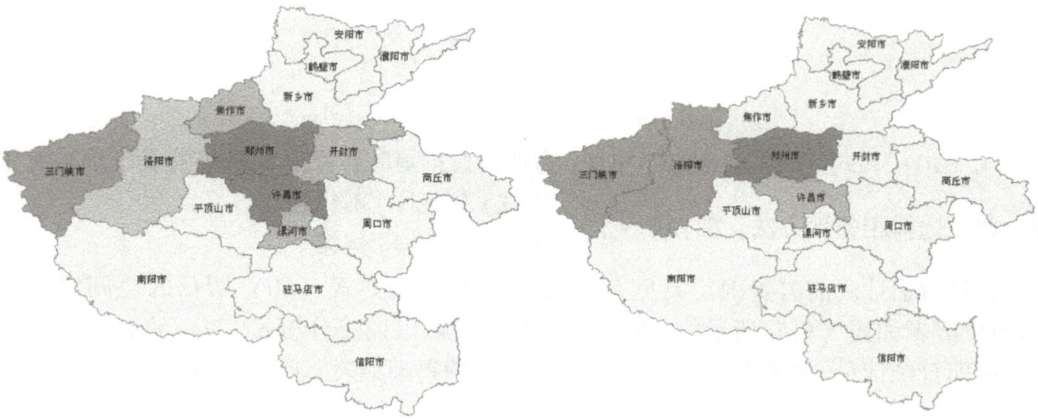

图 1　人口密度的局域 G 分布图

注：左为第六次普查数据，右为第五次普查数据。

3. 空间计量模型分析

（1）变量的选取。一般来说，影响人口迁移的因素众多，从宏观的角度分析，影响人口迁移的因素可以大致分为：自然因素、社会经济因素、政治因素、情感因素等。对于政治因素由于无法进行测量，在建模时很少考虑政治因素的影响。因此，自然因素和社会经济因素成为很多学者研究的对象。通过对以往学者的研究进行分析我们发现，人口规模、人口密度、单位面积人均 GDP、财政支出等多种因素都会影响河南省人口迁移。所以，在借鉴以往研究及考虑河南省的实际情况之后，本研究选取单位面积人均收入、人口密度、12 项财政支出等 14 个宏观变量，同时，考虑郑州市的省会地位使得它与其他地区存在很大差别，因此，为了区分郑州市和河南省其他地区的不同，在模型中加入地区虚拟变量，郑州市为 1，非郑州市地区为 0。对于因变量，因为在资料中没有直接的人口迁移率数据，此处用人户分离率来代替人口迁移率。因此，最终模型中因变量为人户分离率，自变量为单位面积人均收入、一般公共服务支出、公共安全支出、教育支出、科学技术支出、文化教育与传媒支出等 12 项支出、人口密度和地区虚拟变量。

本部分实证分析的所有数据均来自河南省第六次人口普查数据和2011年河南省统计年鉴（各种支出以及单位面积人均收入的计量单位为亿元）。

（2）模型的设定与估计结果的分析。本研究将分别建立空间不考虑空间相关时的一般多元回归模型、滞后模型和空间误差模型。设 x_1 表示人口密度，x_2 表示单位面积人均收入，x_i（$i=3$，…，14）表示各种财政支出，x_{15} 代表地区虚拟变量，y 代表人户分离率，ε 代表随机扰动项。一般多元回归模型为：

$$y = \beta_0 + \sum_{i=1}^{15} \beta_i x_i + \varepsilon \tag{9}$$

空间滞后模型（SLM）的具体表达形式为：

$$y = \beta_0 + \rho W_y + \sum_{i=1}^{15} \beta_i x_i + \varepsilon \tag{10}$$

空间误差模型具体形式为：

$$\begin{aligned} y &= \beta_0 + \rho W_y + \sum_{i=1}^{15} \beta_i x_i + \xi \\ \xi &= \lambda W_{\xi_t} + \varepsilon_t \end{aligned} \tag{11}$$

式（10）和式（11）中的 W_y 和 W_{ξ_t} 为地理权重矩阵，空间权重矩阵设定形式有很多种，此处选择相邻性方法，即：$W_{ij}=\begin{cases}0，区域 i 和区域 j 不相邻\\1，区域 i 和区域 j 相邻\end{cases}$

在进行估计之前需要确定空间计量模型的形式是如式（10）所示的空间滞后模型（SLM）或者如式（11）所示的空间误差模型，这可以通过分析式（9）的OLS估计结果的拉格朗日统计量LM得以实现。采用GeoDa软件得到如表2所示的回归结果。

表2 **模型的回归结果**

	OLS	SLM
ρ		-0.46（0.09）
常数项	0.0831（0.098）	0.132（0.000）
人口密度	-0.000098（0.169）	-0.000087（0.000）
单位面积人均收入	0.3344（0.163）	0.3046（0.000）
一般公共服务支出	-0.000178（0.811）	-0.0002288（0.028）
公共安全支出	0.008875（0.187）	0.008244（0.000）
教育支出	-0.000684（0.343）	-0.000841（0.000）
科学技术支出	-0.0059（0.500）	-0.0034（0.059）
文化教育与传媒支出	-0.00245（0.377）	-0.00298（0.000）
社会保障与就业支出	0.00258（0.154）	0.00210（0.000）
医疗卫生支出	-0.00576（0.158）	-0.00615（0.000）
环境保护支出	-0.00271（0.198）	-0.00298（0.000）

续表

	OLS	SLM
城乡社区服务支出	0.00688（0.147）	0.00682（0.000）
农林水事务支出	0.00458（0.111）	0.00473（0.000）
交通运输支出	-0.0116（0.160）	-0.00826（0.000）
社会保障支出	-0.00492（0.105）	-0.00466（0.000）
虚拟变量	-0.268（0.186）	-0.261（0.000）
R^2	0.9997	0.9999（0.000）
LM（lag）	13.81（0.000）	
LM（error）	1.135（0.2868）	
Rbust LM（lag）	17（0.000）	
Rbust LM（error）	4.324（0.0376）	
Moran's I	-0.1292	

注：各种支出以及单位面积人均收入的计量单位为亿元，括号中为 p 检验值。

表2给出了根据式（9）、式（10）和式（11）进行估计后的结果。表中的第二列和第三列显示了各个解释变量对人户分离率的影响，其中第二列为普通最小二乘估计（OLS）的回归结果，第三列是空间滞后模型（SLM）的回归结果。因为无法判断用哪一种空间模型较好，我们应该首先根据OLS估计结果进行判断。通过比较第二列的拉格朗日统计量LM（lag）和LM（error）发现LM（lag）显著（$p=0.000$），而LM（error）不能拒绝原假设，即不显著，因此应该建立空间滞后模型，并且从稳健Rbust LM（lag）、Rbust LM（error）考虑，同样得出空间滞后模型会更好。表2第三列给出了空间滞后模型（SLM）的估计结果，其中估计时选用的地理权重矩阵为k-nearest邻近矩阵。

首先对OLS和SLM的估计结果进行比较可以发现：

①OLS估计的各变量的估计值并不显著，但考虑了空间相关性后所建立的SLM模型中的各个变量的估计值除了科学技术支出一项不显著外，其他各项均非常显著，这表明，考虑空间相关性所建立的空间滞后模型提高的估计值的显著性。

②从估计值的数值和符号来考虑，OLS和SLM估计下的各个估计值的正负号并未发生改变，这表明在考虑了空间相关性之后并没有改变各因素对人户分离率影响的大致方向。各个支出变量前的数值大小在一定的小范围内发生了改变，但变化幅度并不大，此结果表明，空间相关性使得各变量对人户分离率的作用存在影响。因此，从以上分析可得，本研究所建立的SLM模型具有一定的可靠性。

③具体分析各个变量的影响程度如下：从第三列各变量的符号可知，人口密度与人户分离率成反比，这与河南省人口密集的大城市的人口流动趋势相符。此外，单位面积产出较大的地区的人户分离率较高，一般来说更多属于人口的流入。在人口密度和单位面积产出不变的情况下，考虑各种支出对人户分离率的影响，总体来看，公共安全支出、社会保

障与就业支出、城乡社区服务支出和农林水事务支出四项估计值的符号为正，其余支出项为负。社会保障支出、医疗卫生支出等估计值前的符号为负，这表明社会保障、医疗卫生等的支出越高，人户分离率越低，从而说明在各种保障、服务较好的条件下，更多人偏向于稳定的生活，人口流动量较小。但其中有些支出项的估计值符号可能与现实有一定的误差，比如公共安全支出等，它们显示，这些支出越多，人户分离率越高，这主要是由于本模型建立时选取的因变量为总的人户分离率，而没有具体表明是迁出率还是迁入率，因此造成了符号上的误差，但所得结果却显示了各个支出对人户分离率影响的程度，其中科学技术支出、交通运输支出、公共安全支出、医疗卫生支出、城乡社区服务支出、社会保障支出等对人户分离率的影响较大，这一结果也体现了河南省应该更多地改善民生，加大投入与居民生活密切相关的各项服务支出。

④通过虚拟变量来考察郑州市与河南省其他市区的不同发现，虚拟变量前的估计值为-2.61且显著，这说明，郑州市与其他地区的人户分离现象存在显著的区别，即郑州市作为河南省省会，无论在教育、科技、社会保障等各方面都优于其他地区，因此，此地的人口流动也较为频繁，且大多为人口流入。

四、研究结论与进一步的研究问题

本研究以河南省第六次人口普查数据和2011年河南省统计年鉴数据为依托，在对河南省人口空间分布和人口迁移现状全面系统分析基础上，同时将理论与实证相结合，并以地理信息系统为基础，结合计量经济学，建立空间计量模型，从而全面、直观地分析、研究河南省的人口分布格局及人口迁移。文章所得的主要结论为：

（1）通过计算全域Moran's指数I以及全域G统计量来考察河南省的人口集中程度，从人口总体规模来说，河南省人口为随机分布，不存在分散和集聚现象，但从人口密度考察，河南省人口存在集聚现象，且密度较高的地区聚集，密度较低的地区聚集，即：河南省人口密度较高的地区出现集中现象，同时，密度较低的地区也集中在一起，而不是密度高的地区与低的地区混合分布。由进一步的局域自相关分析可以看出河南省人口分布热点为郑州市等中部地区，冷点为南部、西南部地区，河南省的人口分布不均衡，中部及北部地区为人口稠密区，且人口大致呈现片状分布。而西部、西南部等地由于多为山区并且面积较大，人口密度较小，为人口稀疏区，人口大多沿河流而居，多成带状或点状分布。

（2）对于影响河南省人户分离的实证分析研究表明考虑空间相关性下所建立的SLM模型优于一般的OLS模型。从空间滞后模型的结果可得人口密度、单位面积人均收入以及各项支出对河南省人口迁移具有显著影响，且这种影响在郑州市与其他省份之间存在明显差异，郑州市的人口流动更加频繁。

进一步研究的问题有：

（1）在度量对人口迁移的影响因素时我们仅仅考虑了一些容易获得的自然因素与社会经济因素，一些政治因素像国家的宏观政策等因为数据不易获得并没有考虑。实际上，有时候一些政治因素对人口迁移的影响也是非常重要的，如何把这些影响纳入实证分析中是笔者今后需要研究的一个问题。

（2）本文在对空间计量模型进行实证分析时，是基于河南省第六次人口普查的数据进行分析的，没有对时间序列数据进行分析从而发现人口流动时间变化趋势，也没有对把截面数据与时间序列结合起来的面板数据进行实证分析。对时间序列数据进行建模分析及把二者结合起来进行实证分析是今后需要研究的另一个问题。

参考文献

[1] Luc Anselin, Spatial Analysis Labortory Department of Geography, University of Illinois, 2005.

[2] 秦振霞、李含琳、苏朝阳：《河南省1987—2006年人口重心与经济重心的空间演变及对比分析》，《农业现代化研究》，2009年第1期。

[3] Miao Yu, Analysis on Spatial Distribution of Rural Settlement and Population Pressure in Huanren County, Remote Sensing, Environment and Transportation Engineering, 2011.

[4] 李亚丽：《GIS支持下的河南省人口动态特征研究》，河南大学硕士论文，2004年。

[5] 李薇：《我国人口省级迁移空间模式分析》，《人口研究》，2008年第4期。

[6] 刘德钦、刘宇、薛新玉：《中国人口分布及空间相关分析》，《测绘科学》，2004年第4期。

[7] 沈雁冰、冯等田、孙铁山：《空间计量经济学》，北京大学出版社2010年版。

[8] 于文丽、蒲英霞、陈刚、王结臣：《基于空间自相关的中国省际人口迁移模式与机制分析》，《地理与地理信息科学》，2012年第2期。

[9] 王振营：《人口迁移的规律不同条件下人口迁移模型研究》，中国人民大学博士论文，1993年。

[10] 闫庆武：《空间数据分析方法在人口数据空间化中的应用》，东南大学出版社2011年版。

[11] 张琪：《中国人口迁移与区域经济发展差异研究——区域、都市与都市圈视角》，复旦大学博士论文，2008年。

中部地区农村产权交易平台发展研究

李雪松　李婷婷　曹婉吟
（武汉大学经济与管理学院，武汉大学水研究院　武汉　430072）

在迈向现代化的进程中，城市经济日渐繁荣的同时农村经济却发展滞后，城乡二元结构日益明显，统筹城乡发展已经成为急需解决的重要难题。其中，表现为资源要素流动性差、价格低的农村产权体制束缚是造成城乡发展差距的重要因素。改革农村产权制度，盘活农村资源要素是统筹城乡发展改革的关键。2008 年，十七届三中全会出台《关于推进农村改革发展若干重大问题的决定》，明确规定“允许农民以转包、出租、互换、转让、股份合作等形式流转土地承包经营权，发展多种形式的适度规模经营”，同年我国第一个农村产权交易平台——成都农村产权交易所落成，农村产权制度改革迈出了关键性的一步。2014 年 11 月 20 日，国务院办公厅正式颁布了关于农村土地流转意见，着重强调要规范引导农村土地经营权有序流转，提出要依托农村经营管理机构健全土地流转服务平台，充分肯定了农村产权交易平台的重要作用。目前，农村产权交易平台作为农村产权制度改革的产物在我国正处于不断发展之中，全国现已建成数目众多的市县村级农村产权交易所或服务站，交易数量和金额不断增长，农村产权交易正逐渐步入正轨，成为打开农村经济发展新局面的金钥匙。中部地区是我国重要的商品粮基地、农产品主产区和农村人口居住区，2013 年，中部六省的农村人口数量在全国农村人口总数中占 29.52%，拥有较大的农村要素市场。加快中部地区农村产权交易平台建设，是引导中部地区农村资源有序流转的重要举措，有利于优化中部地区农村资源配置和提高劳动生产率，有利于保障粮食安全和主要农产品供给，有利于增加农业效能和农民收入，实现发展农村经济、缩小城乡差距、助力中部崛起的发展目标。

一、文献综述

产权市场作为中国市场经济改革过程中的特殊产物，于 20 世纪 80 年代中后期第一次股份制改革浪潮中诞生，在 1992 年邓小平南方视察讲话后掀起了发展的热潮。农村产权交易市场的发展则较晚，近年来，随着国家对这一问题的重视程度不断加深，有关农村产权交易的研究成果日益丰富。现有的研究主要集中在以下几个方面：一是对农村产权的重心——农村土地流转交易的研究，这类研究构成了农村产权交易文献的大部分。胡细英（2009）基于江西集体林权制度改革的实证研究，提出从加强宣传、提高农民的土地产权意识，合理调处、及时化解农地产权纠纷，完善管理、建立农村土地产权市场服务体系等方面入手培育农村土地产权市场；并探讨在农村土地产权市场失灵的情况下，政府采取有效的政策措施，优化农村土地资源配置。常玉春等（2009）、文宗瑜（2009）认为要培育产权市场开展农村土地产权交易。黄宝连、黄祖辉等（2012）讨论了我国农村土地制度的产权本质以及在统筹城乡发展中的产权矛盾，以成都为例提出要构建“还权赋能”的工作机制，拓展交易平台内涵，建立统一的土地市场。二是对农村产权交易有关的案例研究，这些案例多以成都和武汉的农村产权交易为研究对象，如陆剑、彭真明（2010）通过对成都、武汉农村产权交易所的案例研究指出了农村产权交易制度中农村产权范围界定不明等问题，提出明确农交所的法律定位，促进农村产权流转制度的法律创新等建议；蔡学恩（2009）、付明星（2010）、李锦华（2013）等通过调研分析等手段详细研究了武汉的农村产权交易实践。还有部分学者借鉴现有的经验，探索了浙江象山（郑仲华等，2013）、江苏东海（孙国贵等，2014）等地的农村产权交易发展情况。三是关于农村产权交易市场的研究，少数文献探讨了农村产权交易市场的功能、培育等问题。如朱燕（2013）、桓大平等（2013）分别探索了农村产权交易机构的业务拓展和农村产权交易市场的构建机制。

通过文献梳理可发现，目前关于农村产权交易的研究还较少，其中，研究农村产权交易平台的文献占到一定的比例，但整体上仍不多，且研究对象主要集中在少数几个较大的农村产权交易平台上，较为狭隘；在研究内容上也以定性描述分析为主，缺乏深入的探讨与新颖的视角。因此，本文尝试拓宽研究视域，以中部六省为研究对象，将定性分析与定量分析相结合，首先通过现状梳理来考察中部六省农村产权交易平台的建设布局情况，其次通过构建农村产权交易指数，以武汉农村产权交易中心作为中部地区农村产权交易平台的代表，利用其交易数据进行实证分析来进一步研究中部地区农村产权交易平台的交易运作态势，以期为全面把握中部地区农村产权交易平台的发展现状提供信息资料，并为其未来发展提供对策建议。

二、基于现状梳理的中部地区农村产权交易平台建设布局分析

建立农村产权交易市场、推进农村要素资源有序流转，是中部地区贯彻落实中央指导意见、充分发挥中部地区自身综合优势、提高农业农村的市场化程度、解放和发展农村生产力、增加农民收入、加快建立城乡一体化发展体制机制的迫切要求，并将成为在新时期推动中部地区农村改革发展具有创新意义的一项重大举措。农村产权交易平台制度虽然最早兴起于西南地区的成都，但武汉随后建成了我国第二个农村综合产权交易所，此后中部地区其他各省市也逐渐建立起自己的农村产权交易所。截至目前，中部六省共有各级农村产权交易所（中心）13个，其中安徽4个、湖南1个、湖北5个、山西2个、河南1个、江西尚未建立专门的农村产权交易平台（如表1所示）。

表1　**中部地区农村产权交易平台分布情况**

省份	省（市）级农村产权交易平台	县级农村产权交易平台	乡（镇/区）级农村产权交易平台
安徽	安徽农村综合产权交易所 马鞍山市农村产权交易市场	长丰县农村综合产权交易中心	杨庙镇农村综合产权交易中心
湖北	武汉农村综合产权交易所 鄂州农村产权交易所	南漳县农村产权交易所	夷陵区农村综合产权交易中心、夷陵黄花乡农村集体资产产权交易所
湖南	岳阳农村综合产权联合交易所	—	—
山西	—	太谷县农村产权交易中心	盐湖区农村产权交易所
河南	济源市农村产权交易中心	—	—
江西	—	—	—

从中部各省农村产权交易平台构建的数量及时间上来看，湖北在农村产权交易市场建设上在中部地区处于领先地位，不仅数量最多，而且武汉农村综合产权交易所、夷陵黄花乡农村集体资产产权交易所在中部地区都是成立较早的农村产权交易平台，安徽省则紧随其后，而湖南、山西、河南农村产权交易平台的建设起步都比较晚，目前农村产权交易平台都只有 1 个或 2 个，且除湖南的岳阳农村综合产权联合交易所成立于 2012 年外，山西和河南的三个农村产权交易所都是最近的 2013 年或 2014 年才成立的；江西省农村产权交易平台的建设最为滞后，到目前为止尚未设立专门的农村产权交易平台。从中部各省农村产权交易的种类上看，现有农村产权交易平台的交易品种大致相同，基本涵盖了农村产权的主要项目，即农村土地承包经营权、“四荒地”使用权、养殖水面承包经营权、集体林地使用权和林木所有权、农业类知识产权、农村集体经济组织股权、农村房屋所有权、农村闲置宅基地使用权和农业生产性设施使用权等，个别交易平台还涉及一些特殊项目的挂牌交易，如鄂州农村产权交易所可交易农村产权还包括建设用地挂钩指标、耕地占补平衡指标；岳阳农村综合产权联合交易所还包括农村经营项目等。尽管各交易所可挂牌交易的农村产权品种名目繁多，但是从各农村产权交易所的成交信息中可以发现，包括发展最好的武汉农村综合产权交易所在内，目前实际进入平台进行交易的只有农村土地承包经营权、四荒地使用权、养殖水面承包经营权这几个与农地有关的项目，其他像农村知识产权、农村集体经济组织产（股）权等基本上没有交易，实际交易品种十分单一。从中部各省农村产权交易平台体系的完备程度来看，湖北、安徽现有的农村产权交易平台在市、县和乡（镇/区）层面均有分布，已发展了多级联动的农村产权交易体系，辐射面较广，湖南和河南的侧重点仍在市级层面，分别只有市级的岳阳农村综合产权联合交易所和济源市农村产权交易中心，而山西的农村产权交易平台建设还以县乡（区）层面为主。

从以上分析可以看出，中部地区的农村产权交易平台建设正在推进中，在农村改革的先进地区如湖北武汉已经形成了良好的发展势头，但是整体上看，中部地区的农村产权交易平台建设仍处于起步阶段，尚存在建设水平不高、区域发展不平衡、实际交易品种较单一、多级交易联动体系有待加强建设等问题。

三、基于交易指数测算的中部地区农村产权交易平台交易运作研究

上文对中部地区农村产权交易平台的建设布局现状进行了定性的梳理分析，这一部分将进一步通过交易指数测算的方法来量化地研究中部地区农村产权交易平台的交易运作情况。考虑到目前实际交易的产权种类、交易数据的可得性和交易平台的典型性等因素，这里将以中部地区具有代表性的武汉农村综合产权交易所为样本，选择农村土地流转交易指数进行实证研究。

1. 农村产权交易指数设计

目前，在我国农村产权交易市场上流转的农村产权主要有农村土地承包经营权、农村集体经济组织养殖水面承包经营权、农村集体林地使用权和林木所有权、农业类知识产权、农村集体经济组织股权、农村房屋所有权、农村闲置宅基地使用权、农业生产性设施使用权等，这些交易对象构成了农村产权交易指数体系的分析基础。所有权在产权中处于核心地位，农村财产所有权的归属更是农村产权制度改革的关键所在，农村产权交易的资源种类较多，以资源所有权属性为依据进行划分既有助于构造清晰的交易产权框架，又具有重要的经济意义。考虑上述因素，本文遵循科学性、客观性和可操作性的原则，按照交

易对象的所有权性质，构建了如下农村产权交易指数体系（如表2所示）。

表2　　农村产权交易指数体系

指数层A	指数层B	指数层C	样本层D
农村产权交易综合指数（A）	所有权交易指数（B1）	农村集体股权交易指数（C1）	农村集体经济组织股权
			集体山林股权
			农村产（股）权转让及股权托管
		农业类知识产权交易指数（C2）	农业类知识产权
		农村房屋所有权交易指数（C3）	农村房屋所有权
		农业生产物资所有权交易指数（C4）	二手农机具所有权
			耕牛等
	非所有权交易指数（B2）	农村土地流转交易指数（C5）	耕地（含耕地占补平衡指标）
			宅基地
			四荒地
			集体建设用地（含建设用地指标）
			滩涂
			养殖水面承包经营权
		实物资产使用权交易指数（C6）	房屋、厂房租赁
			农业基础设施

在上述指数体系中，指数层A农村产权交易综合指数测度了某一农村产权交易市场上农村产权交易的总体情况，是预测农村产权交易市场发展态势最直观的依据。在该指数下设指数层B，分设所有权交易指数和非所有权交易指数，前者衡量了农村产权交易中与所有权转让有关的交易情况，后者则主要测度包括使用权、经营权等其他权属在内的非所有权交易情况，揭示了所有权这一重要权属在农村流动的活跃性。指数层C是对B的细化，将目前在农村产权交易市场上流转的交易标的物在所有权交易和非所有权交易两个类别下分别划分为具有代表性的几个重要大类，所有权交易指数下设农村集体股权交易、农业类知识产权交易、农村房屋所有权交易和农业生产物资所有权交易四个指数，非所有权交易指数下设农村土地流转交易、养殖水面承包经营权交易和实物资产使用权交易三个指数，能够有效地反映出农村土地这些重要标的物的流转信息，揭示投资热点，是深入了解农村产权交易行情的重要依据。指数编制的一个重要步骤就是样本选取，这里以农村产权交易市场上的主要交易品种为样本，各分指数所包含的样本如样本层D所列示。

2. 农村产权交易指数计算方法

与股票指数相类似，农村产权交易指数体系旨在反映交易市场在连续时间内的持续变化情况，因此，必须首先确定指数的基期，使得指数在动态时序内具有可比性。本文与通常的做法一致，选定一个交易日（周/月）作为后续计量的基期，利用派许综合价格指数法来进行计算，公式如下：$I = \frac{\sum p_1 q_1}{\sum p_0 q_1} \times 1000$

其中，p_0、p_1 和 q_1 分别代表指数 I 所包含的各交易品种样本的基期成交价格、报告期成交价格和报告期成交数量，I 代表农村综合产权交易各指数。指数基期定位 1000 点，若农村产权交易指数对应的样本成分有所变动，则改用变动之日（周/月）作为新基期计算。

3. 基于武汉农村综合产权交易所数据的农村土地流转交易指数测算

武汉农村综合产权交易所是我国第二家农村综合产权交易平台，更是中部地区建设最早、规模最大、运转最佳的农村综合产权交易机构，已成为全国争相考察与学习的典型范例。在中部地区其他农村综合交易平台交易数据不可得的情况下，以武汉农村综合产权交易中心为例，测算其农村产权交易指数，对中部地区农村产权交易平台的交易运作情况具有代表性意义。另外，由于武汉农交所的交易种类目前也是集中在土地流转方面，目前只有关于土地流转方面的交易数据，因此，基于前文构建的农村综合产权交易指数体系，这里仅选择农村土地流转交易指数作为测算范例，其他指数的测算在将来数据可得时可依此类推。

武汉农村综合产权交易所成立于 2009 年 4 月 30 日，在成立初期，农交所的交易并不发达，交易量较少，近年来农交所交易才逐渐打开局面。鉴于此，对武汉农交所农村土地流转交易指数的测算以月为单位，选取 2012 年 8 月作为基期，利用武汉农村综合产权交易所网站上公布的 2012 年 8 月至 2014 年 9 月的成交数据，按公式算得在此期间各月份的农村土地流转交易指数，结果如表 3 所示。

表 3　**农村土地流转交易指数测算结果**

时间	农村土地流转交易指数	时间	农村土地流转交易指数	时间	农村土地流转交易指数	时间	农村土地流转交易指数
2012. 8	1000. 00	2013. 3	1293. 86	2013. 10	1590. 57	2014. 5	1251. 05
2012. 9	1523. 21	2013. 4	1389. 10	2013. 11	1566. 26	2014. 6	1565. 44
2012. 10	1462. 53	2013. 5	1542. 22	2013. 12	1042. 81	2014. 7	1533. 70
2012. 11	959. 68	2013. 6	1774. 69	2014. 1	765. 44	2014. 8	1257. 33
2012. 12	1151. 19	2013. 7	1127. 08	2014. 2	1701. 15	2014. 9	999. 05
2013. 1	1741. 62	2013. 8	445. 49	2014. 3	2186. 31	—	—
2013. 2	1099. 77	2013. 9	1516. 01	2014. 4	1509. 59	—	—

根据表 3 绘制图 1，从这两个图表所显示的结果来看，在 2012 年 8 月至 2014 年 9 月间，基于武汉农村综合产权交易平台交易的农村土地流转交易指数呈高低波动趋势。从单个月份的角度来看，走势较高的点出现在 2013 年 1 月、2013 年 6 月和 2014 年 3 月，尤其是 2014 年 3 月份达到 2186. 31 点的峰值；走势最低的点出现在 2013 年 8 月份，只有 445. 49 点，同时，2014 年 1 月和最近的 2014 年 9 月份农村土地流转指数也较低，分别只有 765. 44 点和 999. 05 点，均低于 2012 年 8 月的基期值。从年份的角度来看，2013 年经历了一个近半年的连续增长过程，中间经过两个月的骤降又实现了缓慢的攀升；2014 年

经过前 3 个月的骤增后至 9 月份一直处于下跌状态。另外，从周期的角度可以发现，在 2012 年 8 月至 2013 年 8 月和 2013 年 8 月至 2014 年 9 月这两个阶段，农村土地流转交易指数呈基本相同的涨跌趋势，体现了一定的周期性特征，说明农村土地流转交易可能存在一种内在的路径依赖。总体看来，相对于 2012 年 8 月份的基期，最近两年农村土地流转交易指数基本上有一定的上升，但上升的幅度不大，且趋势不强烈，根据两个月份的移动平均趋势线来看，2014 年 9 月份以后上升的前景尚不明朗。这说明武汉农村产权交易市场的发展水平还比较低，农村产权要素交易的活跃度还有待增强。武汉作为中部地区农村产权交易市场发展的典范尚且如此，整个中部地区农村产权交易市场的发展可见一斑。这一问题与农村产权交易平台的有待继续建设和完善是分不开的，完善的交易平台能够有效解决农村产权交易中的信息不对称问题，降低交易成本，还能引进社会资本，通过市场竞价使农村资源实现价值的最大显化，构成促进农民和其他社会主体进入农村产权市场进行交易的一股强大推动力。

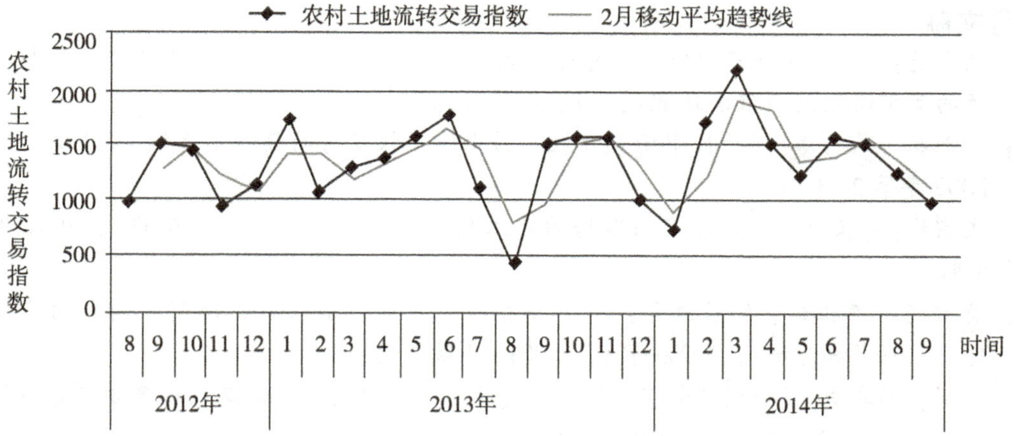

图 1　农村土地流转交易指数趋势图

四、结论与对策建议

构建农村综合产权交易平台，促进农村经济要素合理流动，无疑是产权交易领域的大胆突破，是深化农村改革发展的重要举措，也符合创新农业农村发展体制机制的要求。中部六省广大农村地区、农民人口和农业生产在我国农村经济中占据着十分重要的地位。本文首先梳理了中部地区农村产权交易平台的建设布局现状，其次通过构建农村产权交易指数体系，以武汉农村综合产权交易所作为中部地区农村产权交易平台的代表，利用其相关交易数据测算了农村土地流转交易指数，进一步深入分析了中部地区农村产权交易平台的交易运作态势，以定性与定量分析相结合的形式研究了中部地区农村产权交易平台发展的相关问题。研究发现，中部地区农村产权交易平台的建设还处于发展的初级阶段，从建设布局上来看，虽然形成了以武汉农村综合产权交易所为代表的一系列农村产权交易平台，但整体上数量仍不多，多级联动式农村产权交易平台建设还未完全实现，且各省农村产权交易平台建设情况发展严重不平衡；从交易运转上来看，现有的农村产权交易平台功能尚不完善，实际交易的农村产权品种单一，基于平台交易的农村产权交易市场发展缓慢，活跃度低。

针对上述问题，首先，中部各省应进一步落实关于农村产权交易平台建设的相关政策，依托农村经营管理机构或产权交易机构建立健全农村产权交易平台，完善市县乡村多级服务和管理网络，积极提供政策支持，促进农村产权交易平台建设在中部地区全面落地开花。其次，一方面要完善相关制度积极推动中部地区以土地承包经营权为代表的农村产权确认登记工作，保障农村产权交易顺利进行；另一方面要加大对农民关于农村产权交易平台相关知识的普及与培训力度，以文件规定或者补贴奖励等形式鼓励农民及社会资本进场交易，丰富农村产权交易品种，活跃中部地区农村产权交易市场。最后，应督促中部地区现有的农村产权交易平台提高自身服务水平，完善交易规则与流程，及时准确公布各类信息，实现交易的透明化与规范化。

参考文献

[1] 胡细英：《农村土地产权市场培育与土地资源优化配置——基于江西集体林权制度改革的实证研究》，《经济地理》，2009 年第 8 期。
[2] 常玉春、魏志伟：《产权市场是开展农村土地产权交易的最好平台》，《产权导刊》，2009 年第 2 期。
[3] 文宗瑜：《农村土地产权交易市场的建立及其监管》，《国有资产管理》，2009 年第 8 期。
[4] 黄宝连、黄祖辉、顾益康等：《产权视角下中国当前农村土地制度创新的路径研究——以成都为例》，《经济学家》，2012 年第 3 期。
[5] 陆剑、彭真明：《农村产权交易的制度建构——基于成都、武汉农村产权交易所的实证研究》，《农村经济》，2010 年第 9 期。
[6] 蔡学恩：《农村产权交易的“武汉试验”——武汉农村综合产权交易所调研情况报告》，《世纪行》，2009 年第 8 期。
[7] 付明星：《关于农村产权制度改革的思考——武汉市农村综合产权交易所的实践》，《农村工作通讯》，2010 年第 13 期。
[8] 李锦华、熊义柏：《为盘活三农资源搭台——武汉农村综合产权交易所发展纪实》，《农村工作通讯》，2013 年第 21 期。
[9] 郑仲华、周忠：《农村产权交易中心的一个案例样本——基于浙江省象山县的实践》，《中国农村金融》，2013 年第 1 期。
[10] 孙国贵、徐元明、刘俊逸：《东海农村产权流转交易的实践与思考》，《江苏农村经济》，2014 年第 3 期。
[11] 朱燕：《我国农村产权交易机构业务发展探析》，《产权导刊》，2012 年第 3 期。
[12] 桓大平、刘品国、宋东明等：《探索建立农村产权交易市场》，《农村经营管理》，2013 年第 10 期。

欧洲生态城市发展的成功案例及其对中国的借鉴意义

李明　田超
（武汉大学中国中部发展研究院　武汉　430072）

生态城市是按照生态学原理建立起来的社会、经济、自然协调发展，物质、能量、信息高效利用，生态良性循环的人类聚居地，是一种可持续发展的人居模式。生态城市的形成和发展应该包括生态农业、生态工业、生态旅游和生态社区等多方面的内容。

一、欧洲生态城市发展研究①

1. 欧洲的生态农业

（1）生态农业的内涵。“生态农业”最初由美国地理学家阿尔布雷奇于1970年提出；此后，英国农学家沃辛顿发展并充实了生态农业的内涵，将生态农业定义为“生态上能自我维持，低输入，经济上有生命力，在环境、伦理和审美方面可接受的小型农业”。

根据最广为接受的定义，生态农业是指按照生态经济学原理和动植物生长规律，借助生物技术和生物工程，在自然界物质和能量相对平衡及其生态系统相对和谐的前提下，通过提高农产品的产量和品质而不断增加经济效益与发展后劲，最终实现可持续发展的一种现代农业发展新模式。生态农业注重选用有机肥和高效绿色农药，通过良种选育，将农业经营管理、生产条件、栽培管理技术、生物技术、环境保护等方面的因素结合起来，以低投入、高品质和稳产为目标，实现生态农业系统、土壤保护、水资源保护和农业经济的全面协调发展。

（2）丹麦生态农业发展的案例。丹麦的农业与环境是丹麦的公众、政府、农民和传媒普遍关注的问题。丹麦生态农业的特点是农牧结合、以牧为主。丹麦有耕地267.6万公顷，农场5.35万个，90%左右的农场是个人所有的家庭农场。由于丹麦生产的大量农产品都供出口，为了维持国际竞争力，农业生产也应充分考虑环境可接受程度，积极发展绿色的生态农业。政治家一直与农民就环境问题进行对话。在评估新的环境提案时，农民与政治家的讨论经常集中在开展这些活动的费用以及农业如何能够维持它的国际竞争力等方面。

丹麦生态农业在发展的过程中政府关注的重点问题就在于如下三个方面：

第一，农业生产与环境保护相的相互统一。丹麦法律规定了许多农业环境条例，包括限制使用杀虫剂和除草剂、保持化肥使用数量的记录、维护作物轮作的模式、冬季土壤的

① 王伟中：《欧盟可持续发展研究》，社会科学文献出版社2008年版。

养护。这些规定得到了丹麦政府的强有力支持。

第二，农作物种植品类的优化。丹麦农民种植的农作物一半包括小麦、大麦和黑麦等谷类作物，也种植粗饲料、甜菜和牧草，生产的大量谷物基本用作生猪饲料。谷物也用于奶类领域，小麦、大麦乳熟阶段全株青贮相当普遍，草地产品仅仅作为养牛饲料的补充。生猪、奶酪、黄油和奶粉成为主要农产品，80%用于出口。此外，还饲养肉鸡、蛋鸡、火鸡和鸭子等。这些农产品的出口为丹麦的农民带来大量的财富。

第三，农业咨询服务机构的建立。丹麦农民擅长于组织自己，几十年来，农民建立起了统一的、自己拥有和管理的推广体系，这包括遍布于丹麦全国的由农民主要出资运作的农业中心和国家级咨询服务机构。这创造了最好的销售机遇，又为单个农民提供了获取农业和经济知识的途径。

2. 欧洲的生态工业

（1）生态工业的内涵。生态工业是模拟生态系统的功能，建立起相当于生态系统的“生产者、消费者、还原者”的工业生态链，以低消耗、低（或无）污染、工业发展与生态环境协调发展为目标的工业。在生态工业系统中各生产过程不是孤立的，而是通过物质流、能量流和信息流互相关联，一个生产过程的排放物可以作为另一个过程的原料加以利用。生态工业追求的是系统内各生产过程从原料、中间产物、废物到产品的物质循环，达到资源、能源、投资的最优利用。

（2）德国生态工业发展的案例。德国法兰克福的赫斯特工业园是当前世界上最大的化工与生命科学工业园之一，有 800 多个用于生产、试验、技术安装和仓储的厂房和 35 栋办公楼，产品有医药、通用与特殊化学品、食品添加剂、颜料、塑料、农作物保护品等各种成品、半成品和开发产品。

园区与发电厂相连，同时还通过管道和供应网与天然气网络相连。其他的资源和原材料都可以通过一个延伸的管道桥系统，直接输送到厂房。园区管理部门对区内的供电、供热系统进行优化，发电站低压蒸汽大部分被园区企业利用，利用率达到 85%。园区内拥有大型的污水处理系统（污水生化处理厂）和废物焚烧厂，为企业排放的废水、废物的处置提供设施和场所。污。泥焚烧系统是利用焚烧污泥产生的热和外供的天然气将含水量低于 50%的污泥焚烧，焚烧烟气进行热量回收，烟气中含有的重金属通过水洗，进入液相通过电渗析回收。焚烧系统只产生少量焚烧灰，污泥量大大降低。

赫斯特工业园代表了由企业合作团体管理工业园的模式，它属于工业园管理公司，该管理公司由 8 家化工和生命科学公司以股份制合作形式共同组成，是工业园的共同拥有者。园区管理部门通过投资建设园区内的交通设施、运输设施、供热设施、供能设施、通信设施等，为入园企业提供港口、运输、供能、污染物的处理服务。园区提供大型研究实验基地，为园区各企业的研发活动提供服务。

3. 欧洲的生态社区

（1）生态社区的特点和标准。欧洲的生态社区包括五个方面的标准，即污染、自然资源、健康、生物多样性和绿色食品。生态社区会比一般建筑投资的建造费用高出 5%左右，但高出的部分在运行阶段能够由利润（如低能耗）得到弥补。开发商可以根据自己的定位和运行方法选择使用生态方法建造的样板楼和地段。

为了降低环境压力、减少污染，可以采用节水的卫生设备和方法，设置独立水表，充分利用地段内的雨水和地表水，采用预制模数构件，减少建筑垃圾，提高垃圾分类处理和循环再利用。

自然资源的消耗可以通过集约化空间处理、增加建筑的寿命和循环性以及使用可再生的材料来降低。例如，利用建筑外墙的保温性能、色彩和朝向；利用自然光和通过房屋自然通风达到热平衡；创造易于转化的空间、多功能空间或共享空间；选用区域热水系统循环使用后的循环水；采用低温技术和选用来源于热缓冲区预加热的温热空气，而非加热后的空气；选用节能灯和其他节电装置，全面采用可再生能源。

为了促进身体健康，避免采用有毒和不可靠的建筑材料，营造舒适的通风和日照条件以及健康宜人的室内条件。例如，建筑物面层材料要用安全、自然和低辐射的材料；在建造阶段就注意防潮（选用混凝土、水泥等），注意砖的砌筑方式，在浴室和其他潮湿的屋内进行地板下加热；确保隔声，在凉棚和花园利用植物结构挡风。

在生物多样性方面，设计种植区的范围要在周围自然环境的基础上，种植本地的多种植物，以增加可持续的生物多样性。在食物生产方面，指定种植多样的可食用的东西，还可以给予居民一定的机会种植自己的食物。

（2）英国的伯丁顿零能源发展社区案例。根据可持续建设和城市可持续发展的理念，英国在位于伦敦近郊的萨敦镇成功建设了伯丁顿零能源发展社区。该社区由伦敦最大的商住集团皮芭迪（Peabody）、生态区域发展工作组及环境专家联合开发，总投资 1500 万英镑，共建成 100 套生态住房和工作间，包括私有住房和社会住房、办公场所、商店、咖啡屋、健康中心和幼儿园。自 2001 年建成以来，该社区已成为英国城市可持续性的示范样板，至少获得了十项国际国内建筑、节能、环保等主题大奖。

伯丁顿零能源发展社区遵循“一个地球生活方式”的原则，引领着节约资源、实现可持续发展的潮流。其设计和建设理念在于最大限度地利用自然资源，减少环境破坏和污染，选用零化石能源（不可再生能源），实现基本循环利用的居住模式，为城市住宅建筑实现可持续发展提供一个综合性的解决方案。社区发展的十大发展要素包括零碳排放、零废弃物排放、可持续发展交通、可持续发展本地材料、可持续发展本地食品、节水、保护生物资源、传承文化、公平交易、健康愉快地生活。

伯丁顿社区选址伦敦郊外未开发的地段，但小区建成后以其先进的可持续生态环境居住方式、明显的建筑使用低成本等综合优势，吸引了越来越多的购房定居者，商品住房的售价在短短两年内升高了 1 倍，取得了环境、社会、经济的综合效益和技术方、开发方、政府、居民“多赢”的理想成果。

4. 欧洲的生态旅游

（1）生态旅游的内涵。“生态旅游”是世界自然保护联盟（IUCN）生态旅游特别顾问、墨西哥专家谢贝略斯·拉斯喀瑞（Ceballos Lascurain）于 1983 年首先提出。直到 1992 年联合国世界环境和发展大会召开，生态旅游才作为旅游业实现可持续发展的主要形式在世界范围内被广泛加以研究和实践。1999 年 10 月，在马来西亚召开了世界生态旅游大会，达成了《沙巴宣言》，指出“所有的生态旅游都建立在对自然资源和生物多样性保护的基础之上，当地人的介入是生态旅游成功的关键，全世界所有国家很多地区都具有文化和生物多样性，但被相互冲突的土地使用战略所威胁”。

生态旅游是游客到自然地区的一种负责任的旅行，这种旅行不仅要求保护生态环境与地方文化的完整性，而且必须维持并提高当地居民的生活水平。它可以分为三个层次：第一，从市场需求即旅行者的角度出发，将生态旅游视为一个旅游活动；第二，从市场供给即旅游开发真的角度出发，生态旅游是一种旅游产品；第三，从可持续发展角度出发，生态旅游作为一种可持续旅游的形式，是以生态资源（包括自然生态资源和人文生态资源等）为依托、能为地方生态环境保护和社会经济发展作贡献的旅游体系。

生态旅游已成为当今世界旅游发展的潮流，给全球带来了至少 200 亿美元的年产值，几乎占所有国际旅游市场的 20%。

（2）德国生态旅游发展的案例。德国巴伐利亚森林国家公园于 1970 年作为第一座德国的国家公园向公众开放。国家公园占地约 120 平方公里，海拔在 750~1455 米，这里保存着欧洲中部最大的一片森林。根据 1973 年制定的《巴伐利亚自然保护法》，这个国家公园的任务就是自然保护、科学研究、环境教育以及在于自然保护不相抵触的条件下提供娱乐。

巴伐利亚森林国家公园每年大约接待 150 万名游客。这里之所以吸引游客，不仅依靠大自然的魅力，还凭借生动活泼、富有创造性的教育设施。这里的游客中心、博物馆、动物园、植物园等和高山、湖泊、森林等自然景色一样，吸引着众多的游客；这里提供各种展览、影像、书籍、资料以及专家指导。这里有诱导孩子们探索自然的森林游乐场和森林学校；为了方便残疾人体验大自然，许多地方还设立了轮椅道、盲文说明、抚摸展品。我国的许多植物园和动物园，规模比这里的大得多，但主要精力用在了收集奇花异草、珍禽异兽上，而不是研究和展示它们的生物学特性和生态环境，把观众从自然领域引入科学领域。所以，观众看到的只是展品，而不是生物及自然界。

旅游业的发展，不仅成为群众自我教育的一种重要形式，还是改善当地群众生活的一项重要对策。但旅游和生态保护总是存在一定矛盾。如何解决这个矛盾，就是国家公园建设的重要问题之一。他们的主要经验就是对游客的活动进行直接或简介的引导。例如，在每年 1 月 1 日至 7 月 15 日，有 2600 公顷的鸟类栖息地就禁止游客进入。公园内有一个非常幽静的拉歇尔湖，是一个非常吸引游客的地方，特别是每当夏季，游客甚多。国家公园为了恢复原有的生态，规定 3/4 的湖岸是禁区，只有 1/4 的湖岸晴朗的夏天允许游览，而且每天不能超过 2000 人。

二、欧洲生态城市发展对中国的借鉴意义

随着城市化的加速推进，人类社会的进步也带来了严重的负面影响。人口膨胀、交通拥堵、环境污染、资源浪费等，都极大地降低了人们的生活质量。随着全球生态环境问题的日益突出，如何保持人类可持续发展、能源的有效利用越来越受到各方的广泛关注。在这一背景下，建设生态城市的理念逐渐成为当今世界城市发展的主流方向。我国现阶段正处于工业化中期阶段，面临着前所未有的资源环境挑战。如何平衡经济增长与环境保护之间的关系成为棘手的难题。在生态城市这一概念引入中国后，许多城市开始尝试这方面的

城市建设。据统计，截至2011年2月，我国287个地级以上城市中共有230个提出建设生态城市，所占比重为80.1%①。

1. 我国生态城市建设存在的主要问题

我国不同地区的许多城市都提出建设生态城市（或生态文明城市），但由于当前生态城市建设尚处于探索阶段，因而存在着一些问题亟待解决。

首先，对于生态城市的内涵，国内没有给出明确的定义。尽管已经有诸多环境研究领域和城市规划建设方面的专家纷纷从学术的角度提出对生态城市的理解和看法②，但是社会对“生态城市”的普遍理解仍然只停留在“环保”、“节能”、“人与自然的和谐共存”等抽象的概念上，至于符合生态城要求所需要具备的条件，始终没有一个量化的可供衡量的标准。③ 这一现实状况造成了各地纷纷建生态城，各地又都是按照自己的理解、想象去造“城”。

其次，当前政府对建设生态城市给予了高度关注，并且也陆续开展了一些实践活动，但是在这一过程中存在着动机不明确、过于强调政绩工程等问题。2007年10月中共第十七次全国代表大会提出生态文明建设主张，明确指出“建设生态文明，基本形成节约能源和保护生态环境的产业结构、增长方式、消费模式”，使得生态文明建设带有行政色彩。但是由于生态城市建设时间周期长，见效慢，投入成本高，因此到了一些地方政府那里，为了追逐政绩表现，盲目批地、上项目，以生态城之名行房地产开发之实。

最后，生态城市的建设一味追求技术的先进和独特，反而忽视了一些传统的自然生态因素。现阶段提出建设的生态城市大多强调零碳排放、绿色交通系统、绿色建筑为主的人居环境以及注重清洁能源等天然能源，打造自然循环系统等等。几乎所有的生态城都是围绕“节能”、“环保”去构建，强调新技术的应用。但是一些新技术由于处在开发的初期因而成本高昂，实际使用效果也并不理想，大范围推广这些产品无疑会造成巨大的浪费，这与建设生态城市的初衷也是背道而驰的。

2. 我国生态城市建设的主要路径

我国生态城市建设需要学习欧盟的成功做法，结合中国的国情，找到一条生态农业、生态工业、生态旅游和生态社区紧密结合的生态城市建设之路。生态农业作为确保粮食生产安全和粮食产品品质的重要途径，需要逐步在粮食主产区扩大生产的规模，形成粮食产品品类的多样化和体系化，满足不同人群的需要。生态工业作为减少工业污染物排放的重要途径，需要按照循环经济发展的要求设计工业园，减少对土壤、空气和水体的工业污染。生态旅游作为推动中西部地区经济发展的重要绿色产业，可以以绿色和生态旅游作为重要的突破口，保护旅游地的自然生态，减少旅游基础设施建设的人为痕迹，让旅游者充分感受大自然的神奇魅力。生态社区作为在推动我国城市化的进程中改善人居环境的重要

---

① 李迅、刘琰：《中国低碳生态城市发展的现状、问题与对策》，《城市规划学刊》，2011年第4期。

② 赵清、张珞平、陈宗团等：《生态城市理论研究评述》，《生态经济》，2007年第5期。

③ 郭荣朝、顾朝林、曾尊固等：《生态城市空间结构优化组合模式及应用——以襄樊市为例》，《地理研究》，2004年第3期。

途径，需要在欧盟生态社区建设的成功做法的基础上，结合我国中西部地区中小城市的发展现状，以节能、环保和资源的循环利用为着力点，建设中国特色的生态社区。

3. 我国生态城市建设的主要对策

第一，建立生态城市的评价指标体系。目前生态城市在我国仍处于一个从理论到实践的摸索过程，所以急需一套合理性和可操作性的评价标准来衡量构建生态城市的具体细则。可以由国家建立一个由涵盖生态农业、生态工业、生态社区和生态旅游等多方面内容的指标体系，为地方的建设提供指引和导向。在对生态城市建设的目标具体化和形象化的同时，考虑到我国地域广阔、差异性较大，针对不同自然禀赋、不同发展阶段、不同产业基础的城市或地区提供建设的宏观政策指导，引导各地区健康有序的发展。

第二，抓住尚未完全开发的中西部中小城市作为生态城市建设的主要阵地。在当前阶段，我国正在全面推进城镇化的进程，而中西部地区成为吸纳农村转移人口的主要区域，而中小城市（甚至小城镇）的建设成为城镇化的主要地区。我国中西部中小城市位于生态条件相对优越的地区，由于城市开发建设的历史不长，具有生态城市建设的先决条件。选准这些地区建设生态城市，对于解决我国的城乡矛盾、完善中小城市建设具有重要的意义。

第三，通过绿色生态的方法加强生态农业生产。优化农业结构，通过发展无公害农产品、特色农产品等增强农业的竞争力。运用有机农业生产技术，加强对农产品生产过程的技术支撑，提高有机农产品的数量和品质。运用新技术、新设施和宣传新理念对城市餐厨垃圾进行分类收集处理，通过绿色环保的方法制造农业生产所需要的有机肥料，一方面降低城市的环境污染，另一方面通过循环利用实现绿色农业生产。

第四，加快产业转型，改造和创立生态工业园区。建立科学的产业体系，将资源优势转化成对能源的合理开发与利用，重点发展洁净能源工业，例如水能和太阳能。在一些风力资源较丰富的地方，进行风力发电的试点。工业逐步向技术密集型、资源密集型转变，提高产品生产工艺，大力推进清洁生产工艺，减少污染物的排放，实现资源的循环利用。加快改造、设计和创立一批生态工业园，将会对环境造成污染和彼此产业关联度较大的工业企业布局在生态工业园区内，通过对资源的循环回收利用提高资源的使用效率来减少污染物排放，通过产业科学集约布局减少企业的运输和原料成本，保护环境和提高经济效益并举。

第五，大力发展循环经济，完善污染治理机制。大力发展污染处理技术，采用集中处理和分散处理相结合的方法处理城市污水，加强污水的回收和再利用。严格执行新建项目主要污染物总量审批制度，将项目四个主要污染物总量指标（化学需氧量、氨氮、二氧化硫、氮氧化物）审批作为环评批复的前置条件。加快搬迁城市内部布局的污染企业，暂时不能搬迁的要加强技术改造。通过先进的技术提高企业废气综合利用水平，降低城市汽车尾气排放实现达标排放。完善法律制度，出台污染治理政策和法规，从法律层面减少污染的产生。

第六，深化交流合作。目前尽管我国生态城市的建设仍然处于起步阶段，但是国际上已经实践了多年并积累了一些有益的理论与经验。在国内，诸如中新天津生态城、曹妃甸国际生态城也取得了一些进展。因此，西部地区在建设的过程中吸取国内外经验的同时，也需要根据具体的情况来规划和实践。同时国外先进和成熟的技术已经得到了应用，在衡量成本和收益之后，可以有选择、有目的地吸收这些技术，以政府、企业、高校、科研机构等为主体，通过举办交流论坛、开展研究项目、人才引进等方式加快生态理念和技术在国内的推广，借助交流与合作不断推进自身的生态城市建设。

参考文献

[1] 郭荣朝、顾朝林、曾尊固等：《生态城市空间结构优化组合模式及应用——以襄樊市为例》，《地理研究》，2004 年第 3 期。
[2] 李迅、刘琰：《中国低碳生态城市发展的现状、问题与对策》，《城市规划学刊》，2011 年第 4 期。
[3] 马晶、丁冬梅：《在西部大开发中构建“低碳西部”生态城市》，《中国城市经济》，2011 年第 24 期。
[4] 彭寒飞：《西部内陆地区经济发展问题思考及生态西部的构建》，《生态经济》，2010 年第 10 期。
[5] 王伟中：《欧盟可持续发展研究》，社会科学文献出版社 2008 年版。
[6] 赵清、张珞平、陈宗团等：《生态城市理论研究评述》，《生态经济》，2007 年第 5 期。

工业化、城镇化协调发展的对策建议分析

——以中部六省为例

李　晶

（南昌大学中国中部经济社会发展研究中心　南昌　330031）

一、引言

工业化与城镇化之间的关系是一种相互依托、互相促进的关系。工业化是加快经济社会发展的第一推动力，工业化是城镇化的保障，为城镇化提供就业平台，工业经济的发展将有效推进城镇化，拓宽城镇化发展途径；而城镇是工业经济的载体，工业化必须以城镇化为支撑。中共中央和国务院2010年一号文件，强调了加大统筹城乡发展力度，大力推进城镇化。就是要由过去片面注重追求城市规模扩大、空间扩张，改变为以提升城市文化、公共服务等内涵为中心，真正使我们的城镇成为具有较高品质的适宜人居之所。新型城镇化的本质是以人为本，统筹兼顾，以新型工业化为动力，推动城市现代化、农村城镇化，全面提升城镇化质量和水平，走科学发展的城镇化建设路子。没有就业保障，生活保障，单纯将村民变成市民的城镇化是低水平、低质量的，只有有效解决了生存发展，合理提升人口素质和生活水平的城镇化，才是合理的，值得鼓励的。

目前，我国已经步入新型工业化发展中级阶段，伴随着工业化水平不断提高的，是城市用地面积的逐渐扩大，城镇人口的不断增加，1978—2012年，我国城镇人口从1.72亿人增加到7.1亿人，城镇化率从17.92%提高到52.27%，虽然从表面上看，中国城镇化进程已经达到世界平均水平，但城市化进程带来的交通拥挤、环境污染、治安混乱等城市病也日渐凸显出来。

中部地区包括山西、河南、安徽、江西、湖南、湖南六省，国土面积102.8万平方公里，占全国的10.7%，2012年总人口35926.7万人，地区生产总值116277.7亿元，分别占全国的26.7%和20.2%，是我国“四化同步”的主战场，是工业化和城镇化协调发展的重要区域。中部如何协调好工业化和城镇化关系，对中部经济增长、社会进步有着重要意义。

二、中部地区在工业化、城镇化过程中的问题分析

1. 中部地区工业化、城镇化发展水平不高，且工业化、城镇化发展存在不同步问题

对中部地区工业化、城镇化发展定位问题上，不应该单纯关注工业化与城镇化孰优孰劣的问题，实际上，中部地区的工业化和城镇化的发展水平都不高。从工业化发展水平来看，虽然“十二五”时期，中部地区的工业水平和产业结构有了快速发展，但是中部地

区依然存在着地区产业结构较低、产业集中度较低、产业科技含量不高、产品结构不合理等诸多问题；从城镇化发展水平来看，中部地区城镇化过程也存在着：大中城市经济辐射能力不强、城市性质和分工不明晰、城市提供的就业岗位有限，不能很好地解决就业问题；城市吸纳投资能力不强，基础设施仍需提高、城镇化质量有待提高等几方面问题。另外，中部地区的城镇化发展始终滞后工业化发展，城镇化和工业化在发展步伐上依然无法同步。主要表现在两个方面：一是非农产业就业比重的提高速度滞后于工业化水平的提高速度；二是城镇人口比重的提高速度滞后于非农业产业就业比重的提高速度。从本质意义上说，这主要是采用“反城镇化”政策来促进工业发展及“待城镇化人口”大量存在造成的，这也固化和加剧了城乡二元结构的矛盾。

2. 中部地区工业化、城镇化区域发展不平衡

中部地区由于历史因素、区位因素，六省之间的工业化和城镇化水平发展也存在着不平衡，湖南、湖北工业化和城镇化水平发展较好，而江西、安徽几省的发展相对缓慢。同时，各省各自规划，发展过程中缺乏统一的思想方针，各省都希望通过工业化和城镇化发展能够在本省建立起可以辐射中部的大都市，但就目前的发展状态而言，各省省会城市的辐射力也仅以本省辐射为主。如何建立起中部城市群和城市圈还是亟待解决的问题。

3. 工业化、城镇化过程中的粮食安全问题

中部地区是全国粮仓，承担有国家粮食安全的重要职责，工业化、城镇化过程中的耕地减少将直接影响中部地区的粮食主体功能。2000—2012 年，中部六省中山西耕地减少最多，高达 11.61%，江西省和湖北省耕地减少均超过 5%。这一方面是工业化、城镇化过程中城市用地增加，导致生产用地减少；另一方面也是由于中部是人力流出大省，外出务工人员较多，实际弃耕的土地面积在增加。耕地面积减少将直接影响农业生产，影响粮食产量，影响中部地区在全国的粮食产量地位。就中部六省而言，虽然河南和安徽在全国粮食供应中的地位在提高，但是湖南省、湖北省的粮食地位均有显著的下降，如湖北省从 2001 年的 4.72%下降到 4.16%，湖南省从 5.97%下降到 4.86%。如何在工业化、城镇化过程中协调好农业现代化问题，保障农村耕地和粮食产量也是工业化、城镇化过程中不可忽略的问题。

三、中部地区工业化、城镇化过程中制约因素分析

（1）制度因素。受先前经济政治体制影响，阻碍农村人口城镇化以及生产要素与产品在城乡之间的流动的各种政策性障碍没有彻底消除，现有制度仍然带有浓厚的城乡二元体制的烙印，特别是户籍制度及附属于户籍制度的就业、教育、住房、医疗、福利等方面制度。

（2）产业结构不合理。产业结构不合理是制约中部工业化和城镇化发展的重要因素。产业结构不合理主要表现在以下三个方面。第一，农业占经济中的比重过高，农业机械化水平较低，而第二产业、第三产业发展不足；第二，就工业结构而言，工业结构偏低，产业集群效应不明显，产品结构不合理；第三，金融、服务业发展动力不足。产业结构不合理导致中部地区经济辐射能力不强，无法提供充沛的就业岗位来保障城镇化进程。

(3) 基础设施因素。基础设施是工业化和城镇化的重要保障。中部地区的基础设施虽然有着显著的提升，但是与中部地区相比还是存在很大不足，鉴于中部地区吸引资金能力也存在很大不足。

四、中部地区协调工业化、城镇化发展的对策建议

第一，调整经济结构，走可持续发展道路。中部六省为传统的农业大省，有着良好的农业生产基础和优势，中部地区应立足于提高农业生产，提高现代农业机械化水平，走好现代农业发展道路。同时，调整产业结构，加快工业快进程，一方面，要利用区位优势，有选择地承接东部地区金融、信息等现代服务业产业转移；另一方面，也要因地制宜，发展适合各省省情的钢铁、汽车、高端制造业。在产业结构调整过程中，各省应找好比较优势，大力发展一个或几个优势产业，杜绝重复建设，建设浪费等现象。

具体而言，要根据产业结构演进的趋势，加快工业结构调整。(1) 进一步聚焦重点，集中力量培育和发展电子信息、新能源、生物医药、新材料、新能源汽车等战略性新兴产业，并加大支持力度，促进形成一批有特定优势的高技术产业集群。(2) 充分利用高新技术特别是信息技术，加快对煤炭、冶金、非金属材料、化工、建材等传统产业和企业的技术改造与升级，使这些产业的产品性能、生产方式、盈利模式和资源消耗等都更加符合集约化发展和可持续发展的要求。(3) 要立足中部地区的轻工产业发展基础，以及农产品优势、劳动力优势，积极发展农副产品加工、纺织服装等劳动密集型产业。(4) 淘汰技术落后、没有资源优势、环境污染严重的落后产业和产品。

第二，重视第三产业对工业化、城镇化的推动作用。要大力发展第三产业，特别是现代服务业。一是要加大第三产业对内和对外开放力度，鼓励更多的社会资源流向第三产业，拓展服务业新领域，发展新业态，培育新热点。二是要运用现代经营方式和信息技术改造提升传统服务业，推进连锁经营、特许经营、物流配送、代理制、多式联运、电子商务等组织形式和服务方式的发展。三是要坚持文化产业和文化事业发展相统一，深化体制改革，大力发展文艺演出、广播影视等文化产业，同时，加快中部旅游资源的开发建设进程。四是要突出发展竞争力强的大型服务企业集团，促进服务业的集团化、网络化、品牌化经营，提升服务业比重和水平。与此同时，大力发展现代农业，促进一、二、三产互动发展。

第三，改变城镇化战略，促进工业化与城镇化协调发展。一是不断壮大中心城市、提升城市能级。首先，建立起中部城市集群，引领中部、长江流域乃至全国经济发展。其次，积极发展中小城市，提高中小城市的聚集经济效应和对外辐射功能，同时，搞好县城规划、建设和管理，使之逐步向小城市发展。此外，要积极稳妥发展小城镇。着力发展区域性的中心镇、重点镇，尽快打造一批特色鲜明、充满活力的经济强镇。二是着力抓好城镇的科学规划和合理布局。要明确大中小城镇的功能定位和产业发展方向，合理规划农业、工业、居住等各类功能区，形成特色鲜明、功能各异、优势互补的产业布局。三是加强基础设施建设。

第四，发挥市场作用，强化金融支撑。坚持政府引导，市场运作，充分发挥市场配置资源的基础性作用。消除制约民营经济发展的体制性和政策性障碍，推动民营经济跨越发

展。开放社会事业非基本公共服务领域，形成社会事业投资主体多元化。积极发挥社会组织作用，构建现代公共治理结构。整合城镇现有资产，创新城镇经营模式，以市场化方式推动城镇基础设施建设加快发展，提升城镇整体功能。强化金融支撑。拓宽城镇基础设施建设融资渠道，搭建市场化运作的新型融资平台，采取股权、信托、租赁、开发等多种市场化方式融资。进一步发挥信贷资金的主渠道作用，努力扩大对重点项目的信贷投放。支持专业基金管理公司以市场化方式募集资金，参与城镇土地一级开发和城镇功能区建设。围绕全镇城镇发展规划，引导金融机构优化网点布局，促进金融服务全覆盖，推动金融服务便利化。大力发展消费信贷，促进城镇消费升级换代。

参考文献

[1] 段禄峰、张沛：《我国城镇化与工业化协调发展问题研究》，《城市发展研究》，2009年第7期。

[2] 刘奇中：《工业化城镇化互动协调发展研究》，《华东经济管理》，2013年第27期。

[3] 郑慧玲、谢元态、林孝丽：《中部六省城市化水平比较研究》，《中国城市经济》，2011年第14期。

中国城镇化发展与城乡居民消费水平的动态分析
——基于VAR模型的实证研究

李　苗
（山西大学经济与管理学院　太原　030006）

一、引言

改革开放以来，我国城镇化率由1978年的17.9%提高到2012年的52.6%，年均提高近0.9个百分点。我国城镇化速度不仅明显快于改革开放前，也快于同期世界城镇化水平年均提高近0.4个百分点的速度。而当前我国城乡居民消费率全面走低，消费需求增长乏力成为制约国民经济健康持续发展的症结所在。积极稳妥推进城镇化作为“十二五”规划的重要组成部分，其健康发展对于拉动内需、优化城乡结构、推动国民经济发展具有重大意义，城镇化与居民消费之间的关系也因此成为学者关注的焦点。

有研究表明，如果我国城镇化率提高10~15个百分点，未来5~10年居民消费率就有望提高约15个百分点①。曾令华、汪利娜、田成川、李朴民等学者均认为城镇化是启动消费、创造最终需求、保持国民经济持续发展的必由之路。贺建林等（2009）补充提出城镇化能够同时创造大规模的生产性需求和生活性需求。樊纲等（2004）进一步通过建立消费条件模型，推算得城镇化率对消费水平的贡献率为17.6%。谢晶晶等（2004）通过采用向量误差修正模型，提出城镇化水平和投资与消费之间存在长期稳定关系，特别是城镇化水平对消费需求的长期影响比对城镇固定资产投资的长期影响更显著。孙虹乔（2011）结合2009年我国234个地级市的截面数据，运用自抽样、OLS及SUR估计论证了城镇化发展对我国城镇居民的消费具有正向促进作用。

但也有部分学者认为城镇化发展不利于扩大农村居民消费或者两者之间关系不明确。张华忠和孙爱军（2006）认为从长远看，农村消费市场不会无限扩大，农村消费占全社会消费总量的比重随着农村城市化进程的推进一定会下降。齐红倩、刘力（2000）及国务院发展研究中心“城镇化进程中农村劳动力转移问题研究”课题组（2010）均指出在目前中国城市化模式下，农村劳动力的“候鸟式”转移模式使农民身份不变，收入得不到保障，农民工及家属在城市没有归属感，这种城市化造成农民工消费模式单一、消费水平低，因而难以扩大国内消费。王飞等（2003）通过线性回归指出我国现行小城镇战略不可能从根本上缩小城乡收入差距、加快城市化进程，因而不能提高我国居民的消费率。刘志飞等（2004）提出小城镇化模式不利于提高居民边际消费倾向，“隐性城市化人口”的消费方式难以城市化，而新增城市人口消费信心也难以提高。李通屏、成金华（2005）运用20世纪80年代以来主要年份数据资料和1999年、2000年的横断面资料，对中国人口城市化的投资效应和消费效应进行了比较分析，指出相对于消费效应而言，中国城市化

① 方辉振：《城镇化创造国内需求的机理分析》，《现代经济探讨》，2010年第3期。

首先是一种投资效应，由此对高投资、低消费形成了推波助澜之势。王翔（2010）则提出城市化水平提高与居民消费需求增长互不为原因。

本文运用VAR向量自回归模型以脉冲响应函数和方差分解刻画我国城镇化发展与城乡居民消费之间的动态相关性，以期找出城镇化与居民消费之间的真正关系，为我国未来城镇化建设及扩大消费、提振内需提供有针对性的决策依据。

二、城镇化率与城乡居民消费VAR模型及方差分解

1. 单位根检验

首先选取中国1978—2012年相应数据①，分别为：城镇化率UR、城镇居民消费水平C_Urban、农村居民消费水平C_Rural、城乡居民消费水平倍数C_Times。对以上时间序列进行ADF单位根检验，检验结果如表1所示。

表1　**原始序列ADF单位根检验**

变量	ADF值	*P*值	1%临界值	5%临界值	10%临界值
UR	-0.895353	0.9447	-4.262735	-3.552973	-3.209642
C_Urban	1.460436	1.0000	-4.252879	-3.548490	-3.207094
C_Rural	0.391632	0.9978	-4.467895	-3.644963	-3.261452
C_Times	-0.616111	0.9714	-4.252879	-3.548490	-3.207094

从表1可知，时间序列UR、C_Urban、C_Rural和C_Times的ADF统计值皆大于在10%、5%以及1%的显著性水平下的临界值，且其*P*值远大于0.05，这表明在5%的显著水平下，都不能拒绝原时间序列存在单位根的假设，即UR、C_Urban、C_Rural和C_Times原时间序列存在单位根。由此，进一步对以上时间序列的一阶差分进行单位根检验，结果见表2。

表2　**一阶差分序列ADF单位根检验**

变量	ADF值	*P*值	1%临界值	5%临界值	10%临界值
D（UR）	-3.763961	0.0317	-4.262735	-3.552973	-3.209642
D（C_Urban）	-4.756689	0.0030	-4.262735	-3.552973	-3.209642
D（C_Rural）	-5.370799	0.0018	-4.498307	-3.658446	-3.268973
D（C_Times）	-3.748556	0.0328	-4.262735	-3.552973	-3.209642

从表2可知，时间序列D（UR）、D（C_Urban）、D（C_Rural）和D（C_Times）的ADF统计值小于在5%显著性水平下的临界值，且其*P*值都小于0.05，这表明在5%的显著水平下，可拒绝一阶差分时间序列存在单位根的假设，因此UR、C_Urban、C_Rural和C_Times为一阶单整时间序列。

---

① 数据来自《中国统计年鉴》及《中国农村统计年鉴》。

2. 城镇化与城镇居民消费水平关系的动态分析

利用 Eviews 软件对城镇化率 UR 与城镇居民消费水平 C_Urban 建立 VAR 模型并以此为基础模拟脉冲响应函数曲线，输出结果见图 1。横轴代表响应函数追踪期数（设定为 10 年），纵轴代表因变量对解释变量的响应程度，实线为响应函数计算值，虚线为响应函数值加或减 2 倍标准差的置信带。

由图 1 可知，UR 对其自身的一个标准差新息冲击即刻就有一定的正向反应，约为 0.3，之后增长到第 3 期，从第 4 期开始逐渐下降，但始终为正效应；UR 对 C_Urban 的一个标准差新息在初期无较大反应，之后呈现微弱负效应，并且一直持续到第 4 期，在第 4 期和第 5 期之间时影响效应为 0，之后开始呈现增长的正效应，且长期影响较为显著。C_Urban 对其自身的一个标准差新息冲击即刻就有一定的正向反应，并且一直保持在较高水平之上；C_Urban 对 UR 的一个标准差新息在初期即呈现出相当程度的负效应，并且之后基本一直维持在该水平上。

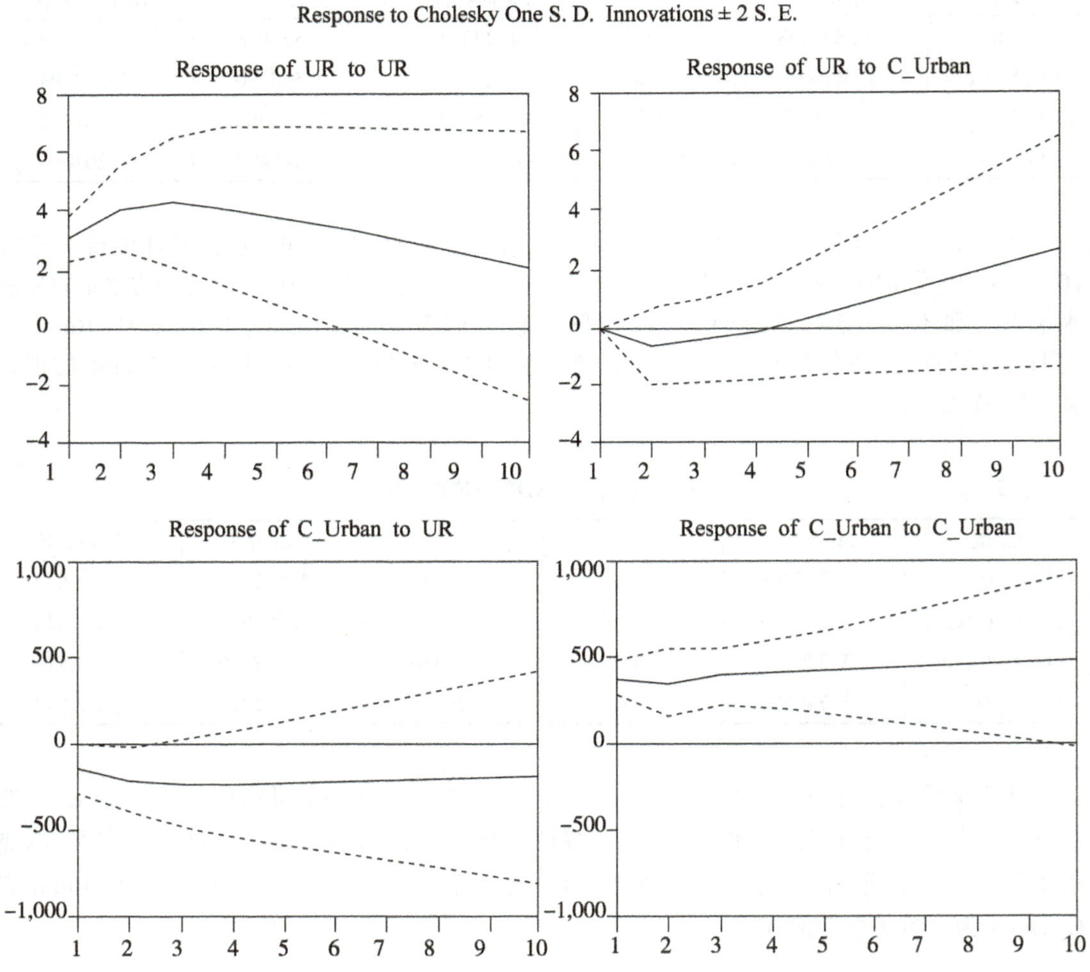

图 1　城镇化与城镇居民消费水平的脉冲响应函数图

方差分解是通过分析每一个结构冲击对内生变量变化的贡献度，从而进一步对不同结构的冲击进行分析，进行方差分解得到的结果如表3所示。其中第一列是预测期，标准误差数据为变量UR与城镇居民消费水平C_Urban的各期预测标准误差，这种预测误差是修正值的现在值或将来值的变化造成的，UR列与C_Urban列分别表示以UR列与C_Urban列为因变量的方程新息对各期预测误差的贡献度，每行相加结果均为100。

表3　**城镇化与城镇居民消费水平方差分解表**

时期	UR			C_Urban		
	预测标准误差	UR（%）	C_Urban（%）	预测标准误差	UR（%）	C_Urban（%）
1	0.312868	100.0000	0.000000	403.1379	12.96339	87.03661
2	0.528610	98.24573	1.754267	570.0963	20.49520	79.50480
3	0.691249	98.52143	1.478572	726.6487	22.94342	77.05658
4	0.812743	98.89323	1.106769	859.3097	23.97916	76.02084
5	0.904548	99.01462	0.985382	977.8985	24.11538	75.88462
6	0.976132	98.59269	1.407311	1085.836	23.80622	76.19378
7	1.034907	97.39237	2.607632	1186.670	23.23492	76.76508
8	1.086623	95.23429	4.765712	1282.836	22.51233	77.48767
9	1.135865	92.00402	7.995975	1376.267	21.70035	78.29965
10	1.186342	87.67717	12.32283	1468.484	20.83754	79.16246

由UR的方差分解结果能够看出，UR第1期的波动只受到其自身波动的影响，C_Urban对波动的冲击在第2期才显现出来，但影响相对微弱，此后大致呈现增大趋势，在第10期时达到最大值12.32283%，说明UR主要受其自身的影响，但C_Urban的影响也相对明显。对于C_Urban的方差分解，其第一期的波动受到其自身波动的87.03661%影响，UR的影响为12.96339%，UR解释能力一直持续增长到第5期达到24.11538%，之后虽略有下降，但仍超过20%，说明UR对C_Urban的长期影响十分显著。

3. 城镇化与农村居民消费水平关系的动态分析

对城镇化率UR与农村居民消费水平C_ Rural建立VAR模型并以此为基础模拟脉冲响应函数曲线，输出结果见图2。

由图2可知，UR对其自身的一个标准差新息冲击即刻就有一定的正向反应，约为0.4，之后增长到第3期，从第4期开始逐渐下降，到第10期时下降为0；UR对C_Rural的一个标准差新息在初期无较大反应，之后呈现微弱负效应并一直持续到第4期，在第4期和第5期之间时影响效应为0，之后开始呈现增长的正效应，在第10期约达到0.5。C_Rural对其自身的一个标准差新息冲击即刻就有较强正向反应，并且之后一直保持增长趋势；C_Rural对UR的一个标准差新息在初期有一定的负效应，之后呈现扩大的负效应趋势。

基于VAR模型和渐近解析法对UR与C_Rural进行方差分解，输出结果见表4。

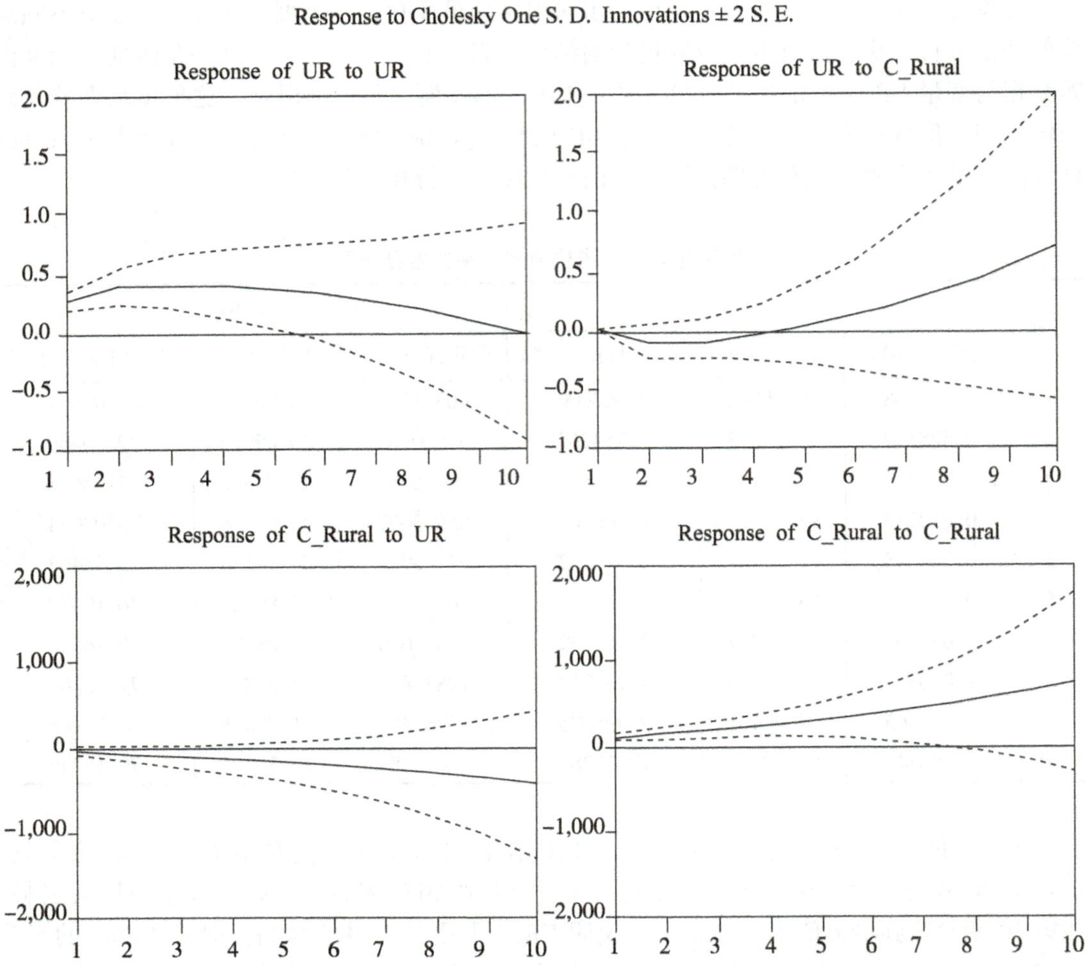

图 2　城镇化与农村居民消费水平的脉冲响应函数图

表 4　**城镇化与农村居民消费水平方差分解表**

时期	UR			C_Rural		
	预测标准误差	UR（%）	C_Rural（%）	预测标准误差	UR（%）	C_Rural（%）
1	0.310963	100.0000	0.000000	152.3942	8.556427	91.44357
2	0.533727	97.50923	2.490769	254.2271	13.91777	86.08223
3	0.709127	97.36382	2.636180	362.7030	16.90697	83.09303
4	0.841610	97.95354	2.046458	480.8879	18.80651	81.19349
5	0.940745	98.22999	1.770011	612.5756	20.10963	79.89037
6	1.018288	96.99763	3.002372	761.7090	21.06194	78.93806
7	1.088818	92.74077	7.259234	932.5698	21.79201	78.20799
8	1.171213	83.98852	16.01148	1129.907	22.37176	77.62824
9	1.289063	70.48654	29.51346	1359.088	22.84385	77.15615
10	1.468488	54.35914	45.64086	1626.258	23.23499	76.76501

由 UR 的方差分解结果能够看出，UR 第一期的波动只受到其自身波动的影响，C_Rural对波动的冲击在第 2 期才显现出来，此后逐渐呈现递增趋势，在第 10 期时达到最大值 45. 64086%，说明 UR 受 C_Rural 的影响较大。对于 C_Rural 的方差分解，第 1 期的波动除受到其自身波动的 91. 44357%影响外，UR 的影响为 8. 556427%，且其解释能力一直持续增长，第 10 期时达到 23. 23499%，说明 UR 对 C_Rural 的长期影响也十分显著。

4. 城镇化与城乡居民消费水平倍数关系的动态分析

利用 Eviews 软件对城镇化率 UR 与城乡居民消费水平倍数 C_Times 建立 VAR 模型并以此为基础模拟脉冲响应函数曲线，输出结果见图 3。

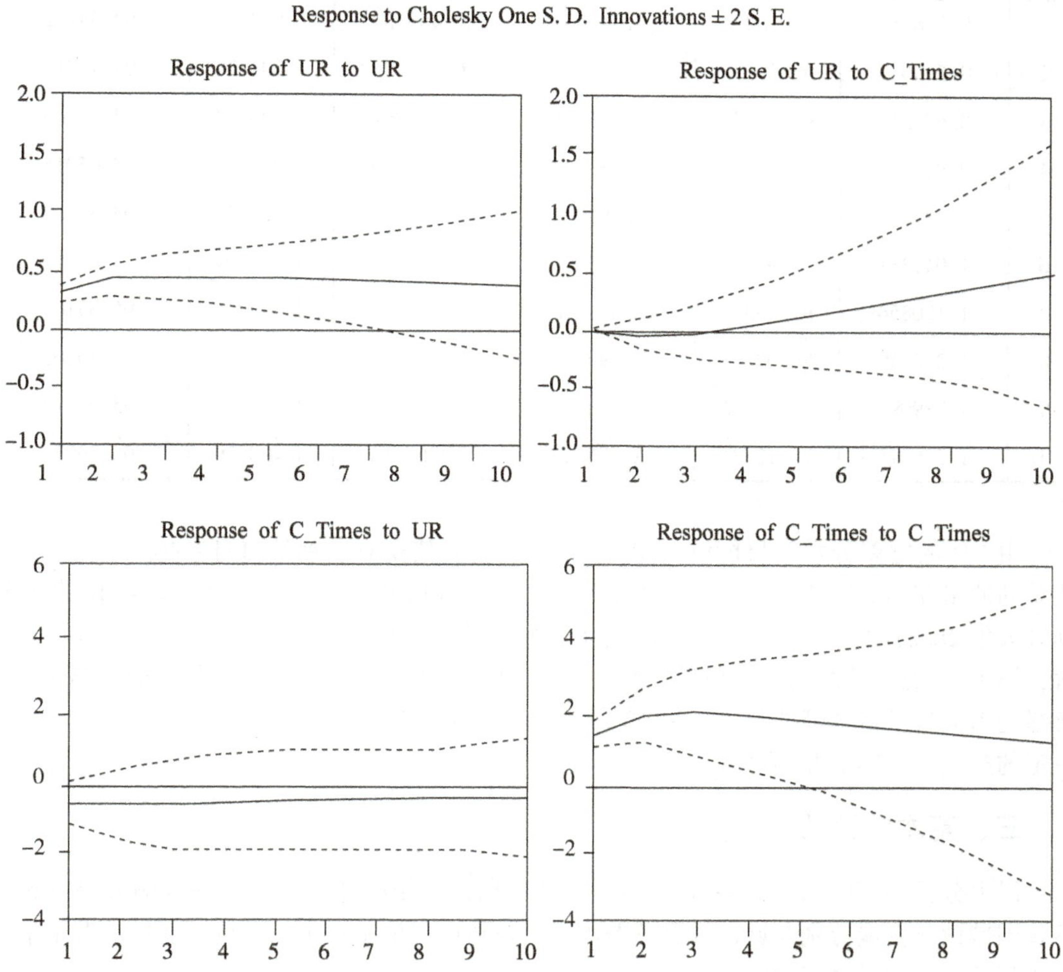

图 3　城镇化与城乡居民消费水平倍数的脉冲响应函数图

由图 3 可知，UR 对其自身的一个标准差新息冲击即刻就有一定的正向反应，约为 0. 4，增长到第 3 期之后保持稳定的水平，且始终为正效应；UR 对 C_Times 的一个标准差新息在初期无较大反应，之后呈现微弱负效应，在第 4 期时的影响效应为 0，之后开始呈现增长的正效应，且长期影响较为明显。C_Times 对其自身的一个标准差新息冲击即刻就有一定的正向反应，在第 2 期时达到最大值，之后呈现降低趋势，但始终为正效应；C_Times对 UR 的一个标准差新息在初期有较弱负效应，并且以后期间基本维持在该水平上。

基于 VAR 模型和渐近解析法对 UR 与 C_Times 进行方差分解，输出结果见表 5。

表 5　　城镇化与城乡居民消费水平倍数方差分解表

时期	UR			C_Times		
	预测标准误差	UR（%）	C_Times（%）	预测标准误差	UR（%）	C_Times（%）
1	0.306456	100.0000	0.000000	0.153327	7.658975	92.34102
2	0.519654	99.39636	0.603636	0.259474	6.204839	93.79516
3	0.686271	99.45191	0.548095	0.339861	5.406353	94.59365
4	0.819127	99.54665	0.453352	0.400009	4.949843	95.05016
5	0.933443	98.59698	1.403023	0.445511	4.685159	95.31484
6	1.041388	95.96490	4.035096	0.480548	4.532894	95.46711
7	1.150854	91.63027	8.369726	0.507982	4.448945	95.55105
8	1.266140	86.00741	13.99259	0.529749	4.407932	95.59207
9	1.389092	79.66616	20.33384	0.547179	4.394785	95.60522
10	1.520076	73.12571	26.87429	0.561219	4.400270	95.59973

由 UR 的方差分解结果能够看出，UR 第一期的波动只受到其自身影响，C_Times 对波动的冲击在第 2 期才显现出来且比较微弱，从第 6 期开始有较大提高，到第 10 期时达到最大值 26.87429%，说明 C_Times 对 UR 的持续性影响较强。对于 C_Times 的方差分解，第 1 期的波动除受到其自身波动的 92.34102%影响外，UR 的影响为 7.658975%，其解释能力大致呈持续降低趋势，第 10 期时为 4.400270%，说明 UR 对 C_Times 波动也有一定的影响，但影响并不显著。

三、基本结论及政策含义

以上分析基于中国 1978—2012 年的统计数据，运用脉冲响应函数和预测方差分解考察我国城镇化发展分别与城镇居民消费水平、农村居民消费水平以及城乡居民消费水平差距之间的交互响应情况和响应路径。

实证结果显示，城镇化率的波动主要受其自身的影响，城镇化对城镇居民消费水平的一个标准差新息的冲击在初期反应微弱，但之后一直呈现增长的正效应，且长期影响较为显著。说明我国城镇化进程的推进力量虽然主要来自于城镇化政策带来的城镇化自主动力，但城镇居民消费水平的提高对于城镇化发展的长期影响不容忽视。同时，城镇居民消费水平对城镇化的一个标准差新息始终存在比较稳定的负效应，且城镇化对城镇居民消费水平波动的解释能力较强，出现这种现象与地方政府在推动城镇化进程时的一些短视行为有关，如部分地方政府热衷于“形象工程”、“造城工程”，使得城镇化对城镇消费没有起到很好的拉动作用。该结论提醒我们在制定城镇化政策时要注意克服这种负效应，避免“有城无市”的现象发生。

农村居民消费水平对城镇化波动的冲击影响逐渐呈递增趋势，且在第 10 期时达到 45.64086%，说明我国城镇化发展受农村居民消费水平提高的影响较大。城镇化对农村居民消费水平波动的解释力较强，且农村居民消费水平对城镇化的一个标准差新息在初期有一定的负效应且之后呈现扩大趋势。该负效应与城镇化对城镇居民消费水平造成的较为稳定的负效应相比，虽然初期稍小，但此后却逐年增大，这也是造成对城乡居民消费水平差距的负效应的直接原因。这种负效应看似与理论相矛盾，但具体分析我国国情则不难看出，由于当前存在农产品市场供过于求、乡镇企业竞争激烈、进城务工农民社会保障堪忧等问题，农村居民消费水平难以得到有效提升。因而，城镇化政策的制定一定要充分考虑到对农村消费的负效应，以新农村建设、市场建设、社会保障事业建设等合力推动我国城镇化发展。

参考文献

[1] 方辉振：《城镇化创造国内需求的机理分析》，《现代经济探讨》，2010 年第 3 期。

[2] 曾令华：《我国现阶段扩大内需的根本途径——城镇化》，《经济学动态》，2001 年第 3 期。

[3] 汪利娜：《加速城市化：启动消费的现实选择》，《经济学动态》，2001 年第 9 期

[4] 田成川：《城市化：解决消费需求不足的必由之路》，《宏观经济管理》，2004 年第 8 期。

[5] 李朴民、田成川、杨特：《加快城镇化扩大内需的战略思考》，《宏观经济管理》，2009 年第 11 期。

[6] 贺建林、李慢：《城镇化扩大内需的机理分析》，《理论与改革》，2009 年第 5 期。

[7] 樊纲、王小鲁：《消费条件模型和各地区消费条件指数》，《经济研究》，2004 年第 5 期。

[8] 谢晶晶、罗乐勤：《城市化对投资和消费需求的拉动效应分析》，《改革与战略》，2004 年第 3 期。

[9] 孙虹乔：《城镇化对扩大城镇居民消费的实证研究——基于我国地级城市的数据》，《商业时代》，2011 年第 30 期。

[10] 张华忠、孙爱军：《启动农村消费需求的对策》，《中国市场》，2006 年第 8 期。

[11] 齐红倩、刘力：《城市化：解决我国有效需求不足的关键》，《管理世界》，2000 年第 2 期。

[12] 国务院发展研究中心课题组：《农民工市民化对扩大内需和经济增长的影响》，《经济研究》，2010 年第 6 期。

[13] 王飞、成春林：《城镇化对我国居民消费率的影响》，《甘肃农业》，2003 年第 11 期。

[14] 刘志飞、颜进：《从居民消费角度看城市化道路的选择》，《城市问题》，2004 年第 3 期。
[15] 李通屏、成金华：《城市化驱动投资与消费效应研究》，《中国人口科学》，2005 年第 5 期。
[16] 王翔：《以城市化驱动消费的现实悖论——兼论我国经济拉动方式的转型》，《经济与管理研究》，2010 年第 4 期。

中部地区城乡统筹度评价与空间差异分析

范 斐
（武汉大学中国中部发展研究院 武汉 430072）

城市带乡村是世界经济发展、社会进步的共同规律。世界发达国家和地区都经历过大量农村劳动力转移到第二、三产业，大量农村居民变成城市居民，城乡发展差距变小的发展阶段。我国经过30多年的改革与发展，城市先发优势越来越明显，发展能量越来越大，城市有义务也有能力加大对农村带动的力度，城市带农村完全能带出“双赢”的结果。目前国内外大部分文献只是针对城乡统筹的内容、意义和实施方式做定性阐述，缺少与测度和量化分析有关的定量研究，不能精确充分地反映城乡统筹的发展程度。有鉴于此，本文以中部地区6个省级区域为研究对象，从城市系统和乡村系统协调发展的角度出发，构建包括经济发展、基础设施、居民生活、环境质量四个维度在内的城乡统筹测度指标体系，对中部地区进行城乡统筹测度，并对结果进行时空差异分析，提出政策建议；在系统功效评价方法上，由于评价体系的综合性和复杂性，本文采用AHP主观赋权法与CRITIC客观赋权法相结合的方式确定评价指标权重。结合方法依照D-S证据理论，该理论适用于互补、不确定信息的融合，它能够将大量繁杂的主观不确定信息，通过D-S证据理论信息融合原理有效地转化为确定性的决策结果，提高权重的准确性和科学性；在城乡统筹测度方面，本文采用耦合协调度方法，该方法既可以测量系统间耦合程度，又能显示发展层次，具有概括和综合系统整体信息的特点，并且各项领域的广泛研究已证明其较强的实用性和成熟度。而本文所得结论将为中部地区城乡统筹战略的贯彻落实创造有力依据，对该地区城乡系统的协调可持续发展具有一定现实意义。

一、研究方法与数据来源

1. 研究方法

（1）CRITIC法（Criteria Importance Through Intercriteria Correlation）。CRITIC法是由Diakoulaki（1995）提出的一种客观赋权方法，该方法通过对比度和指标之间的冲突性来确定指标的客观权重。对比强度是同一指标各个评价方案之间取值差距的大小，以标准差的形式来表现，标准差越大各方案之间取值差距越大；评价指标间的冲突性以指标之间的相关性为基础，具有较强的正相关的指标冲突性较低，负相关性的指标冲突性较高。计算方法如下：

第j个指标所包含的信息量和独立性的综合度量为：

$$h_j = v_j \sum_{i=1}^{n} (1 - r_{ij}),\ j = 1,\ 2,\ \cdots,\ n \tag{1}$$

式中，$\sum_{i=1}^{n}(1 - r_{ij})$ 为冲突性量化指标，r_{ij}为指标 i 和 j 之间的相关系数；变异系数 v_j用来反映指标的对比强度。综合信息量越大，指标的重要性越强，相应权重也越大，所以第 j 个指标的客观权重为：

$$e_j = \frac{h_j}{\sum_{i=1}^{n} h_j},\ j = 1,\ 2,\ \cdots,\ n \tag{2}$$

（2）层次分析法（Analytic Hierarchy Process，AHP）。AHP 由美国运筹学家 Satty（1990）于 20 世纪 70 年代提出。AHP 分析评价系统中各基本要素之间的关系，建立系统的递阶层次结构。对同一层次的各元素源于上一层次中某一准则的重要性进行两两比较，构造两两比较判断矩阵，并进行一致性检验。当判断矩阵的随机一致性比例小于 0.10 时，判断矩阵具有满意的一致性，否则就需要对判断矩阵进行调整。最后由判断矩阵计算被比较要素对于该准则的相对权重。

（3）D-S 证据理论（D-S Evidential Theory）。该理论是由 Dempster（1967，1968）首先提出，并由 Shafer（1976）进一步发展起来的一种处理不确定性的理论。设 D 为样本空间，函数 $M: 2^D \rightarrow [0,\ 1]$，且满足 $M(\Phi) = 0$，$\sum M(A) = 1$，其中 $A \subseteq D$，则称 M 是 2^D 上的概率分配函数，M（A）称为 A 的基本概率数。

命题的信任函数 Bel：$2^D \rightarrow [0,\ 1]$，且 $\mathrm{Bel}(A) = \sum M(B)$ 其中 $B \subseteq A$。Bel 函数又称为下限函数，Bel（A）表示对命题 A 为真的信任程度。

似然函数 Pl：$2^D \rightarrow [0,\ 1]$，且 $\mathrm{Pl}(A) = 1 - \mathrm{Bel}(\neg A)$ 其中 $A \subseteq D$。似然函数的含义是由于 Bel（A）表示对 A 为真的信任程度，所以 $\mathrm{Bel}(\neg A)$ 就表示对非 A 为真，即 A 为假的信任程度，由此可推出 Pl（A）表示对 A 为非假的信任程度。似然函数又称为不可驳斥函数或上限函数。

设 M_1，M_2，…，M_n 是 n 个概率分配函数，则其正交和 $M = M_1 \oplus M_2 \oplus \cdots \oplus M_n$ 为：

$$\begin{aligned} &M(\Phi) = 0 \\ &M(A) = k^{-1} \sum_{\cap A_i = A} \prod_{1 \leqslant i \leqslant n} M_i(A_i) \end{aligned} \tag{3}$$

其中 k 为归一化常数，$k = 1 - \sum_{\cap A_i = \Phi} \prod_{1 \leqslant i \leqslant n} M_i(A_i) = \sum_{\cap A_i \neq \Phi} \prod_{1 \leqslant i \leqslant n} M_i(A_i)$

综合评价指数为：$Z = \sum_{j=1}^{m} T_j X_{ij} \quad (i = 1,\ 2,\ \cdots,\ n,\ j = 1,\ 2,\ \cdots,\ m)$ (4)

式中，X_{ij}为第 i 个系统第 j 项指标标准化后的值，T_j为利用 D-S 证据理论合成层次分析法和 CRITIC 法确定的评价指标 X_j的权重。

（4）耦合协调度模型。本文使用耦合协调发展度模型来进行中部地区城乡统筹水平的测度。两个系统的耦合程度由两系统之间的离散程度来表示，公式为：

$$C = \left\{ m(x) \cdot l(y) \Big/ \left[\frac{m(x) + l(y)}{2} \right]^2 \right\}^k \tag{5}$$

式中，C 代表耦合度，k 是在该公式中代表调节系数，本文取 $k = 1/2$。耦合度 C 可以用来衡量系统间相互协调的情况，但反映不出城乡两系统的发展水平或整体功能。因此，为了更好地反映两系统的综合协调程度，进一步构建耦合协调度公式：

$$H = \sqrt{C \times [\alpha \cdot m(x) + \beta \cdot l(y)]} \tag{6}$$

其中，H 是协调度，α 和 β 分别指城市系统和乡村系统的权重。因为两系统在本文的研究中同等重要，所以取 $\alpha = \beta = 0.5$。由公式可以看出，耦合协调度 H 越高，城市系统与乡村系统之间的协调程度越高，城乡统筹情况越好。

2. 数据来源

本研究采用 2002—2013 年《中国统计年鉴》、《中国区域经济统计年鉴》、《湖北统计年鉴》、《湖南统计年鉴》、《河南经济年鉴》、《安徽统计年鉴》、《江西统计年鉴》、《山西统计年鉴》以及国家各相关部门统计公报中的数据。考虑到指标数据的可获得性和准确性，对数据进行了适当修正。

二、中部地区省级区域城乡统筹测度

1. 城乡系统功效评价体系构建

本文以吴先华等（2010）在城乡统筹发展水平评价中建立的指标体系为参考，并将以往城市可持续发展和乡村经济发展研究中的评价指标作为补充，分别从经济发展、基础设施、居民生活和环境质量这四个维度着手，根据客观性、系统性、有效实用性和可获得性原则，建立城乡统筹评价指标体系（见表 1）。

表 1　**城乡统筹评价指标体系及指标权重**

功能层	系统层	维度层	指　标　层	CRITIC 权重	AHP 权重	D-S 合成权重
城乡系统功效评价体系	城市系统 X1	经济发展 W1	Z1：城市劳动生产率（万元/人）	0.0555	0.0472	0.0534
			Z2：城市人均地方财政一般预算收入	0.0589	0.0472	0.0567
			Z3：城市人均地方财政支出	0.0510	0.0271	0.0282
			Z4：城市大专以上学历人口比重	0.0507	0.0543	0.0561
			Z5：城市人口抚养比	0.0364	0.0716	0.0530
		基础设施 W2	Z6：城市用水普及率	0.0447	0.0624	0.0544
			Z7：城市燃气普及率	0.0388	0.0272	0.0205
			Z8：城市人均道路面积	0.0815	0.0543	0.0862
			Z9：城市万人拥有移动电话用户数	0.0478	0.0412	0.0383
			Z10：城市万人拥有国际互联网用户数	0.0396	0.0624	0.0481

续表

功能层	系统层	维度层	指标层	CRITIC 权重	AHP 权重	D-S 合成权重
城乡系统功效评价体系	城市系统X1	居民生活W3	Z11：城市万人拥有医生数	0.0382	0.0607	0.0397
			Z12：城市社会保障覆盖率	0.0476	0.0460	0.0375
			Z13：城市居民人均收入水平	0.0979	0.0801	0.1343
			Z14：城市居民人均住房面积	0.0395	0.0303	0.0205
			Z15：城市居民恩格尔系数※	0.0294	0.0303	0.0153
		环境质量W4	Z16：城市每百户电脑拥有量	0.0424	0.0641	0.0553
			Z17：城市人均生活用电量	0.0343	0.0558	0.0391
			Z18：城市人均公共绿地面积	0.0581	0.0486	0.0576
			Z19：城市污水处理厂集中处理率	0.0594	0.0423	0.0513
			Z20：城市生活垃圾无害化处理率	0.0583	0.0368	0.0438
	乡村系统X2	经济发展W1	Z21：乡村劳动生产率（万元/人）	0.0731	0.0486	0.0730
			Z22：乡村人均地方财政一般预算收入	0.0372	0.0558	0.0428
			Z23：乡村人均地方财政支出	0.0556	0.0368	0.0421
			Z24：乡村大专以上学历人口比重	0.0547	0.0423	0.0476
			Z25：乡村人口抚养比	0.0319	0.0641	0.0420
		基础设施W2	Z26：乡村用水普及率	0.0504	0.0682	0.0679
			Z27：乡村燃气普及率	0.0504	0.0548	0.0545
			Z28：乡村人均道路面积	0.0529	0.0315	0.0329
			Z29：乡村万人拥有移动电话用户数	0.0451	0.0383	0.0341
			Z30：乡村万人拥有国际互联网用户数	0.0536	0.0548	0.0579
		居民生活W3	Z31：乡村万人拥有医生数	0.1036	0.0707	0.1315
			Z32：乡村社会保障覆盖率	0.0325	0.0616	0.0359
			Z33：乡村居民人均收入水平	0.0382	0.0536	0.0368
			Z34：乡村居民人均住房面积	0.0467	0.0308	0.0258
			Z35：乡村居民恩格尔系数※	0.0316	0.0308	0.0175
		环境质量W4	Z36：乡村每百户电脑拥有量	0.0440	0.0632	0.0565
			Z37：乡村人均生活用电量	0.0346	0.0632	0.0444
			Z38：乡村人均公共绿地面积	0.0486	0.0316	0.0312
			Z39：乡村污水处理厂集中处理率	0.0722	0.0479	0.0703
			Z40：乡村生活垃圾无害化处理率	0.0531	0.0417	0.0450

注：除代码标注的指标为成本型外，其他均为效益型指标。

2. 中部地区省级区域统筹度评价

根据上文提出的耦合协调度模型，将城乡系统功效评价值代入式（5）和式（6），计算中部地区省级区域城乡统筹度（见表2）。

表 2　　中部地区省级区域城乡统筹度评价值

省份＼年份	2001	2002	2003	2004	2005	2006	2007	2008	2009	2010	2011	2012
湖南	0.599	0.583	0.587	0.607	0.619	0.618	0.646	0.652	0.626	0.653	0.661	0.669
湖北	0.526	0.510	0.509	0.513	0.532	0.541	0.543	0.555	0.577	0.574	0.604	0.619
安徽	0.532	0.534	0.534	0.533	0.563	0.550	0.575	0.580	0.584	0.570	0.572	0.574
河南	0.499	0.510	0.517	0.523	0.527	0.557	0.539	0.548	0.560	0.550	0.581	0.595
江西	0.587	0.563	0.556	0.589	0.596	0.606	0.600	0.601	0.614	0.597	0.639	0.628
山西	0.491	0.496	0.487	0.505	0.509	0.521	0.543	0.544	0.557	0.540	0.573	0.577

三、中部地区城乡统筹度时空差异分析

1. 中部地区省级区域城乡统筹现状分类

根据2012年中部地区6个省级区域的城乡统筹程度及城乡系统功效评价值，对各省份城乡统筹现状进行分类。可以看出6个省份的城乡统筹值均位于0.5~0.7区间，为了分析区域间的差异性，本文采用孙爱军（2008）对耦合协调度的等级评价标准，将0.5~0.7协调度区间划分为城乡统筹勉强协调（$0.5\leqslant H<0.6$）、城乡统筹初级协调（$0.6\leqslant H<0.7$）两个类别。再根据城市功效占总功效比重，将统筹度高于0.6的省份划分为城市主导型（城市功效>乡村功效）和乡村主导型（城市功效>乡村功效），将统筹度低于0.6的省份划分为城市滞后型（城市功效<乡村功效）和乡村滞后型（城市功效>乡村功效）。

2. 城市主导初级协调类型省份分析

城乡统筹状况属于城市主导初级协调型的身份是湖北省。该省城乡统筹程度较好，这与近年来湖北省加快推动城乡一体化建设不无关系。目前湖北省已经初步形成了以“两圈一带”总体战略为支撑，以“六个层面”新农村建设为重点的推进城乡一体化发展的格局，为该省城乡统筹发展奠定了坚实基础。从推动力方面看，非农就业将成为湖北新生代农民的必然愿望，农村对城市化的推动力加强。随着现代农业发展和土地规模经营，农业所需劳动力将逐渐减少。从拉动力看，城镇对农民的吸引力也在增强。伴随现代农业和农业组织化、产业化的推进，小城镇的发展开始进入加速时期，一批市场镇、产业镇、旅游镇正在兴起，成为就近吸引农民的重点区域。正是推力与拉力两个方面的作用相互叠加，有利于湖北省实现城市主导城乡统筹的进一步发展。

3. 乡村主导初级协调类型省份分析

城乡统筹状况属于乡村主导初级协调型的省份是湖南省与江西省。这两个省份都是农业大省，多年来对农业的投入和建设已经产生了显著的成效，农业发展水平有了很大提高，农业生产条件也有了显著改善：一是农业生产得到稳定发展，农业生产结构进一步优化；二是现代农业全面发展，优势农业产业布局初步形成；三是农产品加工业快速发展，龙头企业对现代农业的带动作用明显；四是农业逐步走向规模化经营，机械化水平得到了进一步提高。近年来，湖南省与江西省的农村土地流转开始加速，规模越来越大，转让形

式更加多样化，有力地促进了农业的规模化经营。规模化经营刺激了农业机械的需求，加上逐年加大的农机购置专项补贴的推动，农业机械化水平得到了进一步提高。特别是湖南省作为研究期内城乡统筹度最高的省份，其现代农业发展的条件在不断改善。近年来，湖南加大了对“三农”的投入，农村基础设施继续完善，农业生产条件不断改善，为现代农业奠定了良好的发展基础。总结这些年农业发展条件的改善，湖南发展现代农业已形成了五大优势条件：一是有不断完善的政策措施支持湖南现代农业发展；二是有不断改善的基础设施的支持湖南现代农业发展；三是有不断发展的第二、三产业支持湖南现代农业发展；四是有不断扩大的省内外市场支持湖南现代农业发展；五是有不断进步的农业科技支持湖南现代农业发展。

4. 乡村滞后勉强协调类型省份分析

属于乡村滞后勉强协调类型的身份为山西省。山西省作为我国典型的资源型地区和能源基地，其城乡统筹模式不同于其他五个中部地区省份，该省的第一产业占比与第一产业从业人员数明显低于其他中部省份。尽管该省农业农村发展取得了较大成绩，但农业生产力水平偏低、经营规模普遍偏小、农业比较效益较低、市场化程度不高、产业化不强的特征并未根本改变。此外，该省也存在诸如城乡基本公共服务水平不均衡，农村社会事业发展滞后等问题。由于历史欠账较多，对农村的固定资产投资较小，该省农村社会事业的发展还相对滞后。一是基础建设投入的不平衡，城市投入的总量高于农村；二是教育资源配置的不平衡，广大农村不能分享城市的优质教育资源；三是医疗卫生水平的不平衡，不健全的农村医疗卫生体系远远滞后于城市；四是科技文化的不平衡，科技文化的投入、应用推广等城市大大超过农村。特别是农村社会保障体系建设刚刚起步，无论是覆盖面还是保障水平，都与城市存在较大差距。基本公共服务的不平衡阻碍了农村的快速发展，扩大了城乡间发展差距，制约着城乡统筹发展。

5. 城市滞后勉强协调类型省份分析

属于城市滞后勉强协调类型的身份为河南省与安徽省。这两个省份是传统的农业大省，担负着保障国家粮食安全的重要责任。坚持不懈地做好“三农”工作，农业基础地位进一步巩固，农业综合生产能力不断提高，现代农业发展初具规模，初步实现粮食生产的规模化、产业化。但由于受到现实的省情和长期积累的深层次矛盾的制约，目前这两个省份整体上还处于城乡统筹勉强协调阶段，还存在着诸多难以解决的问题和矛盾，主要有：一是农业基础设施薄弱，设施装备条件差，农机装备与现代农业的要求差距较大；二是农产品加工总量不足，精深加工程度较低，带动能力有限；三是农村劳动力数量庞大，转移滞后；四是农业社会化服务体系不健全，农业成果转化率低，农产品市场体系发育不完善与建设滞后并存；五是现代农业投入力度有限，农业投入不足直接影响着农业基础设施建设和生产技术设备的更新改造，制约着农业科学技术的推广和应用。

四、政策建议

中部地区承东启西、链接南北，如何在基础设施、居民生活、环境质量和经济社会发展方面将城市与乡村本身的功能优势相结合，对于城乡统筹战略的实施极为关键。本文评价了中部地区各省级区域的城乡统筹水平，分析了整个中部地区城乡统筹水平的变化趋势，并对各省当前情况进行了空间差异分类，以下提出相应建议：

（1）具体到中部地区不同省份，对于湖南、湖北与江西这三个城乡统筹初级协调类型省份来说，城乡统筹工作具有一定的成效，但仍然留有较大的提高空间，特别是湖北省更应该加大对乡村发展的投入力度，使城乡一体化发展水平逐步提高，从而使城市可以更好地带动乡村发展。对于山西、河南和安徽这三个城乡统筹勉强协调省份来说，城乡统筹发展的潜力更大，特别是山西省应该逐步摆脱对资源型产品的严重依赖，改善环境质量，优化产业机构，河南与安徽应该加大对现代农业的发展力度，在保障国家粮食安全的基础上做好城乡统筹发展。

（2）具体到中部地区整体来看，一是中部地区应该加快小城镇、中心村和农村新社区建设，构建城乡一体化发展的空间载体；二是应加强基础设施建设，实现城乡基础设施共建共享；三是应加快推进城乡一体化发展的体制机制创新。推动户籍制度改革，建立城乡统一的户口登记制度，放宽户口迁移限制，最终实现城乡户籍管理一体化，引导人口合理有序流动。创新土地流转机制，在盘活农村土地资源上下工夫，积极探索宅基地流转机制，探索建立农村土地经营权流转市场，按照依法自愿有偿原则，允许农民以转包、出租、转让、股份合作等形式流转土地承包经营权，探索实施农民宅基地、农村住房置换城镇住房和社保的办法，推进农民向城镇集中居住。创新投入机制，包括积极培育“政府引导、市场运作、多元投资、共同开发”的小城镇基础设施建设投融资体制，建立健全促进城乡基本公共服务均等化政府投入机制，拓宽支农资金渠道，强化支农资金整合运行机制等。

参考文献

[1] Diakoulaki, D., Mavrotas, G., Papayannakis, L., Determining Objective Weights in Multiple Criteria Problems: The CRITIC Method, Computers & Operations Research, 1995, 22 (7).

[2] Satty, T. L., How to Make a Decision: the Analytic Hierarchy Process, European Journal of Operational Research, 1990 (48).

[3] Dempster, A. P., Upper and Lower Probabilities Induced by a Multivalued Mapping, Annals of Mathematical Statistics, 1967, 38 (2).

[4] Dempster, A. P., Generalization of Bayesian Inference, Journal of the Royal Statistical Society, 1968.

[5] Shafer, G., A Mathematical Theory of Evidence, Princeton University Press, 1976.

[6] 廖重斌：《环境与经济协调发展的定量评判及其分类体系——以珠江三角洲城市群为例》，《热带地理》，1999 年第 2 期。

[7] 吴先华、王志燕、雷刚：《城乡统筹发展水平评价——以山东省为例》，《经济地理》，2010 年第 4 期。

[8] 孙爱军、董增川：《中国城市经济与用水技术效率耦合协调度研究》，《资源科学》，2008 年第 3 期。

中部地区城乡协调发展中的问题和对策研究

湖北省城乡协调发展的问题与对策研究

湖北省发展和改革委员会地区处　湖北省社会科学院农经所
（武汉　430071）

当前，湖北正处于从城乡二元向城乡融合一体化的关键时期，城乡协调发展至关重要。若城乡差距持续扩大，必将降低农村地区可持续发展的能力；若广大农村地区继续发展滞后，必将破坏城市长远发展的基础和环境。城乡协调发展是破解“三农”问题的根本出路，是全面建成小康社会目标的根本要求，是缩小城乡差别、实现城乡共同繁荣的根本途径。

一、湖北城乡协调发展前期探索

自2008年以来，湖北在城乡协调发展方面进行了重要探索，先后实施了“仙洪”新农村建设试验区、七个山区县脱贫奔小康试点、鄂州城乡一体化试点、88个新农村建设试点乡镇、大别山革命老区经济社会发展试验区、武陵山少数民族经济社会发展试验区、秦巴山和幕阜山片区区域发展与扶贫攻坚、中国农谷、荆州壮腰等多个层面和区域的试点工作。特别是在鄂州、仙桃、洪湖、监利、宜都、大冶、掇刀开展的试点（简称“1+6”试点），探索了不同区域层面、不同类型地区促进城乡协调发展，实现城乡一体化的新路子。

其主要做法和经验：一是完善城乡规划体系。“1+6”试点地区结合本地实际，不断完善城乡一体化发展规划体系，努力形成层次更加分明、结构更加合理、发展更加集约的城乡一体的全域规划体系。荆门市掇刀区在整体部署上坚持把城镇化和新农村建设相结合，制定了“11230”的城镇化规划，形成了以掇刀城区和长坂新区为中心、2个集镇为支撑、30个农村新社区为节点的城镇化建设格局。二是稳步推进农村新社区建设。截至2013年底，“1+6”试点地区共开工建设或建成的具有较完善的“1+8”服务功能的农村新社区229个，较上年增长23%。洪湖市采取园区带动、城镇辐射、迁村并点等三种模式，开工建设高标准农村新社区19个。农村新社区建设有效地改善了农民生产生活条件，为新型城镇化发展打下了良好的基础。三是不断创新农村社会管理。“1+6”试点坚持创新农村社会管理，农村可持续发展的活力得到进一步激发。宜都市在实现中心城区网格化管理的基础上，把工作重心向农村倾斜，全面拓展城乡一体、全域覆盖的信息化高速通道，搭建农村信息化综合服务平台，现已将中心城区6个社区、农村123个行政村划分成944个网格，实现了社会管理网格化无缝覆盖。四是健全城乡公共服务体系。坚持把改善和发展民生、均衡城乡公共服务作为“1+6”试点的出发点和落脚点，建立了全域覆盖、成果共享、方便快捷的城乡公共服务体系。鄂州市完善城乡公共服务30条政策，对保障基本民生需求的教育、就业、社会保障、医疗卫生等10个领域的公共服务标准、资源配置、管理运行、供给方式进行了整体性的制度安排，实现了基本公共服务制度全覆盖。

二、湖北城乡协调发展中存在的问题

虽然，湖北城乡一体化试点建设取得了一定成效，但从整体上来看城乡差距仍然比较明显，城乡协调发展中还存在一些问题。

1. 城乡产业发展二元结构突出

改革开放以来，湖北整体产业发展加快，但城乡产业发展的不平衡问题越来越突出。目前，湖北城乡经济社会发展不平衡，其主要根源和最突出的表现就在于城乡产业发展的不均衡和不协调。

从三次产业结构比重的变化情况来看，自 2005 年以来，湖北第一产业比重基本呈逐年下降的趋势，2013 年为 12.6%；第二产业比重基本呈逐年上升的趋势，其中 2012 年较 2005 年提高了 7 个百分点，达到最高点 50.3%；第三产业比重呈现出增长与下降交替的趋势，处于 36.9%~40.8%。三次产业结构的变化体现了三次产业的发展速度差异，湖北正处于工业化的中期阶段，各地都在大力发展工业，经济结构中工业增速持续走高，第一产业发展速度较慢、比重逐渐降低有其必然性。

进一步分析，判断城乡产业是否协调发展的一个重要方法是测算城乡二元结构强度，即农业与非农产业之间的相对国民收入差距。相对国民收入又称比较劳动生产率，即指一个部门产值在总产值中占比与该部门劳动力在总劳动力中占比的比率。它可以反映出劳动力在该部门创造的收入比重情况。若一个部门的相对收入比重越高，而劳动力相对比重越低，则比较劳动生产率越高，若经济中两部门的比较劳动生产率的相差越大，则二元性越强。一般来说，发展中国家二元结构强度值在 2.22~3.23，发达国家在 1.16~1.92。从表 1 可知，2005—2013 年，湖北二元结构强度值在 4.650~5.583，整体处于较高水平且呈上升趋势，说明城乡产业发展的不协调性还在进一步加强（见表 1）。

表 1　**2005—2013 年湖北省二元结构强度测算表**

年份	农业产值比（%）	农业就业比（%）	农业比较劳动生产率	非农业比较劳动生产率	二元结构强度
2005	16.4	47.7	0.344	1.599	4.650
2006	15.0	47.6	0.315	1.621	5.137
2007	14.8	47.3	0.313	1.618	5.177
2008	15.7	47.4	0.332	1.601	4.829
2009	13.8	47.0	0.294	1.626	5.539
2010	13.5	46.4	0.291	1.614	5.546
2011	13.1	45.7	0.287	1.600	5.583
2012	12.8	44.5	0.288	1.570	5.451
2013	12.6	42.8	0.294	1.529	5.201

注：表中的数据依据湖北省统计年鉴上的相关数据计算得出。

湖北城乡产业发展不协调还体现为城乡产业融合性、互补性不强，城乡产业自成一体，关联度不高，城市对农村带动和辐射作用没有得到充分发挥。一方面，农村产业传统的分散经营模式没有得到根本扭转，农村产业的发展落后；另一方面，作为先进生产力和高端生产要素集聚载体的城市，产业的资本密集度、技术密集度越来越高。这种产业格局必然导致城乡经济发展的差距进一步拉大。城乡产业发展的不协调强化了农业是弱质产业、农民是弱势群体、农村为落后地区的格局，这种状况如果继续下去，就会降低资源的配置效率，对经济社会发展带来负面影响。

2. 城乡居民生活水平差距较大

湖北城乡居民生活水平差距体现在城乡居民人均收入方面（见图 1）。一是城乡居民人均收入绝对差额较大，城镇居民人均可支配收入远高于农村居民人均纯收入，并且呈继续扩大的趋势。2005 年湖北城乡居民收入差距为 5687 元；2013 年收入差距扩大到 14039 元，较 2005 年提高了 1.47 倍。二是城乡居民人均收入之比先增大后缩小。2005—2009 年，城镇居民人均可支配收入增长速度高于农村居民人均纯收入，导致城乡居民人均收入之比不断扩大，一直保持在 2.8 以上，城乡差距加剧。2010—2013 年，湖北省更加注重增加农民收入，农村居民人均纯收入增速高于城镇居民人均可支配收入，城乡收入之比缩小到 2.58，城乡差距扩大的趋势得到了扭转。

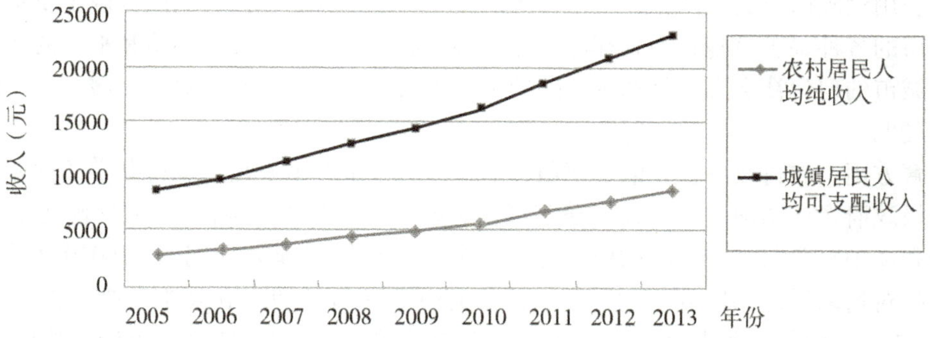

图 1　2005—2013 年湖北城乡居民收入情况图

湖北城乡居民生活水平差距还体现在城乡人均居民消费支出方面（见表 2）。湖北城镇居民的人均消费支出绝对数由 2005 年的 8051 元上升到 2013 年的 19156 元，提高了 11105 元；农村居民的人均消费水平也由 2005 年的 2503 元上升到 2013 年的 7755 元，提高了 5252 元。从城乡人均消费支出的绝对数差来看，由 2005 年相差 5548 元上升到 2013 年的 11401 元，湖北省城乡居民人均消费支出的绝对差额呈大幅增加的趋势。从相对数来看，城乡人均消费支出之比由 2005 年的 3.22 逐步缩小到 2013 年的 2.47，这说明湖北省的城乡居民人均消费支出水平有所缩小，尤其是最近几年缩小程度更加明显。但在绝对数量上，农村居民 2013 年的人均消费水平还落后城镇居民 2005 年的人均消费水平。

表 2　　湖北省城乡居民人均消费水平　　单位：元

年份	农村居民	城镇居民	城乡消费之差	城乡消费之比
2005	2503	8051	5548	3.22
2006	2813	8944	6131	3.18
2007	3300	10593	7293	3.21
2008	3864	11780	7916	3.05
2009	4137	12080	7943	2.92
2010	4758	13576	8818	2.85
2011	5653	15935	10282	2.82
2012	6705	17296	10591	2.58
2013	7755	19156	11401	2.47

注：表中的数据依据湖北省统计年鉴上的相关数据计算得出。

3. 城乡公共服务均等化程度低

据有关部门测算，国家在养老、就业、医疗等方面公共服务的财政投入，城乡居民的人均差距每年就达到3000元以上。城乡居民生活社会领域公共资源配置失衡，大型基础设施、公用设施以及文化体育、教育、医疗卫生等公共服务方面的优质资源主要集中在城市。城市的各种基础设施和配套环境日趋完善和成熟，但城乡发展环境和平台的差距越来越大，城市的现代社会文明与部分地区的传统小农社会形成鲜明的对比，城乡公共服务均等化程度低。

教育方面。农村教育存在诸多薄弱环节，师资力量严重不足，农村办学条件差，尚未形成各级政府责任明确、教育投入稳定增长的机制。2013 年，湖北省城乡普通中学（包括初中和高中）学校数分别为 1984 所和 592 所；专任教师数分别为 176059 人和 29247 人。从相对量来看，2013 年，每一所城镇普通中学（包括初中和高中）拥有的专任教师数为 88.7 人；而每一所农村普通中学（包括初中和高中）拥有的专任教师数仅为 49.4 人。教师数量不足，再加上教师学历结构偏低严重影响农村教育的质量，成为制约农村教育发展的瓶颈，也显示出城镇与农村教育发展的不平衡。

卫生医疗方面。城乡卫生发展不平衡，农村医疗条件较差。虽然农村居民每万人拥有的卫生机构数高于城镇居民，但农村居民每万人拥有病床床位数则相对落后。农村设立的卫生机构多是规模较小的县、乡级卫生院和村级卫生室，病床位少，辐射面也小；而在城镇中的医院则大多为大规模医院，病床位多，医疗条件大大超过农村医院。卫生人才的数量和素质在城镇和农村也相差很大，广大的农村地区几乎招不到也留不住正规医学院毕业的医生。虽然 2013 年湖北全省各类卫生工作人员数比前一年增加了 27452 人，但农村乡镇卫生院、村卫生室的工作人员分别只增加了 1100 人、2658 人。

社会保障方面。湖北虽然实现城乡居民社会养老保险制度全覆盖，但是保障水平有明显差别：企业退休人员的基本养老保险待遇水平稳步提高，2013 年 6 月人均基本养老金达到 1803 元；而政府对农村社会保障体系建设的投入较少，农村新农保保障水平比较低，在城市务工的农民工不少没有参保，即使参保了也还不能正常流转。湖北城市居民和农村居民最低生活保障标准差距明显。以云梦县为例，2013 年城市居民生活保障标准为 4320 元/年，而农村居民最低生活保障标准只有 2200 元/年，仅约城市居民的一半。

三、湖北城乡发展不协调的原因分析

湖北城乡发展不协调既有经济发展内在规律影响的原因，更有政策和体制的原因。中华人民共和国成立以来，国家为集中资源加快发展，确立了“城市—工业”优先的发展战略。在这种战略的引导下，湖北落实和实施了一系列发展城市、限制农村的政策措施，通过实施严格的户籍制度，将城乡人为分割，限制农村人口向城镇的转移；对工农产品、土地等资源实施剪刀差，扭曲工农业产品价格，为“城市—工业”发展筹集原始积累资金，导致城乡差距进扩大。

1. 城乡二元结构制度

（1）户籍制度。户籍制度的城乡二元化是城乡发展不协调的重要诱因。随着经济社会的发展，户籍制度正在逐步走向宽松，但仍未彻底实现城乡统一的户籍制度，与户籍制度相伴随的歧视性就业政策、农民工子女教育、农民工社会保障等问题仍然突出。二元的户籍制度使得农民工难以真正融入城市，抑制了农民向市民的真正转变，影响了农村剩余劳动力的转移，制约着农村、农业生产效率的提高和农业产业化的进程。城乡分割的二元结构制度不破除，城乡协调发展难以真正实现。

（2）土地制度。农村土地制度把农民的身份权和土地权利捆绑在一起，转变农民身份就会失去土地权利，得到的补偿较少，从而增加了农村人口向城市永久性迁移的成本。随着城镇化进程的加快，现在不少地方政府靠征收农村土地，通过土地剪刀差来支持城市建设。在征地过程中农民的权益得不到保障，征地补偿标准不合理，土地征收变性后的增值收益部分，农民所分配的比例很低。农村集体土地与城市国有土地存在“同地不同权”现象，都导致城乡居民不能平等分享土地收益，拉大了城乡居民财富差距，加剧了城乡发展不协调。

（3）劳动力市场。户籍的限制形成了城市劳动力市场上还存在着相当程度的用工歧视、就业歧视、收入歧视、职业歧视、岗位歧视。城市对农民工“经济接纳，社会排斥”的做法还没有完全改变，城市和农村劳动力市场分割的局面仍然存在。从城乡就业结构来看，2013 年湖北 61%的劳动力在农村，劳动生产率低下，就业结构不合理。劳动力市场的分割造成了劳动力不能在城乡之间自由流动，进一步阻碍了城乡差距缩小。

2. 要素资源配置的城市化倾向明显

（1）财政支农力度偏弱。农业的弱质性和它在国民经济中的重要地位客观上要求国家财政加大投资力度，增强农业在市场经济中的竞争能力，但实际上人口众多的湖北农村地区获得的财政支出经费很少，在人均和地均上同城市地区的差距更大。近年，湖北财政支农资金逐步增加，但其增长率低于财政支出的增长速度，造成支农资金占财政支出的比例呈现逐步递减的趋势。2013 年，湖北农林水事务支出总额较 2010 年增加了 159.9 亿元，但其占财政支出的比重较2010年反而下降了1.57个百分点。从全社会固定资产投资来看，2005—2013年，湖北省对第一产业的固定资产投资额比例均未达到4%，2013年仅占全社会固定资产投资的2.85%。在第一产业大多在农村地区的实际情况下，湖北全社会固定资产投资大多投向了城市。

（2）金融对“三农”的促进作用不强。改革开放以来，农村金融市场虽然逐渐形成，但国家对农村金融的发展一直采取了约束和抑制政策。尽管当前国家已经取消了对各类商业银行的经营范围和城乡地域和产业部门的分工限制，并放松了对非银行金融机构设立的审批控制和资本市场的管制，但由于农业本身的比较收益低，资金“嫌贫爱富”，导致资金配置偏向城市，金融机构向城市集聚，农村的金融机构网点逐渐萎缩。一些地方的农村金融机构虽然发挥了部分满足农村和农业生产发展需要的功能，但客观上也成为农村资金向城市转移的“抽水机”，使得农村资金大量流向城市，严重制约了农村、农业的发展。同时，农村融资体制机制未建立，融资平台不健全，致使农村和农业发展面临“融资瓶颈”，经济发展乏力，农民收入增加缓慢，城乡差距不断扩大。

（3）公共资源分配不平衡。湖北公共服务总体水平有了明显地提高，但城乡、区域、社会群体间的公共服务不均等，差距普遍存在，并且逐渐拉大。农业转移人口没有平等享受城镇公共服务，农村公共服务需求得不到有效满足。以社会保险为例，城镇已建立完整的社会保障体系，除企业和职工个人要缴纳社会保险费外，国家财政每年要给予大量补助，但财政用于社会保障的支出分配给农村的份额过低。公共资源分配不平均还表现为农村基础设施建设的落后。近年来，虽然湖北省在农村基础设施建设上的资金投入逐年增长，但供需错位，基础设施供给区域性、结构性不平衡的现象仍存在。以农村水利设施为例，湖北全省332处大中型灌区的骨干建筑物损坏近50%，农村水利设施普遍老化，现有农田水利工程中，有一半建于20世纪50年代，有四成建于七八十年代，且标准化程度较低。

四、促进湖北城乡协调发展的对策建议

城市与乡村是相互联系、相互补充、相互促进的有机统一体，农村的发展离不开城市的辐射和带动，城市的发展也离不开农村的促进和支持。湖北应通过制度创新及政策调整，彻底打破城乡二元体制，调整“重城轻乡、重工轻农”的国民收入分配格局和政策偏向，把城市和农村、工业和农业、市民和农民作为一个整体，统筹考虑、统一规划，形成产业发展→就业带动→人口集聚→基础设施和公共服务完善的城乡协调发展路径。

1. 规划引领，整体谋划城乡全域发展

树立“全域规划”理念，以规划引领城乡协调发展。站在城乡全域空间的高度，整体考虑和布局城市与农村的发展，明确城乡基本功能定位，合理划分产业发展、人口居住、生态环境等功能区，逐步破除城乡规划相脱离、分割的状况，改变城乡规划布局不合理，功能混乱的局面。重点推动城乡公共服务和基础设施的统筹配置，充分利用本地城市地区有利条件，把城镇管理的基本公共服务和城镇基础设施向外延伸，拓展城市空间。科学编制湖北省城乡一体化发展的全域规划，加强对乡镇和村庄建设的指导，优化城乡布局和拓宽发展空间。加强城乡总体规划与专项规划的有机衔接，完善经济与社会发展、产业

发展、城乡空间布局、生态环境保护建设、土地管理利用、人口集聚布局、城镇建设和新农村建设等专项规划，充分发挥规划引领和推动作用。

2. 城乡产业互促，加快实现产镇融合

以统筹城乡产业发展为突破口，通过城乡产业的相互融合、分工协作、互促共进，实现城乡经济的良性循环和一体化发展。坚持工业反哺农业、城市支援农村，以现代工业理念谋划现代农业发展，同时以农业发展促进第二、三产业升级。一方面推动资源要素加快向农村流动，引导城市企业、公司、民营、个体资本向农村有序集聚，发展原料生产基地，延长产业链，带动农村发展产品深加工；另一方面，在农村、城郊区域发展辐射带动性强、劳动密集度高的第二、三产业，吸纳农村劳动力就业，增加农民收入，并积极发展城市产业的配套关联产业。在产业互促发展的基础上，以产兴城、以产促城，把产业发展与城镇化相融合，统筹新农村建设与城镇化的推进。通过产业带动就业提升公共服务水平，引导本地人口迅速向产业、城镇集中，坚持镇区、园区、社区同步扩张；坚持产业、创业、就业相互融合。

3. 完善基础设施，构筑城乡协调发展基础与平台

通过政府引导和市场推进相结合，将城市基础设施和市政设施向周围农村地区拓展和延伸，建立优质、高效、统筹城乡的基础设施和市政设施网络，提高农村基础设施水平。以城镇为依托，按照合理的服务半径实施城乡区域供水共建，带动区域性的污水处理和回用基础设施共享，并逐步建立和完善区域性供气和公共交通一体化系统，最终构建交通（道路、公交）、水利（排灌、防洪、抗灾、饮水、排污）、能源（电力、天然气、沼气）、信息（广播、电视、电话、网络）、环保（减排、防毒、防尘、清洁、绿化）等基础设施网络体系。坚持谁投资、谁负责的原则，加强各基础设施网的建设、管理统筹协调，分责分级同步推进地上地下尤其是管网建设，尽量减少或杜绝重复挖建。注重创新投资主体，建立政府主导、市场导向、公司运作、社会支持、民众参与的多元化投融资体制。一方面，通过转移支付等方式逐步提高财政对农村基础设施建设支持力度；另一方面，鼓励、吸引社会民间资本参与农村基础设施建设，探索创新 BT、BOT、BOOT、PPP 等模式。

4. 公共服务均等化，增强城乡协调发展的活力与动力

统筹城乡公共服务建设，充分发挥城市先进文化和公共服务的优势，鼓励和引导城市社会事业单位和公共服务部门向农村延伸服务，推进公共服务向农村倾斜，努力做到城乡公共服务标准和水平基本一致，推进城乡公共服务均等化。通过转移支付、扶持政策、项目支持等多种途径，加大对特困地区公共服务投入力度，全面提高其基本公共服务水平，逐步缩小贫困与发达地区、城市与农村、弱势群体与城乡居民享受基本公共服务的差距，达到政策、标准、服务统一，逐步建立健全包括教育、就业、社保、卫生、救助、住宅、文体、安全等在内的城乡公共服务网络体系。在推进公共服务均等化过程中，要加强政策标准衔接，分层分步推进。一方面，要适应城乡居民需求，立足本地和全省实际，科学确定基本公共服务标准；另一方面，要根据湖北省生产力发展水平和财政支撑力度，加强城乡教育、就业、保险、医疗、救助、住房、生活、娱乐、安全等待遇标准衔接，实行信息

资源共享。

5. 深化改革创新，消除城乡经济社会体制差别

通过深化改革创新，促进城乡资源要素合理有序流动，实现城乡经济社会全面协调发展。一是户籍改革。创新和完善人口服务和管理制度，逐步消除城乡区域间户籍壁垒，取消农业户口与非农业户口性质区分和由此衍生的蓝印户口等户口类型，统一登记为湖北居民户口，并逐步消除附着在城镇户口上的教育、卫生医疗、就业、社保、住房等公共服务差异。二是土地改革。加快农村土地确权登记颁证工作，加快土地流转，探索土地承包经营权抵押、担保权能；慎重稳妥推进农民住房财产权抵押、担保、转让，建立宅基地有偿退出机制；建设以武汉农村综合产权交易所为龙头、全省联网的农村综合产权市场体系建设，逐步建立城乡统一建设用地市场；探索由政府、村集体、农民等多种主体共同出资的被征地农民养老保障资金筹集机制；建立土地增值收益分配机制，对超出征地拆迁补偿和城镇配套建设之外的其他溢出部分，主要用于缩小城乡差距、提高农民社会保障水平等公益性事业。三是金融体制改革。加强对农业和农村的金融供给，鼓励农村金融创新，建立适度竞争的农村金融市场体系。一方面，引导城市金融资源投向农村、农业发展，国家给予积极的扶持和优惠待遇；另一方面，金融机构在农村吸收的存款，应主要用于支持农村和农业的发展，用于农村建设，为城乡协调发展提供资金支撑。

（执笔：孙大钟　曾斌　卢青）

中部地区城乡统筹发展中的问题和对策研究
——以湖南省为例

谷文苹　贺清云
（湖南师范大学资源与环境科学学院　长沙　410081）

一、前言

2014 年 3 月，《国家新型城镇化规划》发布，对我国新型城镇化的发展目标、农业转移人口市民化、城镇化布局和形态、城市可持续发展能力提升、城乡发展一体化等问题做出了部署，并从人口管理、土地、住房、资金、环境等方面，对我国和湖南省新型城镇化发展提供了政策支持。近年来，湖南省加快转变城乡二元结构，积极探索建立以城带乡、以工促农的长效机制，积极推动新农村建设，城市化进程明显加快，城市人口比重明显上升，新型城镇体系基本形成，城乡统筹工作成果卓著，总体上成为中部崛起进程中更加坚实的力量。

但目前与全国其他地区相比较，湖南城市化发展速度仍相对滞后，城镇化率持续低于全国平均水平（见图 1），2012 年湖南省城市化水平仅居全国第 22 位。在中部六省中，2012 年湖南城市化水平比湖北、山西、江西分别低 6. 85、4. 61 和 0. 86 个百分点，居中部六省第 4 位，也处于中等偏下水平。从城市化发展提升幅度看，2012 年与 2007 年比较，湖南城市化发展上升幅度不仅比全国低 0. 48 个百分点，而且也滞后于中部其他五省，比湖北低 3 个百分点，比河南低 1. 89 个百分点，低于山西、江西、安徽，在中部六省中发展最慢。

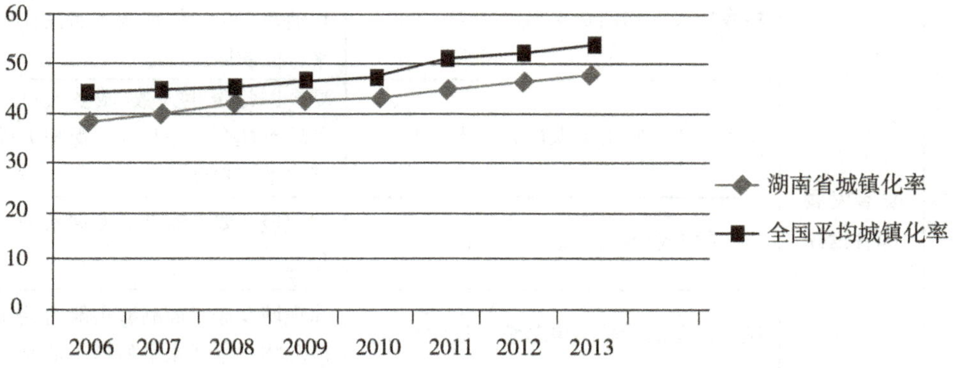

图 1　湖南省城镇化率与全国平均城镇化率比较图

因此，深入分析当前湖南省城乡统筹发展中存在的问题并针对问题提出切实可行的发展对策，是湖南省实现城乡快速统筹，实现湖南省经济、社会、环境又好又快发展，推进中部迅速崛起的重要一步。

二、湖南省城乡统筹发展水平评价

1. 指标体系与评价方法

(1) 评价指标的构建。城乡统筹发展的评价指标既要能反映城乡发展的总体水平，又要能反映城乡协调发展的程度，由一系列既相互联系又相互独立，并可进行定量分析的指标所构成，形成完整的指标体系（见表1）。本指标体系的指标均为正向指标，即指标变量的数值越大，则该项发展水平越高、发展程度越好，其对城乡统筹度的贡献也就越大，反之亦然。

表1　**湖南省城乡统筹发展水平主成分分析指标体系表**

目标层	准则层	指标层	指标说明
城乡统筹度指标	城市发展综合指标	人均地区生产总值（元）X_{11}	国内生产总值/总人口数
		城镇化率（%）X_{12}	城镇人口/常住人口
		城镇固定资产投资（亿元）X_{13}	指城镇固定资产投资额
		城镇居民人均可支配收入（元）X_{14}	体现城镇居民可支配收入与生活水平
	乡村发展综合指标	农民人均纯收入（元）X_{21}	体现农村居民纯收入与生活水平
		城镇居民恩格尔系数（%）X_{22}	反映食品支出在城镇居民总支出中所占比例
		农村居民恩格尔系数（%）X_{23}	反映食品支出在农村居民总支出中所占比例
		农业机械总动力（万千瓦）X_{24}	反映农村经济发展的农村机械化水平
		乡村从业人员比重（%）X_{25}	乡村从业人员/乡村总人口
		第一产业占GDP比重（%）X_{26}	第一产业GDP/国内生产总值
	城乡发展综合指标	城乡居民人均消费支出比（%）X_{31}	乡村居民人均消费支出/城镇居民人均消费支出，体现城乡居民在生活水平方面的协调程度
		城乡万人医疗卫生人员数（人）X_{32}	城乡医疗卫生人数/城乡人口，体现了城乡社会服务与社会保障方面的发展水平与程度
		城乡邮电业务量（亿元）X_{33}	体现城乡要素流动的发展水平与便利程度
		城乡社会消费品零售总额（亿元）X_{34}	体现城乡居民商品购买能力的实现程度和物质生活水平的提高情况
		城乡地方财政支出总额（万元）X_{35}	地区财政对城乡经济发展和社会建设等方面的支持情况

（2）评价方法的选择。本文引入主成分分析这一分析方法，将城乡关系评价指标进行统一计算分析。主成分分析也称主分量分析，旨在利用降维的思想，把多项指标转化为少数几个综合指标，把给定的一组相关变量通过线性变换转换成另一组不相关的变量，并将这些新的变量按照方差依次递减的顺序排列。主成分分析法的优势在于，它的指标权重由贡献率确定，消除了主观因素的影响，能够通过数学变换将数量众多且相互关联的实测指标转化成为数量较少且不相关的综合指标，利用数学运算来解决指标信息重叠的问题，减少指标数对研究结果的影响，简化研究对象。文中所有原始数据均来自湖南省统计年鉴，计算分析在 SPSS19.0 上完成。主成分分析主要过程如下：

①将初始数据（附表 1）导入 SPSS19.0，完成数据标准化（附表 2），得到 Z_i。

②将标准化数据进行降维处理、转换变量，得到方差分解主成分（见表 2）。

表 2　**方差分解主成分提取表**

成分	初始特征值			提取平方和载入		
	合计	方差的%	累积%	合计	方差的%	累积%
1	9.696	64.643	64.643	9.696	64.643	64.643
2	2.476	16.506	81.149	2.476	16.506	81.149
3	1.374	9.160	90.309	1.374	9.160	90.309
4	.754	5.027	95.337			
5	.390	2.599	97.936			
6	…	…	…			

初始特征根大于 1，并且累计百分比达到 85% 以上，由于前三个主成分贡献率 ≥85%，所以提取的主成分个数 $m=3$。

得到：

初始特征根：$\lambda_1=9.696$，$\lambda_2=2.476$，$\lambda_3=1.374$

主成分贡献率：$R_1=0.64643$，$R_2=0.16506$，$R_3=0.09160$

③得到主成分系数矩阵（见表 3）。

表 3　**主成分系数矩阵表**

	成　分		
	V_1	V_2	V_3
人均地区生产总值（元）	.100	-.077	.025
城镇化率（%）	.097	-.109	-.059
固定资产投资（亿元）	.099	.050	.168
城镇居民人均可支配收（元）	.098	-.043	-.180

续表

	成　分		
	V_1	V_2	V_3
农民人均纯收入（元）	.097	-.026	-.098
城镇居民恩格尔系数（%）	-.020	.333	.214
农村居民恩格尔系数（%）	-.076	.000	.454
农业机械总动力（万千瓦）	.054	.325	-.140
乡村从业人员比重（%）	-.037	-.263	.161
第一产业占 GDP 比重（%）	-.071	.216	-.009
城乡居民人均消费支出比（%）	-.077	-.077	.327
城乡万人医疗卫生人员数	.086	-.146	.268
城乡邮电业务量（亿元）	.094	.063	.240
城乡社会消费品零售总额（亿元）	.096	.052	.210
城乡地方财政支出总额（万元）	.090	.122	.274

将得到的主成分系数与标准化后的数据相乘，得到各指标与3个主成分的线性关系表达式为（Z_i为经济指标标准化数据 见附表2）。

$F_1=0.100\times Z_1+0.097\times Z_2+0.099\times Z_3+\cdots+0.096\times Z_{14}+0.090\times Z_{15}$

$F_2=-0.077\times Z_1-0.109\times Z_2+0.050\times Z_3+\cdots+0.052\times Z_{14}+0.122\times Z_{15}$

$F_3=0.025\times Z_1-0.059\times Z_2+0.168\times Z_3+\cdots+0.210\times Z_{14}+0.274\times Z_{15}$

根据每个主成分的特征值占比，算出各主成分的得分后，再乘以各主成分的方差贡献率（R_i）计算综合竞争力得分（F）。

综合主成分得分计算公式为：

$$F = F_1 \times R_1 + F_2 \times R_2 + F_3 \times R_3$$

F：综合主成分得分；R_i：第 i 个主成分贡献率；F_i：主成分 i 得分。

④得到城市发展综合得分、乡村发展综合得分、城乡统筹度综合得分及综合主成分得分（见表4）：

表4　　**各项指标主成分得分表**

城市	综合主成分得分 F	综合排名	城市发展综合得分		乡村发展综合得分		城乡统筹度综合得分	
长沙市	2.027004	1	0.70029	1	-0.67834	11	4.391777	1
岳阳市	0.24544	2	-0.00587	6	-0.05343	9	-0.1036	6
衡阳市	0.234898	3	-0.0128	7	1.002649	3	0.124785	3

续表

城市	综合主成分得分 F	综合排名	城市发展综合得分		乡村发展综合得分		城乡统筹度综合得分	
株洲市	0.167949	4	−0.18417	14	−1.17971	12	−0.0986	5
郴州市	0.100846	5	0.043631	3	0.352952	6	0.078554	4
常德市	0.090147	6	0.019502	4	−0.04177	8	0.146919	2
益阳市	−0.09338	7	−0.11348	11	0.559891	5	−0.80252	13
永州市	−0.11534	8	−0.03974	8	0.812379	4	−0.56353	11
湘潭市	−0.13746	9	−0.16362	13	−1.66585	14	−0.55181	10
邵阳市	−0.22194	10	0.083084	2	1.146442	2	−0.23625	8
怀化市	−0.31508	11	0.015061	5	1.18118	1	−0.10904	7
娄底市	−0.39368	12	−0.08283	9	−0.29873	10	−0.7073	12
湘西州	−0.70146	13	−0.11278	10	0.235932	7	−0.53946	9
张家界市	−0.88794	14	−0.14627	12	−1.37358	13	−1.02992	14

由主成分系数矩阵可得：第一主成分在城乡居民人均消费支出比、农村居民恩格尔系数、第一产业占 GDP 比重、乡村从业人员比重等指标上具有较小的载荷。第二主成分在乡村从业人员比重、城乡万人医疗卫生人员数、城镇化率、人均地区生产总值、城乡居民人均消费支出比等指标上具有较小的载荷。第三主成分在城镇居民人均可支配收入、农业机械总动力、农民人均纯收入、城镇化率等指标上具有较小的载荷。指标变量的数值越小，则该项发展水平越低、发展程度越差，其对城乡统筹度的贡献也就越小。

从城乡统筹综合主成分得分与排名来看，2012 年湖南省各地市州城乡统筹度水平差异明显，发展水平最高的为长沙市，发展水平最低的为张家界市，两者得分差异显著。一般而言，主成分得分大于 0 的地区，其发展水平高于地区总体平均水平，因此，湖南省各地市州中，发展水平高于总体平均的城市有长沙市、岳阳市、衡阳市、株洲市、郴州市、常德市，其城市发展综合水平和城乡协调综合水平能保持较高水平的发展。其余地市州城市发展水平及城乡协调水平较低，乡村发展对其城乡统筹发展的拉动能力有限。

从各指标层得分与排名来看，2012 年湖南省各城市发展综合得分、乡村发展综合得分、城乡协调综合得分并非完全一致。城市发展综合水平最高的是长沙市，最低的为株洲市。乡村发展水平最高的是怀化市，发展水平最低的为湘潭市。城乡协调综合水平最高的是长沙市，最低的为张家界市。总体来说，城乡统筹度高的地市乡村发展综合水平不高，而统筹度低的地市则存在城市发展综合水平与城乡协调综合水平不高的现象。

2. 发展中存在的主要问题

根据以上主成分分析可得出湖南省城乡统筹发展中仍存在以下几方面比较突出的问题：

（1）城乡居民收入及消费差距大，生活水平对比严重失衡。改革开放以来，湖南城乡居民收入整体呈现上升趋势，但在城乡居民收入快速增长的同时，城乡居民的收入及消费差距也在进一步扩大。由上文主成分系数矩阵可得：第一主成分在城乡居民人均消费支出比、农村居民恩格尔系数指标上具有最小载荷，表示城乡居民人均消费支出差距过大，农村居民食品消费在总消费中所占比例过高。2012 年湖南城镇居民人均可支配收入 21319 元，比农村居民人均纯收入高 13879 元，收入差距比 2007 年扩大了 5490 元；从消费来看，2012 年湖南城乡居民人均消费性支出比为 2.49：1，城乡居民家庭恩格尔系数分别为 37.3%和 43.9%，相差 6.6 个百分点，城乡居民的生活质量存着明显差距，城乡收入、消费水平对比严重失衡。

（2）农村剩余劳动力转移压力大，现行户籍制度不合理。农村剩余劳动力的充分有效转移是解决“三农”问题的关键环节之一，对于湖南新农村建设和城镇化协调发展具有极其重要的战略意义。根据上文主成分分析结果，乡村从业人员比重在第一、第二主成分中载荷值均居于最末位置。湖南省是一个有 6638.93 万人口的农业大省，截至 2012 年农村人口占全省总人口的 53.35%，农村从业人员 1857.397 万，仅占农村总人口数的 52.44%，由此可见有大量的农村劳动力处于失业和隐形失业状态，成为城乡统筹发展中存在的重要问题。同时，农村剩余劳动力安置还存在劳动力综合素质与劳动技能偏低、城镇容纳能力有限等方面的问题，这些问题的存在使湖南城乡统筹发展的过程中，难以快速打通农村劳动力快速、有效转移的通道。同时进城农民难以真正融入城市，进城“农民”快速转化为“市民”困难，与“市民”在市区工作、生活等方面所受待遇存在差距，因此，放宽户籍限制特别是中小城市和城镇的落户政策，打破城乡“二元”格局，也是城乡统筹过程中亟待解决的问题。湖南省产业结构、就业结构和城乡人口结构对比见表 5。

表 5　**湖南省产业结构、就业结构和城乡人口结构对比**

	第一产业增加值占 GDP 的比重（%）	第一产业就业人员的比重（%）	乡村人口的比重（%）
2002 年	20.4	55.8	68.00
2003 年	19.0	53.1	66.50
2004 年	18.1	50.3	64.50
2005 年	16.7	48.6	63.00
2006 年	16.5	46.6	61.29
2007 年	17.2	44.9	59.55
2008 年	16.4	44.0	57.85
2009 年	15.1	43.0	56.80
2010 年	14.5	42.4	56.70
2011 年	14.1	41.9	54.90
2012 年	13.6	41.4	53.35

（3）区域发展不平衡，内部分异明显。近年来，湖南省经济快速发展，省内各地市州在城乡统筹发展中均取得了较好成果，但由于区域间利益协调和分享机制不健全，省内各地市州经济、社会发展差距过大、城乡统筹发展不平衡问题仍然十分突出。根据上文城乡统筹度得分可将湖南省 14 个地市州分为三种类型区，即城乡统筹发展水平较高类型区、一般类型区和较低类型区（见图 2），其中长株潭地区及洞庭湖区地带经济较为发达，交通方便、信息通畅、科技实力雄厚，全省 80%的普通高校、90%的科研人员集中在此带，成为资金人才、劳动力等生产要素的汇集地，大致属于城乡统筹发展水平较高类型区。而湘西地区境内多山、交通不便，且信息闭塞、科技落后、资金不足、人才缺乏，成为生产要素的净流出地，各项指标及综合得分排名落后，属于城乡统筹发展水平较低地区。

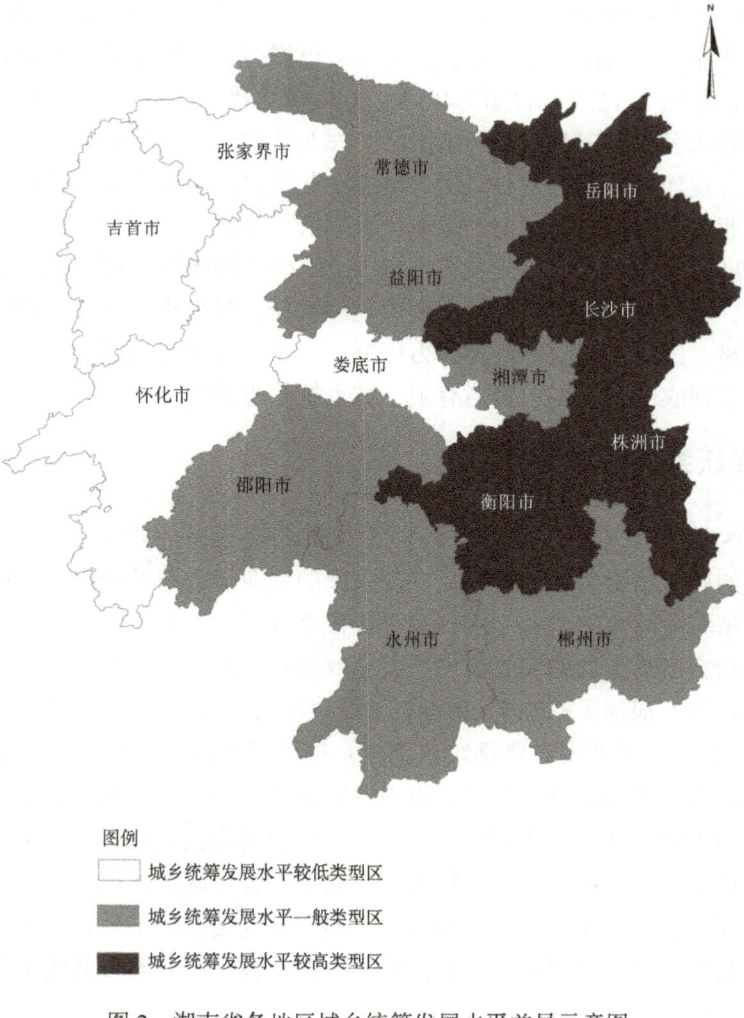

图 2　湖南省各地区城乡统筹发展水平差异示意图

（4）城乡固定资产投资差异大，城乡资源配置不合理。2012 年湖南省各地市州城镇固定资产投资总额为 13202. 3 亿元，农村固定资产总额为 1374. 3 亿元，城市投资是农村投资的9.61倍，城乡投资总额差距悬殊，乡村发展综合得分过低。城乡固定资产投资的悬殊差距在很大程度上造成了城乡社会建设事业发展的不平衡，导致农村社会在基础设施、教育科技、医疗卫生、社会保障等方面远远落后于城市建设。具体表现为：农村道路网络不畅，城市发达的交通网络不能向农村延伸与衔接，乡村地区交通网络的建设明显滞后；农村生产与建设资金投入有限，农业发展基础设施缺乏，农村交通运输和农田水利设施建设不能满足农业发展的需要；科学教育投入资金少，农业从业人员文化素质较低，农业生产技术缺乏，农业科技含量低，农业发展遭遇资金瓶颈；农民医疗、教育、养老问题不能得到有效解决，不能将全部需要救助对象纳入救济范围；现行农村合作医疗制度也不能完全改变农民治病难、治病贵的问题，社会保障体系不健全。

（5）产业内部结构有待优化，城市综合实力亟待提升。主成分分析结果显示在各项指标中，第一产业占GDP比重、人均地区生产总值、城镇居民收入等指标载荷较小，产业结构之间与产业结构内部仍需优化，经济基础仍需夯实，城市综合实力有待提升。2013年全省三次产业结构为12.7：47.0：40.3，为典型的“二、三、一”类型结构。各地市州农业发展基础薄弱、农工业产业形态落后，农业结构大多以种植业、养殖业和初级农产品加工业为主，现代农业形态发展滞后；第二产业仍以资源密集型和劳动力密集型产业为主，各地市产业雷同现象严重，生产专业化水平低、工业生产水平不高；生产性服务业及社会服务业发展滞后，现代物流业发展缓慢，技术研发的市场化程度低，中介咨询服务业国际化程度低，对外开放程度低，产业集团化程度低、规模小，对湖南省整体经济发展的拉动力不够明显。因而在湖南省整体实力较弱、城镇建设和工业发展并不充分的情况下，以城带乡、以工促农的带动能力相当有限，城乡统筹进展缓慢。

三、城乡统筹发展对策

1. 提高农村劳动力就业率，有序推进农业人口市民化

做好农民的就业指导与技能培训，提高农民的就业能力与就业水平；构建城乡统筹的就业模式，改革城乡分割的就业制度，取消农民就业的歧视性制度，逐步建立覆盖城乡、开放统一的劳动力市场，加快实施公平的就业政策；规范各类就业中介服务机构行为，维护农民的合法权益。根据国务院于2014年7月印发的《国务院关于进一步推进户籍制度改革的意见》，建立完善湖南省户籍改革制度：按照尊重意愿、自主选择，因地制宜、分步推进，存量优先、带动增量的原则，以农业转移人口为重点，统筹推进户籍制度改革和基本公共服务均等化；健全农业转移人口落户制度，实施差别化落户政策，全面放开建制镇和小城市落户限制，有序放开中等城市落户限制，合理确定大城市落户条件，严格控制特大城市人口规模；优先解决长期在城市务工的举家迁徙农民工及其家属落户问题。建立健全省政府、企业、个人之间的成本分担机制，以及各级政府间公共成本分担机制，有序推进农业人口市民化。

2. 完善城市规划体系，促进各地城乡统筹均衡发展

加快实施《武陵山经济协作扶贫开发试验示范区城镇体系规划》、《郴州大十字城镇群城镇体系规划》、《邵阳东部城市群城镇体系规划》等区域城镇体系规划，整合区域资

源，建设各具特色的城市群。岳阳、益阳、常德以洞庭湖生态经济区建设为契机，着力打造亲水特征明显的现代生态城市；衡阳、郴州、永州以承接产业转移示范区建设为契机，着力打造现代宜业宜居城市；怀化、吉首、张家界以武陵山经济协作区建设和新一轮扶贫开发为契机，着力打造西部重要交通枢纽、边区贸易中心和生态文化旅游城市；邵阳、娄底以加快湘中发展、促进湘中崛起为目标，充分利用交通区位条件改善的契机，积极承接产业转移，加快产业改造升级，延长产业链。积极促成相关地区撤县设市（区），提升城镇化水平，为城市营造更广阔的发展空间。加快壮大洞庭湖生态经济圈步伐，重点扶持湘南承接产业转移示范区发展，加大对湘西开发扶持力度，建立完善的城市规划体系，促进湖南省各地市州城乡统筹均衡、健康、快速发展。

3. 培育重点中小城镇，推进乡村就地城镇化

根据《国务院关于进一步推进户籍制度改革的意见》要求，未来很长一段时间各省将严格控制大城市人口规模，以缓解大城市人口饱和，就业、医疗、教育、交通困难等问题。因此，集中培育重点中小城镇，使中小城镇成为大城市与乡村之间资源要素沟通的桥梁，促进乡村就地城镇化、农民就地市民化，是实现城乡统筹发展的重要措施之一。重点发展湖南省以洞口县高沙镇、醴陵市浦口镇、浏阳市镇头镇、平江县南江镇、常宁市松柏镇、新化县搓溪镇、桑植县澧源镇、新邵县小塘镇等乡镇为代表的一大批经济强镇及其周边地区，形成以点带线、以线构面、逐步城镇化的新型城镇统筹发展格局，引导农村居民就地转化为城市居民，农村经济转化为城市经济。争取在重点中小城镇实现人口聚集、产业聚集、要素聚集、经济聚集，推进城镇化与经济发展和产业布局紧密结合起来，必要时可采取措施合并相关城镇及其资源、产业，实现优化组合，以真正提高小城镇的档次和对周边地区的辐射带动功能，逐步实现城乡统筹快速发展。

4. 优化三次产业结构，以经济发展促城乡统筹

良好的经济基础是实现湖南省城乡统筹快速发展的首要条件，优化三次产业机构，夯实湖南省经济实力是当务之急。首先，注重发展现代农业。打造特色产业基地，将各地市农业传统项目进行规模化建设，重点打造楠竹基地、油茶基地、松脂林基地、苎麻基地、水产养殖基地等特色农业基地，培育龙头农业企业，拉伸农产品生产、加工产业链，增强龙头企业对农村发展的拉动作用。二是加快工业企业改造和集聚步伐。加快对黑色金属、有色金属、烟花爆竹等产业的技术改造升级步伐，促进信息化与工业化深度融合，推进新兴产业规模化、优势产业高端化和特色产业集群化，提高精深加工水平和资源综合利用水平，为服务业的发展创造条件，创造更多就业机会。三是加快发展现代服务业。大力发展现代物流业、信息服务业、金融保险业等生产性服务业，同时发展能满足居民生活需求的家政、旅游、文化等生活性服务业，提高城镇对农村劳动力的吸纳消化能力。通过以城带乡、以工促农机制，带动乡村地区的发展，乡村的发展可以反哺城市，进而实现城乡的双向联动发展。

5. 打破城乡二元资源配置方式，加快资源要素向农村流动

打破城乡分割的公共资源投入体制，实现城乡公共资源配置一体化。统筹城乡公共资源投入体制，将农村公共产品和公共事业纳入城市发展规划，由城市财政统筹解决。加大

财政投入向农村基础设施倾斜的力度，在交通道路、水、电、垃圾处理、互联网等方面改造升级，逐步实现城乡基础设施建设投入一体化。加大财政对农业的投入，完善农村金融市场，逐步形成城乡统筹规划利用、资源优势互补的新格局。以提供紧缺要素为抓手，加快资源要素向村镇流动步伐。财政方面，确保财政支出优先支持农业农村发展；土地方面，实行片区综合地价，提高征地区片价格，维护农民土地权益；金融方面，加快金融机构在农村的网点布局，积极推进村镇银行建设工作，支持鼓励湖南省农村信用合作社在各村镇的全覆盖，创新特色支农信贷产品，不断拓展金融支农惠农新领域。

6. 完善全省交通运输体系，畅通各地市州沟通渠道

全面构建湖南省“铁公水”综合交通体系，确保各地市州之间以及各地市州内部城市与乡村之间的物资沟通渠道畅通高效。普通公路升级改造，带动沿线乡村、城市发展是今后湖南省道路建设工作重点。一级公路重点改造国省道瓶颈路、综合交通连接路和产业基地快速路，二级公路重点改造特色旅游路、乡镇通达路和干线连接路。在干线公路建设上，以建设通县二级公路、改建县城过境公路、推进红色旅游公路建设为重点，加大安全保障工程、危桥改造工程力度。加快以昆客运专线湖南段、怀邵衡、黔张常、岳九铁路为代表的铁路项目建设，推进长沙机场飞行区东扩及支线机场改扩建，发展省内支线航空航线。有序实施通村公路完善、农林场道路建设、新增桥涵配套建设等工程，进一步提高农村公路服务品质。

7. 建立统一的公共服务体制，实现城乡公共服务对接

提高农村地区基本公共服务水平，将农村基本公共服务体系纳入城镇公共服务体系，最终实现城乡基本公共服务的制度对接和水平差距的逐步缩小。要进一步提高新型农村合作医疗制度的保障水平，建立完善的农村医疗卫生服务体系，全面落实农村最低生活保障，进一步完善农村社会养老保险和其他社会保障。大力发展农村教育事业，推进农村中小学标准化建设，积极发展农村中小学网络教育，积极实施农村“中小学教师继续教育工程”，不断提高农村义务教育水平，不断提高免费职业技能培训、就业指导培训和创业指导培训的针对性，努力培养知识型、技能型农民。统筹解决农民工基本公共服务，实现农民工基本公共服务制度的城乡对接，让农民工能享受到当地居民的基本公共服务。

8. 推动现代文明向农村辐射，提升城乡统筹的综合素养

大力提倡精神文明建设深入社区，推进现代文明向农村传播。公共文化服务工程进社区：制订农村社区文化服务站建设发展规划，在每个农村社区配套建设文教体育服务站和农家书屋；核心价值体系建设进社区：把农村社区作为教育农民的主阵地，大力普及科学知识，提高农民素质；精神文明创建进社区：在农村社区成立精神文明协调指导委员会，实施精神文明中心城区带乡镇（街道）驻地、乡镇（街道）驻地带社区中心村、社区中心村带周边村的“三带联创”工程；文明生态建设进社区：采取以点带面的办法，率先把社区中心村打造成农村精神文明建设的样板；群众文化活动进社区：因地制宜发展社区特色文化，组织社区民间文艺演出队，进一步增强社会主义新农村文化建设的吸引力。

四、结语

文章通过运用主成分分析法建立相应指标体系，对湖南省城乡统筹发展中存在的问题有了较为客观的认识，并在此基础上阐述了湖南省城乡统筹发展的整体思路，要按照以人为本、政府与市场结合、因地制宜和特色发展、全面规划与分步实施原则，通盘考虑和合理配置城乡各类资源与生产要素，因地制宜，依靠湖南省资源特色与优势产业促进城乡统筹发展水平的提高，最终实现城乡统筹快速发展的目标，对湖南省乃至整个中部六省的城乡统筹发展具有一定借鉴意义。

参考文献

[1] 刘庆生、刘洪彬：《基于集群效应的城乡统筹发展思考》，《经济师》，2007 年第 6 期。

[2] 赵英丽：《城乡统筹规划的理论基础与内容分析》，《城市规划学刊》，2006 年第 10 期。

[3] 淮建峰：《国外城乡统筹发展理论研究综述》，《科技咨询导报》，2007 年第 14 期。

[4] 程慧、李宗植：《江苏省城乡统筹发展的共生分析》，《现代经济探讨》，2007 年第 3 期。

[5] 欧阳涛、向萍：《长株潭两型社会建设中统筹城乡发展问题探讨》，《发展研究》，2009 年第 8 期。

[6] 佘济云：《湖南农村剩余劳动力转移影响因素分析——基于层次分析法》，《农业经济》，2009 年第 7 期。

[7] 潘竟虎、石培基：《甘肃省城乡统筹发展程度地域差异及其机理研究》，《干旱区地理》，2011 年第 2 期。

[8] 朱翔、刘阳炼、贺清云等：《构筑中部发展轴心——长沙、株洲、湘潭城市群一体化建设研究》，湖南师范大学出版社 2008 年版。

[9] 贺清云、刘艳霞、刘司梦：《长株潭城市群县域城乡关联度的实证分析》，《湖南师范大学学报（自然科学版）》，2011 年第 5 期。

[10] 郭信：《经济一体化下的长株潭产业结构调整研究》，西南交通大学博士论文，2009 年。

[11] 祁金立：《中国城市化与农村经济协调发展研究》，华中科技大学出版社 2004 年版。

[12] 李春平、李坚持：《山东省城乡统筹发展差异》，《中国农学通报》，2010 年第 10 期。

[13] 尹剑锋：《湖南提升城乡统筹水平的途径和对策研究》，中南大学博士论文，2006 年。

[14] 罗文：《关于湖南农村城镇化发展的思考》，《经济地理》，2008 年第 5 期。

[15] 周少华：《浅谈长株潭城市群一体化发展模式》，《金融经济》，2006 年第 18 期。

附表 1　　城乡统筹发展水平评价指标数据表

	长沙市	株洲市	湘潭市	衡阳市	邵阳市	岳阳市	常德市	张家界市	益阳市	郴州市	永州市	怀化市	娄底市	湘西州
人均地区生产总值(元)	89903	45235	46249	27258	14406	39968	35475	22658	23572	32848	20239	21018	26367	15456
城镇化率(%)	69. 38	59. 10	54. 02	47. 90	36. 06	49. 30	42. 95	41. 10	42. 15	45. 28	39. 87	39. 01	39. 23	37. 60
固定资产投资(亿元)	3956. 06	1150. 47	893. 86	1063. 75	761. 61	1168. 11	946. 57	170. 09	625. 14	1098. 40	802. 90	600. 95	581. 91	190. 98
城镇居民人均可支配收入(元)	30287. 88	25915. 79	23549. 05	20380. 21	15457. 08	22111. 00	19857. 95	15640. 87	19764. 87	20015. 62	19670. 68	15666. 31	19194. 43	15037. 94
农民人均纯收入(元)	15763. 10	10971. 90	11316. 22	10116. 25	5135. 59	8326. 08	8022. 58	4574. 23	7957. 76	7410. 46	7072. 69	5023. 62	4762. 24	4229. 10
城镇居民恩格尔系数(%)	35. 84	35. 10	34. 11	39. 78	39. 58	36. 86	36. 28	33. 25	38. 05	37. 54	37. 69	38. 91	35. 68	36. 88
农村居民恩格尔系数(%)	36. 99	39. 69	39. 84	48. 20	48. 30	37. 59	40. 91	48. 08	43. 41	44. 99	45. 22	56. 99	47. 46	55. 52
农业机械总动力(万千瓦)	542. 00	277. 61	265. 95	460. 14	405. 76	514. 08	514. 06	99. 58	455. 43	384. 37	514. 16	314. 93	296. 37	144. 82
乡村从业人员比重(%)	49. 27	53. 91	62. 06	56. 04	54. 69	45. 32	49. 62	59. 29	50. 02	45. 10	51. 43	56. 12	52. 72	57. 51
第一产业占 GDP 比重(%)	2. 70	4. 70	5. 37	8. 67	14. 82	8. 36	10. 75	10. 20	13. 03	7. 39	18. 14	10. 86	8. 48	11. 31
城乡居民人均消费支出比(%)	244. 61	262. 19	274. 05	265. 48	325. 19	292. 59	325. 97	373. 78	266. 80	330. 53	295. 42	363. 97	316. 03	390. 60
城乡万人医人员数	94. 49	60. 12	62. 14	47. 12	37. 99	43. 54	47. 23	48. 70	43. 20	53. 34	42. 49	51. 75	42. 18	53. 60
城乡邮电业务量(亿元)	121. 71	33. 67	26. 44	38. 72	33. 66	36. 30	37. 55	12. 17	26. 50	30. 95	24. 44	27. 87	25. 34	15. 68
城乡社会消费品零售总额(亿元)	2521. 71	579. 90	349. 14	642. 62	378. 86	687. 40	638. 77	112. 71	353. 77	554. 58	329. 34	316. 73	297. 75	158. 62
城乡地方财政支出总额(万元)	6246207	2302837	1586031	3042955	2479748	2348205	2549661	808328	1722440	2486413	2200029	2225273	1652037	1509085

资料来源：湖南省统计信息网，2013 年湖南省统计年鉴。

附表 2

各指标标准化数据表

Z_i	长沙市	株洲市	湘潭市	衡阳市	邵阳市	岳阳市	常德市	张家界市	益阳市	郴州市	永州市	怀化市	娄底市	湘西州
人均地区生产总值(元)	2. 9509	0. 6384	0. 6909	-0. 2923	-0. 9576	0. 3657	0. 1331	-0. 5304	-0. 4831	-0. 0029	-0. 6557	-0. 6153	-0. 3384	-0. 9033
城镇化率(%)	2. 4968	1. 4025	0. 8617	0. 2098	-1. 0499	0. 3592	-0. 3167	-0. 5134	-0. 4019	-0. 0682	-0. 6446	-0. 7362	-0. 7128	-0. 8863
固定资产投资(亿元)	3. 2528	0. 1648	-0. 1177	0. 0693	-0. 2632	0. 1842	-0. 0597	-0. 9143	-0. 4135	0. 1075	-0. 2178	-0. 4401	-0. 4610	-0. 8913
城镇居民人均可支配收入(元)	2. 3449	1. 3304	0. 7813	0. 0460	-1. 0964	0. 4476	-0. 0752	-1. 0538	-0. 0968	-0. 0386	-0. 1187	-1. 0479	-0. 2292	-1. 1937
农民人均纯收入(元)	2. 4006	0. 9368	1. 0420	0. 6753	-0. 8464	0. 1284	0. 0357	-1. 0179	0. 0159	-0. 1514	-0. 2546	-0. 8806	-0. 9605	-1. 1233
城镇居民恩格尔系数(%)	-0. 5047	-0. 8862	-1. 3989	1. 5189	1. 4158	0. 0187	-0. 2808	-1. 8394	0. 6304	0. 3691	0. 4446	1. 0733	-0. 5874	0. 0266
农村居民恩格尔系数(%)	-1. 3507	-0. 9080	-0. 8834	0. 4874	0. 5038	-1. 2524	-0. 7080	0. 4677	-0. 2980	-0. 0390	-0. 0012	1. 9281	0. 3658	1. 6880
农业机械总动力(万千瓦)	1. 2106	-0. 6574	-0. 7398	0. 6322	0. 2480	1. 0133	1. 0131	-1. 9152	0. 5989	0. 0968	1. 0139	-0. 3938	-0. 5249	-1. 5956
乡村从业人员比重(%)	-0. 7644	0. 1669	1. 8026	0. 5944	0. 3234	-1. 5572	-0. 6942	1. 2467	-0. 6139	-1. 6014	-0. 3309	0. 6104	-0. 0720	0. 8894
第一产业占 GDP 比重(%)	-1. 6981	-1. 2088	-1. 0439	-0. 2344	1. 2726	-0. 3115	0. 2748	0. 1402	0. 8351	-0. 5475	2. 0880	0. 3023	-0. 2824	0. 4135
城乡居民人均消费支出比(%)	-1. 4245	-1. 0363	-0. 7742	-0. 9636	0. 3558	-0. 3645	0. 3730	1. 4294	-0. 9344	0. 4739	-0. 3019	1. 2127	0. 1534	1. 8011
城乡万人医务人员数	3. 0237	0. 5782	0. 7222	-0. 3464	-0. 9959	-0. 6014	-0. 3387	-0. 2343	-0. 6257	0. 0961	-0. 6763	-0. 0175	-0. 6981	0. 1141
城乡邮电业务量(亿元)	3. 3194	-0. 0536	-0. 3308	0. 1397	-0. 0541	0. 0472	0. 0949	-0. 8774	-0. 3286	-0. 1578	-0. 4073	-0. 2758	-0. 3728	-0. 7431
城乡社会消费品零售总额(亿元)	3. 3098	0. 0238	-0. 3667	0. 1299	-0. 3164	0. 2057	0. 1234	-0. 7668	-0. 3589	-0. 0191	-0. 4002	-0. 4216	-0. 4537	-0. 6891
城乡地方财政支出总额(万元)	3. 1016	-0. 0525	-0. 6259	0. 5395	0. 0890	-0. 0163	0. 1449	-1. 2479	-0. 5168	0. 0943	-0. 1348	-0. 1146	-0. 5731	-0. 6874

安徽省统筹城乡发展战略研究

安徽大学经济学院“安徽省‘十三五’统筹城乡发展战略研究”课题组
（安徽大学经济学院　合肥　230601）

一、引言

统筹城乡发展是城乡经济社会发展的一种长远战略，指的是根据社会经济综合实力和社会各种矛盾的综合情况，对城市和农村进行通盘筹划，使城市发展和农村发展相互适应、相互促进，城乡都能充分发挥自身优势，相互取长补短，合理分工，实现经济社会的和谐发展，使人们生活水平日益提高。它要求统筹处理城乡经济社会系统中城市与农村、市民与农民、非农产业与农业这三者之间公平与效率的关系，构建公平高效、良性互动、和谐共进的城乡一体化社会。

统筹城乡发展是社会历史发展的必然趋势，是我国经济社会发展到今天的必经阶段。统筹城乡发展有利于实现城乡经济良性循环，有利于从根本上解决“三农”问题，体现了全面建设小康社会的内在要求，标志着全面深化改革进入新阶段。我们应当为之而努力。

十八届三中全会《决定》要求我们，健全体制机制，形成以工促农、以城带乡、工农互惠、城乡一体的新型工农城乡关系，统筹城乡发展，让广大农民平等参与现代化进程、共同分享现代化成果。

安徽省近年来经济发展发展速度虽然较快，城乡二元分割现象有所缓解，但因为安徽省工业化和城镇化水平较低，经济实力不强，统筹城乡发展总起来看还任重道远。这在一定程度上制约了经济发展方式的转变和全面小康社会建设的进程。因此，加快推进安徽省统筹城乡发展进程，既是安徽省经济社会发展的重要内容，也是全面建成小康社会的必由之路。

二、安徽省统筹城乡发展概况

安徽省是农业大省，乡村人口数量庞大，截至 2013 年末，乡村常住人口 3143.9 万人，占 52.1%，比全国平均水平高 5.83 个百分点（见表 1）。值得注意的是，安徽人口长期体现为户籍人口数高出常住人口数的特征，2013 年户籍人口高出常住人口 898.7 万人，这其中大部分是到省外打工的农民工，而城乡发展的不协调、产城人发展的不协调是造成农民工外流到其他省份的重要原因。

表 1　**2013 年末安徽省人口数构成及其与全国的比较**

指　标	年末数（万人）		比重（%）	
	安徽省	全国	安徽省	全国
年末常住人口数	6029.8	136072		
其中：城镇	2885.9	73111	47.9	53.73
乡村	3143.9	62961	52.1	46.27

注：以上数据来源于安徽省调查总队。

1. 统筹城乡发展的现状

（1）经济实力有所增强，城乡差距依然存在。改革开放以来，安徽经济发展总体水平不断提高，综合实力逐渐增强。2013 年生产总值（GDP）19038.9 亿元，按可比价格计算，比上年增长 10.4%。连续 10 年保持两位数增长。2013 年全社会劳动生产率 44889 元/人，三次产业结构调整为 12.3：54.6：33.1，第三产业占 GDP 比重连续两年出现上升势头。经济水平的提高、经济实力的增强为统筹城乡发展提供强有力的支持。城乡居民收入总量增加，相对差距的扩大趋势出现减缓，但尚未明显缩小（见图 1）。

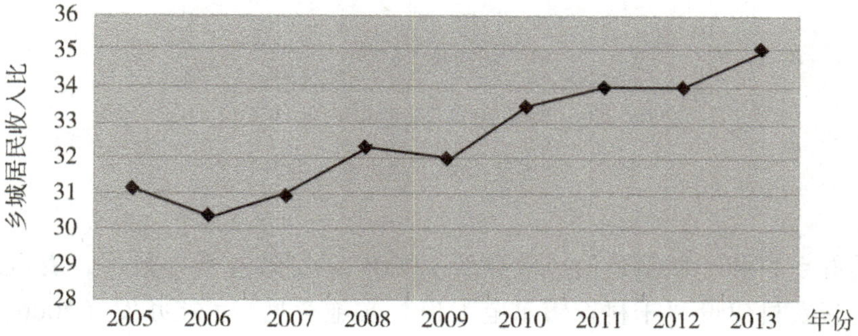

图 1　2005 年以来农民人均纯收入与城镇人均可支配收入对比

城镇家庭恩格尔系数和农村家庭恩格尔系数都在不断下降。它们分别由 2003 年的 44.2%、46.03%降低到 2013 年的 39.1、39.6，分别下降了 5.1 个百分点和 6.43 个百分点。这意味着城乡居民在解决普通的温饱问题后，有更多的收入去追求个人的发展。进入 21 世纪以来，在进一步完善城镇养老保险和医疗保险的同时，新型农村合作医疗和新型农村社会养老保险也有了较快的发展。2012 年，安徽省农民参加新型农村合作医疗的人数为 5043.8 万人，参合率为 99.5%，比 2005 年的 81.2%提高了 18.3 个百分点，新农合补偿收益人次为 10070.2 万。2013 年末 78.2 万城市居民享受政府最低生活保障，216.1 万农村居民享受政府最低生活保障，43.6 万农村五保户享受政府供养。全年救助城市医疗困难群众 49.9 万人次，救助农村医疗困难群众 266.8 万人次。2013 年末全省参加城镇基本养老、医疗保险人数分别为 811.3 万人和 1665.9 万人，城乡居民养老保险参保人数 3308.7 万人。这说明政府投入的力度显著增大，总体来看，安徽统筹城乡发展水平在提高。

（2）城镇化、工业化进程保持上升趋势。城镇化和工业化是统筹城乡发展的两个重要指标。“十一五”期间，安徽省城镇化水平呈现加速趋势，城镇化率从 2005 年 35.5% 提高到 2013 年 47.9%，年均提高 1.55 个百分点，城镇化水平与全国平均水平的差距由 7.5 个百分点缩小到 5.8 个百分点。

城镇化加速的同时，工业化进程也明显加快，工业对经济增长的贡献稳步提高。2013 年，安徽省工业增加值为 8928 亿元，工业增加值占 GDP 比重由上年的 46.6%提高到

46.9%，比2012年增长13.3%，增幅比同期GDP增幅快2.9个百分点，工业化率（工业增加值占GDP比重）为46.9%，工业增加值占GDP比重保持连续上升势头，见图2。

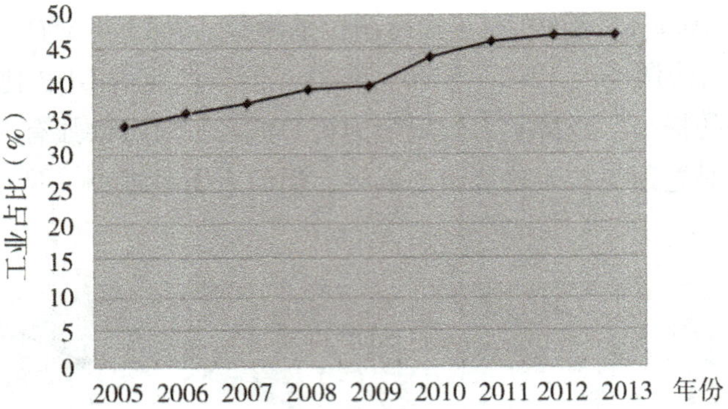

图2　2005年以来工业化率的上升趋势

（3）美好乡村和小城镇建设成效显著。2006年安徽省委办公厅、省政府办公厅下发了《关于新农村建设“千村百镇示范工程”实施意见》（皖办发〔2006〕8号），决定在全省开展实施新农村建设“千村百镇示范工程”，全省择优选择了示范镇125个，示范村1133个。“千村百镇”工程的实施促进了新村建设和小城镇的发展。通过培育特色经济、推进人居环境建设、发展公共事业、加强基础设施和组织建设等措施，达到“产业发展形成新格局，农民生活实现新提高，乡风民俗倡导新风尚，乡村面貌呈现新变化，乡村治理健全新机制”的目标。“千村百镇”工程培育了特色经济，发展了现代农业。2010年首批省级示范村农民收入高出全省平均水平600多元，80%的示范村农业生产水平提高，加强了基础设施建设，改善了生产生活条件，90%的示范村已修通水泥路或沥青路；推进了人居环境建设，改变了村容镇貌，93%的示范村环境明显改观，55%的示范村农户住房明显改善。2013年以后，1000个美好村庄（社区）乡村的建设计划正在落实中。

与此同时，从2010年开始，省财政每年安排2000万元以上小城镇建设专项资金，重点支持小城镇（小集镇）下水道、路灯、道路、生活垃圾收集、转运设施等基础设施建设。并积极争取中央资金，落实省级配套资金，加大小集镇农村饮水安全工程、乡镇卫生院、标准化学校、敬老院等公共服务设施建设，在中央和地方的共同支持下，“十二五”期间，以特色镇带动小城镇发展成效显著。2013年以后，以“三线三边”为突破口，以“四治理一提升”为主要内容的城乡环境综合治理工作正在取得成效。

2. 发展中的主要问题

（1）城乡统筹发展的基础还比较薄弱。从纵向层面来看，随着时间的推移，安徽经济发展水平有了较大幅度的提高，但是通过横向对比，它仍然处于一个较低的水平。2013年，安徽省GDP总量在中部六省中排名第四，仅高于江西和山西两省。2013年安徽人均

GDP 为 31684.0 元，而同期全国人均水平为 41804.7 元，人均少 10120.7 元。安徽第三产业占 GDP 的比重自 2003 年以来一直呈下降趋势，从 2003 年的 41.7%下降到 2011 年的 32.5%，2012 年有小幅上升，为 32.7%，2013 年继续上升为 33.1%，但比同期全国 46.1%的比重尚低 13 个百分点，第三产业比重与城镇化率有着很强的关联，如表 2 所示，安徽的城镇化率一直低于全国平均水平，这与安徽工业化率保持强劲上升势头的情况不相适应。由于经济水平的高低和经济实力状况对统筹城乡发展起着基础性的作用，城镇化程度直接关乎城乡统筹度的高低，第三产业的发展关系到社会产业结构和劳动力要素的流动情况，因此综合来看，安徽省城乡统筹发展的基础还比较薄弱，城乡统筹总体上还处于一个较低的水平。

表 2　**2005 年以来安徽省城镇化率①、第三产业比重及其与全国的比较**

年份	城镇化率（%）		第三产业比重（%）	
	全国	安徽	全国	安徽
2005	42.00	35.5	40.5	40.0
2006	44.34	37.1	40.9	39.1
2007	45.89	38.7	41.9	37.9
2008	46.99	40.5	41.8	36.5
2009	48.34	42.1	43.4	36.4
2010	49.95	43.2	43.2	33.9
2011	51.3	44.8	43.3	32.5
2012	52.6	46.5	44.6	32.7
2013	53.73	47.9	46.1	33.1

注：以上数据来源于安徽统计年鉴以及国家和安徽省经济社发展统计公报。

（2）农村发展总体上滞后于城镇。安徽省农业产值在逐年增加，从 2005 年的 966.5 亿元增长到 2013 年的 2348.1 亿元。农业占 GDP 的比重在逐渐下降。这虽然符合经济发展的规律，但安徽的农业生产率不高，生产要素的投入所带来的边际产量提高的幅度远远小于第二、三产业，这将导致以农业为生计的广大农民及其他们所在的农村发展水平低下，城乡统筹发展水平难以提高进而影响整体经济质量。

2005—2013 年，安徽省农民人均纯收入从 2641 元增长到 8089 元，而城镇居民人均可支配收入从 8471 元增长到 23114 元，城乡居民收入差距逐年扩大。由于人均收入水平较低，农村人均消费水平也比较低，2011 年之前，农村恩格尔系数一直大于 40%，2012 年以后有所降低，但依然较高。2013 年，农民的食品支出增长 4.1%，衣着增长 1%，居住

① 此处城镇化率为城镇常住人口占总人口之比。

下降 0.1%，家庭设备用品及服务增长 12.5%，医疗保健增长 8.2%，交通通信增长 4.7%，文教娱乐用品及服务下降 2.4%。农民花费在食品支出上的比例过大，用于文化、娱乐和教育的费用非常有限（见表 3），这必将制约农村人力资本水平的提高，制约农业现代化进程的加快。

表 3　**2005—2013 年安徽省城乡居民收入、消费和恩格尔系数对比**

年份	人均收入水平（元）			人均消费水平（元）			恩格尔系数（%）	
	城镇人均可支配收入	农民人均纯收入	农村与城镇之比（%）	城镇	农村	农村与城镇之比（%）	城镇	农村
2005	8471	2641	31.18	7136	2177	30.51	43.7	45.5
2006	9771	2969	30.39	7942	2445	30.79	42.4	43.17
2007	11473	3556	30.99	9208	2880	31.28	39.7	43.3
2008	12990	4202	32.35	10196	3259	31.96	41.0	44.3
2009	14085	4505	31.98	11301	3683	32.59	39.6	40.9
2010	15788	5283	33.46	13259	4447	33.54	38.0	40.7
2011	18606	6323	33.98	14923	5356	35.89	39.8	41.1
2012	21024	7160	34.06	16131	5648	35.01	38.7	39.25
2013	23114	8089	35.00	16285	5725	35.16	39.1	39.6

注：以上数据来源于安徽省调查总队。

（3）区域间城乡统筹发展存在明显差异。安徽省各市经济发展水平、城乡统筹发展存在明显的差异。从表 4 可以看出，2012 年，合肥、池州市常住人口城镇化率与非农户籍人口比率之差超过了 29%，远远高于全省平均水平。这意味着城乡分割的户籍管理制度已经形成了城乡利益失衡的格局。从城乡居民收入差距来看，各地区之间也存在着显著的差距。大部分城市的城镇居民人均可支配收入与农民人均纯收入的差为 12000 ~ 13000 元，而马鞍山市该值为 20017 元，远远高于省内其他地区。这意味着马鞍山市的城市与乡村经济发展水平差异较大。城市发展与农村发展另一个较为明显的差距就是医疗水平。从表中可以看出，城市居民每万人拥有的医生数普遍高于农村，且差值还比较大。黄山市城镇居民平均每万人就比农村人口多出了 126.6 名医生。城市用水普及率大部分市接近于 100%，农村近年来也在进行自来水改造、安装工程。但各市农村发展速度不相同，以至于城市用水普及率与农村自来水普及率之差各地差异较大，其中差值最大的蚌埠市，该数值达到 73.55 个百分点。

表 4　**2012 年安徽省 16 个市城乡建设及其与全省的比较**

地区	常住人口城镇化率与非农户籍人口比率之差（%）	城乡居民收入差距（元）	城乡每万人拥有的医生数之差（人）	城市用水普及率与农村自来水普及率之差（%）
安徽省	23.61	13864	84.6	44.41
合肥市	29.21	16353	83.5	44.78
淮北市	13.73	13074	86.4	39.16
亳州市	22.04	13937	70.8	61.54
宿州市	21.26	13096	92.2	47.54
蚌埠市	20.10	12955	95.7	73.55
阜阳市	21.98	13050	89.2	59.13
淮南市	19.28	12898	78.6	46.07
滁州市	23.01	12335	73.7	36.98
六安市	25.15	12834	69.1	51.18
马鞍山市	25.51	20017	78.8	13.98
芜湖市	15.56	14109	85.2	4.34
宣城市	28.49	11442	95.5	32.53
铜陵市	18.17	14837	93.0	7.62
池州市	29.29	13399	90.0	40.45
安庆市	21.36	13633	93.1	22.46
黄山市	19.61	12047	126.6	4.54

资料来源：《安徽省统计年鉴 2012》。

（4）城镇对农村发展的带动性不强。近年来，安徽省打造了一些经济发展中心，希望以城市群的发展来带动区域经济的增长，如“合肥经济圈”、“皖江城市带”、“合芜蚌自主创新综合实验区”等等。城镇经济实力提升，会进一步增强以工促农、以城带乡能力，加快农村经济社会发展。然而，它们对农村发展的整体带动性不强。一方面，这些“群”、“带”的总体规模还不够大，影响了其经济辐射力和带动能力；另一方面，农村发展基础薄弱，劳动力素质不高，承接工业反哺和城市支持的能力与效率不高。

3. 制约统筹城乡发展的因素分析

（1）经济基础薄弱，高房价制约城镇化速度。安徽省经济发展总体上还处于一个较低的水平，经济基础薄弱。安徽人均 GDP、城镇化率、第三产业比重均低于全国平均水平，农业仍是吸附全省劳动力的主要产业。2013 年，安徽乡村常住人口占比达 52.1%，这与第一产业增加值在 GDP 中仅占 12.3%的份额是不相适应的。这表明农业生产力不发达，农民收入上不去，难以应对城镇的高房价，使城镇吸收力不强，农民工在城镇没有住房，他们仍被当作“农民”。

以省会合肥为例，2013 年，合肥农村居民人均纯收入 10352 元，人均生活消费支出 5799 元，而合肥市 2013 年新建商品住房售价约达 7000 元每平方米，高房价实际上成为农村人口向城市转移的最大障碍。城市可以提供就业岗位，但进城农民不能在城市真正安居，是未来一段时期政府必须面对并切实解决的重要矛盾。

（2）产业结构软化的拉力不足。产业结构软化，集中体现为第三产业在 GDP 中的比重增长，它是统筹城乡发展的基础和支柱，决定着统筹城乡发展的能力和内涵。一个国家或地区的产业结构软化水平是其统筹城乡发展水平的衡量标准，同时，产业结构软化与城镇化是密不可分的。一个地区经济的强大是建立在快速产业结构软化的基础之上的，而许多欠发达地区发展落后的原因或实质就在于，农业社会向工业社会转换缓慢，进而工业社会向服务型社会转换缓慢。

安徽省目前第三产业在 GDP 中的比重只为 33.1%，水平并不高，低于全国平均水平 13 个百分点；相对发达省会合肥 2013 年的这一比重也仅为 39.4%。安徽省第三产业占比的事实，体现了产业结构软化的拉力不足。由此产生的极化效应和扩散效应都不强，城镇化发展的内动力不强。

（3）城乡居民收入消费水平差距较大。统筹城乡发展是实现城乡经济协调发展的必然要求。改革开放以来，随着市场机制的引入，城乡联系显著增强。但是，城乡分割的二元结构体制尚未从根本上改变，城乡经济仍未步入良性循环和协调发展的轨道。安徽省经济在快速发展的同时，城乡差别依然存在并且有扩大的趋势。城镇居民人均可支配收入与农民人均纯收入差距越来越大，两者差距由 2005 年的 5830 元扩大为 2013 年的 15025 元（见表 3）。农民收入大体相当于城镇居民 2002—2003 年的水平，从这一角度看，农村落后城市 10 年以上。2013 年，城镇居民人均消费性支出 16285 元，比上年增长 8.5%，而农村居民人均生活消费支出 5725 元，比上年增长 3%；城镇居民人均住房建筑面积 34.9 平方米，比上年增加 2.5 平方米，而农村居民人均住房面积 32.2 平方米，比上年减少 3.7 平方米；城镇居民家庭人年均教育、文化和娱乐服务支出是农村居民家庭该项支出的 5 倍以上。

农业是弱质产业、农村是落后地区、农民是困难群体的状况尚未彻底改变，“三农”问题仍然是经济发展重中之重，统筹城乡发展要从“三农”问题着手，切实缩小城乡居民收入差距。

（4）城乡教育资源、教育水平差距大。城乡教育资源严重失衡，农村的教育条件差、师资力量不足，许多课程开不齐，特别是音、体、美教师奇缺。农村义务教育经费支出以及农村教师收入远远低于城市，农村学校工作条件差，农村中小学骨干教师大量流向城市，农村优质资源不断流出，师资力量严重不足。因此，随着大量农村人口流向城市，适龄入学儿童也被带进了城市，很多家长为了提高孩子的教育水平，会千方百计将其送到好学校，甚至放弃免费义务教育而转向私立学校。农村不少地方学籍管理没有走向规范，小学初中失学率、高中辍学率较高。从表 5 可见，在安徽省乡村人口依然占据 50%以上比例的情况下，乡村学校数与在校学生数却与这个比例形成截然的对比。教育资源不均衡使得城乡儿童起点不同，使得下一代差距继续扩大，不利于城乡协调发展。

表 5　　**2012 年各市城乡学校与在校人数**

地区	学校数（所）			在校学生数（人）			
	合计	城镇	乡村	合计	城镇	乡村	乡城之比（%）
安徽省	3635	2068	1567	3422963	2777388	645575	23.24
合肥市	363	249	114	394744	347757	46987	13.51
淮北市	137	100	37	135089	121175	13914	11.48
亳州市	297	163	134	266803	231994	34809	15.00
宿州市	263	125	138	302429	242602	59827	24.66
蚌埠市	167	77	90	183729	141185	42544	30.13
阜阳市	462	231	231	447561	340036	107525	31.62
淮南市	132	89	43	118398	99417	18981	19.09
滁州市	287	147	140	233943	187820	46123	24.56
六安市	412	193	219	361260	276319	84941	30.74
马鞍山市	102	71	31	123203	103556	19647	18.97
芜湖市	211	153	58	173422	150485	22937	15.24
宣城市	164	115	49	120514	103599	16915	16.33
铜陵市	45	32	13	38478	32942	5536	16.81
池州市	109	65	44	92635	76717	15918	20.75
安庆市	369	193	176	368263	267083	101180	37.88
黄山市	115	65	50	62492	54701	7791	14.24

（5）农村医疗条件差、社会保障力度不够。2013 年安徽的新农合实现了全覆盖，农民疾病治疗率大大提高。但农村的医疗条件、医疗水平低下，医疗器械比较陈旧，只能进行简单病的检查与治疗，对于稍微复杂或大病必须到大医院进行救治。因此很多农民无法及时救治。目前，养老保险基本已覆盖全省，但存在广覆盖、低保障的问题，绝大多数农民每年只能拿几百元的保险金。而且很多农民对医疗保险、养老保险认识不够，基本处于一知半解的状况，导致很多农民不能按时拿到养老金、不知道怎样报销医疗费用。

（6）生态环境问题突出。首先是工业发展带来了生态环境的破坏。自 2008 年融入长三角以来，安徽积极参与长三角区域发展分工，承接产业转移规模进一步扩大，招商引资力度不断加强，成立皖江城市带承接产业转移示范区，促进了全省各地的开发区和城镇建设的发展。但地方的一些基础配套设施不完善，造成在承接产业转移过程中的环境问题，“三废”没能得到较好的治理，对居民生活造成不良影响，对生态环境起到了很大的破坏作用。

其次是城乡生活污染治理成效不大。城镇化使安徽的城镇规模和城镇居民规模都有较大的扩张。但在城镇化过程中，多数城镇注重的是量的扩张，忽视或无视了城镇化的质量提高问题，重建设轻管理，致使交通拥堵、污染严重的城市病出现，没能给市民一个良好的生态环境。农村的建设和环境治理更是落后于城镇，致使农村存在大量的空心村。而空心村的道路维护、水电供给、垃圾处理等，没能进行很好的处理，引起了居住环境和田园生态的恶化。

二、安徽省统筹城乡发展程度评价

为了从整体上把握安徽省统筹城乡发展的整体状况，我们从地级市层面具体测度我省统筹城乡发展程度。

1. 统筹城乡发展评价指标的选取

（1）已有的相关研究。李岳云等（2004）在对城乡统筹的内涵进行界定的基础上，构建的城乡统筹指标体系包括以下几个主要指标：县级以上工农研究与开发经费比、工农财政支出比、工农产业的科技投入比、金融机构短期工业贷款与农业贷款比、工农国有经济中技术人员数量比。这些指标较容易反映城乡发展潜力差异。高珊等（2006）通过经济融合度、社会融合度和城乡生活融合度具体测度了江苏省13个地级市2004年的城乡统筹程度。童玲玲等（2007）构建了包括经济统筹、社会统筹、空间统筹和环境统筹等四类指标的指标体系，并对江苏省13个地级市2006年的城乡统筹发展水平进行了分析。吴永生等（2007）也构建了类似的城乡统筹评价指标体系，并分析了江苏全省13个地级市自1990年以来城乡统筹的空间演变动态。具体见表6。

表6　**已有文献中的城乡统筹程度评价指标汇总**

高珊等	经济融合度	城乡人均GDP比、城乡人均工业产值比、城乡人均第三产业增加值比、城乡人均财政收入比、城乡人均财政支出比
	社会融合度	城乡人均社会保障支出比、城乡初中毕业生升学率比、城乡每一百小学生拥有教师数量比、城乡每万人拥有医生数比、城乡每万人拥有医院床位数比
	城乡生活融合度	城乡居民人均纯收入比、城乡居民人均消费支出比、城乡居民恩格尔系数比、城乡电话普及率比
童玲玲等	经济统筹	城乡人均GDP比、城乡人均第二产业产值比、城乡人均第三产业产值比、城乡人均财政支出比
	社会统筹	城乡人均居住面积比、城乡人均储蓄余额比、城乡恩格尔系数比、城乡人均社会保障支出比
	空间统筹	城乡电话普及率比、城乡初中毕业生升学率比、城乡每百万人医生数比、城乡每百万人拥有医院床位数比、城乡人均年生活用电量比
	环境统筹	城乡人均公路密度比、城乡环境污染治理投资总额比
吴永生等	经济统筹	人均国内生产总值、非农业产值比重、人均第二产业产值、人均第三产业产值、人均储蓄余额
	社会统筹	城乡职工工资平均额、每万人医生数、每千人图书馆藏书量
	空间统筹	人均客运量、人均年生活用电量、每百户固定电话量、人均年邮电业务量

（2）评价指标的选取。

①基本原则。具体包括：

科学性原则。在科学、正确的指导思想下设定指标，指标内涵能准确反映城乡统筹发展的具体水平，各个指标之间相互联系，形成一个完整的评价体系。

全面性原则。指标体系的设计要体现城乡社会发展各个方面的状态和联系，要求从不同侧面、不同角度对城乡统筹发展的状况做出全面反映，依据城乡统筹发展的内涵，设计出包括城乡经济发展、城乡社会发展、城乡居民生活等方面的指标。

层次性原则。指标体系设计应分为不同层次，以便反映城乡统筹发展的程度。第一层为目标层，用以反映安徽城乡统筹发展的综合实现程度；第二层为准则层，用以反映安徽城乡统筹发展中某一方面的实现程度；第三层为指标层，用以反映安徽城乡统筹发展的具体指标的实现程度。

可比性原则。即各项指标的含义、统计口径、分类方法、计算公式，要力求规范化、标准化、统一化，以反映安徽城乡统筹发展的现状和特征。

可操作性原则。作为一种统计分析手段，所设计的指标和指标体系在实践上必须是可行的，要求数据易于收集和整理，计算方法简便。

②评价指标体系。根据上述基本原则，我们构建了三个层次的统筹城乡发展程度（以下简称“城乡统筹度”）评价指标体系。第一层次（一级指标）：目标层，即统筹城乡发展。第二层次（二级指标）：准则层，分别从城乡经济融合、城乡社会融合和城乡环境融合等三个方面进行衡量。第三层次（三级指标）：要素层，包含城乡经济发展差异、城乡居民生活水平差异、城乡教育水平差异、城乡医疗水平差异、城乡社会保障差异、城乡空间差异、城乡环境差异等 7 个方面进行衡量。第四层次：因子层，包含 17 个四级指标。本评价指标体系在关注城乡经济发展差异的同时，更加注重城乡社会差异及城乡发展政策、城乡体制机制的差异性，能够较为客观地反映安徽省统筹城乡发展程度。具体评价指标体系详见表 7。

表 7　**统筹城乡发展程度评价指标体系**

一级指标	二级指标	三级指标	四级指标	权重（%）
统筹城乡发展	城乡经济融合	城乡经济发展差异	人均工业产值	7
			人均第三产业增加值	6
			人均财政收入	6
			人均财政支出	6
		城乡居民生活水平差异	居民人均纯收入	6
			居民人均消费支出	6
			居民恩格尔系数	7

续表

<table>
<tr><th>一级指标</th><th>二级指标</th><th>三级指标</th><th>四级指标</th><th>权重（%）</th></tr>
<tr><td rowspan="10">统筹城乡发展</td><td rowspan="5">城乡社会融合</td><td rowspan="2">城乡教育水平差异</td><td>初中毕业生升学率</td><td>5</td></tr>
<tr><td>每一百小学生拥有教师数量</td><td>5</td></tr>
<tr><td rowspan="2">城乡医疗水平差异</td><td>每万人拥有医生数</td><td>5</td></tr>
<tr><td>每万人拥有医院床位数</td><td>5</td></tr>
<tr><td>城乡社会保障差异</td><td>人均社会保障支出</td><td>6</td></tr>
<tr><td rowspan="5">城乡环境融合</td><td rowspan="3">城乡空间差异</td><td>人均公路密度</td><td>6</td></tr>
<tr><td>电话普及率</td><td>6</td></tr>
<tr><td>人均生活用电量</td><td>6</td></tr>
<tr><td rowspan="2">城乡环境差异</td><td>垃圾集中处理率</td><td>6</td></tr>
<tr><td>卫生厕所普及率</td><td>6</td></tr>
</table>

2. 统筹城乡发展评价

（1）评价指标权重的确定。各指标具体权重的确定是由专家根据评价指标因子对城乡统筹度的相对影响程度确定。在各项指标因子最终权重确定过程中，先是通过匿名方式征询有关专家的意见，累计征求了 18 位专家意见（收回有效问卷 16 份，问卷有效率 89%）。在对专家赋分结果进行统计汇总和有效性分析后，再次征询相关专家意见，最终确定了各评价指标因子的权重。

在确定各指标权重后，各城市城乡统筹度的总得分用各评价指标因子标准化值乘以相应的权重并加总。其基本公式为：$D = \sum A_i \times Q_i$

其中，D 为城乡统筹度总得分，A_i为因子 i 的评价值，Q_i为指标因子 i 的权重。

从数量上看，城乡统筹度总得分分值越高说明该城市城乡统筹度越高，城乡融合越紧密，反之则越弱。

（2）评价结果。此次评价采用安徽省 16 个地级市 2012 年城乡相关数据。数据来源为《安徽统计年鉴（2012）》、各市 2012 年国民经济和社会发展统计公报、各市官网数据、龚健勇（2012）所整理数据等。

各指标数值根据以下方法进行标准化处理：如果是总量指标，首先对总量指标进行人均化处理后，按照指标类型的不同采用不同的标准化方法。对于正向指标，指标标准值设为“实际值/目标参考值”，当标准值大于等于 1 时，令标准值 = 1。对于逆向指标，指标标准值设为“目标参考值/实际值”，当标准值大于等于 1 时，令标准化值 = 1。对于适中型指标，采用二次标准化方法。其中，目标参考值的确定方法是：正向指标取样本最大值（个别特殊离散指标值忽略不计），逆向指标取样本最小值（文中暂未使用适中指标）。

通过计算，安徽省各地级市“城乡统筹度”如表 8 所示。

表 8　　安徽省各地级市“城乡统筹度”一览表

城市	合肥市	芜湖市	蚌埠市	淮南市	马鞍山市	淮北市	铜陵市	安庆市
城乡统筹度	64.784	65.560	55.877	60.532	60.537	57.430	60.609	56.622
城市	黄山市	滁州市	阜阳市	宿州市	六安市	亳州市	池州市	宣城市
城乡统筹度	62.869	58.107	51.660	50.571	60.108	60.248	60.906	62.577

3. 评价结果分析

（1）总体评价。根据安徽省各地级市城乡统筹实际发展程度，对比江浙等经济发达省份对城乡统筹度的划分标准，本文将城乡统筹发展程度划分为五个阶段：总得分 70 分以上为良好统筹，70～61 分为一般统筹，61～58 分为基本统筹，58～50 分为统筹不足，50 分以下为基本不统筹。依此标准，安徽省有 13 个地级市城乡统筹平均水平达到 59.312，属于基本统筹层次。

（2）分区域分析。安徽省不同地区的城乡统筹发展程度存在一定的差异（见表 9），呈现以下四个特点：

①经济社会发展水平较高的芜湖市和合肥市位列第一、二位。

②经济社会发展水平较低的皖南地区（黄山、宣城、池州）城乡统筹度表现较好。这主要得益于两个方面原因：一是以资源型旅游开发为主的经济发展模式有利于促进农村经济社会率先发展，二是皖南地区城市工业经济的不发达状况和较高的城镇化质量水平也客观上缩小了城乡差异。

③传统资源型城市转型升级有利于缩小城乡差距。除淮北外，铜陵、马鞍山、淮南的城乡统筹得分均高于 60 分，属于基本统筹层次。

④皖北地区城乡统筹任重道远。除了亳州市之外，皖北地区城市城乡统筹度较低，宿州市和阜阳市的城乡统筹度得分在 50 分左右，水平较低。

表 9　　安徽省各地级市“城乡统筹度”排序

1	芜湖	65.560
2	合肥市	64.784
3	黄山	62.869
4	宣城	62.577
5	池州	60.906
6	铜陵	60.609
7	马鞍山	60.537
8	淮南	60.532

续表

9	亳州	60.248
10	六安	60.108
11	滁州	58.107
12	淮北	57.430
13	安庆	56.622
14	蚌埠	55.877
15	阜阳	51.660
16	宿州	50.571

三、安徽省统筹城乡发展的指导思想、基本原则、目标任务、实现路径

根据统筹城乡发展的必然性和意义，根据安徽省统筹城乡发展的情况和我们计算的城乡统筹度，对安徽省“十三五”的统筹城乡发展战略，提出如下构想。

1. 指导思想

以邓小平理论和“三个代表”重要思想为指导，深入贯彻落实科学发展观，以人为本，围绕全面建设小康社会战略目标，着眼于城市与农村、经济与社会、人与自然的全面、协调和可持续发展，以“全面转型、加速崛起、兴皖富民”为主线，以深化综合配套改革、创新体制机制为动力，以“三农”良性发展为重点，着力推进新型工业化、新型城镇化、农业现代化和信息化协调发展，充分调动、保护、发挥广大群众的积极性和创造性，坚持坚持规划先行，分类指导，有计划、有重点、有步骤地完善城乡基础设施、产业、人口等布局，统筹城乡事业发展和社会保障，正确处理城乡改革、发展和稳定的关系，加快构建城乡规划布局、产业发展、要素配置、基础建设、社会事业、民生保障、生态环保等经济社会一体化发展新格局。

2. 基本原则

（1）坚持科学发展。把发展作为第一要务，加快转变经济发展方式，建立有利于城乡资源要素合理流动的制度体系，在发展中破解城乡二元结构。

（2）彰显以人为本。充分尊重和发挥城乡居民的主体地位和主体作用，不断改善和提升城乡居民的生活质量水平，让城乡居民共享改革发展成果。

（3）着眼系统优化。按照城乡“全域”发展理念，统筹谋划系统内部诸要素间整体优化和协调发展，全面推进经济、社会、文化、生态等可持续发展。

（4）立足市场主导。遵循市场规律，充分发挥市场对资源配置的决定性作用，加快形成政府引导促进、社会多元投入、各方广泛参与的城乡资源开发联动机制。

（5）体现差别发展。尊重南北地域在资源禀赋、历史文化、发展阶段等方面的差异

性，坚持皖北、皖中、皖江、皖南和皖西的分区发展、分类指导。

（6）重点突出三农。从城乡差距、工作难度及对全局的影响来看，统筹城乡发展的重点在三农。

（7）鼓励试点先行。支持有条件的市、县（区）、乡（镇）、村和有关部门或领域以户籍、土地、资金等瓶颈为突破口，围绕"七个一体化"，努力创新体制机制，率先实现城乡一体化，为全省提供示范。

3. 目标任务

到2020年，城乡统筹的体制机制构架基本建立，农村发展水平全面提高，城乡居民享有基本平等的发展权利和公共服务，初步形成以工促农、以城带乡、城乡经济社会发展一体化新格局。第三产业比重力争超过48%，城镇化率超过60%，教育文化娱乐消费支出比重超过16%；城乡居民收入稳步增长，城乡居民收入比缩小到2.6∶1以下，城镇居民人均可支配收入、农民人均纯收入分别超过6.32万元和2.26万元，森林覆盖率达到32%以上，城市大气质量优良率达到95%以上，污水处理率达到90%以上。

（1）城乡经济协调发展。经济结构更加合理，城乡产业一体化链条基本形成，现代化产业体系基本建立。经济增长速度、主要经济指标人均占有高于全国平均水平。中小城镇综合实力明显增强，所有乡镇地方财政收入过千万元，力争有3~5个过10亿元。

（2）把"三农"问题的解决作为统筹城乡发展的重点。高效落实"工业反哺农业，城市支持农村"的方针，建立合理的城乡资源流动机制，建好社会主义新农村，培养新型农民群体，发展现代农业。

（3）城乡建设布局进一步优化。逐步形成中心城区、重点镇、农村新社区（中心村）、居民点，梯次分明、发展有序的四级城乡空间布局结构，实现区域有机联系，人口相对集聚，资源集约利用。

（4）城乡基础设施明显改善。城乡基础设施现代化水平显著提高，覆盖城乡的路网、电网、水网、信息网基本形成。所有行政村通公共汽车，城乡居民全部用上安全饮用水；宽带网络覆盖全省农村，农村生活环境明显改善，村内主要路面硬化，"一池三改"（沼气池、改水、改厕、改灶）全面推广，实现生活垃圾集中处理，逐步实现重点镇和农村新社区（中心村）集中供气、供暖。

（5）城乡社会事业同步发展。形成覆盖城乡的科技、教育、卫生、文体服务体系。完善省、市、县（区）、镇（乡、街道）、村五级科技服务网络；高标准实施各种类型的教育，建成城乡卫生服务网络和疾病预防体系，形成以镇村文化阵地为重点的农村文化服务网络。

（6）城乡社会保障更加健全。覆盖城乡的"九大民生保障体系"① 进一步完善，逐步实现"应保尽保、应助尽助"，形成项目较全、形式多样、覆盖面广、相互衔接的城乡

① 九大民生保障体系：就业、养老、医疗、住房、教育、文体、救助、安全、权益等九大民生保障体系。

社会保障体系，主要民生指标超过全国平均水平。

4. 实现路径

（1）推进城乡规划布局一体化。规划编制是统筹城乡发展的关键环节，必须顶端设计，科学制定，严格执行。

编制城乡总体规划。按照“三个强省”发展战略和新型城镇化的内在要求，立足当前，着眼长远，突出以人为本的理念，高起点、高水平编制我省城乡总体发展规划，合理布局生产、居住、交通、公共服务等功能分区，形成产城一体、城乡一体、宜居宜业、功能齐全、环境优美的城乡统筹、经济社会良性发展新格局。

编制专项规划。在城乡总体规划指导下，科学编制城镇体系规划、产业布局规划、土地利用规划、村庄布点建设规划、县乡道路交通规划、网络通信规划等专项规划，构建层次分明、覆盖城乡、互联互通、有机融合的规划体系。

建立规划实施的动态评价机制。要增强规划的权威性和严肃性，研究制定确保规划执行的制度，同时根据城乡统筹发展和规划实施情况，适时调整规划，促进城乡统筹发展。

（2）推进城乡产业发展一体化。产业发展是推进城乡统筹的动力之源，按照一、二、三产互动，城乡产业链互联，城乡经济相融的原则，统筹城乡产业分工和协作。

突出工业经济引领带动。增强以工促农的能力。围绕产业转型升级，整合各种资源，打破行政区划，做大做强我省主导产业及各市首位产业。引导劳动密集型产业、农产品加工业向县城和中心镇集聚。强化产业分工协作，形成以产兴城、依城促产的协调发展格局。

推动传统农业向现代农业迈进。改造、提升传统农业，扶持以农产品加工为主的龙头企业发展，健全新型农业经营体系，支持农村专业合作组织和经纪人队伍建设。充分发挥现代农业示范区带动作用，引导农业向高效农业、规模农业、园区农业、加工农业、休闲观光农业、外向型农业、生态型农业发展，着力提高农业劳动生产率和农产品市场竞争力。

大力发展服务业。顺应城乡经济不断融合的趋势，中心城市要突出金融、旅游、信息、教育、科技、文化和咨询等现代服务业发展。县级城市和中心镇积极改造提升传统商贸业，培育和发展一批规模大、辐射力强的大型专业市场，建设一批现代物流园区，形成大流通格局。针对各地农村、农业的不同特点，打造一批集观光旅游、休闲体验、科普教育为一体的休闲农业和高标准的农家乐项目，推动乡村旅游和农业生产的互动。

加快工业项目向开发区集聚。充分发挥我省各类开发区优势，支持开发区进一步完善基础设施，建立激励机制，鼓励分散在城乡的企业向开发区集中，吸引新的工业项目在开发区落户，将开发区真正建设成统筹城乡经济发展的示范区。

（3）推进城乡要素配置一体化。城乡生产要素资源的顺畅流动、优化组合和高效利用，必须通过要素市场体系建设，突出体制性和政策性改革加快实现城乡要素市场一体化。

充分发挥市场在资源配置中的决定性作用。健全完善城乡一体的区域性要素市场，促进资本、人才、信息、劳动力等生产要素在城乡之间加速流动、高效配置。重点加强生产要素市场建设，更多地把公共资源投向农村，为各类要素市场化流向“三农”发挥杠杆作用。

积极破解土地、资金、人才等制约瓶颈。稳妥开展城乡建设用地增减挂钩试点和工矿废弃地开发利用试点，建立健全农村土地产权交易制度体系，全面完成农村建设用地、宅基地使用权和农民房屋所有权确权登记发证工作；进一步加大财税支持和开拓市场力度，培育农村二、三产业小微企业发展，建立完善产业集聚区技术、电子商务、物流、信息等公共服务平台；大力开发农村劳动力资源，加快公共职业训练基地建设，着力培养引进农业现代化急需紧缺专门人才和高技能人才。

大力发展镇域经济。把镇域经济发展作为统筹城乡一体化发展的基础和关键，以市场经济发展为基本导向，进一步拓宽发展领域、激活发展主体、创新发展方式，加大促强扶弱力度，强化乡镇的支撑和带动作用，促进城乡产业互动、融合发展。

（4）推进城乡基础设施一体化。基础设施建设是统筹城乡发展的迫切要求和有效切入点，也是构建社会主义和谐社会的重要内容和必然要求；特别要注意向农村倾斜。

加快城乡一体化公共服务基础设施建设。着力完善中心城镇、新城、新社区和工业集中区、农业园区配套服务功能，提高承接能力、管理水平和环境质量。加快国省干线公路、县乡公路改造和农村公路建设，加强农村供水、供电、供气、通信、信息等网络建设和垃圾、污水处理设施建设，促进城市公共服务设施向农村延伸，实现公共基础设施的城乡对接和共享。

突出抓好水利基础设施建设。保护好区域内重点水源工程，提速区域外引水工程建设步伐，继续推进灌区续建配套、节水改造和末级渠系建设，大力实施农村安全饮水工程，加快病险水库除险加固步伐，积极开展河湖综合治理，构筑城乡防洪安保体系，为城乡一体化发展提供安全可靠的水资源保障。

建立城乡一体的管理体系。搞好“城中村”改造和新型社区建设；按照城市社区属地化、网格化管理要求，逐步建立社区管理长效机制。推进城市管理职能向农村延伸，强化城镇执法、环卫保洁、园林绿化、道路养护等工作。按照“村容整洁、环境优美”的要求，实施村庄整治工程，基本实现“三清（清理土堆、粪堆、垃圾堆）四改（改路、改水、改厕、改线）五化（硬化、绿化、亮化、美化、净化）”。

（5）推进城乡社会事业发展一体化。加大对农村社会事业的投入，构建城乡一体的公共服务体系。

建立城乡一体的公共文体服务体系。整合社会文体资源，健全城乡文化服务网络，抓好以农家书屋为基础、乡镇综合文化站为重点的农村文体基础设施建设，加快以文化艺术培训辅导为重点的基层文化队伍建设，逐步构建覆盖城乡的公共文体服务体系。

建立城乡一体的均衡教育体系。在继续加大教育投入的同时，进一步整合城乡教育资源，优化城乡学校布局，逐步引导高中教育向中心城区和县城集聚、农村初中教育向重点乡镇集聚、农村小学幼儿教育向农村社区（中心村）集聚。

建立城乡一体的公共卫生服务体系。进一步整合城乡卫生资源，健全以省、市、县级医院为龙头、乡镇卫生院为骨干、村卫生室为基础的城乡医疗卫生服务网络，建立城市医院与农村、社区卫生服务机构双向转诊制度，完善覆盖城乡的疾病防控、医疗救治、卫生执法监督和公共卫生信息网络体系。

建立城乡一体的科技信息服务体系。整合现有政务、公共服务信息系统和网络，把科技教育、文化娱乐等信息系统和网络统一延伸到乡镇、农村，完善省、市、县、镇、村五级农技推广网络，大力发展各类专业技术协会，构建适应市场、面向群众的科技推广体系。

建立城乡一体的社区服务体系。全面加强农村社区基础设施、民主政治、文明乡风、卫生服务、社会保障、平安等 6 项服务，大力推进城乡社区结对共建，打造一批示范社区。

建立城乡一体的精神文明建设体系。深化“城乡文明牵手共建”活动，扎实开展以创建文明村镇为主要内容的群众性精神文明创建活动，组织实施社会公德、职业道德、家庭美德、个人品德“四德”建设工程，着力构建和谐人际关系，加快文明和谐新农村建设。

（6）推进城乡民生保障一体化。按照“城乡一体、全面覆盖、低点起步、逐步提高”的思路，完善就业、养老、医疗、住房、教育、文体、救助、安全、权益等九大民生保障体系。

完善就业保障体系。加强人力资源市场建设，实现省、市、县（市、区）、乡镇（街道）、村居五级人力资源市场信息网络互联，建立城乡统一的公共就业服务体系、就业创业政策扶持体系和各类就业群体社会保障制度，促进城乡劳动者平等就业。

完善养老保障体系。不断扩大养老保险覆盖范围，逐步提高保障水平，坚持个人账户与社会统筹相结合，做好被征地农民基本养老保险工作，尽快形成农村养老保险、城镇职工基本养老保险、被征地农民基本养老保险、城镇居民养老保险相衔接的养老保障体系。

完善医疗保障体系。完善城镇职工医疗保障制度和以“新农合”为主要形式的农村医疗保障制度，全面推行城镇居民基本医疗保险制度，整合现有居民医保、新农合和医疗救助制度为一体的统筹城乡、覆盖全民的大医保格局。

完善住房保障体系。完善以货币直补为特点的保障机制，解决包括“城中村”居民和进城务工人员在内的城市低收入家庭住房困难；逐步解决农村低收入家庭住房困难。

完善教育保障体系：逐步免除城乡义务教育阶段学生课本费，加大对家庭困难学生救助力度，使城乡学生平等接受教育。

完善公共文体服务保障体系：建立城市支持乡村和城乡联动保障机制，广泛开展群众性文体活动，不断满足人民群众日益增长的文体需求。

完善困难救助体系。进一步提高城乡最低生活保障水平、大病补助标准和农村“五保”对象、城市“三无”人员集中供养率，以就业促救助，加快解决有就业能力和就业愿望残疾人的就业问题，实现城乡低保一体化。

完善公共安全体系。以“平安安徽”建设为重点，建立完善教育预防机制、社会矛盾调处机制、社会治安综合治理机制、安全生产和应急管理机制，为城乡居民提供和谐有序的生产生活环境。

完善权益保障体系。进一步落实好基层民主管理制度，不断拓宽群众意愿诉求渠道。

（7）推进城乡生态建设一体化。按照建设“资源节约型、环境友好型社会”的要求，加快生态省、生态市、生态县和生态镇（村）建设，促进城乡经济社会的可持续发展。

建立一体化的生态环境保护体系。规划建设一批生态涵养区和水源地保护区，进一步实施规模化畜禽养殖业污染防治工作和农村秸秆综合利用，持续开展造林绿化和防治水土流失活动，积极建设以生态大通道、外环绿色生态走廊、生态隔离带为主体的生态公益林。

建立一体化的污染治理体系。按照“减量化、再利用、资源化”的要求，严格执行环境评价制度，加大现有企业污染治理力度，鼓励发展循环经济，抓好企业“小循环”、园区“中循环”和社会区域“大循环”。

建立一体化的生态补偿机制。按照“污染者付费、治理者受益”的原则，探索实行排污权交易制度，同时多层次、多渠道整合和筹措生态补偿资金，走污染治理市场化的路子。

建立一体化的生态经济示范区。大力推进融城市开发、村镇建设、产业发展、流域防洪、水土保持、水环境治理、水资源利用、内河航运等为一体的生态经济区建设，推进生态保护和可持续开发。

（8）强力推进先行先试。破除城乡二元体制、统筹城乡发展，既没有现成经验可循，也没有既定模式可以照搬。推进城乡一体化，不可能一蹴而就，也不能平均用力。实践证明，选择一些区域或领域先行先试是促进城乡统筹的有效途径。

总结试验区经验推进全省城乡统筹发展。在近几年的试验区改革实践中，淮北市和铜陵市推进城乡一体化积极性高，改革力度大，示范效益强，城乡一体化建设成效明显。在继续鼓励和支持各试验区加大推进城乡一体化综合配套改革的基础上，将淮北市和铜陵市作为全省城乡统筹发展重点市，全力支持两市进一步加大工作力度，强力推进城乡一体化，率先实现城乡统筹，在全省起到示范带动作用。

建立10个城乡统筹发展县域经济示范区。按照创新能力强、城乡一体化发展基础好，以及有利于优势发挥的原则，在全省选择10个县（区）作为全省城乡统筹县域示范区。支持县域示范区按照中等城市标准修编县城总体规划，统筹工业布局，鼓励产业集聚，因地制宜推进县域城乡规划、产业发展、市场体系、基础设施、公共服务和管理体制一体化，促进产业、资本、人口等要素向县城和中心城镇集聚，推动基础设施和公共服务设施向农村延伸。

培育200个城乡统筹示范镇。省政府确定的150个省扩权强镇试点和国家发展改革委确定的35个国家发展改革试点镇，都是安徽省目前改革基础较好，具有较大城乡统筹潜力的镇。以此为基础，重点培育200个中心镇作为全省城乡统筹示范镇。示范镇要按照“突出特色、节约土地、集约发展、合理布局”要求，高起点编制和完善镇域城乡统筹发展规划，加快基础设施、居民社区、工业园区和现代农业区建设，强力打造一批集基础设施中心、产业中心、居住中心和社会服务中心于一体的新型示范镇样板工程。

建成1000个美好村庄（社区）。在省万村整治行动计划基础上，原则上按照每个县（区）选择10个左右的村，重点建设1000个“村村优美、家家创业、处处和谐、人人幸福”的和谐魅力美好乡村。根据“三集中”的要求，按照“城市型、城郊型、城镇型、中心村”对这1000个村进行分类，高标准做好农村新型社区“一村一规划”，成片实施土地整治和开发，大力推动全省乡村旅游快速健康发展，适时推广淮北空心村整治、并村自建、征地搬迁等集中居住区建设模式，带动和加快万村整治行动计划深入推进。

促进宿州市和龙亢农场全国农村改革试验区建设。按照国家确定的“新时期农村改革试验要在城乡一体化发展大理念指导下进行”的精神，积极支持宿州市以“创新现代农业经营组织体系”为主题，以培育家庭农场及专业大户、农民专业合作社和农业企业等三大经营主体为抓手，探索现代农业企业经营的有效实现形式；积极支持龙亢农场以“创新垦地合作发展模式”为主题，创设产业集中区和行政服务中心，完善农业社会化服务体系，结合农业科技优势和场部核心区小城镇建设，加快与周边一体化步伐，打造一地一品、一镇一韵、一场一景的发展新格局。

四、安徽省统筹城乡发展的政策建议

1. 提高思想认识，为人民谋福利

各级领导都应该认真学习马克思主义政治经济学、当代经济社会理论，破除疑虑，提高认识，充分理解统筹城乡发展的必要性、重要性、复杂性和深远意义，提高预知和操控经济社会实际运行的能力，切实把工作的主导思想和重点放在统筹城乡发展上来，尽力为全体人民谋福利。

2. 科学规划先导，拓展发展空间

推进城乡统筹发展，规划是前提。规划滞后和缺失，等于没有奋斗目标，势必缺乏动力，浪费资源而效益低下，人民群众不满意。因此，必须强化规划意识，坚持做到规划先行，科学地确定城乡一体化的奋斗目标，着眼于全局、着眼于长远、着眼于实践，高起点、高水平地制定总体规划；着眼于统筹城乡各种要素合理流动和科学配置，制订高效率的专项规划。各规划要相互对照，衔接一致，构成了城乡一体化发展的完整体系，有步骤、分层次、有顺序地推进城乡统筹发展。

3. 突出“一个理念”，抓好“三个方面”

安徽省要推进新型城镇化顺利进行，实现统筹城乡发展，要突出一个理念，抓好三个方面。

一个理念：在统筹城乡发展的全过程中，自始至终都要贯穿以人为本的理念，以为人

民服务的思想时时处处考核我们统筹城乡发展的工作安排和实绩。到2020年要实现全面小康，但目前安徽的发展水平低于全国平均水平，这要求安徽既要有量的高速扩张，也要有质的全面提高。如果不能自始至终地贯穿以人为本的理念，就可能产生重量轻质的现象，背离了为人民谋福利的目的。

三个方面具体包括：

一是抓好产城人融合，提高城镇化质量。一些地方在园区建设、城镇化发展过程中，出现了工业园区与城镇建设和居民生活脱节的现象等，以至于出现“空城”、“睡城”、人群不经济的往返交通等乱象。这是不经济，也不是新型城镇化的本质要求。老的园区，要按照产城人融合的要求进行改造、提高；新建园区，规划时就必须符合产城人融合的要求建设。

二是抓好城市群（带）建设，促进区域城镇化发展。安徽省“十二五”城镇化发展规划提出了“一带一圈一群”（皖江城市带、合肥经济圈和皖北城市群）的区域城镇化发展构想可以继续在“十三五”期间落实。但要注意三点：一是要在带、圈、群中搞好区域内城、镇、村的城镇化体系发展；二是带、圈、群之间要协同发展，以便促进安徽省整体的新型城镇化发展；三是促进皖南以旅游业为主导产业发展其城市群。

三是突出抓好“三农”问题，特别是农村公共设施建设及公共品供给，让农民共享改革发展成果。“三农”问题也是安徽发展的重中之重。在2020年之前，必须抓好城镇的城镇化和农村的城镇化两个方面。就安徽省是个农业大省这个特点来说，更显得“三农”问题的解决是其重中之重。要按照“20字”方针，把“三农”问题解决好，让农村居民同样享受改革发展的成果，真正实现统筹城乡一体化发展。

4. 做好“三篇文章”，促进“三个集中”

集中是规模经济发展的基本途径，只要规模适度，就能产生新的集合的生产力，促进社会产品总量的增加和质的提高。

一是做好土地流转的文章，促进土地向新型农业经营主体集中。建立市、区、镇、村农村土地流转服务机构和网络，积极探索土地经营权转包、转让、入股等新路子，促进土地向龙头企业、经营大户、家庭农场等新型农业经营主体集中，创造现代农业发展的条件。

二是做好“飞地经济”的文章，促进乡镇企业向园区集中。引导分散在农村中的乡镇企业向乡镇产业集中区集中；对于不适合发展工业的山区乡镇，通过落实促进“飞地经济”发展的鼓励政策，引导它们主动到“三大产业板块”、“四个功能区”寻求发展空间。加大对全市重点园区的考核力度，提高各类园区建设水平，增强吸纳能力，努力争创全省“一流园区”。

三是做好农村城镇化的文章，促进人口向城镇村集中。消除附加在户籍制度上的社会保障、劳动就业等各种差别，加快“土地挂钩”试点、旧村改造等步伐，促进宅基地空间转移，规划建设一批农村新社区和居民点，促进人口向城镇、中心村集中。

5. 四化同步推进，促进可持续发展

调整农业结构，加快推进农业现代化。安徽省经济已经进入一个新的快速发展时期，农业增加值占GDP的比重虽然降低，但农业的地位并未弱化。安徽作为农业大省，更应推进农业现代化建设，以促进全省经济结构的协调发展。

走新型工业化道路，加快工业化进程。工业化不单单是发展加工业的问题，也不单单提“工业立省”、“工业立市”、“工业立县”能够搞好的，因为工业化正像张培刚先生所说，它是一系列重要生产函数系统变化的结果；所以，要注意“四化”协调和统筹城乡发展的基础上，提倡工业化、推进工业化。

完善城乡功能，促其可持续发展。统筹城乡经济发展，既要发挥城市对农村的带动作用，也要增强农村发展的内动力；既要注重完善城乡当前满足人们生产生活的功能，也要注重使其功能维护的可持续性。有些城镇和农村看起来建得不错，但过不了三五年，就显得破败，这是必须避免的。

6. 建立有效机制，促进要素合理流动

统筹城乡劳动力就业，建立城乡劳动力相互流动机制。目前政府注重的是鼓励农民流向城镇变成农民工在城镇就业；但同时我们还要建立科学的机制和制度，鼓励农民工回流建设农村，鼓励城镇居民到乡镇、农村、农业中发展农村经济和现代农业。城乡的技术、产品、资金、土地等资源也应在健全市场机制的基础上，实现双向流动，以使城乡获得自我发展需要的资源，靠市场机制获得发展的内动力。

7. 完善支出结构，加大支农力度

农业是基础产业，又是弱势产业，要承担自然风险和市场风险。加快农业农村发展，增加农民收入，光靠市场调节不行，政府必须加强扶持和保护。这是世界各国普遍的做法。各级政府应该调整财政支出结构，建立支农资金稳定增长机制，研究支持的办法和途径，提高支农资金的使用效益。

8. 创新制度，深化改革

各项措施既需要制度体现，也需要制度支持。根据安徽省经济社会发展的实际和统筹城乡发展的需要，安徽应当深化以下六项制度、体制的改革，在制度体制创新上继续走在前头。

深化土地制度改革。重点围绕“三大产业板块”和“四个功能区”的用地需求，合理确定土地流转的方向及规模，为土地向适度规模经营集中、向城镇和工业区集中留足空间、创造条件。建立完善土地流转经营激励机制、利益协调机制、管理服务机制，促进土地流转市场健康有序发展。

深化户籍制度改革。在统一实行居民证的基础上，逐步消除附加在户籍制度上的社会保障、劳动就业、计划生育、服役退伍、文化教育等城乡差别，使进城务工农民与城镇居民享受平等待遇，促进农村劳动力转移。

深化财政体制改革。调整优化财政支出结构，凸显“三农”发展的重点，建立不断加大力度的统筹城乡一体化发展的长效投入机制，改善农村公共设施建设和公共服务供给，也要适度增强城镇管理职能实现的财政支出，实现公共财政城乡全覆盖。

深化投融资体制改革。完善市场化运作机制，加快建立政府引导、市场运作、社会参与的多元化投融资保障机制，引导和鼓励各类金融机构增加对乡镇的信贷投放，鼓励发展农村信贷担保机构，积极培育小额信贷组织和资金互助组织。

深化农村经营方式改革。发挥龙头企业、经营实体、各类协会、社区组织、农民经纪人的作用，积极发展各类农村新型合作组织，培育新型农民群体，提高农民的组织化程度，增强农民抵御市场风险的能力。

深化行政管理体制改革。加快计划、规划、国土、建设、城管、环保、工商、劳动保障等部门职能向农村延伸；积极有序地改革乡镇行政管理制度，强化行政管理统筹，降低行政成本，使乡镇行政管理体制与统筹城乡一体化发展要求相适应。

9. 加强组织领导，切实落实责任

统筹城乡发展，涉及经济、社会、文化等诸多方面的发展，更需要党委政府在发挥市场经济的决定性作用的前提下，发挥政府的引导与组织作用。

成立领导机构。各级政府都要建立由主要领导任组长、分管领导为副组长、有关部门主要负责人为成员的统筹城乡一体化发展领导小组，下设办公室，指导和协调统筹城乡一体化发展的各项工作。

齐抓共管，形成合力。统筹城乡一体化发展既是党委政府的工作，也是社会各界的责任。各级、各部门、社会各界要按照统筹城乡发展总体要求，明确任务，落实责任，服从大局，协调配合，积极作为，形成统筹城乡一体化发展的强大合力。

分类指导，发挥优势。各地要根据自己的实际情况，坚持从实际出发，试点先行，重点突破；鼓励大胆创新，靠改革破解发展难题；发挥地方优势，坚持求真务实、循序渐进，不搞形式主义，不搞形象工程，要取得实际成效。

建立完善评估办法。把统筹城乡发展的各项指标作为检验各级干部执政能力和执政水平的重要标志，作为考核各级干部政绩和工作水平的重要内容，形成分工协作、责任明确、绩效考核的工作机制。

参考文献

[1] 张培刚：《农业与工业化》，华中科技大学出版社 2009 年版。
[2] 杜能：《孤立国同农业和国民经济的关系》，商务印书馆 1986 年版。
[3]《马克思恩格斯全集》，人民出版社 1995 年版。
[4] 埃比尼泽·霍华德：《明日的田园城市》，商务印书馆 2000 年版。
[5] 阿瑟·刘易斯：《二元经济论》，北京经济学院出版社 1989 年版。
[6] 农业部政策研究中心：《二元社会结构——城乡关系：工业化、城市化》，《经济研究

参考资料》，1988 年第 4 期。
[7] 中国科学院国情分析研究小组：《城市与乡村——中国城乡矛盾与协调发展研究》，经济科学出版社 1994 年版。
[8] 顾益康：《全面推进城乡一体化改革——新时期解决“三农”问题的根本出路》，《中国农村经济》，2003 年第 1 期。
[9] 焦伟侠、陈俚君：《关于统筹城乡经济协调发展的思考》，《经济体制改革》，2004 年第 1 期。
[10] 段应碧：《统筹城乡发展领导干部学习读本》，党建读物出版社 2005 年版。
[11] 刘奇、王飞：《论统筹城乡经济社会发展》，《中国农村经济》，2003 年第 9 期。
[12] 石忆邵：《实施统筹城乡发展战略的意义与对策》，《农业经济问题》，2004 年第 2 期。
[13] 苏明：《城乡经济社会统筹发展机制和宏观政策研究》，《地方财政研究》，2006 年第 2 期。
[14] 阎星：《成都市统筹城乡——促进经济发展方式转变研究》，四川科学技术出版社 2008 年版。
[15] 陈秀山：《中国区域经济问题研究》，商务印书馆 2005 年版。
[16] 王振中：《中国的城镇化道路》，社会科学出版社 2012 年版。
[17] 刘奇：《中国三农“危”与“机”》，中国发展出版社 2014 年版。

（执笔人：马怀礼、胡　艳、江三良、杨　军、吴妍妍、李光辉、方文超）

新型城镇化与山西农地规模化经营趋势分析

梁红岩　王渊花

（山西大学经济与管理学院　太原　030006）

一、引言

十八届三中全会明确提出要完善城镇化健康发展体制机制，促进城镇化和新农村建设协调推进，鼓励土地承包经营权流转，发展多种形式的规模经营。近年来，虽然全国各地都在不同程度地推行规模经营，整体上呈现规模扩大、范围更广、辐射性更强的特征。但是，也存在不少难题。在盲目激进的传统城镇化下，出现农地抛荒、“圈地运动”等现象，尤其是把城镇化的重心放在城市，使城镇化“倒逼”土地制度管理，让农民被动接受城镇化，农业发展也因此被动适应城镇化，出现了农地经营规模总体偏小、农业现代化发展缓慢难以适应城镇化的速度等问题。随着经济的不断发展和新型城镇化的推进，农地规模经营面临前所未有的机遇。因此，急需在新型城镇化的背景下，分析影响农地规模经营的因素，推进农地的规模化经营，实现新型城镇化与农地规模经营的互动发展。

二、新型城镇化与农地规模经营的关系

1. 新型城镇化内涵与城镇化进程

新型城镇化不再单纯以城镇人口或非农业人口占总人口的比重作为评价标准，不再以牺牲农业和粮食、生态和环境为代价，而是一条以科学发展观为指导、以现代服务业和农业现代化为动力、以信息技术和新兴产业为支撑、以资源节约和生态保护为准则、以提升城乡居民的生活水平为目标的发展道路。新型城镇化的核心是涵盖农村，着眼农民，把人均 GDP，农村社会保障覆盖率、恩格尔系数、第三产业从业人员比重、互联网普及率、农民受教育程度等纳入评价新型城镇化的体系中。新型城镇化相对于传统城镇化而言，更加重视城镇化的质量、生态环境的保护、城市和农村的互动互促作用，尤其要重视农民生活水平的提高和农民利益的保护。在新型城镇化背景下，对农村土地经营的研究中，新型城镇化理论起着提纲挈领的作用。农地是农民重要的生产生活资料，也是农民仅有的资产，是实现农村发展、农民增收的重要资源，农地的规模经营是解决好“三农”问题的前提，是实现新型城镇化的坚强后盾，农地的规模经营必须以新型城镇化理念为指导。

在过去的 30 年里，我国的城镇化发展整体呈现快速上升的趋势。2002 年，我国的城

镇化率为39.09%，到2012年为52.57%，上升了13.48%。山西的城镇化水平略低于全国的平均水平，从2002年的38.09%上升到2012年的51.26%，上升了13.17%，年平均上升1.3%。虽然山西的城镇化水平比全国平均水平低，与发达国家相比差距更大，但城镇化水平呈现快速上升趋势。与此同时，山西的城镇化过程也出现一些弊端，比如重建设而轻发展，尚未形成城乡一体的可持续发展模式，农地经营规模偏小等，这些问题亟待解决。

2. 新型城镇化与农地规模经营的互动关系

据农业部统计，截至2013年上半年，全国农地流转面积已经达3.1亿亩，占家庭承包总面积的23.9%，这使得农地经营规模有所扩大。在流转的总面积中，转包占47.2%，出租占30.7%，股份合作占6.7%，互换占6.4%，转让占3.8%，其他方式的流转占5.2%。随着全国土地流转的进行，农地经营规模扩大，形成种粮大户68.2万户，占全国农户总数的0.28%；家庭农场87.7万个，占全国承包耕地面积的13.4%；农业经营性服务组织超过100万个①。农户与农户流转型、农户与合作组织流转型、农户委托组织流转型这三种类型的流转方式中，农户与农户流转型仍然是土地流转的主要方式，在山西，流入农户的土地面积约占流转面积的88.9%；在全国，流入农户的土地面积约占流转面积的62%，但向合作社、企业流转的趋势越来越明显。随着城镇化的发展，农村家庭土地经营规模总体呈现上升趋势，但上升非常缓慢。

新型城镇化与农地经营规模之间的关系，具体体现在以下两个方面：

首先，新型城镇化是农地规模经营的前提条件，它使农地规模经营成为可能。如图1所示，传统城镇化下，在单一粗放的工业推动下，城市人口快速增长，城市空间向四周无序扩张，造成环境恶化和资源浪费等现象。第一，由于城市基础设施薄弱、服务水平不高、产业支撑力不强、吸纳就业能力不足、社会保障水平有限等，农民工不能与市民同工同酬，也不能享受城市的公共福利，在城市和农村之间呈“候鸟型”的往返。第二，因为年轻农民工放弃经营土地到发达城市打工，或者由留守老人和儿童经营土地，导致土地荒废，即传统城镇化制约着农地规模经营。在新型城镇化下，产业发展基础良好，第二、三产业发展迅速，城镇不再以盲目的单一路径扩张，而是通过多样的路径。城市生活水平提高，各种保障制度完备，农民完全市民化，享受城市生活，不再依赖农村土地，这样会促进农地流转；另外，在技术和人才的推动下，城市的吸纳力变强，为农村注入技术和人才会保障农地经营规模化，提高农业生产效率，实现农业现代化和产业化。

其次，农地规模经营促进新型城镇化的进程，是新型城镇化的基础。传统城镇化下，城市与农村各行其是，没有形成互动机制，在新型城镇化下，城市与农村形成互动发展的有机良性循环。随着农地经营规模的扩大，农业的生产率提高，逐步实现农业现代化，城乡收入差距逐步缩小，更多的农民富裕起来融入城市生活，促进城镇化的进程。

---

① 数据来源于中华人民共和国农业部。

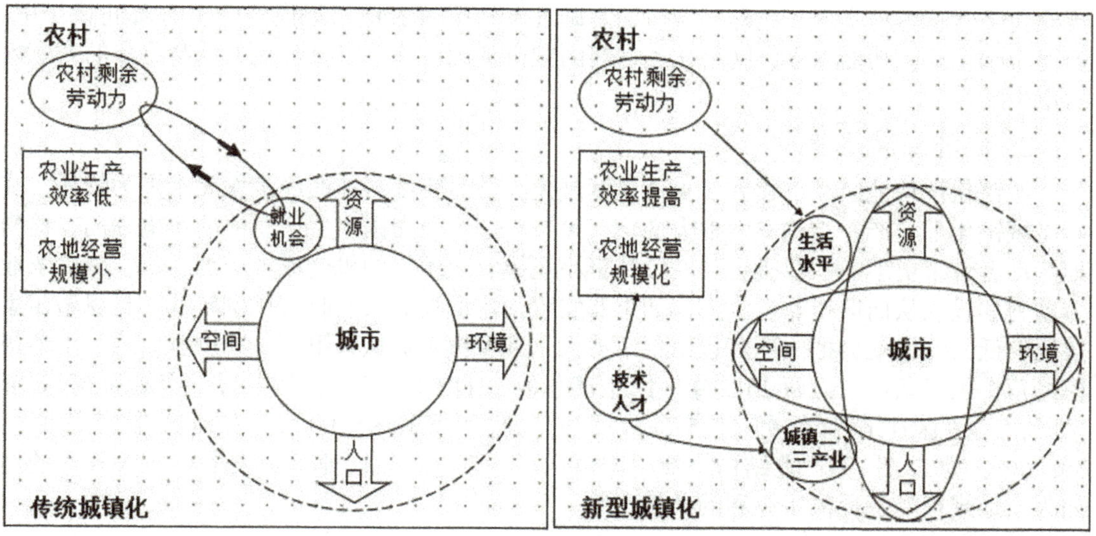

图 1　传统城镇化与新型城镇化下农地经营规模的变化

三、农地规模经营的影响因素分析

20 世纪 80 年代以来，关于中国是否应推行农业规模经营这一议题引起广泛争论。虽然国内外对于农地经营规模和效率之间的研究很多，但得出的结论不一致，有的甚至完全相反。大多数赞成农地规模经营的学者认为，在市场经济条件下，农地规模经营是解决小生产与大市场之间矛盾的有效途径，农业的产业化和现代化需要一定的经营规模作为支撑。在旧的城镇化下，对农地经营规模的影响因素聚焦在地形地貌、农业生产设备以及家庭联产承包责任制等农业因素。在新型城镇化的时代背景下，影响农地经营规模的因素变得复杂多样，不仅包括农业、农民和农村等自身的推动因素，还包括城市相关的拉动因素。如果说传统城镇化是向农村注入“新鲜血液”的话，那么新型城镇化则是像农村和城市注入“创造血液”的“造血干细胞”，这些“干细胞”包括基础设施状况、经济发展水平、社会发展状况、技术和农户自身，这些因素共同促进农地规模经营，使农村和城市协调可持续发展。

1. 基础设施状况

加快农村和城市基础设施建设有助于农地规模化经营。山西由于复杂的地形导致农业基础设施整体脆弱，特别是水资源匮乏制约着农地规模经营。2012 年，山西机械播种面积占总播种面积的 63. 2%，机械收获面积占总面积的 39. 2%①，有效灌溉面积不足，灌溉设施传统老化，节水喷灌设施落后，不利于规模化经营。目前山西省综合农业机械化水平约为 65%，与位居全国第一的黑龙江省农业综合机械化水平 91. 67%相比，差距很大。山西省最近几年来农村的通电、通公路、通邮、通电话等工作都取得了显著的成就，农地经营规模有所扩大，但与农业产业化发展的配套设施仍不完善，比如示范农场和农业龙头企

① 数据来源于《山西统计年鉴（2013)》。

业发展缓慢。农村基础设施状况对农地规模经营有直接影响，农业基础设施越发达，农地规模化经营越容易实现。此外，城市的基础设施状况对农地的规模经营也起着间接作用。新型城镇化下，功能性强、网络化程度高的城市基础设施，可以吸引并承载更多的人融入城市生活。

2. 经济发展水平

城镇化拉动地区经济发展，土地适度规模经营需要以当地的经济发展水平为依托。在新型城镇化下，产业结构发生重大变化，第二、三产业占国内生产总值的比重提高，给当地劳动者带来更多的就业机会。农民从事小规模农业生产的机会成本增加，就会减少农业劳动力的投入从而取得非农收入。如果非农收入比例高而农业收入比例较低，且恩格尔系数比较低，农民就会把土地转包出租给他人，到乡镇企业从事第二、三产业，这为土地规模经营提供了条件。山西2012年地区生产总值12112.83亿元，其中第二产业为6731.56亿元，占地区生产总值的55.57%；第三产业为4682.95亿元，占地区生产总值的38.66%，为二三一型产业结构。新型城镇化下，第二、三产业迅速发展，非农收入的增加为农地规模经营提供了有利的条件。

3. 社会发展状况

新型城镇化伴随着社会保障制度逐渐健全、农业发展环境日渐良好。传统城镇化下，农民会因为城市的工作环境和生活压力、社会保障制度的不健全等，选择以地养老，不流转土地，即使偶尔流转，也是选择短期的出租等模式，十分不利于农地规模化经营；新型城镇化下，就业、医疗和教育等社会保障制度的完善可以解除失地农民在城镇就业和生活的后顾之忧，促进农民进行长期的农地流转，扩大农地经营规模。良好的农业发展环境是实现农地规模经营的助推剂。农业专业合作社可以实现农业资源的重组与优化配置。截至2012年上半年，山西省的农民专业合作社已累计达4万多个，位居全国第三。农民专业合作社实际成员60多万户，辐射带动周边农户200多万户①，提高其抗自然风险和市场风险能力，这为农地的规模经营提供了良好的发展环境。

4. 技术因素

技术在传统农业向现代化农业转变的过程中发挥着重要作用。多数学者认为，以技术代替劳动，使劳动力要素从农业生产中释放出来，有利于扩大农地规模，从而提高劳动生产率。屈晓博运用超越对数函数形式的随机前沿函数模型，采用实证分析法，对不同经营规模的果农生产技术效率进行理论与经验研究，表明：中等经营规模农户生产效率高于小规模农户。张云霞认为不同的农业技术水平对应不同的最佳农地经营规模。新型城镇化背景下，技术在城市和农村的发挥互动互助作用，不仅促进城市新型服务产业繁荣，同时，向农村输入产前、产中和产后的一系列信息技术，有利于农业机械化发展。

5. 农户因素

农地经营规模不仅与农户的数量和质量有关，还与农户的土地流转意愿相关。首先，将众多的农民逐步有序市民化，提高人均耕地面积，为农地规模化经营奠定基础。农民的自身素质暂时不符合一些工作岗位的要求，从而限制了农村剩余劳动力的顺利转移。农户自身的经营水平有限、经营理念欠缺和抗风险能力不足，导致专业大户的数量有限，稳定

① 数据来源于山西新闻网。

性差，农地的流转缺乏受让方等问题。高素质的农民较容易市民化，高素质的农民可以成为农地规模经营的主体。其次，农地的规模化经营还与农民的流转意愿相关。农业部2014年开展“百乡万户调查活动”，调查表明，山西农民由于预期外部流转收益与机会成本不对等而不愿意流转土地。在新型城镇化下，高素质、会经营、懂技术、流转意愿强的农户可以促进农地规模化经营。

四、山西农地规模化经营发展趋势

山西的农地经营规模受山西的基础设施、经济、社会、技术和农户等多种因素及各因素之间的相互作用共同制约，是一个复杂的动态系统。每个因素又可以用若干个指标刻画。利用层次分析法构建农地规模经营的评价指标体系，其中“+”表示指标与农地规模经营呈正向关系，即指标越大，农地经营规模越大；“-”表示指标与农地经营规模成反向关系，即指标越大，农地经营规模越小。

1. 农地规模经营影响因素的AHP模型构建

首先，构建递阶层次结构，见表1。

表1　**农地规模经营影响因素的递阶层次结构**

目标层	准则层	指标层	影响方向
农地规模经营A	基础设施状况B1	耕地有效灌溉率C1	+
		城市道路网密度C2	+
	经济发展水平B2	人均地区内生产总值C3	+
		第三产业所占比重C4	+
		农村居民恩格尔系数C5	-
	社会发展状况B3	农村社会保障覆盖率C6	+
		城镇失业率C7	-
		城镇化率C8	+
		农业专业合作社数目C9	+
		人均住房面积C10	+
	农业技术B4	农业机械化水平C11	+
		互联网普及率C12	+
		农业科技贡献率C13	+
	农户自身B5	农民人均纯收入C14	+
		非农业收入比例C15	+
		农民受教育程度C16	+

其次，构造各层次的判断矩阵，根据层次结构，将准则层和指标层中每个指标两两比较，其中 a_{ij}表示 i 元素相比 j 元素的重要性，见图 2。

a_{ij}取值及含义：
- 9——绝对重要/有优势
- 8
- 7——十分重要/有优势
- 6
- 5——比较重要/有优势
- 4
- 3——稍微重要/有优势
- 2
- 1——同样重要

图 2　判断矩阵标度的含义

再次，同层次排序及一致性检验：计算一致性指标 $CI=(\lambda_{max}-n)/(n-1)$，其中 λ_{max}为判断矩阵的最大特征值。查询平均随机一致性指标 RI，见表 2。计算一致性比例 $CR=CI/RI$，当 $CR<0.10$ 时，就通过一致性检验，否则，应当重新修正判断矩阵。

表 2　**平均随机一致性指标**

n	1	2	3	4	5	6	7	8	9	10	11	12	13	14	15
RI	0	0	0. 52	0. 89	1. 12	1. 26	1. 36	1. 41	1. 46	1. 49	1. 52	1. 54	1. 56	1. 58	1. 59

最后，进行层次总排序及一致性检验。经过计算，得到各个层次的权重大小，对总排序也做一致性检验，计算最底层对总目标的综合权重并排序。

根据以上步骤，在以上评价指标体系的基础上，采用层次分析法，通过发放问卷给 5 位专家，得到专家对每一层次各因素比较客观的判断后，给出相对重要性的定量表示，并填写判断表格，而形成判断矩阵。对专家们所填判断矩阵进行一致性检验，将检验合格的同一判断矩阵各因子权重求均值，得出最后的综合排序表，见表 3。

表 3　**各层次结构的权重**

目标层	准则层		指标层		合权重	排序
	准则	权重	指标	权重		
农地规模经营 A	B1	0. 1715	C1	0. 4334	0. 0743	5
			C2	0. 5666	0. 0972	1
	B2	0. 2209	C3	0. 3638	0. 0804	3
			C4	0. 3299	0. 0729	6
			C5	0. 3063	0. 0677	7

续表

目标层	准则层		指标层		合权重	排序
	准则	权重	指标	权重		
农地规模经营A	B3	0.2281	C6	0.1636	0.0346	15
			C7	0.2877	0.0656	8
			C8	0.2585	0.0590	10
			C9	0.1854	0.0423	14
			C10	0.1048	0.0239	16
	B4	0.1970	C11	0.3313	0.0653	9
			C12	0.2550	0.0502	13
			C13	0.4137	0.0815	2
	B5	0.1825	C14	0.2834	0.0517	11
			C15	0.2833	0.0517	12
			C16	0.4333	0.0791	4

2. 结论

从表中可知，山西省农地规模经营受制于山西的基础设施状况、经济发展水平、社会发展状况、技术和农户等因素。农地规模经营的开展必须在山西整体的大环境下逐步推进。结果显示，城市道路网密度C2对山西农地规模经营的影响权重最大，为0.0972，仅次于城市道路网密度的是农业科技贡献率C13、人均地区内生产总值C3和农民受教育程度C16，权重分别为0.0815、0.0804和0.0791。但其他指标对农地规模经营的影响作用也不容忽视。山西各市面临的具体问题不同，没有一个普遍适用的农地最优经营规模，要结合具体区位的实际状况，在明确山西农地规模经营影响因素的基础上，明晰具体的主要因素，进而提出更具地域针对性的对策建议，通过推动农地规模经营，进而实现农业产业化和现代化。本文没有将粮食安全和生态环境安全纳入指标体系中，这并不意味着粮食安全和生态环境安全不重要，只是为了简化研究和容易获得数据。因此，在决策时，应当以粮食和生态安全为前提。

五、以新型城镇化推进农地规模经营

新型城镇化促使城市与农村的基础设施状况、经济发展水平、社会发展状况、农业技术、农户自身等因素不断发展，进而推进农地规模经营。农地的小规模、粗放式经营并非完全由农业自身的弱质性造成，农地的规模经营不单单是农业所要解决的问题，需要城市与农村联动发展，以新型城镇化推进农地规模经营。

1. 提高公共服务供给效率

农村和城市本质的差别就是公共服务的差别，公共服务水平与城镇化水平成正比，新型城镇化的问题就是公共服务如何提供的问题。政府是公共服务的供给主体。农村向城市转变，农民向市民转变，面临的最大障碍是公共基础服务设施，如公路、铁路、机场、通信、水电煤气、教育、医疗、卫生、体育、社会福利与保障、治安和消防等。一方面，城市的公共服务呈现自然和社会承载力不足，如空气污染严重，不少地区出现雾霾天气，水污染加重，生态环境持续恶化，公共基础设施薄弱，就业压力大等，因此，要加强城市基础设施建设，提高公共服务供给效率，提高城市的容纳力，为吸纳农村劳动力创造前提条件。另一方面，探索城乡一体化的公共服务供给机制，为农村提供与城市均等的公共服务，特别是为农村提供水利、电网、道路等设施，为农地规模经营提供舒适的温床。

2. 分区域制定拆迁补偿标准

在基础设施建设过程中涉及农地征用，多数学者就城镇化建设中的拆迁阻力笼统地归因于土地补偿价格偏低，呼吁提高农地补偿价格来降低拆迁阻力与风险，这种做法只能是南辕北辙。其实，对于近郊而言，农地补偿价格已经达到征地标准，近郊农民因拆迁致富的比比皆是，一味提高征地标准的代价是居民利益受到损害，政府将高的征地成本转嫁于开发商，开发商再抬高房价，农民对高房价望而生畏，最终受害者还是居民；或者政府征地成本高而用于公共服务的资金少，导致公共服务设施薄弱，减弱城市的承载能力，加重两极分化，因此对于近郊农民的补偿应从就业培训入手，重点放在不造成社会动荡的情况下节约征地成本。对于远郊农民的由于兴建道路、水库等设施的征地补偿标准可以适当提高，同时辅以安置政策和就业培训政策等。

3. 加强农业职业教育培训

人的城镇化是新型城镇化的核心，是农地规模经营的前提。农业职业教育是人城镇化的有效途径，是促进农地规模经营的根本动因。农业职业教育可以有效促进城镇化的发展，发展农业职业教育已成为提高人力资源素质的重要途径。但我国近几十年来，职业教育并没有受到应有的重视，而高等教育则出现“产能过剩”的局面，与市场需求脱轨，农民对农业职业教育培训的需求度较高。对农民大规模的培训，建立农业职业教育机制，把农业职业教育放在与高等教育同等的位置，提高劳动力的整体素质，加快农村富余劳动力转移，化人口压力为人力资源优势，降低农民工市民化的阻力的同时，提高农地经营者素质，培育懂技术、会经营的农民，培育抗风险能力强的专业大户，改变农地的流转缺乏受让方的局面，为农地规模经营提供智力保障。

4. 以产业促移民，用项目促并村

移民并村是远郊农村脱贫致富的有效途径。山西由于地形复杂，有不少村庄散落在山沟，基础设施差，生活环境恶劣。移民并村会改善贫困地区农民生产生活环境，有利于资源整合，是新型城镇化的重大举措。但在执行过程中出现一些负面情况，如部分农民不愿意搬到水电暖设施完善的新村，而是把新村砖瓦拆了修缮老宅，或者担心搬到新村的就业生计问题。在实施移民并村战略时，要优化布局新村的产业，建立规模化的产业基地，大力发展乡镇企业，如现代农牧产业、农牧产品加工制造产业以及现代仓储物流业等，将农业融入新的产业形态中。合理安排项目，消除农民的后顾之忧，原村庄的农地由集体统一代管，重新租赁流转，实现规模经营。充分发挥产业的“自我造血”功能和“分化再生”

功能，维持村庄的生命力和可持续能力。农地规模经营并不只是土地的“小规模”到“大规模”的转变，而是资本型、技术型、产业型和生态型的农地规模经营。

5. 建立农民参与式的土地流转机制

长期以来，农民由于自身的弱质性，再加上工业化过程中对农业的“歧视”，农民处于被动的地位，这导致农民在争取自己利益时处于弱势地位，减弱了对土地承包经营权的自主性和议价能力。改革中的既得利益群体为维护自身利益，一定程度上压缩农民参与空间，侵蚀农民正当利益。在土地流转过程中，需要建立代表农民利益和表达农民心声的流转机制，让农民积极参与到土地流转中，充分、真实、公开地表达自己的意愿和想法，包括对农地流转政策的知情权、农业发展的决策权、管理的参与权、利益分配的监督权和公平的诉求权，避免“名为流转、实为强征”的现象发生。

武汉城市圈发展与产业集群选择

张司飞　王生玺
（武汉大学中国中部发展研究院　武汉　430072）

产业集群能够极大推动工业化发展，进而与城镇化形成良好的互动，这一观点不仅已经得到学界的普遍关注和认同，而且在我国也有成功的案例。徐维祥等（2005）研究了我国东南沿海经济发达地区的城镇化发展水平，发现这些地区城镇化水平的高低几乎无一例外地与产业集群的良好成长有密切的关系，即产业集群的成长和发展，有效地推动了农村工业化、城镇化进程。但现有研究多侧重于探讨产业集群与城镇化的相互关系，剖析产业集群对城镇化发展的作用机制，对于城镇化的不同阶段和不同地区需要什么样的产业集群，即产业集群如何在城市区域实现最优配置，研究尚不够深入。当前我国正处在大力推进城镇化的发展阶段，特别是十八届三中全会明确指出，坚持走中国特色新型城镇化道路，推进以人为核心的城镇化，推动大中小城市和小城镇协调发展、产业和城镇融合发展，促进城镇化和新农村建设协调推进。在此大背景下，我们的城镇化到底需要选择什么类型的产业集群就成为具有现实意义的研究课题。.

产业集群的分类众多，有的基于产业属性，有的基于产业集群网络结构，有的基于产业集群发展阶段。王缉慈（2010）基于全球产业集群的发展，将产业集群划分为两大类：创新集群和生产集群。创新集群表现为高端道路（high-road）和基于创新的集群（innovation-based cluster），其根据产业部门特征可细分为传统消费品产业的创新性集群、高技术部门的创新集群和创意文化产业的创意集群；生产集群表现为低端道路（low-road）和基于低成本的集群（low-cost-based cluster），其实质是具有产业集群某些特征的产业集聚现象，又称为准集群或生存性集群。我国现阶段所谓的产业集群多属于后者的范畴。武汉城市圈拥有较好的制造业基础，一些发展较好的产业集聚区具有生产集群的特征。随着武汉城市圈的快速发展，现有生产集群如何更好配置，未来可能出现的创新集群如何布局，本文将对此进行探索性研究。

一、人口分布与产业集群选择

根据武汉城市圈各辖区《国民经济和社会发展统计公报》和统计局数据整理，2013年武汉城市圈总人口为3204.72万人，占整个湖北省人口的55.26%，其中仅武汉市2013年末常住人口就达1022万人。一般而言，在居民点人口规模相差不大的前提下，居民点密度大的地方，人口密度也大（闫庆武等，2011）。经李胜坤等（2014）测算，2012年武汉城市圈48个县域中有42个平均镇级人口规模为3万~6.6万人，并借用闫庆武等（2011）人口密度空间化方法，绘制出2012年武汉城市圈人口密度图（见图1）。由图1可知，2012年武汉城市圈人口密度的空间差异非常显著，江汉区和通山县是人口密度最高和最低的县域，密度值分别为 20811 人/km^{2}和 150 人/km^2；武汉中心城区占城市圈总面积的 1.62%，集中了 20.53%的人口，是人口分布中心；黄石市辖区为人口密度的高值区域，是城市圈人口分布的副中心；黄冈、鄂州和孝感等地级市驻地附近人口密度也较高，人口向城市集中的现象明显；人口分布总体呈现“西高东低，中间高、南北低”的格局，地形对城市圈人口分布的影响显著；以县域为单位，人均 GDP 与人口密度的 Pearson 相关系数为 0.579（$p<0.01$），表明经济发展水平较高的地区人口密度值也较高，经济发展水平较低的地区人口密度值偏低，人口密度与地区经济发展水平正相关。

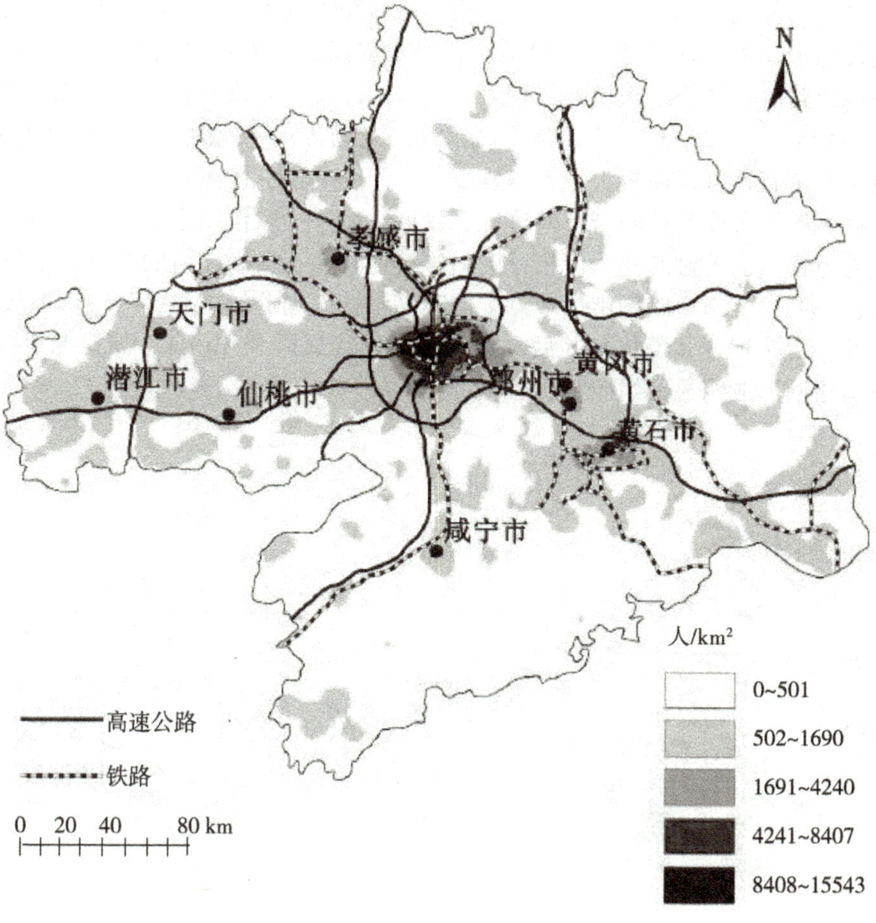

图 1　2012 年武汉城市圈人口密度分布

虽然人口的集聚对于当地经济的发展至关重要，人口密度高一定程度上能够为产业集群的发展提供充足的劳动力，进而通过形成增长极获取更多的资源。但现实是，传统的增长极模式往往伴随着“马太效应”，而人口密度高地区产业集群自身的资源集聚能力又从客观上加剧了这一效应。其结果是，人口不断向武汉城市圈人口密度高地区集聚（例如武汉市），这对于“两型社会”发展中的武汉城市圈无疑是个巨大的挑战，其中一个直接的结果是武汉城市圈内各地区实现社会公共服务均等化的进程更加缓慢，这从根本上偏离了“以人为本”的新型城镇化的发展诉求。所以，虽然产业集群的发展是市场化的行为，但是政府层面可以通过政策引导，选择在人口密集区域和需要集聚人口的地区发展合适的产业集群类型，逐步通过不同的产业集群类型的发展实现圈内人口的合理分布。

二、交通建设与产业集群选择

交通基础设施建设历来受到各级政府关注，特别是近年来，以武汉市为代表的城市与城际间交通基础设施建设投入巨大。截至 2013 年末，武汉市全年完成城市基础设施投资 1301.14 亿元，比上年增长 6.7%；武咸城际铁路、地铁四号线一期顺利建成投入运营；地铁三号线、四号线二期、六号线、七号线、八号线均进入施工阶段；市区其余重要交通道路网建设稳步推进。刘承良等（2014）通过对武汉城市圈城乡道路网社区结构的研究发现：乡村道路网社区等级规模差异较大，武汉局域网（最大社区）城乡节点广泛发育，形成“一城独大”局面，但整个网络社区呈现一定的等级—规模差异，其中武汉、孝感、潜江、咸宁和黄石社区规模较大，等级较高，天门、仙桃、黄冈和鄂州社区结构较小，等级较低；社区等级规模与核心城市经济社会发展、城乡关联作用水平密切相关；桥梁和快速干道成为道路网的关键路径，但子社区内连接性较差，较高度值的节点数量较少，社区内节点连接较弱，整个道路网整体节点度值不高；社区划分较理想，与城市地域空间具有良好对应性，自然划分和模块归并后，除黄冈市破碎成两个片区①，城区与鄂州合并外，整个城乡道路网形成明显的组团结构（见图 2）。

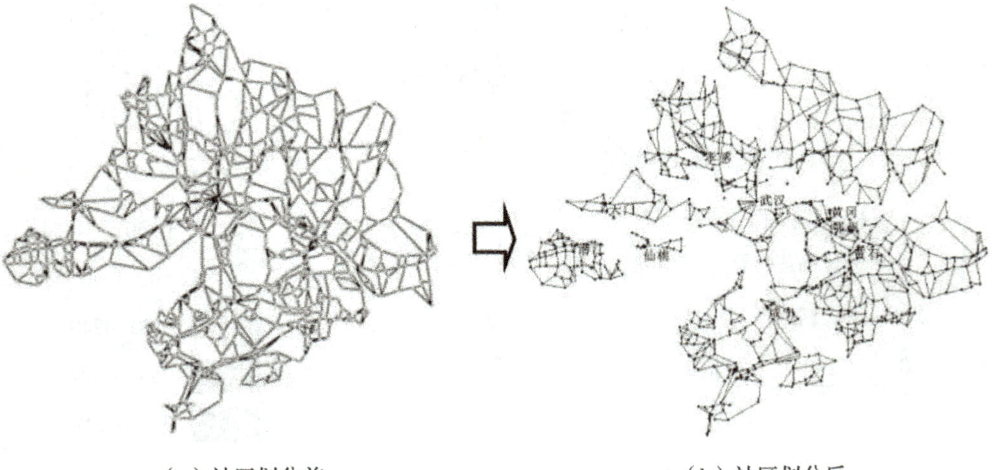

（a）社区划分前　　　　（b）社区划分后

图 2　2010 年武汉城市圈城乡道路网社区结构

产业集群的主要特征之一即是行为主体的地理邻近，一般认为地理邻近能够使产业集

① 黄冈市城乡道路网络破碎成两大模块，一是因为该市城乡道路交通连接较差，与所辖周围城乡节点联系不够紧密，二是因为自然地形条件对城乡道路网发育的影响巨大，形成了天然的“分割线”。

群中有上下游关系的企业获得外部经济效应和报酬递增，特别是在制造业发展迅速的工业化阶段更是如此（王缉慈，2010）。不仅如此，这种企业间的地理邻近会带来“邻近效应”，促进知识的流动和溢出（Malecki 和 Oinas，1999），可能为企业的技术创新和知识学习创造有利条件。特别是对于隐形知识的传播，由于需要面对面的经常交流，那么相关的创新活动和知识学习对于地理邻近的要求就更高（Nonaka 和 Takeuchi，1995）。因此，一方面，武汉城市圈城乡道路网社区结构合理的地区，更有利于“邻近效应”最大化；另一方面，不同类型的产业集群，特别是那些产生隐形知识的产业，更加需要乡道路网的合理布局。

三、产业布局与产业集群选择

2007年编制的《武汉城市圈总体规划纲要（2007—2020）》对武汉城市圈的产业发展规划进行了全面的论述，其中特别提出到2020年要在武汉城市圈内建设50个特色产业集群，具体包括：光电子通信产业集群（武汉东湖），电子信息及家电产业集群（武汉沌口及东西湖地区），汽车整车制造产业集群（武汉沌口），汽车零部件产业集群（武汉、黄石、孝感、黄冈、潜江、天门），钢铁及钢铁产品深加工产业集群（武汉、鄂州、黄石），金属制品产业集群（孝感、汉川、鄂州、黄石、潜江），石油化工产业集群（武汉、鄂州、潜江），盐化工产业集群（应城、云梦、天门、潜江），医药工业产业集群（武汉、鄂州、黄石、黄冈、咸宁、仙桃），纺织产业集群（仙桃、黄冈、孝感、汉川、赤壁、天门），服装产业集群（武汉、仙桃、黄石、潜江、天门），建材产业集群（黄石、鄂州、孝感），造纸及包装产业集群（武汉、孝感、咸宁），食品工业产业集群（武汉、黄冈、孝感、仙桃），饮料工业产业集群（武汉、黄冈、黄石、孝感）。同时，武汉城市圈基于统筹区域产业布局，促进产业集聚和链条延伸，扶持现代金融、信息、科技服务业的发展，努力实现生产性服务业与先进制造业、高技术产业的融合互动的基本思路推动着产业一体化进程（陈攀、陈浩，2009），各地区各项产业协作与产业布局一体化项目全面推进（见表1）。

表1　**武汉城市圈产业协作与产业布局一体化的部分内容**

产业	关联城市	项　　目
钢铁产业	武汉、鄂州、黄石、黄冈、孝感等	(1)武钢集团:鄂州60万吨冷轧薄板项目;大冶铁矿80万吨球团厂项目;鄂州程潮铁矿120万吨球团厂项目;(2)武汉重冶集团:黄石特钢模具基地项目;(3)湖北华明集团:黄石紧密冷轧板及不锈钢项目
汽车产业	武汉、孝感、黄冈等	武汉市汽车产业零部件的30%来自城市圈,包括:孝感万山特种车辆、江河汽车内饰厂、华中车灯公司等24家企业;黄冈麻城三环汽门、力美制动器等14家企业
光电子信息产业	武汉、咸宁、孝感、天门等	(1)武汉富士康项目配套建设园区和企业:赤壁配套产业园、鄂州表面处理工业园、安防产业园、团结激光等;(2)凡古电子、楚天激光、华工科技:在咸宁、孝感等设立生产基地或中试基地

续表

产业	关联城市	项　目
烟草产业	武汉、黄冈、孝感、咸宁等	武烟集团收购红安、大悟、咸宁等烟草企业，带动了孝感锦源科技、精华彩印、富思特集团等配套企业发展
船舶产业	武汉、鄂州、黄冈等	武汉—鄂州—黄冈一线初步形成船舶及船用装备企业群。比如：武汉南华高速船舶股份有限公司实施的武穴造船基地项目
纺织服装产业	武汉、孝感等	(1)70家武汉企业入驻孝感市汉川市汉正服装工业城；(2)武汉红人集团在孝感市孝昌县建设服装出口加工基地；(3)湖北骏马集团收购孝感安陆棉厂
化工产业	武汉、孝感、潜江、天门等	孝感市应城长江埠化工业集群，为武汉市乙烯项目、盐化工提供原料；武汉青山化工等4个项目入驻潜江江汉精细化工园；武汉万邦化肥有限公司整体迁移到天门市岳口镇
商贸服务业	武汉、其他8市	武汉市武商、中百、中商等企业在武汉城市圈其余8市发展连锁经营网点123个，开设农家店200余家
金融服务业	武汉、其他8市	汉口银行在鄂州开设分行；武汉城市圈内普遍实行同城清算和商业票据集中交易，对城市圈内客户异地取款免收手续费
旅游服务业	武汉、咸宁、鄂州、黄冈、孝感、黄石等	重点打造了武汉到其余5个城市的精品旅游路线；武汉远方集团参与咸宁温泉谷项目；武汉丰太集团投资建设嘉鱼山湖温泉项目；武汉双驰公司投资黄梅五祖寺项目
农业	武汉、黄石、孝感、咸宁等	汉口精武在阳新、崇阳建设了大型肉鸭屠宰场；武汉黄鹤楼茶叶有限公司在孝感、咸宁等建立茶叶供应基地；武汉万年青畜牧公司在罗田建立万头猪厂等

资料来源：根据张河山和万浩（2009）整理得到。

产业集群的另外一个主要特征是行为主体的产业联系。产业集群的产业联系界定是个复杂的问题，不能简单地将产业园区或产业链等同于产业联系，这是因为产业园区内的企业可能不存在产业联系，而产业链的垂直和水平的产业联系可能因在区外或远距离而不呈现产业集群。理想的产业集群中，企业因地理邻近产生产业联系，政府部门通过制定法律法规、税收、金融等政策形成某种制度环境，金融机构对企业进行信贷和风险投资，行业协会等服务机构促进企业间网络联系，科教机构和职业培训机构提供新知识和技术并输送人才（王缉慈，2010）。所以，武汉城市圈在推进产业一体化的进程中，要适时引导具有产业联系的企业和机构在合适的产业地区和行业形成集聚，在集聚的基础上建设产业集群培育环境，促进真正的产业集群的形成和成长。

四、第三产业发展与产业集群选择

第三产业的发展，特别是第三产业中与产业集群相关的合作机构和知识机构（也称中介机构）的发展程度，对产业集群的发展至关重要。郭克莎（2002）在“工业化与城市化协调发展研究”课题中，对12个具有代表性的新兴工业化国家和与我国情况相近的亚洲国家的数据进行了比较分析，发现在工业化初期，工业发展所形成的聚集效应使工业化对城镇化产生直接和较大的带动作用；而当工业化接近和进入中期阶段之后，城镇化的演进不再主要表现为工业比重上升的带动，而更多地表现为非农产业比重上升的拉动，尤其是服务业为主体的第三产业比重上升对城镇化进程产生了更大的影响。喻春娇等（2012）考察了武汉城市圈生产性服务业的发展现状，发现虽然武汉城市圈生产性服务业规模快速增长，但总体发展水平仍较大落后于长三角和珠三角地区，其中传统的生产性服务业占据绝对优势比重，技术及知识密集性服务业的发展相对滞后。

产业集群的第三个主要特征是行为主体的互动和合作，但在没有历史积累和第三方机构协调的条件下，企业之间自觉的互动和合作一般是不现实的（王缉慈，2010）。所以，产业集群中的合作机构是产业集群行为主体的核心，或者说，没有合作机构的产业集群不是真正的产业集群。此外，衡量产业集群优劣的标准应该是技术水平和创新力，而不是简单的企业数或产值规模。因此，产业集群的知识基础和技术创新、文化创意的源泉，是与产业集群内的企业近距离联系的、与产业集群的优势产业相关的研究性大学及其院系，以及它们与集群内的企业频繁地互动与合作（王缉慈，2010）。合作机构和知识机构的发展需要优质的第三产业作为基础，虽然武汉市的高校规模在全国屈指可数，但武汉城市圈现有产业集聚区域的合作机构力量和知识机构贡献度仍需大力提升①。

五、武汉城市圈产业集群选择对策

从“以人为本的新型城镇化”为核心，综合前文武汉城市圈人口分布、交通建设、产业布局和第三产业发展的分析，结合各类产业集群成长需求，我们提出以下初步的政策建议：

第一，优先引导创新集群在人口密度较高、交通便利、特色产业基础较好和第三产业较发达的地区充分发展。如前文所述，创新集群包括传统消费品产业的创新性集群、高技术部门的创新集群和创意文化产业的创意集群，这三类产业集群的成长除了包含一般产业集群所需基本要素之外，还各有侧重：传统消费品产业的创新性集群还需要保持有地方特色的高度创造力和专门知识要素的培养；高技术部门的创新集群特别需要跨学科、跨产业的产学研合作和隐形知识的交流；创意文化产业的创意集群需要创意氛围的营造和集体创造力的发挥（王缉慈，2010）。因此，能够为这些额外需求提供资源的地区，一般符合人口密度较高、交通便利、特色产业基础较好和第三产业较发达的特征。此外，创新集群的发展需要吸纳大量高素质人才，高素质人才的加入使得城市更具创新和活力，具有创新、活力的城市和创新集群的成长反过来又将对高素质人才形成更大的吸引力，并将集聚更广阔和更优质的社会资源，如此，产业集群与武汉城市圈的发展更容易形成一种良性互动。

第二，逐步引导生产集群从人口密度较高地区转移，进入人口密度较低地区。一方面，生产集群的核心竞争力之一是低成本优势，低成本往往意味着人力资本的低成本和高能耗高污染。虽然生产集群容易在人口密度较高的地区获得低成本的人力资源，但同时也

① 我们在对武汉东湖高新区一些企业的调研中也证实了这个问题，一些受访企业表示迫切需要合作机构，以获取更多的信息，获得更多的合作机会；此外，目前高校和科研机构的成果转化率也有待提升。

会吸引大量的非高素质人力的入驻，使得该地区人口密度进一步提升，进而使得居民生活质量恶化。一个典型的例子是，假如生产集群处于市区，生产集群的人工工资普遍较低，而市区的房价普遍较高，于是供职者不得不倾向于在市郊买房，但每天又大量从市郊到市区上班，随着城市边界的迅速扩大和人口的激增，交通拥堵、城市污染等城市病日益严重，供职者和当地居民的生活质量将日益恶化。虽然原有生产集群的形成是市场的结果，政府也无法将产业集群整体搬迁，但可以通过政策杠杆和市场资源配置的力量引导生产集群内的企业转移，或通过生产集群内的龙头企业的转移带动相关企业的转移，我国广东地区先行的“腾笼换鸟”的产业转型升级经验可以作为参考。另一方面，在逐步引导生产集群从人口密度较高地区转移的同时，政府要引导其进入人口密度较低地区。人口密度较低地区往往是经济欠发达地区，通过生产集群向该地区的转移，能够吸引大量的人力资源和社会资源，推动当地城镇化进程，促进地区经济发展。从区域经济发展视角看，这是一个从集聚走向平衡的过程，最终有利于真正在武汉城市圈实现人均收入均等化。

最后需要特别说明两点：第一，生产集群常常不是成熟的产业集群，从全球化视角看，其依赖的低成本优势也难以构成持久的竞争力。产业集群的生命力在于创新，所以，政府管理者应该选择基础较好的生产集群，适时助力生产集群向创新集群升级。第二，无数研究和成功案例证明，产业集群的形成与成长是市场化的结果，产业集群行为主体的核心是合作机构，产业集群创新的源泉是知识机构。所以，我们一再用“引导”一词，而非“建设”，更非“打造”。

参考文献

[1] 陈攀、陈浩：《武汉城市圈的区域经济一体化路径选择——基于“点轴理论”的研究》，《武汉工程大学学报》，2009年第4期。

[2] 郭克莎：《工业化与城市化关系的经济学分析》，《中国社会科学》，2002年第2期。

[3] 李胜坤、张毅、闫欣、汪洋洋、曹娟：《武汉城市圈人口空间分布格局及演变分析》，《湖南师范大学自然科学学报》，2014年第4期。

[4] 刘承良、段德忠、余瑞林、罗静：《武汉城市圈城乡道路网结构演化及复杂性研究》，《地理科学》，2014年第4期。

[5] Malecki E. J. , Oinas P. , Making Connections：Technological Learning and Regional Economic Change，Aldershot：Ashgate，1999.

[6] Nonaka K. , Takeuchi H. , Konwledgecreating Company：How Japanese Companies Create the Dynamics of Innovation，Oxford：Oxford University Press，1995.

[7] 王缉慈：《超越集群：中国产业集群的理论探索》，科学出版社2010年版。

[8] 徐维祥、唐根年、陈秀君：《产业集群与工业化、城镇化互动发展模式研究》，《经济地理》，2005年第6期。

[9] 闫庆武、卞正富、张萍：《基于居民点密度的人口密度空间化》，《地理与地理信息科学》，2011年第5期。

[10] 张河山、万浩：《武汉市参与推进武汉城市圈产业融合及产业布局一体化研究》，《长江论坛》，2009年第2期。

中部地区统筹城乡发展的模式创新研究

中部地区新型城镇化发展模式及战略研究

河南省发展和改革委员会地区经济处
（郑州　450001）

改革开放以来，随着经济的快速发展，我国的城镇化建设也取得了巨大成就。作为城镇化水平介于东西地区的中部，既担负着继东部地区之后，通过快速城镇化提高经济持续发展动力的重任，又担负着为西部地区探索新型城镇化发展道路的重任。因此，研究中部地区新型城镇化发展现状、条件、环境并探索其发展模式和发展战略，对推动中部地区实现跨越式发展，促进我国区域协调发展具有重要意义。

一、中部地区城镇化发展现状

2013 年底，我国的城镇化率已经达到 53.73%，城镇化进程进入减速推进的时期，因此，我国未来城镇化的重点进入了提质增效阶段。李克强总理在十二届全国人大二次会议上作政府工作报告时说，要坚持走以人为本、四化同步、优化布局、生态文明、传承文化的新型城镇化道路。同时，我国东中西城镇化进程差异较大，据《国家新型城镇化规划（2014—2020 年）》，目前东部地区常住人口城镇化率达到 62.2%，而中部、西部地区分别只有 48.5%、44.8%、中部地区与全国特别是东部地区城镇化水平相比存在明显差距，而且也滞后于自身的经济发展水平，因此未来中西部地区将是我国加快城镇化建设的重要区域。目前，中部地区城镇化发展呈现以下特点：

1. 城镇化水平显著提高，但城镇化水平总体尚低

截至 2013 年底，中部地区城镇人口达到 17364 万人，城镇化水平达到了 48.12%，城镇化水平由 2006 年的 39.0%提高到 2013 年的 48.12%，增长了 9.12 个百分点，年均增长 1.3 个百分点，与全国城镇化率的差距逐渐缩小。2013 年，湖北省城镇常住人口为 3161 万，城镇化率为 54.51%；山西省城镇常住人口为 1908 万人，城镇化率为 52.56%；江西省城镇常住人口为 2210 万人，城镇化率为 48.87%；湖南省城镇常住人口为 3209 万人，城镇化率为 47.96%；安徽省城镇常住人口为 2885 万人，城镇化率为 47.85%；河南省城镇人口为 3991 万，城镇化率为 42.4%（见表 1）。

但是，中部地区总体城镇化水平尚比全国水平低，2013 年，中国人口城镇化率提高到 53.73%，比中部地区城镇化水平高 5.61 个百分点，六省除了湖北省城镇化率稍高于全国平均水平不到 1 个百分点外，其他五省均低于全国平均水平，河南省城镇化率更是比全国平均水平低 11.33%，位居全国第 27 名（见表 2）。

表 1　　**2013 年中部地区六省城镇化率**

	常住人口（万人）	城镇人口（万人）	城镇化率（%）
湖北	5799	3161	54.51
山西	3630	1908	52.56
江西	4522	2210	48.87
湖南	6691	3209	47.96
安徽	6029	2885	47.85
河南	9413	3991	42.40
中部地区	36084	17364	48.12

表 2　　**全国 31 个省级行政区的城镇化率进行排名**

排名	省级行政区	户籍人口（万人）	常住人口（万人）	城镇人口（万人）	城镇化率（%）
1	上海	1426.93	2415.15	2125.72	88.02%
2	北京	1297.50	2114.80	1825.10	86.30%
3	天津	999.20	1472.21	1152.42	78.28%
4	广东	8635.89	10644.00	7212.37	67.76%
5	辽宁	4374.63	4390.00	2917.20	66.45%
6	浙江	4799.34	5498.00	3461.46	62.96%
7	江苏	7553.48	7939.49	4989.59	62.85%
8	福建	3689.42	3774.00	2293.00	60.76%
9	内蒙古	2470.63	2497.61	1466.35	58.71%
10	重庆	3343.44	2970.00	1732.76	58.34%
11	黑龙江	3831.22	3834.00	2181.55	56.90%
12	湖北	6165.40	5799.00	3161.03	54.51%
13	吉林	2701.50	2751.28	1491.19	54.20%
14	山西	3571.21	3630.00	1908.00	52.56%
15	山东	9580.00	9733.39	5077.83	52.17%
16	宁夏	630.14	654.19	340.28	52.02%
17	陕西	3926.22	3763.70	1931.15	51.31%
18	海南	901.93	895.28	457.46	51.10%
19	江西	4503.93	4522.20	2210.00	48.87%
20	青海	565.55	577.79	280.30	48.51%
21	湖南	7179.87	6690.60	3208.80	47.96%

续表

排名	省级行政区	户籍人口（万人）	常住人口（万人）	城镇人口（万人）	城镇化率（%）
22	安徽	6902.00	6029.80	2885.90	47.86%
23	河北	7185.42	7332.61	3410.55	46.51%
24	四川	9097.35	8107.00	3640.00	44.90%
25	广西	5240.00	4719.00	2115.00	44.82%
26	新疆	2232.78	2264.30	1006.93	44.47%
27	河南	10543.00	9413.00	3990.97	42.40%
28	甘肃	2712.99	2582.18	1036.23	40.13%
29	云南	4596.62	4659.00	1831.45	39.31%
30	贵州	4249.48	3502.22	1324.89	37.83%
31	西藏	300.21	307.62	69.98	22.75%

2. 城镇体系结构日益完善，城镇规模结构尚待优化

随着经济社会的快速发展和空间结构的优化调整，中部地区城镇规模不断扩大，经济实力不断增强，竞争能力显著提高。据河南省社会科学院、社会科学文献出版社联合发布的《中部蓝皮书（2013）》，2011 年，中部地区城市建成区面积达到 8892.1 平方公里，比 2006 年增加了 2250.6 平方公里，年均增长 450.1 平方公里。城镇体系逐渐完善，中部地区初步形成了以城市群为主体，区域中心城市、大城市、中小城市、小城镇协调发展的局面。目前中部地区有特大城市 8 个、大城市 21 个、中等城市 44 个和小城市 16 个，初步形成了 6 个城市群：武汉城市圈、中原城市群、长株潭城市群、皖江城市带、环鄱阳湖城市群和太原城市圈。中原城市群以占全省 35.2%的土地，集聚全省 44.4%的人口和 58.4%的经济总量；武汉城市圈以占全省 31.2%的土地，集聚全省 53.0%的人口和 60.4%的经济总量；长株潭城市群以占全省的 13.3%土地，集聚全省 20.8%的人口和 42.3%的经济总量；鄱阳湖生态经济区以占全省 30.5%的土地，集聚全省近 50.0%的人口和 58.7%的经济总量；皖江城市带以占全省 54.5%的土地，集聚全省 45.0%的人口和 67.6%的经济总量。

城镇规模结构不合理，区域发展不平衡。出现了省会城市“一市独大”，小城镇发展却十分缓慢的现象。以湖北省为例，武汉市“一城独大”，宜昌市和襄阳市这两个省域副中心城市的区域辐射力不够，从而也导致了湖北省城镇化的空间不均衡性。除武汉市外，其他城市人口均未达到 100 万。县城规模一般在 10 万人左右，建制镇平均人口不到 1 万人，城镇规模过小，使文化、教育、医疗、卫生等公共设施因配置成本高而难以配置，导致城镇化质量不高。

3. 产城互动发展成效显著，城镇化效率较低

伴随城镇化建设不断推进，产业集聚区作为载体其作用日益突出。中部地区纷纷出台

各种优惠政策来迎接产业转移，如富士康集团迁往郑州，2013 年河南省产业集聚区累计吸纳就业人口占新增就业人口的 50%以上；江西省以 94 个工业园区和特色产业基地为平台，优化产业布局，促进了一批新兴产业的发展，带动了城镇规模扩张和人口集聚。

但中部地区在通过产业带动城镇快速发展的同时，土地城镇化快于人口城镇化，土地利用问题突出。伴随着城镇化的推进是城镇规模的迅速扩大，城市发展占用土地的速度过快。以江西省为例，在 1990—2012 年，江西省连续统计的 15 个主要城市建成区面积从 259.5 平方公里扩展到 928.8 平方公里，增长了 3.58 倍；同期户籍人口仅增长了 2.06 倍，明显滞后于城市建成区面积的增长速度。土地城镇化快于人口城镇化，导致建成区产业强度和人口密度偏低，耕地减少加快，失地农民增多，拆迁纠纷发生。

4. 城镇综合承载能力显著提高，城镇管理水平不高

中部地区各省份城镇人均道路面积、人均住房建筑面积、城市绿地率等指标明显提升。2011 年，中部地区城镇建成区绿化覆盖率、城市用水普及率、城市燃气普及率、每万人拥有公共交通车辆、人均道路面积和人均公园绿地面积分别达到 39.4%、96.4%、90.1%、9.6 标台、13.8 平方米和 10.6 平方米，分别比 2006 年提高了 5.4%、6.4%、15.0%，增加 1.6 标台、3.3 平方米和 3.1 平方米。城市公共服务设施大大改善，行路难、饮水难、入厕难、乘车难、住房难等问题得到有效改观，公共服务能力显著增强。

虽然中部地区城镇规模及体系得到极大的发展，但城镇管理水平不高，城市可持续发展能力亟待增强，生态压力开始显现。一些城镇无序开发，重经济发展、轻环境保护，重城市建设、轻城市管理，重地上、轻地下现象比较突出。城市交通拥堵、环境污染加剧、公共服务供给能力不足、城市管理运行效率不高等问题日益明显，城中村和城乡结合部等外来人口集聚区人居环境较差。

二、中部地区新型城镇化发展内涵及环境分析

1. 中部地区新型城镇化发展内涵

城镇化是指人口向城镇集中的过程。城镇化是我国现代化建设的历史任务，也是现代文明的重要标志，城镇化对发展升级、小康提速、绿色崛起具有重大作用。新型城镇化在城镇化基础上结合我国的国情发展而来，新型城镇化的关键之处就在于“新”，为了深入理解新型城镇化的内涵，必须先明确新型城镇化的特征：

新型城镇化，必须以人的城镇化为核心。人既是社会发展的手段，也是社会发展的目的。推进新型城镇化，关键是提高城镇化质量，促进人的全面发展和社会公平正义，城乡统筹发展，破除二元结构，使全体居民共享城镇化发展成果。

新型城镇化，必须以集约智能绿色低碳为特征。必须走“集约”发展道路，集约才能高效。必须走“绿色”发展道路，使绿色产业成为主导产业和城镇化的驱动力；必须走“低碳”发展道路，低碳经济是一种低能耗、低排放、低污染的新型发展模式，是我国新型城镇化推进的必经之路。

新型城镇化，必须以产业发展为支撑。要充分发挥产业对城镇化的带动作用，推动以产兴城、以城促产、产城融合、协调发展，让城镇具有持续发展的强劲动力和旺盛生命

力，有效避免缺乏产业的“空心城镇化”。

新型城镇化，必须以提高城镇综合承载能力为保障。城镇综合承载能力决定着城镇的规模和质量。要适度规划和建设与城市规模、容量相匹配的市政设施，不断改善人居环境，拓展发展空间。要注重城镇品位提升和风貌塑造，加强城市文化建设，提高城市管理科学化水平。

综上，新型城镇化的内涵是以城乡统筹发展、产城互动、节约集约、生态宜居、以人为本、绿色低碳为基本特征的城镇化，是大中小城市、小城镇、新型农村社区协调发展、互促共进的城镇化。

深入理解中部地区新型城镇化的内涵对于建设工作具有重要的指导作用。中部地区的新型城镇化除了具备以上的特征之外，还应该因地制宜、带有地方特色。

中部地区总人口3.61亿，占全国人口的28%，其中农村人口占全国的近1/3。中部地区是我国东西融合、南北对接的平台。中部地区农村人口众多，农村发展缓慢，城市农村之间差距大，区域之间发展不平衡，中部地区新型城镇化发展的一个关键就是推进新农村建设，实现城乡统筹发展。中部地区经济结构单一，以第二产业为主，第一产业基础地位薄弱，第三产业发展缓慢；经济增长方式主要是粗放式，高投入、高污染、低产出，致使生态压力不断增大。

因此，中部地区的新型城镇化内涵可总结为：城乡统筹发展、节约紧凑、产城互动、生态宜居、社会和谐、以人为本、因地制宜、创新发展模式的城镇化，形成以城市群为主体形态、大中小城市、小城镇和谐发展的新型城镇化布局。

2. 中部地区新型城镇化面临的核心问题

中部地区新型城镇化是中部地区发挥发展优势、挖掘发展潜力、实现中部崛起发展目标的重要路径，根据中部地区新型城镇化发展内涵，应当把中部地区新型城镇化应把人口城镇化作为出发点和落脚点，从而能够有效释放巨大的消费潜力和带来相关的投资需求。以产业发展支撑新型城镇化，要实现人口城镇化，必须首先保障他们能在城镇就业，这就需要从本地实际出发，充分调动和配置资源，大力发展各种产业，推进现代分工协作，促进大中小企业协作发展，以创造更多就业机会、保障充分就业。改革创新体制机制推动新型城镇化，推进户籍制度改革，完善农民工的基本公共服务，建立和完善覆盖城乡的公共就业服务体系，改革土地管理政策，完善土地市场体系，改革城乡二元的土地管理制度，逐步建立城乡统一的土地市场，扩大市场机制在土地资源配置上的作用范围。统筹推进“新四化”提高城镇化质量，坚持协调发展，统筹推进工业化、信息化、城镇化、农业现代化，努力提高城镇化质量。解决新型城镇化建设的资金来源，中部地区新型城镇化建设需要各类资金投入，从国内外城镇化的历史经验看，城镇化的推进，必须探索建立强健可持续的金融服务体系。

中部地区新型城镇化过程中面临的难点和急需解决的重点问题可以概括为四点。

一是机制改革问题。新型城镇化的本质是人的城镇化，是要让农村人口真正市民化，享有和城镇居民一样的社会保障体系和基本公共服务。新型城镇化必须彻底解决城镇化进程中涉及土地流转、户籍管理、合作组织、社会保障、农村金融、行政管理等诸多体制机制的改革与创新。这些改革和创新涉及复杂的政策问题、制度问题、利益问题、社会问题、法律问题，成为推进新型城镇化的难点。

二是产业转型问题。随着我国经济发展进入新常态，中部地区区域经济也面临着转型升级的压力，这种压力同时也是推进新型城镇化的根本动力，中部地区的经济水平总体上仍然处于低水平、低质量、低附加值的发展阶段。在当前我国经济下行压力加大、产能过剩、环保高压的宏观环境下，工业化引领城镇化发展的路径受到制约，中部地区必须借助后发优势、跨越当前发展阶段，加速高水平、高技术、高附加值、绿色产业的发展就成为中部地区弯道超车，从而推动新型城镇化的快速发展。

三是区域协同问题。中部地区新型城镇化既是相互促进，又是相互竞争的关系，中部地区要实现中部崛起，必须在新型城镇化方面解决存在的协同难的问题。新型城镇化建设需要区域间有效的分工协作，而这种区域间的利益调整需要对原有的区域利益格局、部门利益格局进行突破，在新型城镇化发展中，中部地区存在着激烈的竞争，而中部地区间的区域间利益协调机制弱，这导致更多的生态环保等具有经济外部性和公益性的功能被忽视，形成中部地区仍然以 GDP 为核心的同质化建设与发展，难以形成有效的分工与协同。县域。

四是金融创新问题。新型城镇化建设无论是在基础设施建设、城市建设方面，还是在产业扶持、社会福利等方面，均需要大量资金投入或财政补贴，但是，由于中部地区总体经济发展水平较低，用于支撑新型城镇化建设的财力就显得捉襟见肘，特别是对于中小企业及“三农”的金融支持不能满足其需求，这就需要加强金融服务、创新金融产品，以推进新型城镇化建设的要求。

3. 中部地区新型城镇化发展环境

中部地区城镇化发展的成功与否既取决于中部地区内生动力，又受到外部环境的影响，这对于中部地区新型城镇化来说既有机遇也有挑战。

中部地区新型城镇化面临的机遇主要体现在：一是我国转变经济发展方式的机遇。我国经济长期以来主要依靠投资、出口两驾马车的拉动，随着转变经济发展方式的深入，扩大内需就成为我国促进经济发展的主要动力，加快城镇化发展，有利于释放内需巨大潜力，带动经济结构转型、再造需求动力、转变发展方式、提升人民生活水平。因此中部地区新型城镇化建设面临着良好的宏观经济环境。二是全球及我国产业转移带来的机遇。新型城镇化需要工业化的支撑，缺乏产业的支持就会出现空心城镇化，产业集聚会带来农村劳动力的集聚，会促使农村人口往城市集聚，能够加快市民化进程。随着我国经济东部地区劳动力工资的不断上升，许多加工型产业开始内迁。中部地区具有经济发展的要素、资源优势，因此，中部地区成为承接产业转移的主要阵地，转移产业的发展也成为中部地区新型城镇化发展的契机。

中部地区新型城镇化面临的主要挑战：一是中部地区的经济基础比较薄弱，产业结构不合理。中部地区人口基数大，人均 GDP 低于全国平均水平，并且产业结构以第二产业为主要地位，第一产业农业的基础地位比较薄弱，第三产业发展缓慢。而新型城镇化是与工业化协同、与农业现代化协同的城镇化，因此为了实现新型城镇化的发展，中部地区必须逐步合理调整产业结构。二是承接面临瓶颈制约。主要表现在新型城镇化过程中，土地、物流、资金等要素瓶颈制约严重。

三、国内新型城镇化发展模式借鉴

1. 区域发展模式

随着经济社会的发展进步，我国新型城镇化建设也取得了一定的成绩，东部地区作为我国新型城镇化建设的首发地区，已经探索出一些新型城镇化建设的成功模式。中部地区是现在我国新型城镇化建设的亮点和潜力地区，学习和借鉴其他地区的新型城镇化建设经验，有利于中部地区深化对新型城镇化的认识和理解，创新新型城镇化建设模式，加快中部地区的新型城镇化进程。

（1）广东模式。新型城镇化，必须以产业发展为支撑。推动以产兴城、以城促产、产城融合、协调发展，让城镇具有持续发展的强劲动力和旺盛生命力。广东省新型城镇化建设通过产业集聚带动人口集聚，以产兴城，形成了富有特色的广东模式。广东模式又可以分为两条主线：一是珠三角模式，即以乡镇企业和民营企业集中的中心镇为发展依托；二是山区模式，即围绕着县城，发展专业镇。珠三角模式的主要做法是通过产业集聚带动人口集聚，进而实现城市周边地区的快速崛起。

（2）江苏模式。新型城镇化，必须因地制宜，体现地方特色。江苏省模式主要特征是采取了政府、企业、农民三者相结合的方式，政府出台规划组织资源，充分发挥乡镇企业和个体经济的作用来带动新型城镇化发展。以苏南地区为代表，采取以乡镇政府为主组织资源方式。政府出面组织土地、资本和劳动力等生产资料，出资办企业，并由政府指派所谓的能人来担任企业负责人。苏南模式的主要特征：农民依靠自己的力量发展乡镇企业；乡镇企业的所有制结构以集体经济为主；乡镇政府主导乡镇企业的发展。

（3）成都和天津模式。新型城镇化是以人为本、城乡统筹发展的城镇化，新型城镇化要保障农民的权益。我国新型城镇化面临的一个问题就是土地问题。一旦农民变成市民，土地无法流转，农民的土地权益无法得到补偿。成都和天津选择了以解决农民土地问题为入手来推动新型城镇化。成都以大城市带大郊区发展。其主要做法是对土地确权颁证，建立农村土地产权交易市场，设立建设用地增减指标挂钩机制。以发展较好的区域作为起步点，确立优势产业，形成以市场为导向的产业集群。另外再配以农民的公共服务和社会保障，提高农民的生活水平。天津以宅基地换房集中居住。天津的小城镇发展主要又分为四种子类型：整体推进型、都市扩散型、开发拓展型和“三集中”型。其主要做法为乡镇政府主导的“以宅基地换房”，先解决搬迁农民的安置问题，然后通过土地集约增值的收益发展地区产业，解决农村居民的就业问题。将农民的集中居住与城镇化、产业化有机结合。

（4）海南模式。新型城镇化是集约高效、绿色低碳的城镇化。海南省从自身的旅游优势出发，以发展绿色产业为主导来推动城市建设、完善城镇空间布局、加快新型城镇化建设速度、提高新型城镇化建设质量。海南省以绿色旅游服务业为主导，明确海南省第三产业以绿色旅游服务业为龙头，大力发展会展赛事、邮轮游艇、医疗保健和教育事业，提高旅游消费产品质量和品牌号召力，加快建设与旅游业配套的城市公共基础建设。继续发挥海口和三亚中心城市的主导力量，切实提高这两个中心城市的城镇化建设与发展质量；同时，进一步加强五指山、儋州、琼海、文昌、昌江等中小城市的城镇化进程，并逐步推动县域中心城镇及特色小城镇的就地城镇化建设。

纵观这些新型城镇化建设的成功模式，都摒弃了之前城镇化建设中的粗放型发展方法，选择了一条集约高效、绿色生态、因地制宜、以人为本的新型城镇化建设道路，这也值得中部地区借鉴和学习。

2. 特色发展模式

（1）城乡一体化统筹发展模式。城乡一体化统筹发展是加快建立改变城乡二元结构体制机制的需要，是探索建立构建和谐社会体制的需要，也是探索中西部地区新型城镇化发展模式的需要。城乡一体化统筹发展路径是指立足于以人为本的科学发展观，坚持城乡统筹，促进要素的合理流动和优化配置，使城乡居民拥有平等的权利、义务和发展机会，实现城乡经济社会全面、协调、可持续发展。自2007年6月，国务院同意正式批准重庆市和成都市成为全国统筹城乡综合配套改革试验区以来，这条路径就一直在摸索创新，主要围绕新农村建设、城镇化建设和基本公共服务建设进行农村土地制度、农村集体经济制度、农村社会发展制度等方面的改革创新，为全国新型城镇化道路的发展积累了大量的实践经验和成功做法。

（2）都市边缘及城市群区域发展模式。城市群是城镇化健康发展的主体形态，是新型城镇化发展的战略依托。都市边缘及城市群区域走的是一条“外生型”城镇化道路，它以外部经济带动、外来人口推动和区域规模扩张为发展动力，通过制度创新、地缘优势和组织保障，使城市群范围内的中小城市更好地实现新型城镇化。长三角、珠三角的中小城市和小城镇发展得好，就与这两个区域城市群壮大有非常密切的关系。在这些区域发展过程中，涌现出以新苏南模式、珠江模式、温州模式等为代表的具有区域特色的城镇化发展模式。

（3）特殊资源地区发展模式。特色资源包括矿产资源、旅游资源、边疆、口岸、交通优势资源、民族地区、革命老区等。通过特色资源，形成资源集聚、要素集聚、产业集聚，从而形成以特色资源为基础的优势产业，对县域经济的发展起到引领和带动作用，推动县域城镇化发展进程。以广西阳朔县为例，阳朔县位于漓江西岸，风景秀丽。其山水、田园、洞穴、奇石、人文等资源为天下奇绝。其发展路径是依托旅游产业带动，实现景观、人口、区域和生活方式的城镇化，在环境建设、文化产业、老城区特色、产品体系、农业旅游、标准化建设等方面形成独具特色的阳朔模式。

（4）新型工业化发展模式。2012年11月，李克强总理对十八大报告的解读中重点突出了工业化、信息化、城镇化、农业现代化这“新四化”。通过新型工业化推进新型城镇化，为城镇化提供资金、人口等方面的支持，强化、完善城镇功能并扩展城镇空间范围及用地规模。以工业化推动城镇化快速发展是最为符合城市化发展规律的传统路径，河北迁安、辽宁海城等诸多大工业基地及工业基础好的地区均以这种路径为主导，推动县域城镇化快速发展。

（5）现代农业化发展模式。在城镇化的过程中，农业现代化是至关重要的一环，寿光、安吉、杨凌等现代农业发展较好的地区，都在政府的推动下，发展农业产业化，构建高效流通体系，培育龙头企业，进行标准化生产，塑造农业品牌。这为国内有特色农业资源的地区走新型城镇化道路提供了新的路径。

以上五种模式显示，通过对地区特色政策资源、产业资源的深度挖掘和利用，利用政策、城市群周边带动等，借助外源和内生双重动力，寻找到自身独特的新型城镇化建设模式对中部地区的新型城镇化建设具有重要的借鉴意义。

四、中部地区新型城镇化发展模式选择

新型城镇化的根本动力来自于城镇化进程的推动和产业化带动，加快中部地区新型城镇化建设的核心内容在于“产业发展、生态文明、制度创新、包容发展”四个方面，为此，中部地区新型城镇化创新发展模式总体架构为：“以城乡统筹为基本出发点、推动两大结合、强化三大建设”。

1. 以城乡统筹为中部地区新型城镇化的基本出发点

城乡发展失衡、差距逐步拉大成为当前中国经济社会的突出矛盾。而中部地区更多的农村人口使得该地区二元经济结构问题更加突出，必然要求各级政府和部门重视城乡统筹，即要给予城乡居民平等的发展机会，通过城乡布局规划、政策调整、国民收入再分配等手段，促进城乡各种资源要素如劳动力、土地和资本等合理流动和优化配置，实现城乡经济社会的均衡协调和可持续发展。而中部地区新型城镇化是以人为本，要实现以人为本，就必须考虑中部地区占大多数的农村人口，因此城乡统筹体现了新型城镇化建设的区域共生理念和系统性思维。只有改进农业、改善农村、改变农民就业方式，才能从根本上提升城镇化的质量；只有统筹开发城乡资源、提升农业效率及发展方式，才能使县域经济拥有更大的创新发展空间；同时，也只有推动农村机制体制创新，借助城乡建设用地占补平衡，才能使城市获得更多的建设空间。

2. 以“两大结合”作为中部地区新型城镇化的关键

第一大结合是转移农村劳动人口与促进城镇就业结合。作为以人的城镇化作为核心的新型城镇化来说，就是要在人口城镇化过程充分考虑城镇化主体的广大农村劳动人口的生活水平的提高，一方面，要通过加大“三农”投入，提高农业生产水平，增加农业生产效率，增加农民收入，提高农村建设水平；另一方面，又要通过新型城镇化培育消费市场，带动中部地区区域经济发展，从而增加就业人口，提高农村转移劳动人口的收入和生活水平。

第二大结合是土地改革与金融创新相结合。土地和金融是解决新型城镇化的两大关键要素，无论是深圳模式的集体土地入市、嘉兴模式“两分两换”，还是重庆的“地票”交易、成都的土地产权交易市场，国内新型城镇化的成功案例都离不开对土地制度和金融工具的创新。深化统筹城乡土地制度改革，建立耕地保护基金制度，创新集体建设用地使用、地票交易与土地流转模式，探索国家级土地联储机制及某种程度的土地指标市场化分配机制，推进土地使用权、经营权的市场化、金融化。

3. 以“三大体系”作为中部地区新型城镇化的切入点

三大体系包括现代产业体系、现代城镇体系、现代生态体系。

现代产业体系包括现代农业体系、现代工业体系和现代服务业体系，现代产业体系是中部地区新型城镇化建设的根本支撑。现代产业体系决定着新型城镇化过程的资金来源及

劳动就业两大方面，因此，构建中部地区现代产业体系是保障中部地区新型城镇化发展的基础。

现代城镇体系主要包括中部地区新型城镇化的总体理念、战略路径、核心载体、重点产业、主要举措、关键政策等，现代城镇体系是实现城市发展与新农村建设相协调，实现区域资源的有效整合与区域价值的最大化提升。现代城镇体系一个重点就是优化布局，解决区域发展不平衡问题，优化布局是指优化城镇化布局和形态，根据环境承载能力构建科学合理的城镇化宏观布局。中部地区在新型城镇化建设中要以城市群作为主体形态来带动新型城镇化的建设，发挥城市群的辐射作用带动中小城市和小城镇的发展。如河南省主要依托中原城市群，借助于米字形高速铁路网、城际铁路网使中原城市群的辐射能力进一步增强，实现大中小城市交通一体、产业链接、服务共享，最终促进地区中心城市组团发展，县镇规模不断扩大。形成以城市群为主体形态，大中小城市和小城镇协调发展格局。湖南省构建以长株潭城市群为核心的“一核五轴”的新型城镇空间发展格局。积极推动各种层次的城市群和经济圈建设，形成以环长株潭城市群为主体形态，长株潭城市群为核心，区域中心城市为重点，县城和中心镇为依托的大中小城市和小城镇协调发展的城镇体系。江西省依托中心城市和重要节点城市，以交通主通道为轴线，以城镇群为主体形态，形成以鄱阳湖生态城市群为主体的“一群两带三区”的城镇布局主骨架，实现城市群带动区域中心城市发展进而带动县城发展的城镇化发展模式。山西省构建以太原都市圈为核心、以区域性中心城市为节点、以大县城为重点构建城镇群的“一核一圈三群”格局，走出大中小城市、小城镇和新农村协调发展的山西特色新型城镇化道路。安徽省以合肥都市圈和芜马都市圈为双核，分类发展县城。形成一批中小城市，带动县域经济发展，构建新型城镇化体系，形成大中小城市协调发展的格局。湖北省形成以大武汉为核心，与周边8个中小城市优势互补、资源共享、市场共通、利益共有的城市圈经济一体化格局，依托交通网络发挥城市圈辐射作用，带动中小城镇发展。

现代生态体系是指中部地区新型城镇化要体现尊重自然、顺应自然的理念，让居民呼吸新鲜空气，喝到新鲜的水，改善空气质量，提高城镇生活质量，要建设在生态文明引导下的城镇发展模式，建立符合生态保护要求的空间管制制度。鼓励绿色发展，倡导绿色生活方式，改善人居环境，实现城市发展从注重外延扩张向集约高效转变。如湖南省提出构建两型产业和两型生活，创造宜居宜业的环境，坚持资源节约和环境友好，让两型理念深入人心。把实现生态环境和经济社会可持续发展作为推进新型城镇化的根本目标。加大节能环保新材料、新技术的推广应用，走可持续发展的新型城镇化道路。

五、中部地区新型城镇化发展战略实施

中部地区作为东部地区和西部地区之间的过渡地带，其新型城镇化建设水平低于东部地区，但又高于西部地区。中部地区是我国城镇化建设的主力地区和潜力区域，选择合适的新型城镇化建设路径对于中部地区实现制定的目标具有重要的意义。中部地区应该结合自身实际选择适合的发展路径。

1. 整合城市群资源，优化城市群布局

中部地区六个城市群经济结构都比较相似、互补性不强、联系不紧密，各个城市群之

间处于一种松散状态，这很大程度上制约了中部地区新型城镇化的发展，因此中部地区应该整合城市群资源，构建一个巨大的城市组群，建立城市群联动机制，明确各个城市群的分工作用，加强城市群之间的合作和政策协调，使这个组群成为促进中部地区新型城镇化建设的加速器，促进中部地区崛起的引擎，成为中部地区承东启西、连北通南的平台。

2. 推动产业结构优化升级，强化中部地区的产业支撑力

新型城镇化是与工业化协同发展的城镇化，工业化是新型城镇化的依托。没有产业的新型城镇化注定是空心的城镇化。中部地区应该优化产业结构，淘汰高污染、低效益产业，发展高新技术产业，积极迎接东部地区产业转移。鼓励产业集聚，形成富有特色的产业集聚区，为农村富足劳动力提供充分的就业机会。优化一、二、三产业协调发展的格局，推动农业现代化的发展，大力发展第三产业，促进农村人口向城市集聚。

3. 加强发展职业教育和高等教育，建立人才培养机制同

应为农村剩余劳动力提供技术培训和职业指导，充分发挥中部地区的劳动力优势。加大教育投入，培养一批专业性的高水平的城镇建设人才。采取多种措施，吸引外出务工人员返乡就业或创业，实现流失人员的回流，解决异地城镇化的问题。健全引进、培养、使用人才的激励机制。

4. 推进金融体制创新，完善城市投融资机制

中部地区新型城镇化建设融资方式比较单一，仅靠政府资金和银行信贷的投融资模式已经无法满足需要，因此为了促进中部地区新型城镇化建设的持续进行，必须进行金融创新。构建城镇化发展融资平台，加强国家政策性银行参与新型城镇化发展的力度，放大资金撬动作用，降低城镇化建设的融资成本，尤其是支持县域金融的综合改革，放宽对县级政府融资平台的贷款准入，为新型城镇化建设提供充足的资金的支持。

推进江西省城镇化建设的若干问题分析*

罗珍珍　傅春　陈建军
（南昌大学中国中部经济社会发展研究中心　南昌　330031）

一、前言

大量研究表明，农民市民化是中国城镇化的核心问题。政府相关部门的官员也一再强调："城镇化的核心问题就是农民转为城市市民的过程"①，并提出要高度关注"城镇化进程中的农民城镇化问题"②。在某种程度上，村民市民化，即乡村农民转变为城镇市民，是中国城镇化进程面临的核心问题，这已经成为人们的共识。

人口城镇化在城镇化过程中具有极其重要的地位，在某种意义上可以说是城镇化的核心。据统计，2012 年江西省城镇化率为 47.51%，城镇常住人口已经达到了 2139.82 万人，城镇化水平从 1978 年的 16.75%增长到了 47.51%，略低于全国 52.57%的水平。30 多年来，江西的城镇化取得了快速发展，据预测，2020 年江西省城镇化率将达到 60%左右。这个数字仅仅只是理论的理想水平，切实推进城镇化建设需要从一线的农民着手。

调研对象：调研涉及南昌市、九江市、宜春市、新余市、吉安市、赣州市、抚州市和上饶市等 8 个辖区内的 20 个县级市，发放问卷 300 份，以农村居民为主，辅以少量城镇居民。

调研内容：主要包括居民自身基本情况、当地经济社会发展状况、当地生态文明建设、城镇化了解程度、农转非意愿度、农村与城镇差异及进城后生活等主要问题。受访对象自愿填写。

样本统计分析：根据调查问卷统计分析，共发放问卷 300 份，问卷回收 285 份，有效问卷 274 份，有效问卷回收率 96%。本调查对象主要是农村人，在所有受访对象中，男性占 71%，女性占 29%；已婚占 66%；在家务农者占 14%，在外打工或上班的占 67%，做生意的占 12%，拿退休金的占 1%，其他来源的占 6%；文化程度方面，小学及以下的占 14%，初中的占 32%，高中的占 18%，大学及以上的占 36%；年龄以中青年为主，18~45 岁占 67%，46 岁以上者占 19%，18 岁及以下者为 14%。

二、围城效应

对江西省 8 个辖区的 20 个县级市深入调查的汇总信息表明，当前大家对城镇化建设

* 江西高校哲学社会科学研究重大课题：江西融入"美丽中国"建设发展战略研究。

① 国家发改委城市和小城镇改革发展中心主任李铁在 2013 年 1 月 9 日新京报、腾讯网主办的"中国经济展望及城镇化发展高峰论坛"上的讲话，引自《杭州日报》2013 年 1 月 16 日，B3 版。

② 中央农村工作领导小组副组长陈锡文在 2013 年 1 月 26 日中国国际经济交流中心主办的"中国经济年会（2012—2013）"上的发言，引自《中国社会科学报》2013 年 1 月 28 日，A01 版。

的态度褒贬不一，但存在一个围城效应，80%的农村人想进城，75%的城里人想回农村。任何带有普遍性的共性问题，都由众多个性问题集中表现而出。为此，调研组决定从江西省各县级市所辖农村展开深入调查，以便了解全省一线农民的真实想法及现状。

1. 经济社会发展水平不高，民众生活的幸福指数偏高

调研发现，2%的人认为所在县域经济发展情况非常好，26%的人认为较好，52%的人认为一般，4%的人认为非常差。对于所在的乡镇，47%的人认为其乡镇经济发展一般，34%的人持不看好态度。可见，大多数农民觉得自身所在的县域及乡镇经济发展情况不容乐观。那些以务农为主要生活来源的群体中，家庭年收入几乎都在 1 万元以下，与 2012 年农村住户人均纯收入 7828 元相差甚远。在受访者中，61%的家庭耕地面积不到 3 亩，20%的为 3~5 亩，如今农村依靠种田为生的人越来越少，一方面因为收入低而成本越来越高，另一方面也由于惠农政策少，农民获得的农业补贴相当低，为此，很大一部分人改行或者将耕地租给其他人。

但是，64%的人觉得自家生活水平在当地为中等及以上，74%的人已经住上了水泥砖瓦房，29%的年家庭总收入在 3 万~5 万元，仅有 16%低于该水平。这说明受访对象年收入相对于城镇居民来说可能偏低，但是大多数人对当下生活还比较知足，幸福指数偏高。

2. 基础设施建设不够完善，生态文明较为落后

调研发现，仅有 33% 的农村居民觉得居住所在地的交通比较便利及以上，32%的人认为比较差，甚至是非常差，相对“村村通马路”的号召显得捉襟见肘；至少 62%的人生活所在地没有垃圾清运池，16%的人认为很少存在垃圾乱倒的现象；33% 的人家里还没有通自来水，50%觉得污水乱排的现象很普遍；可见，大部分受访地的基础设施建设还是不够完善，垃圾乱倒及污水乱排现象较普遍，这必然会导致农村的环境质量偏低，农村面源污染加剧。

同时，在这些基础设施建设落后的地区，70%的人选择将垃圾沿河丢弃，10%的人将垃圾运离自家门口集中丢弃于人烟稀少处，还有部分人未对垃圾进行分类就地焚烧处理；在 32%有垃圾清运池的地方，90%没有保洁人员定期进行清运，垃圾箱则成为摆设，形同虚设，时间一长，积累的垃圾散发恶臭，环境更加糟糕。这表明，居民还是喜欢拥有一个整洁的生活环境，碍于条件有限，加上部分农村居民的环保意识不强，生态文明建设比较落后。

3. 对城镇化的了解不深，农转非意愿度盲从性较高

在受访对象中，78%的人听过“城镇化”这个词，13%的人没有听过，9%的人表示不清楚；51%的人对城镇化有一定的了解，49%的人不了解；34%的人觉得城市好，25%的人觉得农村好，24%的人认为都好，13%的人觉得差不多，4%的人认为都不好，而是城郊好。尽管有一半的受访者对城镇化并不是很了解，对于农村和城镇之间的差距更不清楚，但有 72%的人愿意迁入城镇生活，44%的人选择本市，23%选择本县，9%选择省会南昌，13%选择到省外去生活。

在没听过城镇化的人群中，有 90%对城镇化根本就不了解的人都非常愿意进城生活，他们主要集中于一些四五十岁的人，自身文化素质偏低，存在一种盲从心理，缺乏主观意识，看见别人进城，自己只要条件允许的话也非常愿意进城追寻“市民梦”，同时又担心

进城后适应不了城里的生活，尽管如此，还是想要试一试。相对于农村，73%认为孩子在城镇能受到更好的教育；54%认为交通还算便利；48%认为工作机会多，收入高；45%认为养老、医疗等保障水平高、方便；44%认为购物等方便；25%认为文化娱乐活动多；12%认为住房环境环境整洁。大家对城镇教育优于农村是没有质疑的，迁入城镇可以创造更好的条件培育下一代，同时也有助于提升自身文化生活品位。

听过城镇化且对城镇化了解的人也有20%的不愿意进城生活，觉得农村更好。总体而言，城镇许多方面相对都会优于农村，但是对于地地道道的农民而言，现实中进城生活却存在许许多多的担忧，比如70%的人担心房价太高；57%的人觉得生活费用太高；35%的人担心就业难，收入不稳；28%的人担心城（镇）的环境质量太差；17%的人担心养老、医疗等保障落实不到位；16%的人担心户籍难以解决，孩子上学难；12%的人担心适应不了城（镇）的生活；12%的人担心家中房子空闲浪费；8%的人担心家中田地无人耕种；4%的人担心城（镇）的计划生育比农村严。由于自身条件不允许，进城生活对于弱势群体来说，只能是仰望，纵使再优越，也敌不过苍白的现实。

4. 进城后可选择的就业机会非常有限，沉没成本不可小觑

如果可能迁入城镇生活，9%的人会继续搞农业生产；27%的人进工厂打工或上班；14%的人从事建筑、房地产相关行业；其余的人则倾向于从事服务性行业、自己开店做生意。除非是转向行业不利于自身技术发挥而更换工作，将近一半的人还是青睐从事第三行业，受访对象中，90%的人对自己进城后就业形势持保守态度，认为自身可选择的就业机会不多，只能继续从事老本行，否则就会被淘汰。针对以农业生产为主要生活来源的14%的人群，有5%的人选择转入服务业，相对于收入低下（年收入几乎都是1万元以下）的农业，他们希望通过改行提高自身收入，但是也仅仅是依靠体力劳动来赚钱。

在81%有过外出务工经历的受访对象中，存在一个比较极端的问题：2%年龄较大的男性仍为单身，主要源于家境贫穷年轻时外出务工赚钱，待若干年后返回家乡时年纪过大，没有合适的对象。显然，成家与立业之间在某种程度上还是存在着一定的矛盾。

三、当前加速发展的城镇化令农村居民怀有不安

来自监管部门的动态监测结果与静态统计数据，往往是理性透视、深度分析行业发展与现状的重要依据。动态监测结果显示其“细胞”的活跃程度，静态统计数据显示其“肌体”的健康程度。

1. 城镇环境质量下降，交通日益拥堵

以省会南昌市为例，前几年南昌市的环境空气质量均达到国家二级标准，但在2013年变成超二级；同样与2012年相比，全省城市区域声环境质量昼夜间略有下降，噪声均值上升0.6分贝，道路交通昼夜间声环境质量保持稳定，功能区声环境质量略有下降，昼夜间点次达标率分别下降0.4和0.2个百分点（数据来源于《2013年江西省环境状况公报》）。种种迹象表明，全省城市区域环境质量在逐年下降，可见受访对象对城镇环境的担忧还是不无道理的。

如表1所示，1990—2012年，民用汽车合计总量增长了18余倍，摩托车增长了89余倍，汽车挂车增长了将近9倍，汽车驾驶员增长了50余倍，然而公路通车里程仅增长了3.5余倍，人均公路通车里程由1990年的198.5米下降为2012年的22米。可见，在这

22 年间，江西省交通工具数量的增长率远大于通车里程数，人均道路长度不断减小，这必然将导致交通更为拥堵的现象产生。

表 1　**近年江西省交通运输工具年末实有数**

指　标	1990 年	2000 年	2010 年	2011 年	2012 年
民用汽车合计（辆）	110432	247000	1476011	1814205	2116862
载货汽车	74424	131147	401679	467559	470113
载客汽车	29473	100794	956480	1229294	1527264
其他汽车	6535	15059	117852	117352	119485
摩托车（辆）	51630	891179	4172862	4452317	4670209
汽车挂车（辆）	5209	1190	39684	47898	51609
汽车驾驶员（人）	168842	791545	3911886	4531784	8752277

注：其他汽车从 2006 年起，将农业运输车列入民用汽车中其他汽车。

资料来源：《江西统计年鉴（2013）》。

2. 生活福利保障没有保证，买房落户希望更是渺茫

和谐的劳动关系是农村居民在城镇长期立足发展的基础，有助于吸引大量农民工进城务工，提升他们的归属感。据 2013 年江西省工商联对省内营业收入过亿民营企业调研，64. 7%的企业与全体员工签订了书面的劳动合同，11. 8%的企业与 90%的员工签订了书面劳动合同，仅有 33. 2%、34. 9%和 23. 9%的企业中全体员工参加了养老保险、医疗保险和失业保险等。再结合 2013 年全国农民工监测调查报告可知，2013 年全国外出农民工中有 15. 7%的人参加了养老保险，28. 5%的人参加了工伤保险，17. 6%的人参加了医疗保险，9. 1%的人参加了失业保险和 6. 6%的人参加了生育保险，相对于庞大的进城务工的农民队伍而言，大部分人还不享有“五险一金”等方面的福利。

同时，赣房景气指数由 2000 年的 99. 07 下降为 2012 年的 96. 25。如表 2 所示，2000—2012 年，商品房出租面积逐年增大，2012 年比 2000 年增长了 5. 19 倍，商品房待销售面积也增长了 5. 23 倍，而待售面积占可售面积的比重也呈增长趋势。

表 2　**近年江西省房地产经营主要指标**

指标/万平方米	2000 年	2005 年	2010 年	2011 年	2012 年
商品房销售面积	286. 69	1650. 12	2469. 73	2416. 85	2397. 10
商品房出租面积	4. 67	168. 94	23. 66	20. 58	28. 89
商品房待售面积	102. 90	228. 89	357. 99	472. 80	640. 57

资料来源：《江西统计年鉴（2013）》。

从单位面积商品房销售额看，江西 2013 年上半年为 5197 元/平方米，比上年同期上涨 15. 2%，二者在全国分别排第 13 位和第 4 位。从国家统计局对 70 个大中型城市房屋销

售价格抽样调查数据看，6 月南昌市新建商品住宅价格环比指数为 101. 2%，同比价格指数为 108. 6%，在全国 70 个被调查城市中分别居第 12 位和第 11 位①，高额的房价对于 61%家庭年总收入低于 7 万元的家庭来说，在城市买房立足的难度系数较大。

外出农民工中，租房居住（与人合租及独立租赁）的农民工占 36. 7%，比上年提高 3. 5%，在单位宿舍居住的农民工所占比重比上年下降 3. 7 个百分点。农民工务工所在城市规模越大，越依靠租房方式解决居住问题（数据来源于《2013 年全国农民工监测调查报告》）。

3. 人均月收入偏低，日常消费指数偏高

2013 年，全国外出农民工人均月收入（不包括包吃包住）2609 元，比上年增加 319 元，增长了 13. 9%（见图 1），但是，人均月生活消费支出 892 元，比上年增加 159 元，增长 21. 7%，比收入增长幅度高 7. 8 个百分点（其中，人均月居住支出 453 元，比上年增长 27%）。2012 年，江西省城镇非私营单位职工年平均工资 39651 元，农村住户人均年纯收入 7827. 8 元，这表明全国外出农民工年收入低于江西省城镇非私营单位职工年平均工资，但远高于农村住户人均年纯收入（数据来源于《2013 年全国农民工监测调查报告》及《江西统计年鉴（2013）》）。

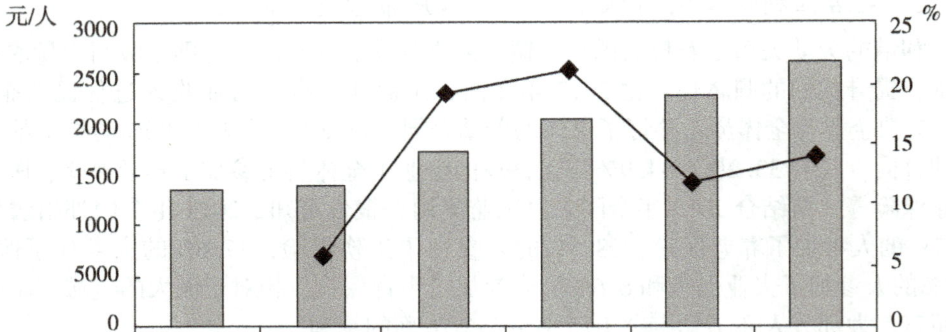

	2008年	2009年	2010年	2011年	2012年	2013年
人均月收入	1340	1417	1690	2049	2290	2609
增长率		5.7	19.3	21.2	11.8	13.9

图 1　外出农民工人均月收入和增长率

对于日常消费，1978—2012 年，江西省商品零售价格指数相对上一年变化总体不大，城市商品零售价格指数由开始的略高于省平均指数逐渐变化为略低，其价格波动较小，但农村商品零售价格指数由一开始略低于城市商品价格指数随后逐年攀升，并在 2000 年后超过城市商品价格指数，在这期间农村商品的价格波动较大，近几年接近平均水平，这表明，农村商品零售价格一直略低于城市零售价格（见图 2）。

① 涂姗华、焦毅：《上半年江西房地产开发形势及景气、预警分析》，《江西省人民政府公报》，2013 年第 14 期。

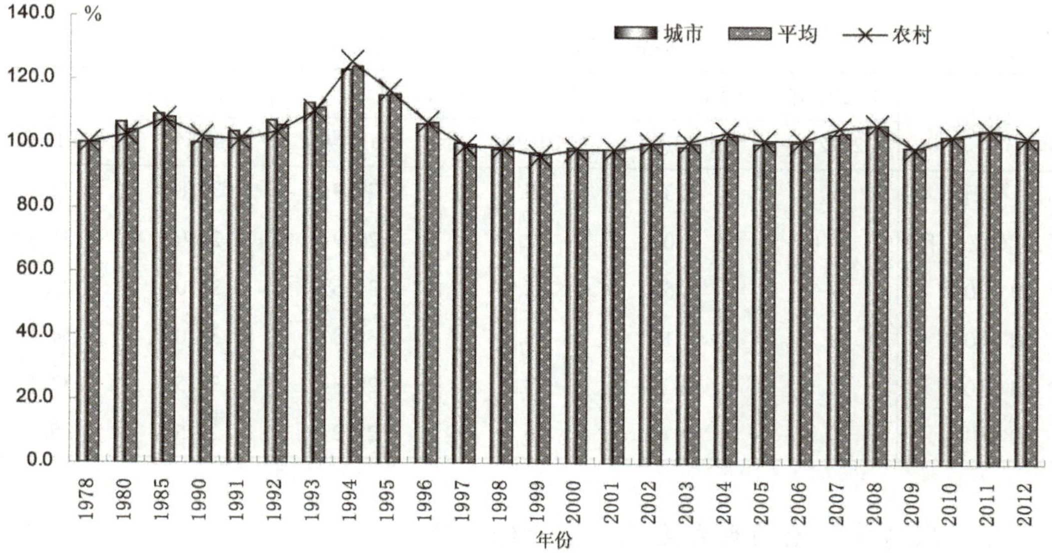

图 2　近年江西省商品零售价格指数

资料来源：《江西统计年鉴（2013）》。

四、当前农村居民对推进城镇化建设存在诸多担忧的原因复杂不一

1. 农民素质偏低，缺乏主观认识

农村基础条件恶劣，教育更是缺失，对于失地农民或者有意进城务工的农民很难或者无法得到及时可靠的城市劳动力市场的供给和需求信息，这就导致农民外出打工也就比较盲目。同时，由于农民自身文化程度偏低，大多以农活为主，在遇到侵犯权利利益时，有些甚至遭遇被骗或更坏的情况也不懂得利用法律武器来保护自己，维权意识较弱。

千百年来农民追求的脱离土地、脱离农业的“梦想”，不再过自给自足的乡土生活，甚至改变具有身份标志意义的户籍成为城市人，这种“城市梦”的思想在许多农民身上已根深蒂固，对它的追寻甚至达到一种盲从的状态，忽略自身的不足条件，不能清晰地认识到彼此差距，只为由“乡下人”变成“城里人”，此种舍本逐末将会产生一种焦灼状态，不利于推进城镇化建设健康发展。

2. 城镇准入门槛偏高，自身条件不太符合

农村居民在长期农业生产经营中积累的技能和劳动力因为离开土地而失去了赖以结合的生产资料，处于“失能”状态，加上缺乏一定的非农技能，失去土地后基本是作为一种“无能”或“弱能”的非农劳动力被迫参与非农就业市场的“平等”竞争。因此，农村居民在职业转换过程中出现能力不强、无法胜任工作是必然的。

根据《2013 年全国农民工监测调查报告》，接受过技能培训的农民工比例相对于上年虽有所提高，但仅占总量的 32. 7%，各年龄段农民工接受培训比重详见表 3，随着年龄的

增大，他们接受技能培训的人越来越少。

表 3　　接受过技能培训的农民工比重

指标	接受农业技能培训（%）		接受非农职业技能培训（%）		接受技能培训（%）	
	2012 年	2013 年	2012 年	2013 年	2012 年	2013 年
合计	10.7	9.3	25.6	29.9	30.8	32.7
20 岁及以下	4.0	5.0	22.3	29.9	24.0	31.0
21~30 岁	6.2	5.5	31.6	34.6	34.0	35.9
31~40 岁	11.0	9.1	26.7	31.8	32.0	34.1
41~50 岁	14.9	12.7	23.1	27.8	30.5	32.1
50 岁以上	14.5	12.4	16.9	21.2	25.5	25.9

3. “农转非”沦为形式主义，生活保障缺失

在当下农村居民“农转非”的实践中，改变的只是户籍登记的类别和形式，却没有赋予农村居民相应的城镇居民权利和待遇。相反，农村居民有可能因为户籍的改变而失去原有农业户籍成员的权益。如此，一方面，农村居民在缺乏自主选择权的背景下，完成了户籍登记的“农转非”，成为形式上的城镇人口；另一方面，转变了户籍身份后的农村居民依然不能同等地享受城镇居民的权利和待遇。正是基于这一系列的生活实践经验，出现了一些农村居民“不愿意做市民”、“不知道自己是农民还是市民”的现象。

大多数的进城务工农民无力支付在城市里买房居住的高额成本，又贷款无门，只能到偏远的城市周边，租住瓦楞纸板棚屋或搭盖的简易房，租房也是大多选择租金低的房屋甚至地下室，有的农民甚至选择工地等提供的简易帐篷居住。他们虽然长期居住在城市，可是没有城市户口，一般很难享受到普通市民的权利，在社会保障、医疗、住房、教育、养老保险等方面受到的待遇都远不如市民。

四、合力破解农村居民推进城镇化建设发展“潜在危机”的对策建议

当前农村居民对城镇化建设面临诸多担忧的状况，不仅对有效推进全省城镇化建设造成一定的影响，而且会拉大农村与城镇化建设差距。在城镇化进程中，不仅要实现城镇建设与经济发展的成绩，还要重视对于农民的合法权益保护的问题。

1. 大力推进中心村建设，让农村居民提前体验试“市民化”生活

以江西省修水县马坳镇黄溪村为例，黄溪村过去一直是个人多地少、资源缺乏的国家级扶贫开发重点村，如今作为一个中心村，集周边分散的贫困村户于一起的安置小区，房屋设计新颖、美观，还建有 1800 平方米的休闲广场，周边整洁卫生，每天都有保洁人员每家每户收集垃圾并运至处理中心统一清理。村庄建设主要是按照“村庄园林化、农业产业化、耕作机械化、土地田园化、农民工人化”的要求，确立了“工农相辅，忙闲结

合”的发展思路来发展农村经济。现在村民摆脱了传统的“脸朝黄土背朝天”的农耕生活，大部分人通过规模种桑养蚕或者在当地企业务工补贴额外收入。

多元化的收入使得村民过上了富足的生活，提前体验“城市人”在城镇的优越生活，真正享受着坐拥山间小别墅，共享天伦之乐的美好生活。

2. 合理提供住房保障，让农村居民有家可回

市场和政府两者相互配合，利用市场机制，同时政府为低收入居民提供优惠政策，实施公平的住房制度，解决务工农民居无定所的问题。将进城务工农民纳入经济适用房的申请范围，扩大经济适用房的数量和规模，并相应提高进城务工农民的住房补贴，满足他们的住房需求；推广廉租房的建设和使用，满足低收入人员包括进城务工农民在城市生活的住房需求；发展廉租房附近的配套公共设施，满足生活需求，让进城务工农民能更好地融入城市的生活，加快其市民化进程。

同时，务工农民可根据自身的条件来选择居住方式，在进城时间短、资金不足的情况下，可以选择单位提供的住宿条件；工作一段时间后，在资金较为充裕的情况下，可以选择租政府审批的廉租房等；如在城市已经打拼了很久，经济实力与一般市民相当，可以选择贷款或全款在城市里买房，安定下来。

3. 建立健全就业体系，让农村居民能够真正立足下来

规范就业市场保障体系，消除对农村居民的就业歧视，实现劳动力市场资源的优化配置，促使农村居民获得与城市居民相平等的就业机会，并建立城乡统一、平等的就业保障体系。

健全职业技能培训工作机制和就业信息平台提升农民工市场竞争力，促进农村居民在城市再就业。加大以职业技能、岗位技能为重点的职业培训力度，努力提升农村居民的转岗就业能力，政府也可以对农村居民采取“市民化”的教育方式，让他们更多地了解相关法律、城市生活理念、权益保护方面的知识，这不仅有利于强化农村居民守法意识，也有助于农村居民掌握用法律武器维护自身的权益。

要实现农村居民的身份转型并融入城市中，就要在义务教育、职业培训和其他培训形式层面上保障他们拥有公平的权利和对等的就业机会，这样才能保证他们通过自身奋斗立足于社会，并融入城镇生活，从而提高城镇化质量。

4. 切实完善社会保障，为农村居民解决后顾之忧

进城务工的农民在社会保障方面应享有与城市市民同等的权利，在医疗、工伤、失业、养老、生育等方面得到应有的福利。

对当代农民工以解决技能培训、就业和住房等保障为主，使其在城市中更好地生活、就业和消费，促使当代农民工完成市民化；而对农民工的下一代通过市民化的教育过程，从小塑造新市民，在未放开户籍的条件下首先对教育资源开放，如推进异地高考的改革进程等，同时加大对教育，尤其是学前教育和中小学教育方面的投入力度，从农民工的下一代开始公平接受教育，拓宽农民工群体提高自身素质及向社会中上层流动的渠道，通过代

际转换完成农民工的全面市民化。

参考文献

[1] 国家发改委城市和小城镇改革发展中心主任李铁在2013年1月9日新京报、腾讯网主办的“中国经济展望及城镇化发展高峰论坛”上的讲话，《杭州日报》2013年1月16日，B3版。
[2] 中央农村工作领导小组副组长陈锡文在2013年1月26日中国国际经济交流中心主办的“中国经济年会（2012—2013）”上的发言，《中国社会科学报》2013年1月28日，A01版。
[3] 涂姗华、焦毅：《上半年江西房地产开发形势及景气、预警分析》，《江西省人民政府公报》，2013年第14期。

中部地区小城镇建设的城乡统筹发展

孙元元
（武汉大学中国中部发展研究院　武汉　430072）

城乡统筹的关键在于农村经济的发展，而农村经济发展的关键又在于小城镇的快速发展。只有小城镇的发展才能系统解决农村劳动力转移、城乡收入差距扩大、农村社会事业发展滞后以及大城市的“城市病”和农村“空心化”等问题。加快小城镇的建设和发展进程，已经成为中部地区加快农业现代化进程、促进城乡统筹发展的关键所在。

一、当前中部地区城乡统筹中存在的问题

1. 城乡居民收入差距呈扩大趋势

中部地区农业生产力水平偏低、经营规模偏小、市场化程度不高、农业产业化不强的特征未根本改变，导致农民收入水平与城市居民的差距呈扩大趋势。2005 年，中部地区农民人均纯收入为 2958 元，城镇居民人均可支配收入为 8830 元，城镇居民人均可支配收入是农民人均纯收入的 2.99 倍，城乡收入的差值为 5872 元；2012 年，中部地区农民人均纯收入为 7435 元，城镇居民人均可支配收入为 20697 元，城镇居民人均可支配收入是农民人均纯收入的 2.78 倍，城乡收入的差值为 13262 元，可见中部地区城乡收入的比值虽然在 2005—2012 年略有缩小，但是城乡收入的绝对差距仍然在迅速扩大，如果加上城镇居民所享受的各种补贴，实际的城乡差距会更大。

2. 城乡消费水平差距巨大

城乡居民收入水平的巨大差距不可避免地导致了城乡居民消费水平和储蓄水平存在较大的差距。中部地区城乡居民人均现金消费支出的比值虽然从 2005—2012 年间有所减小，但是 2012 年城市人均现金消费支出仍然是农村人均消费支出 2.82 倍。从消费结构上看，中部地区农村居民人均消费性支出中食品所占比例也要高于城镇。

3. 城乡公共服务水平不均衡，农村社会事业发展滞后

中部地区公共服务供给机制存在较为严重的城市偏向，城乡社会保障、教育、医疗等基本公共服务标准差距较大，农村基本公共服务与城市双轨运行，不仅水平较低，而且还存在一些制度覆盖盲区。首先是中部地区农村社会保障体系建设刚刚起步，无论是覆盖面还是保障水平，都与城市存在较大差距，以安徽省为例，2012 年，安徽省城乡居民人均养老金为每年 640.9 元，而城镇职工基本养老保险的人均养老金为每年 19354.1 元，前者仅为后者的 3.3%。其次是中部地区农村师资力量薄弱，教育结构单一，教育经费严重不足，农民教育负担重，辍学率较高，人均受教育的年限大大低于城市居民。最后是中部地区农村的医疗卫生条件严重落后于城市，医疗人员少且专业水平低，医疗条件差，农民看

病难，因病致贫、因病返贫的问题在部分贫困地区相当突出。

4. 大城市的“城市病”和农村“空心化”日益严重

首先是中部地区大城市的“城市病”日益严重。伴随着中部地区快速的城市化，中部地区城镇人口、特别是六个省会城市的人口迅速增加，既对城市承载力提出了挑战，如城市生态环境的不断恶化和交通拥堵的日益严重，也给城市就业带来很大压力。其次是中部地区农村的“空心化”日益加剧。人口和资源过分向城市集中，同时中心城市的发展不仅没有带动乡村的发展，反而夺走了农村的大量资源、人力和投资机会，使中部地区出现了农村“空心化”现象。“城市病”和农村“空心化”的出现都不利于中部地区统筹城乡发展，只有使人口和资源在城市与农村之间合理流动与配置，才能有效缓解大城市的“城市病”和农村劳动力与资源的过度流失，促进城乡协调发展。

5. 以工促农、以城带乡的长效机制尚未建立

首先，农村人口无法真正融入城市，伪城镇化现象突出。伪城镇化产生的根源主要在于传统征地制度支撑下的城市化扩张，其主要表现是政府主导、被动式的城市化以及就业、社保等配套措施与人口非农化速度不匹配（马长发、刘双良，2011）。以上原因导致大量农村土地被快速城市化的同时，其承载的农村人口却没有同步融入城市化。

其次，非农产业与城市对农村剩余劳动力吸纳不够，城镇化滞后于工业化。城乡二元经济结构的存在，阻碍了生产要素及产品在城乡之间的平等交换，制约了非农产业与城市对农村剩余劳动力的吸纳能力，导致农村经济发展缓慢，弱化了工业化与城镇化之间的协调发展能力（陈瞻等，2013），突出表现为中部地区乃至全国的工业化水平和城镇化水平不相匹配。2012 年，中部地区的非农就业比率分别为 60.28%，根据钱纳里标准，中部地区的城镇化率应该位于 49.0%～52.7%，而 2012 年中部地区实际的城镇化率为 47.15%，可见中部地区实际城镇化水平低于与工业化发展水平相对应的城镇化指标，城镇化明显落后于工业化。

最后，中小城市对农村资源的集聚能力不足。中部地区城镇数量虽然较多，但城镇发展质量不高，制约了城市产业集聚能力的提升：一方面，中部地区的大城市发育不足，中心城市的辐射带动能力不强（孙红玲，2012），资源型中小城市与小城镇占主体位置；另一方面，中部地区众多规模中小的城镇，基础设施建设滞后，工业基础薄弱，文化、教育、医疗、社会保障等公共服务资源难以得到有效的配置，严重制约了人口和产业的集聚，中小城镇在城镇化过程中对农村资源的集聚效应和对农村经济的带动作用没有得到充分发挥。

二、利用小城镇建设推进中部地区城乡统筹发展的机制

1. 通过小城镇建设促进区域经济协调发展

通过小城镇建设促进区域经济协调发展，一是小城镇的发展既有利于缓解东部地区日益严重的人口、能源及环境压力，符合东部地区实施产业升级的现实需求，也可以确保内地工业化对劳动力的大量需求，对中部地区顺利承接沿海劳动密集型产业转移意义非凡；二是部分农民工返乡创业会直接推动县城的民营经济发展，使县城能够形成一定的产业支撑，极大

地提升县城的经济实力；三是可以带动资本等要素向城镇集聚，有效推动城镇发展。

2. 通过小城镇建设吸收农村富余劳动力，提高农民收入

小城镇是农业产业向城市延伸和城市产业向农村延伸的结合点，在小城镇适宜发展劳动密集型的中小企业，会使其具有吸纳农村富余劳动力，提高农民收入的优势。小城镇是沟通城乡的桥梁和纽带，在邻近农村的小城镇设厂，既有利于降低企业成本，又可增加农民就业机会，带动本地农村服务业发展，而且有利于在农业和加工业之间形成产业链（章爱群、章胜勇，2005），同时适宜小城镇发展的产业基本都是以中小企业为主体的劳动密集型产业，而且农村劳动力向小城镇转移所需付出的成本较低，因为小城镇人口压力很小，体制上更加灵活，农民工进入小城镇就业的门槛更低，障碍更少，这为小城镇吸纳大量的农业富余劳动力，积极促进农民收入提高提供了机遇，农民收入的增加又会进一步启动农村市场，拉动消费，带动国内的经济增长。

3. 通过健全小城镇的社会服务体系，促进农村社会事业的发展

健全小城镇的社会服务体系，主要在于积极建设学校、医院、公交、娱乐、广播电视、体育场馆等社会服务设施，逐步建立服务当地人口和流动人口的职业培训、就业中介和社会保障项目等服务。如此小城镇不但可以满足居民最基本的生活服务需求，改善当前小城镇农村型的生活形态，吸引农村人口向小城镇集聚，使在小城镇居住的农户和非农户享受公平的社会福利保障，还可以进一步通过小城镇的辐射作用，使小城镇周边农村也能享受相应的社会服务，从而促进农村整体社会事业的发展。

4. 通过加强小城镇的基础设施建设，构筑农村经济发展的物质基础

加强小城镇基础设施建设，是改善小城镇投资环境、集聚产业和要素，促进新农村建设，构筑农村经济发展的物质基础。中部地区农村的水利、交通、电力、通信条件较差，严重制约了中部地区农村经济的发展。通过完善城镇给水设施、道路排水和垃圾处理等设施的建设，强化小城镇流通设施建设，加强小城镇道路与中心城市、国道、省道、农村路网的连接，因地制宜建设农贸、小商品、牲畜、生产资料等市场，有利于不断开拓农村市场，扩大内需，有利于乡镇工业的集聚布局和开拓发展（耿虹、罗毅，2006），有利于新农村建设和城乡经济统筹发展的不断加强。

5. 通过促进乡镇企业的发展，形成“以工促农、以城带乡”的长效机制

积极发展乡镇企业，既可以以此为依托完善小城镇基础设施建设和社会保障体系建设，也可以增强小城镇的辐射功能，从而吸引更多的农民到小城镇就业和居住。通过促进乡镇企业的发展，可以提升农业产业化与工业化水平，加速农村人口的城镇化进程，凸显小城镇的经济中心地位，强化其对农村人口的吸引力，充分发挥小城镇作为农村和城市联系的纽带作用，使小城镇对农村经济的集聚能力不断提高，有利于推动城乡二元结构向城乡一体化转变，使小城镇成为构建“以工促农、以城带乡”长效机制的立足点。

6. 通过加强小城镇的要素集聚能力，有效缓解大城市的“城市病”和农村“空心化”

发展小城镇有利于解决中部地区城市化进程中的“城市病”，小城镇可以通过吸收大

量农村劳动力，阻止人口过度向城市集中，有效解决人口过度向城市集中所带来的交通拥挤、住房紧张、贫民增加以及犯罪率上升，小城镇还可以通过容纳大量的企业投资办厂，缓解城市工业过度集中所造成的环境污染、能源紧张以及居民生活质量下降等问题。而通过控制大城市规模，优先发展资源、交通、人力、基础设施等方面有明显和潜在优势的小城镇，可以防止人口和资源过分向城市集中，农村的大量资源、人力和资金得以流回小城镇，如此既有利于农村经济持续发展，也可以防止中部地区农村“空心化”现象的进一步恶化。

三、加强小城镇建设、推进中部地区城乡统筹发展的建议

1. 坚持科学规划小城镇

在编制城镇体系规划时，首先应该优化小城镇布局，将各类小城镇纳入分工明确、布局合理的城镇体系；其次是区分重点小城镇、具有发展潜力的小城镇以及一般规模的小城镇，选择部分经济实力较强、产业特色鲜明、发展潜力较大的重点城镇进行“扩权强镇”试点，给予其一定的县级经济社会管理权限，使其成为统筹城乡发展的重要节点；最后是合理布局小城镇的产业园区及专业性市场，促进城镇内外基础设施的统一布局和合力共建，加强小城镇的发展基础。

2. 加快中部地区城镇和农村的社会事业发展

优先发展职业教育，针对中部地区劳动力缺口较大的特定产业，以及农村剩余劳动力等特定人群，加大对中等职业教育和培训的支持力度，实施稳定的免费职业培训服务和资金投入机制。加快发展公共卫生体系，支持贫困地区的医疗机构建设和设施设备购买，提高贫困地区医生的补助水平；积极推进中部地区公立医院改革，鼓励社会资本兴办非营利性医疗机构，促进医疗服务多元化；完善基本医疗保障制度，提高“新型农村合作医疗”参保和报销的便捷性。不断完善社会保障体系，不断拓宽养老保险覆盖面，完善城镇企业退休人员等未参保群体参加养老保险政策，形成基本养老保险、补充养老保险、个人储蓄养老保险相结合的多层次养老保险体系。

3. 将小城镇建设与乡镇企业发展相结合

首先是积极创造就业岗位，吸引农村人口向城镇聚集，重点扶持能够有效解决就业，增强经济发展可持续性的乡镇企业（杨刚强、江洪，2011）。其次是努力增强小城镇的集聚功能，小城镇要通过完善基础设施，提供良好的发展环境和公共服务，把各类乡镇企业吸引到小城镇，并逐步把经济实力较强、发展特色鲜明的乡镇企业培育成小城镇的经济支柱，通过管理、协调和服务促进乡镇企业不断发展壮大。最后是将小城镇的发展与农业产业化结合起来，重点发展和培育农副产品加工和储运等服务业，使小城镇成为带动当地农业发展的农副产品加工储运中心和服务中心，积极培育和扶持市场潜力大的农副产品加工企业和具有当地特色的主导产业，加速农村现代化和城乡统筹进程。

4. 积极鼓励社会资本参与小城镇建设

积极鼓励社会资本参与小城镇建设，鼓励城镇和农村居民的自主创业，并为他们提供政策支持，积极探索解决小企业信贷问题的方法，改善当地的投融资环境（曹小琳、马

小均，2010)。中部地区各级政府除了加大对小城镇建设的财政支持力度，还应拓宽投资渠道，通过合理控制投资中的风险与收益，积极鼓励民间资本参与小城镇的基础设施建设，对小城镇的交通、水电、通信等基础设施的建设都可以尝试面向民间资本，政府则应对其加强监管。

5. 深化小城镇的体制机制改革

首先是改革户籍制度，建立有建立一种适应农村城镇化要求，有利于小城镇吸纳农村剩余劳动力的户籍制度，准许农民在具备一定条件后迁移到小城镇落户。其次是完善土地政策，建立土地使用流转制度，在土地使用上，应严格审批制度，对不同类型的用地采取不同的地价政策，不断促进土地集中以实现规模化经营，鼓励和促进分散发展的乡镇企业相对集中，连片发展，向小城镇聚集。最后是加快制定有利于小城镇发展的社会政策，主动建立社区服务、职业介绍所等社会服务组织，在养老、医疗、失业、教育、劳动就业等方面建立起必要的社会保障制度，将小城镇邻近的农村也逐步纳入社会保障的范围。

参考文献

[1] 曹小琳、马小均：《小城镇建设的国际经验借鉴及启示》，《重庆大学学报（社会科学版）》，2010 年第 3 期。

[2] 陈瞻、黄亚平、周敏、张忠伟、张吉勇：《中部地区中小城市新型城镇化道路与实施策略》，2013 年中国城市规划年会论文集。

[3] 耿虹、罗毅：《以小城镇建设为基点促进新农村建设发展——以武汉市汉南区新农村建设规划为例》，《城市规划》，2006 年第 12 期。

[4] 马长发、刘双良：《让城镇化去伪存真——增减挂钩的推进与“伪城镇化”的预防和治理》，《中国土地》，2011 年第 4 期。

[5] 孙红玲：《中心城市发育、城市群形成与中部崛起——基于长沙都市圈与湖南崛起的研究》，《中国工业经济》，2012 年第 11 期。

[6] 杨刚强、江洪：《中部地区城镇化发展现状与对策》，《宏观经济管理》，2011 年第 5 期。

[7] 章爱群、章胜勇：《小城镇建设是转移农村富余劳动力的有效途径》，《农村经济》，2005 年第 8 期。

河南省统筹城乡经济社会一体化发展的思考

帖鹏飞
（郑州铁路职业技术学院　郑州　450001）

一、河南省统筹城乡经济社会一体化发展的阶段性分析

河南是个农业大省、农民大省，农村人口约占全省总人口的70%，“三农”问题压力巨大。河南省历届党委、政府都非常重视用统筹城乡经济社会发展一体化，从根本上解决“三农问题”，自2003年起，河南省就以大力促进县域经济发展的形式拉开了统筹城乡发展的大幕，此后，又相继以建设“城乡一体化试点市”、“统筹城乡发展试验区”和“农村综合改革试验区”的形式将统筹城乡、科学发展的主题进一步引向深入。经过不断的实践和探索，这些试点市和试验区在统筹城乡发展方面均取得了显著成效。河南省统筹城乡发展主要有三个阶段：

第一阶段，自20世纪90年代初至2003年，重点是探索体制机制创新。这是河南省统筹“城乡经济社会发展一体化的起始阶段。省委、省政府为探索城乡统筹发展途径，选择济源、巩义、偃师等发展基础较好的18个县（市）进行扩权试点，扩大审批权限，项目直接报省等，形成了“十八罗汉闹中原”的生动局面。

第二阶段，2004—2008年，重点是持续推动县域简政放权。这是河南省把县域经济社会发展纳入城乡一体化的重点阶段。2004年省委、省政府赋予巩义等5个县（市）与省辖市相同的经济管理权限和部分社会管理权限，实施计划直接上报、财政直接结算、经费直接划拨、项目直接申报、用地直接报批等；扩大新密等3 0个县（市）的经济管理权限。2006—2007年又新增中牟等12个扩权县，扩权县达到47个，占44%。2009年5月，增加兰考等1 5个县为省财政直管县，在体制补助、税收返还、转移支付、财政结算、专项补助、资金调度等方面直接核定并监管到县，使省财政直管县数量达到21个。2005年河南省率先在全国免征农业税。另外还进一步加大县域改革，一是继续深化基层机构改革，县级政府机构和人员编制精简25%，减少乡镇153个，清退分流乡镇人员19万人。二是改革粮食购销和价格形成机制，国有粮食企业减少73.7%，妥善安置粮食企业富余职工19.7万人。三是全面推进农村义务教育经费保障机制改革，巩固和完善了农村中小学教师工资保障机制。四是推进县乡财政改革，96.8%的乡镇实行“乡财县管”。五是大力推进企业改革。积极推进县域国有和集体企业改革，采取改组改造、租赁转让、破产兼并等形式，基本完成了县域公有制企业改革任务。六是积极推进城乡一体化试点。在鹤壁等7个市县开展城乡一体化试点，鼓励、支持各地在户籍改革、就业和社会保障制度完善、城乡基础设施建设等一体化发展方面积极探索。

第三阶段，2008年至今，这是河南省城乡经济社会发展一体化进入关键阶段。全省

上下深入贯彻落实省委、省政府的决策部署，把产业集聚区建设作为统筹城乡发展的重要举措，通过城乡资源共享、人力互助、市场互动、产业互补，加大以城带乡、以工促农力度，建立城乡互动、良性循环、共同发展的一体化发展格局。按照“三规合一”（产业集聚区规划、土地利用总体规划、城市总体规划）、“四集一转”（项目集中布局、产业集群发展、资源集约利用、功能集合构建、带动农民向产业集聚区融合转移）、产城融合的基本要求，优化完善规划布局，加强政策扶持引导，推进体制机制创新，大力实施投资倍增计划和大招商行动计划，产业集聚区建设已取得明显成效，为统筹城乡发展做出了积极贡献。2010 年河南省共建成产业集聚区 179 个，完成投资超过 5000 亿元，占全省城镇固定资产投资的 36%；规模以上工业主营业务收入超过 1.1 万亿元、从业人员超过 140 万人，分别占全省规模以上工业的 35% 和 32%。一些贫困县、传统农业县依托产业集聚区大力承接产业转移，培育形成一批特色产业集群，带动了县域经济跨越式发展。

二、河南省统筹城乡经济社会发展一体化的主要做法

近年来，河南省统筹城乡经济社会发展一体化的做法主要有七个方面：

一是工作重心向农村延伸。河南省把解决“三农”问题作为全省工作的重中之重，明确提出全省上下必须把解决好“三农”问题作为全部工作的重中之重，坚持重在持续、重在提升、重在统筹、重在为民，按照稳粮保供给、增收惠民生、改革促统筹、强基增后劲的基本思路，全力以赴地抓好农业农村工作，切实防止忽视和放松“三农”，工作的倾向，进一步增强责任感和自觉性，采取切实有效措施，努力保持农业农村发展的良好态势，确保粮食生产不滑坡、农民收入不徘徊、农村发展好势头不逆转。努力保持粮食稳产增收。“十一五”期间，各类惠农补贴达到 154.6 亿元；改造中低产田 151 万亩，建设高标准农田 25 万亩，粮食总产达到 1087.4 亿斤，增产 9.6 亿斤，连续 7 年创历史新高，优质粮食种植面积占粮食总面积的 73.6%；完成 37 处大型灌区续建配套与节水改造和 400 座病险水库除险加固任务；新建改造县乡公路 5430 公里、通村公路 4675 公里；新增农村户用沼气 22.4 万户；建成村邮站 1.08 万个；解决了农村 513.2 万人的饮水安全问题。100 万农村贫困人口实现脱贫。350 个新农村示范村建设扎实推进。

二是财政资金投入向农村倾斜。省委省政府明确规定，按照总量持续增加、比例稳步提高的要求，不断增加“三农”投入。各级财政对农业的投入增长幅度都要高于财政经常性收入增长幅度。确保财政支出优先支持农业农村发展，预算内固定资产投资优先投向农业基础设施和农村民生工程，土地出让收益优先用于农业土地开发和农村基础设施建设。耕地占用税税率提高后，新增收入全部用于农业。严格按照有关规定计提和使用用于农业土地开发的土地出让收入，严格执行新增建设用地土地有偿使用费全部用于耕地开发和土地整理的规定。对各地土地收入用于农业农村的各项资金征收和使用情况进行专项检查。继续增加现代农业生产发展补助资金和农业综合开发资金规模。大幅度增加对农村公益性建设项目的投入，对病险水库除险加固、生态建设、农村饮水安全、大中型灌区配套改造等公益性建设项目，取消县及县以下资金配套。加强资金使用情况的监督管理，发挥财政资金最大效益。2010 年，全社会固定资产投资 16585.85 亿元，其中，农村投资 2651.03 亿元，增长 17.8%。发放农村低保金 27.96 亿元，农村低保对象 369.21 万人。

三是同步推进城乡三次产业。以县城和中心镇为依托，以特色产业为支撑，把乡镇企业、专业市场和小城镇建设有机结合起来，做大做强特色经济，形成了工业化支撑城镇化，城镇化提升工业化，健全了以工促农、以城带农、城乡互动长效机制。

四是同步建设城乡公共设施。按照城乡一体化的要求，引导城市公交、饮水供给、邮电等公共服务设施向农村延伸，2003 年以来全面启动了“千村示范、万村整治”工程，1000 个示范村建设和 6700 多个整治村建设。

五是同步发展城乡社会事业。把发展农村教育事业作为教育均衡化的重点来抓，统筹安排城乡教育规划、教育资源和教育投资。在全省实现基本普及九年义务教育和基本扫除青壮年文盲目标的基础上，提出了高标准的“普九”和普及 15 年教育的目标。制订实施教育、人才中长期改革发展规划。全力推进中小学布局调整和校舍安全工程，组织实施了一批农村初中校舍改造、特殊教育学校、中小学校舍安全工程项目。全面推进国家职教改革试验区试点，职业教育在校生达到 189.3 万人，规模居全国第一。2010 年合并组建 1 所大学，新增 2 所本科高校和 8 所高等职业学校。完善基本公共卫生服务体系，建设改造了 57 个县级医院、108 个乡镇中心卫生院、109 个城市社区卫生服务中心和 10990 个村卫生室。综合文化站覆盖全部乡镇，又有 1840 个自然村实现广播电视村村通，建成农家书屋 5200 个。千方百计扩大就业，多渠道开发就业岗位。2010 年，全省城镇新增就业 132.1 万人，失业人员再就业 38.2 万人，帮助困难人员就业 17.6 万人。农村劳动力新增转移就业 105 万人。城镇登记失业率控制在 3.38%。在推进城市社会保障体系建设的同时，建立保障对象全覆盖、保障形式多层次和保障资金多渠道的失地农民保障制度。出台城镇企业职工基本养老保险、流动就业人员基本医疗保障转移接续办法，开展城镇医保市级统筹和门诊统筹试点，解决了 79 万名关闭破产企业退休人员和困难职工的医疗保障问题，全面实现工伤保障市级统筹。企业退休人员养老金、城乡低保补助、农村“五保”对象供养标准以及新农合人均筹资水平进一步提高。43 个县开展新农保试点，参保人数达 1211.8 万人。投资 230 亿元，新建保障性住房 28 万套、2087 万平方米。完成城市和国有工矿棚户区改造 2.7 万户、274 万平方米。

六是同步建设城乡生态环境。加强重点流域、重点区域、重点行业污染综合整治特别是农村工业点源治理和农业面源治理。深入推进林业生态省建设，完成造林 416 万亩。在全国率先实现县县建成污水处理厂和垃圾处理场。2010 年单位生产总值能耗下降 3.5%，化学需氧量和二氧化硫排放量分别下降 0.8%和 1.2%。

七是着力推进发达地区和贫困地区互动发展。第一是改善贫困地区“三农”发展的基础。5 年期间，河南省投入基本农田建设资金 15888 万元，共改造基本农田 38 万亩。加强了基本农田建设，稳固了农业发展的基础，改善了贫困地区的农业生产条件，为稳定增加粮食及蔬菜生产能力奠定了坚实基础。第二是改善和优化农田水利基础设施条件。5 年期间，全省投入农田水利建设资金 19685 万元，共新打机井 281 眼，新增灌溉面积 56 万亩，有效地改善和加强了贫困地区水利基础设施条件，进一步提高了防灾和抗灾能力。第三是改善贫困地区交通条件。按照“形成网络、打通断头、开发资源、发展经济”的原则，中部地区崛起战略实施 5 周年以来，河南省通过以工代赈项目的实施，投入贫困地区农村公路建设资金 126031 万元，共新、改建农村公路 7160 公里，极大地改善了贫困地区县乡村的交通条件，活跃城乡之间的文化及物资交流，提高运输效益，推动了贫困地区经济和社会事业的发展。第四是解决贫困地区人畜安全饮水问题。5 年期间，河南省通过以工代赈项目的实施，投入人畜安全饮水工程建设资金 5352 万元，新打饮水井 533 眼，建设并配套引水工程 217 处，解决了 33.07 万人和 2.44 万头大牲畜的饮水安全问题。第五是提高贫困地区的农业综合生产能力。2010 年，河南省启动了扶贫片区开发试点项目，全省投入片区开发建设资金 166 万元，共修水泥路 6.9 公里，渠道硬化 2000 米，河堤护砌 180 米，拦河坝 1 座长 80 米等，加强片区内基础设施建设，促进贫困农民增收。第六是实施易地扶贫搬迁试点工程，为新时期扶贫开发以工代赈建设拓展了新的领域。从 2009 年开始，国家开始在河南省实施易地扶贫搬迁试点工程。首次易地扶贫搬迁试点工作在河南省洛阳、三门峡和南阳 3 个市的嵩县、汝阳、卢氏、南召、淅川、桐柏 6 个山区国家扶贫开发工作重点县开展。按照国家提出的"搬得出、稳得住、能致富"的要求，2009—2010 年，河南省累计投资 10184 万元，搬迁贫困群众 4277 户、18000 人，新建安置点 24 个、住房 15.9 万平方米，新修农村道路 37 公里，新铺设供水管道 22.4 公里等。

三、河南省统筹城乡经济社会发展一体化的问题

自 1978 年农村实行联产承包责任制以来，河南省经济持续高速增长，城乡社会经济面貌总体上发生了根本改变，但是，城乡发展差距持续扩大，农村社会事业发展滞后，农业基础设施脆弱，生产水平低下，农民收入增长缓慢，统筹城乡发展还存在较多问题，突出表现在以下几个方面。

1. 城乡经济差距越拉越大

从居民收入和支出方面看，2010 年，河南省农村居民人均纯收入 5523.73 元，农村居民人均生活消费支出 3682.21 元；城镇居民人均可支配收入 15930.26 元，城镇居民人均消费支出 10838.49 元；农村居民家庭恩格尔系数为 37.2%，城镇居民家庭恩格尔系数为 33.0%。从固定资产投资总额看，农村固定资产投资有较大幅度提高，但增长速度远远低于城市，进一步增加了城乡差距。

2. 城乡政策区别明显

主要表现在：

一是城乡不统一的户籍制度。户籍制度是劳动力的社会性和区域性的主要制度，决定着劳动力在区域间和区域内的流动能力，是劳动力市场分割的主要原因。把劳动力分为城镇和农村，与统筹城乡经济发展所要求的城乡统一、开放、竞争及有序的大市场的目标模式相背离。

二是城乡不平等的就业政策。农民工是指具有农村户口而在城镇务工的劳动者，是我国城市经济建设中的一支生力军，对城市发展起着重大作用。但由于种种原因，他们生活在城市社会的边缘，他们的户口仍在农村。他们劳动风险高，流动性强，往往不能按时足额领到劳动报酬，享受不到与城镇工人一样的就业政策。

三是城乡不平等的社会保障体系。长期以来，农民一直以土地保障为基础、以家庭保障为核心。随着城市化和非农化的发展，人均占有的耕地越来越少，土地的保障功能越来

越弱。家庭保障存在着明显的脆弱性。农村人口老龄化和农村家庭小型化倾向的加剧，使得家庭保障功能也受到削弱。然而，在传统保障机制被逐渐削弱的同时，农村社会保障体系的重建工作却十分缓慢，依旧十分脆弱。

3. 城乡文化发展不平衡

一是教育投入在城乡之间的分配不均衡、不合理。城乡二元化结构直接导致了教育投入政策围绕"以城市为中心"，这造成了城乡教育间的巨大鸿沟。特别是师资与投入，成为困扰农村教育发展、阻碍农村孩子享受优质教育资源的两大瓶颈。据中国社科院的调查，2002年全社会的各项教育投资是5800多亿元，其中用在占总人口数不到40%的城市人口上的投资占77%，而占总人口数60%以上的农村人口只获得23%的教育投资。河南省一些地市在探索教育均衡发展方面作出了许多努力，如郑州市规定：市直学校每年下乡交流人数应不低于全体教职工的10%，实现一定区域内城乡教师均衡调配，让城市和农村的孩子能站在同一起跑线上竞争成才，但离彻底解决城乡教育差距还有相当大的差距。

二是农村文化设施严重落后。发展农村文化事业和产业是加强农民素质教育的重要途径。因此，农村文化事业和产业的发展也是从侧面衡量农民文化素质的一个标准。电视、电影、文学作品和各种文化娱乐形式，对农民群众具有很大的教育作用。近年来，河南省高度重视农村文化设施建设，全省农村文化事业和产业有了较快的发展。如在一些比较发达的地区，已经基本实现了乡乡有文化站或文化中心。

4. 城乡社会差距拉大

一是城乡在获得社会资源方面很不平等，农村医疗落后。主要表现在乡村卫生医疗基础设施不完善、医疗设备落后、卫生人员素质低。1992年体制改革时，把乡镇卫生院的财权下放到了乡镇政府，但其人员、业务仍归县卫生局管理。由于改革不彻底，一方面乡镇政府财政困难，对卫生院投入较少，甚至为零；另一方面，卫生主管部门又疏于管理，形成了乡镇卫生院投入、管理的"真空"，农村医疗卫生市场秩序混乱，无序竞争、无证行医现象较为严重。农村医疗市场特别是村级个体诊所无证行医现象严重，这些个体诊所多数没有建立必要的规章制度，不遵守操作规程，看病不登记，用药无处方，转诊无记录，收费无发票，医疗工作随意性很大。一些利欲熏心的人把病人当摇钱树，小病大治、开大处方、重处方，有的低价从非正常渠道购买药品，甚至使用假冒伪劣药品。医疗卫生费用上涨过快，农民不堪重负。

二是农村基础设施建设相对滞后。近年来，尽管国家和河南省出台了大量促进农村经济发展的相关政策，农村基础设施建设投入力度不断加大，农业生产生活条件不断改善提高，但总体来看，农业基建投资占基建投资的比重并没有相应提高，农村基础设施投入严重不足。由于受农村基础设施投入不足瓶颈制约，部分行政村灌溉和生活用水设施严重老化，导致水资源浪费。同时村上不存在进行科技服务活动的场所，没有文化设施，村民一般不进行集体文化生活，也没有生产和生活垃圾、污水等处理设施，从而很大程度上影响了农村居民的正常生产和生活。造成城乡发展存在差距的原因主要有以下五点：

（1）财政金融支农政策不力。从国家财政支农的比重来看，呈下降趋势。国家财政用于农业的支出占财政总支出的比重并不高，1991—1997年，该比重分别为10.3%、

10.0%、9.5%、9.2%、8.4%、8.8%和8.3%，一直处于下降趋势，1998年提高到10.4%，近年来大致维持在8%的水平。河南省地方财政支农力度也具有同样的特征。从商业性金融和政策性金融的贷款投放来看，金融机构成为农村金融的“抽水机”，随着农业银行商业化改革步伐加快，并上收贷款审批权限，农业贷款规模逐年递减，由于财政金融政策过于向工业和城市倾斜，造成农村资金大量外流。农村信用社和邮政储蓄成为农村资金外流的主渠道。

（2）二元制结构的城乡分割。城乡分割的二元制结构，人为地把我国分割成市民与农民相区别，城市与农村相互隔离的社会。在城乡实行不同的税制、户籍管理制度、社会保障制度、就业制度等，这种二元制度深入社会、经济、政治、科技、教育、文化和法律等各个领域。

（3）城市化滞后。城市化可以促进城乡生产要素的聚集，合理配置资源、改善城乡功能和结构，推进农村市场化和现代化，实现城乡制度，管理体制、市场、户籍和社会文明等方面的接轨，加快城乡一体化进程。2010年，河南省的城市化水平仅39.5%左右，比全国城市化水平低10%，与发达国家城市化水平相差1倍。城市化滞后导致了一些问题；吸纳农村剩余劳动力的能力有限，难以消化和解决大量农民在城市就业的问题；拉动经济增长的能力有限，三个农村居民的消费水平抵不上一个城市居民的消费水平；使农业生产规模化经营难以形成，阻碍了农民收入的提高，使居住过于分散的农村生产生活条件得不到彻底改善。农村经济环境和农民生活质量的改善，最终取决于农村人均占资源的条件，正是在这个意义上，出路在于通过发展城市，彻底改变农村人口远远多于城市人口的格局，解决城乡差距这个难题。

（4）城乡资源配置不合理。相当长一个时期，我国运用各种行政手段，从社会各方面尤其是农村中集中有限资源，为工业的发展服务和城市的扩容提供了原始的资金积累，导致资本、技术、人才和信息等生产要素相对集中在城市，促进了城市的发展、抑制了农村的发展。

（5）以工促农、以城带乡的长效机制尚未建立。目前，河南省总体上进入了以工促农、以城带乡的发展阶段，但统筹城乡发展的能力还有待于进一步提高，需要进一步规范转移支付、完善农业补贴政策、加强政府支农资金管理等。一些涉及统筹城乡发展的深层次改革，如推进户籍制度改革、建立覆盖城乡的统一的社会保障体系，以及形成促进农村土地依法流转的机制等方面，还需要进一步加大改革力度。

四、乡经济社会发展一体化的对策建议

近年来河南省统筹城乡经济社会发展一体化尽管取得了显著成效，但仍存在诸多困难和问题，农业基础仍很薄弱，城乡差距持续扩大，统筹城乡发展的任务仍十分艰巨。统筹河南省城乡经济社会发展一体化的关键，是加快农业和农村发展，尽快打破城乡“二元结构”和“二元体制”，消除制约城乡协调发展的体制性障碍，推进城乡互动，促进工农互补，实现城乡经济和社会协调发展。对策建议如下：

1. 树立统筹城乡经济社会发展一体化的正确理念

农民处于末等地位是农业和农村长期不景气的深层根源。赋予农民一个平等的社会地

位是解决“三农”问题的关键。长期形成的城乡二元经济结构背景，对很多人的思维方式产生了重要影响，有些人自觉不自觉地认为，中国这么大的地域，到处都搞得比较漂亮，所有人都过上富裕生活在短时间内是做不到的。所以自觉不自觉地考虑，首先要满足城市，然后满足农村。不改变这样的观念，就无法真正实现统筹城乡发展。只有各级政府和城市市民彻底转变长期以来形成的不正确的观念，真情关爱农民，真诚对待农民，真心帮助农民，建立城市反哺农村、工业反哺农业的投入机制，才能真正实现统筹城乡经济社会发展。要树立统筹城乡发展的理念，一要深化理论研究和学习。从理论高度阐明“统筹城乡发展”的重要性、迫切性和必然性，阐明“打破城乡二元经济结构”的理论依据和实践经验，使人们从理论上牢固树立起只有统筹城乡发展，才能促进经济社会全面发展，实现全面小康社会的战略思想。二要搞好舆论宣传。充分利用广播、电视、互联网、报纸、杂志等一切可以利用的手段宣传，做到家喻户晓，人人皆知“统筹城乡发展，实现全面小康社会”。三要抓好典型引路。抓好信阳农村综合改革和新乡城乡统筹试点工作。

2. 构建城乡统一大市场

在计划经济体制下形成的从农村到城市的要素单向流动模式导致城乡差距将越来越大。实现城乡一体化必须打破限制城乡资源有效流动的制度障碍，构建各种资源从非农产业和城市向农业和农村流动的机制和平台，具体包括：(1) 改革户籍制度，引导城乡劳动力的畅通流动；(2) 完善信贷机制，构建城乡资本市场，消除农村经济发展的资金瓶颈；(3) 发展城乡统一的人才市场，整合智力资源，吸引人才到农村创业。为此，要着力建立和完善城乡统一的市场，打破城乡、地区和所有制界限，建设包括商品市场、各类要素市场在内的综合市场体系，并规范市场行为，实现工农衔接、城乡衔接以及农户与市场衔接，实现经济要素向利益最大化的产业空间区位的自由流动，保证资源配置的效率。特别是建立城乡统一的劳动力市场和人才市场，统一管理城乡就业，满足城乡经济发展的需要。

3. 推进城乡一体化规划，实现城乡各类资源的整合

河南省在推进统筹城乡经济社会发展一体化过程中，要改变过去那种就城论城、就乡论乡的城乡分割型的规划建设做法，把更大区域范围内的居民点，工业布局、基础设施网络作为整体进行统一规划和建设。尤其要重视土地利用的总体规划，促使城乡职能一体化与空间一体的有机结合。

4. 以产业发展为支撑促进城乡经济协调发展

产业发展是推进城乡一体化的基本动力。农业是推进城乡一体化的原始动力，工业是实现城乡一体化的根本动力，第三产业是加速城乡一体化的后续动力。没有第一、二、三产业的互助和城乡经济的相融，也就没有城乡一体化的经济基础和持续发展。

5. 以县城和区域中心城镇为重点构建区域性城乡一体化的体系

我国现在大多数城镇综合功能不强，区域中心地位不明显，不能有效成为城乡一体化的空间载体。因此发展县域经济，经以产业发展为依托，以县城、区域中心城镇为重点，统筹城乡经济社会发展。按照统筹区域发展的思路，必须选择具有区域性辐射功能、基础

设施较齐全、产业基础发展较好的县城和区域中心城镇为重点，率先发展，形成布局合理、功能完善的市域城镇体系，有效推动城乡一体化发展。

6. 完善相关统筹，城乡经济社会发展一体化制度保障

城乡一体化是一项长期的、系统的工程，各个部门必须制定相关的配套政策，包括城乡户籍制度、就业制度、土地使用制度、财政金融制度、城乡行政管理制度、社会保障制度等到。

7. 以破解“四大难题”加大统筹城乡一体化力度

钱从哪里来？人往哪里去？粮食怎么保？民生怎么办？这是河南当前和今后较长时期必须解决的“四大难题”。这深刻揭示了河南省城乡“二元”结构、“三农”问题与经济结构调整和经济发展方式转变的相互交织、互为掣肘的特点。一方面，河南省人口多、底子薄、基础差，统筹城乡一体化发展的难度很大、任务艰巨；另一方面，统筹城乡的难度也说明加大城乡统筹发展对河南省经济社会发展具有“牵一发而动全身”的重要性。可以说，资金、土地、农村剩余劳动力、粮食增产、农民收入水平和保障水平等问题，只有纳入统筹城乡发展的战略去规划去设计，才能找到政策着力点和工作突破口。一是通过市场运作、多方筹资，解决统筹城乡发展的资金难题。统筹推进城乡发展，应发挥城乡两个积极性和创造性，用足用活各种政策，以市场化为动力，探索建立“政府引导、农民主体、部门联动、社会参与”的融资机制。二是新型城镇化、就业多元化，解决统筹城乡发展的人力资源难题。全国在外地务工的1.5亿农民工中，河南有2000多万。河南省统筹城乡发展，就是要创造更多更好的工商业模式，为加大工业、农产品加工业、旅游业对农民工的吸纳创造条件，为加大农民在本省本县就地转化为农业工人提供政策支持。在统筹城乡发展、推进城镇化过程中，要充分考虑产业、居住、就业、社保等要素，按照“易聚则聚、易散则散”的原则，重点在让农民享受城市居民一样的社会保障和公共服务上下工夫，体现城乡统筹的发展性、相容性、多样性和共享性。用统筹城乡的战略思维和路数，发展以省会郑州为中心的中原城市群，将中原城市群打造成新型工业化、新型城镇化和农业现代化协调推进、统筹城乡发展的示范区。以产业集聚区为重点，进一步壮大县域经济，促进中小城市（含县城）发展。加强就业培训服务体系建设，提高农民素质和技能，进一步打响“河南劳务经济”品牌。三是规模经营，解决统筹城乡发展粮食问题。河南承担着保障国家粮食安全的重任。粮食不减产、农民要增收，是河南省统筹城乡发展必须处理好的重大问题。坚守耕地不减少。以严守1亿亩耕地“红线”为基点，选择部分市县展开试点，从农村土地收益中拿出一定比例，建立耕地保护基金，用利益机制强化对耕地保护的约束。促进耕地集中，规模经营上水平。重视耕地投入和农田水利设施建设，打造粮食核心区。抓好农业科技创新和推广能力建设。四是还权赋能、加大投入，解决统筹城乡发展中的民生难题。统筹城乡发展，就是要从根本上打破60多年来阻碍农村农民发展的城乡“二元结构”的桎梏，让河南6300万农民拥有同城市居民一样的权利和生存发展条件。

参考文献

[1]《河南统计年鉴（2009）》。

[2] 周琳琅：《统筹城乡发展理论与实践》，中国经济出版社 2005 年版。

[3] 宋海英：《统筹城乡发展研究述评》，《理论参考》，2005 年第 4 期。

[4] 张平军：《统筹城乡经济社会发展》，中国经济出版社 2004 年版。

[5] 漆莉莉：《中部地区城乡融合度的综合评价与分析》，《江西财经大学学报》，2007 年第 4 期。

[6] 王婷：《浙江省城乡统筹与经济发展关系实证研究》，《重庆工商大学学报（西部论坛）》，2008 年第 3 期。

[7] 杨振宁：《城乡统筹发展评价指标研究——基于时间序列》，《农村经济与科技》，2008 年第 11 期。

[8] 童玲玲、梁雪春、刘艳：《江苏省城乡统筹评价体系评估及探讨》，《特区经济》，2007 年第 10 期。

[9] 吴永生、高珊、杨晨：《江苏省城乡统筹空间格局动态研究》，《地域研究与开发》，2007 年第 4 期。

[10] 高珊、徐元明、徐志明：《城乡统筹的评估体系探讨——以江苏省为例》，《农业现代化研究》，2006 年第 4 期。

进城落户人口依法退还农村承包地的对策思路

郭熙保

（武汉大学经济发展研究中心　武汉　430072）

农民工市民化的口号已喊了多年，但进展缓慢，收效甚微。决策者和学者都认为，农民工市民化进展缓慢的根本原因是户籍制度改革进展缓慢，因此把焦点都放在如何放开城市户籍限制，包括如何把农民工纳入城市住房和其他社会保障体系等。中央从十七届三中全会到十八届三中全会都强调要进行户籍制度改革，加快推进农业转移人口进城安家落户，并提出了"三个1亿人"的具体目标。笔者认为，农民工市民化是个综合性、全局性的系统工程，局部改革或单兵突进是不可能实现农民工市民化的。农民工市民化之所以进展缓慢，不仅是城市户口迟迟没有向农民工开放，更重要的是其他配套改革措施没有到位。城市户籍制度改革以及与此相关的社会公共服务和社会保障体系的改革，只是农民工市民化系统中一个必要的环节，而不是全部。譬如，户籍制度改革不只是放松城市户籍限制，接纳农民工为城市居民就完事，而是要从全局、整体的角度消除阻碍人口在城乡之间、城市之间、乡村之间自由流动和自由迁徙的一切制度限制，也就是在全国范围内取消户籍限制，包括城市户籍和农村户籍限制。此外，农民工市民化也不是一个户籍制度改革问题，而且还涉及土地制度改革，因为农民工在农村还有承包地和宅基地，这些土地在农民工市民化中如何处置，也是非常重大的问题。本文认为，户籍制度改革与土地制度改革必须同步推进，并从农村集体成员的角度入手提出改革方向和实施路径。

一、农业劳动力转移进入新阶段

农民工是对农业转移劳动力的特有称呼，是中国的特有现象，在国外不存在这种情况，在英语单词中也找不到农民工这样的词汇。在发达国家，工业化、城市化和劳动力转移基本上是一个同步的过程，因此，刘易斯二元经济发展模型描述的劳动力转移过程也是一个农业经济形态向工业经济形态不断演进的工业化过程，同时也是一个农村人口不断向城市迁移的城市化过程。也就是说，农民在实现职业转换的同时，也实现了身份的转换和地域的移动。

中国的情况则不同。劳动力转移过程被分成两个独立的阶段，即农村劳动力首先是实现职业的转换，然后再是身份的转换和地域的移动。自改革开放以来，经过30多年的不断转移，前一个阶段已基本实现。能够转移出来的农业劳动力大部分转移出来了，现在留在农村从事农业生产的大部分因年龄偏大和文化偏低而无法转移出去。据国家统计局最近发布的《2013年全国农民工监测调查报告》，截至2013年底，我国有2.69亿农民工在从事非农业工作，其中1.66亿是在异地务工经商，占农民工总量的比例达到62%；在异地转移人口中，跨省转移的有7739万，占异地转移的46.6%。在地级以上城市务工经商的有1.06亿，占农民工外出农民工总数的63.9%。新生代（1980年后出生）农民工有1.25亿，其中异地转移的有1亿，占外出务工新生代的80%。这表明我国异地务工经商的农民工中大部分是青年人。此外，在1.66亿异地转移人口中举家全迁的有3525万，占异地转移人口的21.2%，这也是个不小的比例，这部分农民家庭基本上脱离了农村，完全融入了城市生活。

但是，这2.69亿农民工的身份仍然是农民，这1.66亿异地转移的农民工虽然长期在城市工作和生活，但仍然不能获得城市居民的身份，不能与城市居民同等享受所在城市提供的住房、教育、医疗和养老等各项社会福利和社会保障。客观原因是农民工所在城市财力有限而无法承担这么沉重的公共财政支出，主观原因是来自城市既得利益集团不愿意与农民工共同分享城市提供的各种社会福利，因此不愿意为农民工转城市户口。例如，珠三角地区为农民转户的条件极为苛刻，只有极少人能够成功办理城市户口，如广州，在2010—2013年，为农民工上户口的人数只有9000人；东莞每年为农民工办理户口的人数至多也只有1万多人，而2012年只有6000多人；深圳多一些，2010年农民工转户的只有3200人，2011年上升到1.4万人。① 这些入户的农民工基本上是年龄较轻、文化程度较高、收入较高者。他们实际上并不增加城市的财政负担。对少数农民工发放城市户口，并没有解决农民工市民化问题。

30多年来农业劳动力转移累积起来的城乡不平衡问题已越来越突出，而且政府掌握的财力也越来越雄厚，已到了非要解决农民工身份不可的时候了；从决策层面讲，2008年以来，从党的十七届三中全会到党的十八届三中全会，2014年的政府工作报告，再到6月30日中央政治局提出户籍制度改革的有关决定，中央对推进转移人口市民化和户籍制度改革的决心越来越大，方向和目标越来越明确和具体。因此可以认为，城市户籍制度改革已箭在弦上，那些长期制约农民工在城市落户的障碍将会被消除。笔者相信城市的入户大门不久将会向农民敞开。接下来，问题已经转到另一方，即作为市民化的主体，农民是否愿意进入城市大门将成为新的关注焦点。

二、土地制度改革将成为农民工市民化的关键

已在城里务工经商多年的农民工，尤其是新生代农民工和举家全迁的农民工，大多数愿意在城市安居乐业，而不想回到农村。这已被一些农民工市民化意愿调查所证实。国务院发展研究中心课题组一份调研报告对7000多农民工的市民化调查发现，80%的被调查对象愿意定居城市，即使不对他们放开城市户口。特别是新生代农民工更是愿意定居城市，被调查对象中有91%的人愿意定居城市。②

农民工愿意在城市“安家”，并不意味着他们愿意在城市“落户”。我国许多学者对此开展了问卷调查，结果显示，大多数农民工并不愿意把农村户口转为城市户口。张翼对12万农民工的问卷调查发现，在不预设条件的情况下，80年前出生的农民工群体中只有

① 何绍田：《制度创新推动中国珠三角新型城镇化研究》，武汉大学博士论文，2014年。

② 国务院发展研究中心课题组：《农民工市民化的总体态势与战略取向》，《改革》，2011年第5期。

20%愿意转为非农业户口，20 世纪 80 年代后出生的农民工群体中也只有 24.6%愿意转为非农业户口。但如若让农民工放弃承包地来换取城市户口，则 90%的农民工不愿意转为城市户口。① 还有其他类似研究都证明了农民工转户的意愿都比较低。例如，张丽艳和陈余婷根据广州、东莞、深圳的700 多农民工抽样调查资料得出的结论是，只有 34.6%的新生代农民工愿意把户口迁入城市，而近 65.4%被调查对象不愿意迁入户口。② 卢小君和向军对大连市农民工市民化意愿进行了调查，从 459 份有效问卷中得到的结果是，只有 45.8%的农民工愿意把户口迁入城市，如果要其退出宅基地和承包地，则迁入户口的意愿就下降到 32.7%。③

农民工既想生活和工作在城市，但又不愿放弃农村户口。这种矛盾心理主要不是源于对农村的留恋，而是产生于利益的考虑。农民工在农村拥有承包地，它已经成为农民重要的财产收入来源。过去，承包地发挥着福利功能和保障功能，现在这一功能在弱化，而是让位于财产功能。④ 假若每亩承包地租金是 500 元/年，一家 6 亩承包地年收入就是 3000 元。对农民工来说，这可是个不小的数目。以上对农民工市民化的问卷调查，都是在现行土地制度下进行的。现有的土地承包法要求承包农地的农民在迁入城市获得非农业户口时必须无偿交出农村承包地。⑤ 在承包地成为农民工一项可以获得收入的财产时，他们宁可不要城市户口，也要保留农村承包地。当农民工取得城市户口而得到的收益还没有把承包地无偿退给集体所产生的损失大时，他们是不愿意在城市落户的，尽管他们向往城市的现代化生活，愿意在城市长期定居。

这样，农民工市民化就遇到新的瓶颈。当所在城市消除户籍约束，愿意接纳农民工，为其登记城市户口时，农民工却不愿意转户，市民化就会陷入停滞。有两种办法可以解决这一矛盾。一是让农民工既拥有城市户口，同时也准许他们保留农村户口。“双户口”意味着农民工具有双重身份，既是城市居民，同时还保留农民身份，这样就可以保留农村的承包地（还有宅基地）。但是这种办法显然是不切实际的，农民工拥有两个户口，两边都能获利，对于城里人是不公平的，同时对人口和社会管理也会带来混乱。还有一个办法是，取得城市户口的同时注销农村户口，但保留拥有农村承包地的权利。这也是既不合理也不合法的。注销农村户口，已不是农村集体成员，为何还可以保留集体承包地？而且，准许已获得城市户口的农民工保留承包地，就会发生这样的情况，农地是农民工的，但他们居住在千里之外的城市，不是集体成员，不从事农业经营，当上了“不在地主”

① 张翼：《农民工进城落户的愿意与中国近期城镇化道路选择》，《中国人口科学》，2011 年第 2 期。

② 张艳丽、陈余婷：《新生代农民工市民化意愿的影响因素分析——基于广东三市的调查》，《西北人口》，2012 年第 4 期。

③ 卢小君、向军：《农民工进程意愿落户意愿研究——以大连市为例》，《调研世界》，2013 年第 11 期。

④ 罗必良：《农地保障和退出条件下的制度改革：福利功能让渡财产功能》，《改革》，2013 年第 1 期。

⑤ 《中华人民共和国农村土地承包法》规定：“承包期内，承包方全家迁入设区的市，转为非农业户口的，应当将承包的耕地和草地交回发包方。承包方不交回的，发包方可以收回承包的耕地和草地。”

(absentee landlord)；而那些愿意从事规模化经营的专业大户、家庭农场和农业合作社却没有土地承包权，只能租赁他们的承包地。土地承包权掌握在已获得城市户口的新城市居民手里，他们拥有涨租金或收回承包地的权利，这对农业经营者的土地稳定性和农业长期投资是非常有害的，因而对农业规模化经营和农业现代化是一个重大的障碍。

学术界有种观点认为，为了保护农民工的权益，即使农民工在城市安家落户了，获得城市居民的身份，也不要求他们放弃承包地。① 这种观点在理论上是站不住脚的，在实践中也不一定能够维护农民的权益。我们认为，农民工一旦获得城市户口，成为城市正式居民，就必须放弃农村户口，并且相应地退出农村集体，同时把承包地交回集体。也就是说，农民工市民化的过程同时也是农民工脱离农村的过程，放弃农村集体一切权益的过程。这不仅是土地承包法的法律规定，也是对农地管理和农业规模化经营的需要。

一方面，如果要求放弃农村承包地，农民工宁愿不要城市户口；另一方面，要转为城市户口，农民工必须放弃农村户口，把承包地交还给集体。这就是当前农民工市民化面临的困境。不突破这个困境，农民工市民化就会变成一句空话。学界普遍认为，那些导致城乡分割的现有城市户籍制度是农民工市民化的最大障碍，这个观点现在需要重新思考。笔者认为，在中央决心大力推行户籍制度改革的今天，城市户籍限制将会消除，而现有农村土地制度是阻碍农民工市民化的最大瓶颈。户籍制度改革必须与土地制度改革同步推进。当然户籍制度改革还只是刚刚开始，还有很多问题值得研究。与农民工市民化相关的土地制度改革也应提到重要议事日程。

三、如何理解“土地承包关系长久不变”？

中央一些重要会议文献在谈到农业转移人口市民化时，注意力主要集中在城市户籍制度改革上，而基本上没有提及农村土地制度改革。只关注如何打开城市大门，让农民工能够享受到城市居民所享受到的社会福利和社会保障，但农民工在城市落户是否要放弃承包地和宅基地问题，却语焉不详，不置可否。但是，这个问题是回避不了的，必须认真面对。阻碍农民工放弃承包地不仅是农民的利益使然，还有中央有关论述也成了农民工不放弃承包地的政策依据。最重要的一个表述是“土地承包关系长久不变”。这个表述最初来自党的十七届三中全会，十八届三中全会进一步重申了这一表述。

如何理解“承包关系长久不变”？至今为止，还没有看到学术界和政府官员对此进行明确的解释。从字面上理解至少含有三层意思：首先，现有承包关系长久不变，是指农民对承包地拥有永久的承包权，无论承包人是否在城市定居，集体都不得收回承包地。其次，承包关系长久不变还含有提前宣布新一轮延长承包期的意思，第一次承包期是15年，第二次承包期是30年，第三次承包期就是无限期，因此即使第二轮承包期已到，农民仍然对承包地拥有承包权，而集体不得收回；最后，承包关系长久不变还含有即使原承包人去世了，承包人的后代还可以继续对承包地拥有继承权，无论他们的后代是从事农业还是从事其他行业。但根据我们的理解，中央在十七届三中全会上首次表述“现有土地承包

---

① 国务院发展研究中心课题组在一篇研究报告中指出：“要求农民工以土地换市民身份，既不现实，也不公平。长久不变的土地承包权利和依法保障的宅基地用益物权是农民的财产权利，即使农民工进城定居，也不能强行要求他们放弃。……农民工进城落户定居之后，是否放弃承包地和宅基地，要强调‘自觉自愿’，不能把双放弃作为农民进城落户的先决条件，更不能强制性要求农民退地。”参见《农民工市民化过程的总体态势与战略取向》，《改革》，2011年第5期，第27页。

关系要保持稳定并长久不变”的意图是要重申和强调农民对土地承包权益不受集体、企业和地方政府的侵犯，是从保护农民的权益的角度来说的，而不是限制承包地权属的变更。试想一下，如果承包关系长久不变意味着承包地一直属于最初承包人的，永远不能调整和收回，那集体所有权如何得到体现？这是否意味着农村土地变相地为最初承包人所有？承包关系长久不变是否意味着，即使农民工进城落户了，也不用把承包地交回给集体？农村土地集体所有制是宪法明文规定的，而且多次被中央文件所强调，农民进城落户必须交出承包地是土地承包法明确规定的。我们认为，如此重要的中央文件是不可能与宪法和相关法律相矛盾的。但是，笔者还是建议，为了不引起不必要的误解，中央应该取消“土地承包关系长久不变”这个提法。

四、户籍制度与土地制度同步改革的总体构想

本文这里讨论的土地制度改革主要是与农民工市民化有关的承包地退出制度改革，也就是农民工进城落户之后是否要交回承包地。

1. 土地改革的基本原则

首先，必须坚持农村土地集体所有制。这是因为土地私有制将会造成工业化、城镇化的成本更高，还可能会造成土地资源被少数人占有，引起土地分配不平等加剧，有可能引起社会动荡。土地国有化更行不通，因为历史经验反复证明，凡土地国有化的，无一例外都是失败的，它将导致土地资源的严重浪费和农业生产效率极低。相比而言，集体所有制还比较适合中国的国情。但是，我国农村集体所有制的所有权问题还没有真正得到落实，土地集体所有中的“集体”还没有完全体现出来。这是值得进一步研究的问题。但是，土地改革如果偏离了集体所有制这个方向，我们认为，这种改革是失败的。

其次，必须坚持把农民的利益放在首位。如果土地改革损害了农民的利益，使他们收入更低，生活变得更差，这种土地改革就是失败的。

再次，必须坚持土地规模化、集约化经营的方向。规模化和集约化经营有利于农业生产效率的提高，有利于科学技术的进步，也有利于农业经营者收入的提高。如果土地改革使土地分散化、粗放型经营，甚至抛荒，这种改革就是失败的。

最后，必须坚持对农地的严格保护。为了粮食安全，必须坚持农地农用。如果土地改革使得农用地变成了建设用地，或者把基本农田变成了非耕地，这种改革就是失败的。

2. 户籍与土地改革的新思路：把封闭的集体变为开放的集体

按照《土地管理法》、《物权法》等相关法律，我国农村集体土地属于本村集体成员集体所有。① 按照《农村土地承包法》，集体所有的土地只能够由本集体内部成员承包。② 在这里，“集体成员”是个重要概念，那么，什么是“集体成员”？它应如何限定？相关法律没有对“集体成员”给出明确的定义。原因可能是，这是个常识问题，无需解释。按一般理解，长期居住在本村里的农民就是本村集体成员。譬如说，在开始实行土地承包经营的20世纪80年代初，某村有200户，共1000人，那么这1000人

---

① 《土地管理法》规定：“农村和城市郊区的土地，除由法律规定属于国家所有的以外，属于农民集体所有。”《物权法》规定：“农民集体所有的不动产和动产，属于本集体成员集体所有。”

② 《土地承包法》规定，“农村土地承包采取农村集体经济组织内部的家庭承包方式”，“家庭承包的承包方是本集体经济组织的农户”。

就是该村的集体成员。人口随时间而发生变化。只要是这200户家庭繁衍出来的新家庭和新人口，也属于该村集体成员。譬如，30年之后，该村户数增加到250户，总人口增加到1200人。这1200人仍然是集体成员，尽管这1200人中有800人外出务工经商，只有400人在本地务农。

但是，这种从静态角度定义的集体成员，只适用于农业为主的传统社会，而不适应工业化和城市化为特征的现代社会。传统农业社会人口流动性有限，而工业社会人口流动性很大。在工业化加速时期，随着外出务工经商人口越来越多，并且陆续迁居城市，该村的集体成员就变得越来越少了，最后譬如说就只剩下200人，而且基本上是老人。在这种情况下，如果没有新的成员加入，该村就必然会衰落。如果全国大多数村因人口减少和老龄化而衰落下去，村集体所有制也就名存实亡了。也许可以通过把现有村庄进行合并，变小村为大村，村集体仍然存在。但是，村庄合并能够解决人口太少的问题，但无法解决农村人口老龄化问题，因此无法阻止村庄的衰落，除非有更年轻的成员加入村集体。

此外，更严重的是，那些在城里务工经商的农民工是不可能无偿把承包地交给集体的。如果交出承包地能够得到一笔合理的补偿金，进城农民工应该是愿意交出承包地的。但是，补偿金由谁来负担？由村集体来负担吗？这显然是不合理的，也是不可行的。土地是集体的，集体收回自己的土地是天经地义的，为何还要花钱赎回来？此外，即使村集体愿意花钱收回承包地，因没有任何的收入来源，它从哪里筹集到这笔经费补偿那些退出土地的进城务工人员？补偿金由留守的村民支付吗？这应该是合理的，当那些进城务工经商的集体成员放弃承包地时，留守的集体成员是接收这些土地的唯一合法人员，这等于是进城的集体成员把承包地权利有偿转让给了留守在村集体的农民，这在法律上是允许的。我们也鼓励这样做，但问题是，这些留守的村民大多数经济能力有限，不可能负担得起这笔较大的补偿金的。可见，在本村内部成员有偿转让集体土地，看起来合法但实际上不可行。最后，补偿金也可以由政府来支付，但数额太大，政府也负担不起；而且即使政府负担得起，也会造成新的不公平和新的混乱。发达地区退地多，补偿多，而不发达地区退地少，则补得少。此外，这些退出的土地将如何分配和处置也是个大问题。从以上分析中可以看到，只要是农民工要求对退出的土地给予合理的补偿，在现有制度框架下都是难以解决的。

如何解决集体衰落和土地退出补偿金问题？笔者认为，有一个办法是切实可行的。在坚持农村土地集体所有制和家庭承包制的基础上，只要把集体成员的静态性质改为动态性质，就可以解决这些问题。其实，这样做非常简单，只要按照城市人口的定义就行了。我国城市人口都是按照动态性质来定义的。城市人口经常处于流动状态，在一年期间，有不少人离开这个城市，也有不少人进入这个城市，在计算城市人口时只看某时点的常住人口是多少，而不管这些常住人口是老居民，还是新居民。农村集体成员如果按照动态性质来定义，那么，农村集体经济组织就不会因为原集体成员的逐渐退出而衰落，同时也可以解决承包地退出补偿问题。

这就涉及另一个制度层面的问题，即公民的自由迁徙问题。我国的制度还没有实现公民的自由迁徙。在计划经济时代，农村人口是不允许自由向城市流动的。但改革开放以来，城市大门正在向农民打开，农民也可以到城里务工经商，甚至可以在城里长期定居。

目前，我国正在推进城市户籍制度改革，不久那些在城市务工经商的农民工，就会陆续拥有城市户口，变成城市居民。但到目前为止，农村户籍制度仍然没有向外部放开，城市居民和异乡人想要加入村集体一般是不被允许的。笔者认为，人口在城市之间、城乡之间、乡村之间的自由流动和定居，是社会进步的重要标志，也是解决农民工市民化的重要途径。农村人口可以迁徙到城市定居，退出农村集体，而变为城市居民；而城市人口也可以到农村定居，舍弃城市户口，变成农村集体中的成员。此外，甲村的农民也可以迁入乙村安家落户。只有这样，我国城乡社会经济才能会实现协调发展。以上所说的农民工退出集体的问题就可以获得解决。如果能够放开人口流动的各项限制，就会出现有人退出集体，同时会有人进入集体，农村集体经济就能够保持活力和持续发展，那些新进入集体的人支付退出土地补偿金，也能解决农民工进城安家落户问题。

3. 退出与进入集体的路径选择

市民化过程也是农民工退出集体的过程。当农民工获得城市户口时，就必须放弃农村集体成员资格，相应地把承包地交还给集体。在农民工逐渐退出农村集体时，那些想要经营集体土地的人可以进入村集体组织，变为集体中的新成员。

宪法和相关法律规定，中国农村土地属于集体所有，农民离开这个集体之后，按法律应无偿把承包地交给集体。如果时间倒回在十年前，这个工作是不难做到的，因为农业税和集体各种收费是按照承包地面积计算的，即使农民外出打工，让承包地抛荒，税费也得照交。这种情况下，很多农民宁愿放弃承包地，或者愿意无偿交给集体。现在，所有农业税都免了，而且各种收费也全都取消了。不仅不交税费，还可以获得政府财政补贴，补贴又是按照承包地面积发放的。在这种情况下，承包地从一种负担变成了一种能够带来收益的财产。一个有理性的农民当然不可能把承包地无偿交给集体，宁愿不要城市户口，也得保住他的承包地。① 因此，要求农民无偿退还承包地是不现实的。因此，在目前的状况下，要想农民工退出集体，交出承包地，唯一的办法就是要给予合理的补偿。

但是，有偿退出就有一个补偿标准的问题。有的学者提出让专业土地评估机构给承包地估价。然后按照评估的价格，集体经济组织给交出承包地的承包人一笔补偿金。然而，按现行法律，农地承包权是不能在市场上交易的，只能在村集体内部个别转让。② 土地不能在市场上交易，没有市场价格作为参照，如何评估？估值太低，农民工不愿意接受；估值偏高，集体要承担巨大的补偿金，是难以承受的。可见，评估不是一个确定补偿标准的可行方法。笔者认为，确定土地补偿标准还不如放开土地交易市场更便捷，更能体现公平性，因为市场交易是在双方讨价还价基础上进行的。这就需要修改相关法律，准许农地承包权（而不是土地所有权）在市场上进行交易。那些想要进城落户的农民工可以把自己的承包地在土地交易中心挂牌转让，转让成功的农民工可以把农村户口转入城市户口。那

① 这里有必要强调，农民工保留自己的承包地，是为了获得承包地给自己带来的财产收入，而不是为了自己耕种，其实，如前所述，农民工尤其是新生代农民工很少有返乡务农的打算。

② 现在市场交易的不是土地承包权，而是土地承包经营权，也就是土地租赁市场交易，所挂牌的价格就是租金。

些还没有转让成功的农民工暂时不能转户。①

当农民工在市场上转让他的承包地时，那些获得该承包地的人可以与集体经济组织签订新的承包合同，成为该集体新成员，并发放土地承包经营权证。新加入集体的成员应该符合一些条件。例如，必须投资一定数额的资金，有偿承包一定规模的本村集体的农地，从事农业规模化、集约化经营活动；必须把户口转到村集体来，必须具有一定的文化水平和农业经营能力。还必须得到村大多数集体成员同意，这一条件也是必要的，否则可能会引起新成员与老成员之间的矛盾。新成员与老成员一样享有各项权利和履行各项义务，可以参加村级集体各种活动，包括参加村委会选举和被选举的权利。新成员的身份、地域不限，可以来自其他村集体，也可以来自城市；可以是本县的公民，也可以是外县的公民。

五、需要进一步澄清的几个问题

（1）农民工转入城市户口时要求放弃农村承包地，并不侵害农民工的利益，恰恰相反是维护他们的利益。按照现行法律，农民工进城落户应无偿交出承包地。本文提出的建议是对退出承包地给予合理的补偿。有人建议补偿标准由评估公司来确定。但评估公司没有市场参照标准，往往会受政府左右对承包地价值评估偏低，从而会侵害进城农民工的经济利益。② 本文建议建立土地交易中心，放弃承包地的农民在交易中心挂牌转让，如果有人接手，那么就转让成功。由于承包地是在市场上转让，其转让价格肯定比政府确定的补偿标准要高，农民工对承包地权益就能得到保障。

（2）农民工市民化不是强制性地把 2.7 亿农民工全部转为城市户口，而只是为农民工在城里安家落户扫除一些制度障碍，让农民工自主选择是在城市落户，还是愿意继续保留农村户籍。选择权在农民工手里，政府要做的是为其在城市生活提供必要的条件，如创造就业机会和环境，有资格享受低租金保障房，提供养老保险、失业保险、医疗保险等社会保障系统。如果农民工选择城市户籍比放弃承包地划算，就可以办理转户手续，并把承包地拿到土地交易中心转让。如果城里提供的福利和社会保障还不如保留承包地划算，就可以不办理转户手续。

（3）承包地（还有宅基地、林地等）在土地交易中心转让并没有改变土地集体所有的性质。在市场上交易的仍然是土地的承包权，该土地是集体所有的性质并没有改变。当受让人接受了转让人的土地时，还必须到所在村集体签订承包合同。否则，土地转让视为无效。目前，土地承包经营权被允许在土地交易中心流转，但这只是一个土地的租赁市场，市场挂牌是每亩地的租金，而不是承包权的出让价格。本文建议的土地制度改革，是

---

① 有些学者建议，不要把退出承包地作为转入城市户口的前提条件，而是让农民工首先转入城市户口，然后让这些进城落户的农民工按照自己意愿对自己的承包地进行处置，如转让、租赁、入股等。参见滕亚为：《户籍改革中农村土地退出补偿机制研究》，《国家行政学院学报》，2011 年第 4 期；国务院发展研究中心课题组：《农民工市民化过程的总体态势与战略取向》，《改革》，2011 年第 5 期；卢小君、向军：《农民工进程意愿落户意愿研究——以大连市为例》，《调研世界》，2013 年第 11 期。前文已经指出，让农民工进城落户之后仍然保留承包地既不合理也不合法。

② 重庆是我国尝试农民土地退出的试验区，在农民退地制度和机制设计和实施上进行了许多探索性尝试。但由于行政干预太强，而市场机制运用不足，致使土地退出的补偿金偏低，与实际价值相差甚远，因此广大农民对于退地积极性不高。见滕亚为：《户籍改革中农村土地退出补偿机制研究》，《国家行政学院学报》，2011 年第 4 期。

使承包权能够在交易中心让渡，谁获得这块承包地，谁就有资格成为该村集体的成员，并把户口迁入该村。

（4）本文所说的村集体与传统意义的村集体的不同之处是，后者是指土地是固定的，成员也是固定的。譬如，某村有1000人，2000亩地，这1000人是固定的（因家庭繁衍的后代和因婚嫁原因除外），外人不能加入进来。本文所说的集体是指土地是固定的，但成员是流动的。该村拥有2000亩地所有权，但谁来承包这些土地则是不固定的，是可以变化的。也就是说，集体成员是流动的，开放性的。承包村集体土地的人就可以作为本村的成员，而离开该村并放弃承包地的人就自然失去了集体成员资格。就像一个企业一样，目前在企业工作的人算是企业员工，而离开这个企业的人就不是该企业的员工。当前需要改革的是，让那些进入该村的外地人可以在该村安家落户，让那些自愿离开该村的村民可以自由离开。这就是所谓的进出自由。当然集体成员是变动的，并不意味着集体成员可以今天来，明天走，而是要有些限定条件，通过签订合同来管理。

六、结束语

农民工市民化已是大势所趋，势在必行。但农民工获得城市户口的同时必须放弃农村户口，这意味着必须放弃农村集体成员资格，把承包地交给集体。如何退出集体是本文讨论的重点。对集体成员的诠释是本文提出的新思路，把静态的集体成员变为动态的集体成员，把固化的集体成员变为流动的集体成员，把封闭的集体变为开放的集体。这种思路的理念是放开人口流动的一切限制，让自由迁徙与市场化一样成为我国综合改革的方向和目标。这就要求我国现有的户籍制度和土地制度作出相应的改革，而且必须同步进行。如果只改户籍制度，而不改土地制度，农民工市民化过程就不可能顺利进行。如果只改城市户籍制度，而不改农村户籍制度，市民化过程同样不可能成功。

参考文献

[1] 何绍田：《制度创新推动中国珠三角新型城镇化研究》，武汉大学博士论文，2014年。

[2] 国务院发展研究中心课题组：《农民工市民化的总体态势与战略取向》，《改革》，2011年第5期。

[3] 张翼：《农民工进城落户的愿意与中国近期城镇化道路选择》，《中国人口科学》，2011年第2期。

[4] 张艳丽、陈余婷：《新生代农民工市民化意愿的影响因素分析——基于广东三市的调查》，《西北人口》，2012年第4期。

[5] 卢小君、向军：《农民工进程意愿落户意愿研究——以大连市为例》，《调研世界》，2013年第11期。

[6] 罗必良：《农地保障和退出条件下的制度改革：福利功能让渡财产功能》，《改革》，2013年第1期。

[7] 滕亚为：《户籍改革中农村土地退出补偿机制研究》，《国家行政学院学报》，2011年第4期。

中部传统农区的发展困境分析及若干建议
——基于安徽省宿州市的田野调查

张德元
（安徽大学农村改革与经济社会发展研究院　合肥　230601）

安徽省宿州市已被确定为国家现代农业示范区和国家农村改革试验区，为此，安徽大学中国三农问题研究中心承担的国家社科基金重点项目课题组于2012年对宿州市的发展现状做了为期半年的调查研究。课题组发现，宿州市面临的发展困境在传统农区具有普遍性，值得重视和进一步研究。

一、体制约束：传统农区面临三大发展困境

虽然，宿州市委市政府坚持政府自觉，积极主动地应对宏观形势的变化，在推进宿州"三化同步"、促进经济社会和谐可持续发展方面取得了一定成绩；但是，宿州人在发展道路上并非一帆风顺，与中部其他地区一样，他们的发展也遇到了一些他们自身不应或不能解决的体制机制问题。从这个意义上讲，宿州面临的困境体现了中部崛起的共性矛盾。概括起来，这些矛盾突出表现为：脚踏广袤大地却缺地，眼看到处是钱却缺钱，心忧本地人多却缺人。

1. 脚踏广袤大地却缺地

推进工业化和城市化是宿州市这样的中部地区当前面临的艰巨任务，有条件要上，没有条件创造条件也要上，有进无退。工业化和城镇化必然要占用土地，这是颠扑不破的真理。像宿州这样的农业大市，土地资源本是丰富的，但国家赋予了它维护粮食安全的重任，对其城镇建设用地实行指标化管理，严格控制。如此一来，农业大市就两头为难了。宿州市现有户籍人口626万人，宿州市"十二五"规划规定到2015年城镇化率要达到45%，每年递增2.5%；那么粗略估算可知，宿州在"十二五"期间每年要向城镇转移农业人口约15万人，按照目前的城镇平均容积率推算，城镇每增加1万人需新增城镇建设用地1平方公里，则宿州每年需新增城镇建设用地15平方公里；即使假设宿州在外打工的130万人全部在外地被城镇化，宿州本地每年仍然需要向城镇转移农业人口约12万人，每年需要新增城镇建设用地12平方公里；而目前上级核准宿州每年新增城镇建设用地指标是2000亩，约为需求量的1/10；供求差距巨大；如此则宿州市的城镇化目标几乎是不可能完成的任务；更何况宿州市的45%城镇化率目标是偏低的，安徽省的同期目标是城镇化率达到50%，全国的同期城镇化率目标是51.5%，宿州市的城镇化率目标已经没有调低的空间。

虽然，国家有城乡建设用地增减挂钩、占补平衡的政策，但是，对宿州这样的农业大市来说，仍然是杯水车薪。一方面，这种政策有区域限制，仅可在同一县域内使用，实施

有困难；另一方面这种政策必然和土地整理、村庄整治相联系，对于吃饭财政的农业大市来说，筹集土地整理、村庄整治所需的资金也是难事。

也正因为如此，缺地是制约欠发达农区经济社会发展的最突出矛盾。以宿州为例，纵使安徽省委书记张宝顺、原省长王三运都曾经对宿州市委市政府引进鞋业巨头百丽、打造中部鞋都的战略举措给予了高度赞赏，但宿州鞋业迄今仍有半数协议项目因其城镇建设用地指标无法落实而不能落地。此等大事尚且如此，窥一斑可见全豹了。

2. 眼看到处是钱却缺钱

对于宿州这样后发农区的党委政府来说，既要推进工业化，又要推进城镇化，还要以薄弱的工业化、城镇化基础去推进农业现代化，三手都要硬。但是，市场经济是资本（金）主导的经济，有钱才能说了算；推进工业化要钱，推进城镇化也要钱，推进农业现代化更要钱。因此，不难理解，缺钱是中部欠发达地区经济社会发展面临的共同难题。

然而，令宿州这样后发农区的党委政府困惑甚至愤愤不平的是，他们在实际工作中看到的是到处都是钱，却又拿钱没办法。这主要表现在：

其一，上面有钱，下面缺钱。中国整个财政体制的特点是，财权上移，事权下移。财力逐级向上集中，而办事却靠基层；结果就是上面钱多，下面事多。正如基层干部们所描述的那样："中央花钱大手笔，省里花钱动动笔，市里花钱笔赶笔，县里花钱难下笔，乡里花钱没有笔"。

其二，上面给钱，下面难花。近年来，上级财政及其他有关部门确实给了农业大市（县）许多支持，但是这些支持多是以各种项目的名义落实到下面的，且这些项目往往分属于各个不同的部门，各有各的目标，各有各的任务，各有各的要求；即使是同一件事情，资金使用也难形成合力；结果往往使下面即使有钱在手，也无所适从。

其三，我本穷人，穷帮富人。这主要表现在两个方面，一是金融汲取，二是价格倒挂。一方面，虽然中央发了多个文件，但总体来讲，农区金融机构仍然是在将欠发达农区的资金抽取到发达地区，将农村资金抽取到城市，农村金融改革并没有取得实质性的突破。另一方面，欠发达农区的主要产品是农副产品，价格走低；发达地区的主要产品是工业产品，价格走高；两者价格倒挂，形成剪刀差，结果就导致穷区补贴富区，穷人补贴富人的不正常现象。

3. 心忧本地人多却缺人

与中部其他地区一样，像宿州这样的粮食主产区往往也是人口密集区，农业大市（县）通常都是人口大市（县）。"家富人贵，家穷人贱"，对于一个地区的经济社会发展而言，其道理也是一样的；能发展，发达了，人口就是这个地区的人力"资本"；难发展，欠发达，人口就是这个地区的人力"资源"，直白地说就是人口负担。对于欠发达地区来说，人口压力过大免不得成为当地党委政府的忧虑之事；不仅如此，更让这些地方党委政府尴尬的是，他们想要的人又往往一将难求、一兵难招。他们承受的压力是双重的。概言之，中部欠发达农区党委政府面临的共同困境是：人往哪里去？人才哪里来？工到哪里招？

第一，人往哪里去？城镇化是发展趋势，且这些欠发达农区往往都是承担国家粮食安全重任的粮食主产区，比如包括宿州在内的中原经济区其粮食产量就占全国粮食总产量的七分之一；由此，这些地区就衍生出另一个重要任务，那就是为了国家战略必须推进农业现代化，农业现代化的方向是规模化、集约化、专业化、标准化，那么这“四化”清洗出的农业人口将到哪里去？倒过来，如果不转移农业人口，则这“四化”又不能实现。可以想象，虽然这些地方的党委政府尽责尽力，但要彻底解决这个问题，已经超出市（县）级政府能力所及，非进行体制机制的顶层设计不可。

第二，人才哪里来？既然是欠发达地区也就意味着它的发展任务很重，要发展就要有人才。麻烦的是，像宿州这样的欠发达农区往往是人口多、人才少，且人才流失严重。据统计，宿州市每年流失的中高级职称人员约500人，每年流失本科毕业生约2600人。根据宿州“十二五”人才规划的测算，到2015年宿州需要新增各类人才22万人，预期通过各种途径可招揽人才17.7万人，供需缺口仍有4.3万人。很显然，这种现象的出现，与人才在不同地区的收入差距和工作环境差异有直接关系，而要改变这种状况仅靠宿州这样的市（县）政府努力是难以奏效的，必须要有更高层次的政策支持。

第三，工到哪里招？新一轮经济转型的特点之一是，“用工荒”由沿海向内地蔓延。而由沿海向内地转移的产业往往又是以劳动密集型产业居多，用工需求量巨大。以宿州市打造中部鞋都一事为例，在“十二五”期间仅其鞋业就需要熟练产业工人20多万人，而目前宿州全市所有产业能吸引的在岗产业工人也不过约21万人，且各企业还普遍缺工，其中技术工人的供需矛盾更大。怎样才能造就一支与工业化、城镇化的要求相适应的劳动大军，是摆在当地党委政府面前的现实问题。从国家经济社会转型战略来看，在促使更多农民市民化的同时，造就一支高素质的产业工人队伍也不仅仅是基层政府的责任。

二、深化改革：突破三大困境的若干建议

缺地、缺钱、缺人是制约包括宿州在内的中部欠发达农区经济社会发展的三大难题。本课题组认为，要解决这三大难题，必须从体制上寻求突破，以改革促发展是唯一选择。为此，我们建议，应该实行“人地挂钩”破解缺地难题、“事钱挂钩”破解缺钱难题、“钱人挂钩”破解缺人难题。

1.“人地挂钩”破解缺地难题

“人地挂钩”是国务院下发的《关于支持河南省加快建设中原经济区的指导意见》（以下简称《指导意见》）中提出的，在《指导意见》中，国务院明确了中原经济区建设的核心任务是“三化”协调发展。而作为粮食主产区，如何在确保农业和粮食生产的大前提下，实现工业化、城镇化的快速发展，成为建设中原经济区必须要解决的难题。为此，国务院在《指导意见》中提出，允许河南省探索开展城乡之间、地区之间“人地挂钩”试点，实行城镇建设用地增加规模与吸纳农村人口进入城市定居规模挂钩、城市化地区建设用地增加规模与吸纳外来人口进入城市定居规模挂钩。本课题组认为，争取这一政策在包括宿州市在内的广大传统农区进行推广不仅是十分必要的，而且是可能的。

第一，“人地挂钩”是更加科学的政策措施。市场经济客观上要求建立城乡统一的要素市场，而我国土地市场的弊端之一就是城乡分割。“人地挂钩”简单地说就是“地随人走”，人口迁移到哪里，这些人口所占用的建设用地面积就转移到哪里；从哪里迁出的人

口，哪里就相应的要减少这些人所占用的建设用地面积。可见，“人地挂钩”最大好处就是实现了城乡土地要素的流动，促进了城乡要素统一市场的形成。因此，从理论上讲，“人地挂钩”是更加科学合理的政策措施。

第二，“人地挂钩”是更加可靠的政策措施。“人地挂钩”是城乡建设用地增减挂钩政策的延伸和拓展。其政策理念都是通过空间位置的置换，将建设用地挪到城镇周边。从实践上讲，“人地挂钩”是更加可靠的政策措施，能确保耕地面积总量不减少，保障粮食安全。目前，全国农村人均建设用地面积是200平方米，安徽省的这一指标是224平方米，宿州市是193平方米（按626万户籍人口计算）；总之，概数是农村人均建设用地面积200平方米，而城镇人均建设用地面积的控制标准是100平方米；可见，每向城镇转移一个农业人口就节约建设用地100平方米；不仅不会引起耕地面积减少，还可通过复垦增加耕地面积。

第三，“人地挂钩”是更加可行的政策措施。一方面，与现行的城乡建设用地增减挂钩政策相比，“人地挂钩”打破了区域限制——城乡建设用地增减挂钩政策仅能在同一县域使用，使地市政府可以根据各地城市化水平的不同统筹斟酌使用建设用地指标，更加灵活，更加容易操作，且避免造成建设用地指标浪费。另一方面，可以通过总体规划中未来城镇化率的增长指标来测算每个地市的城镇人口增加数量，再按照人均用地标准测算出农村建设用地减少和城镇建设用地增加的规模，在此基础上进行规划评估修改，以城乡建设用地增减挂钩的形式分年度实施，年度指标由各省根据各地市“人地挂钩”的规模来下达；各地市城镇建设用地增加和农村建设用地减少规模相差部分由挂钩指标异地流转来解决；如此简便易行。

2.“事钱挂钩”破解缺钱难题

欠发达农区的市（县）政府之所以倍感缺钱，除了本地的经济社会发展水平不高原因外，另一个重要原因就是上级政府与下级政府的事权与财权不对称，许多本该由中央、省级政府出钱的事，上级政府没有予以支持或支持不到位，而市（县）政府直接面对人民群众，面临的事却不能不干。因此，要解决这个问题，就必须让财权与事权相统一，即“事钱挂钩”。具体地讲，要做四个方面的政策调整。

其一，改革现行的分税制。市县政府之所以日子难过，是因为现行分税制使财力过分向上集中，中央和省级拿得太多，下面政府拿得太少。如此，不仅使下面政府事情难做，而且难免“跑部进钱”，滋生腐败。应该适当调整税收收入的分成比例，使下面的政府掌握更多的财力。

其二，上级政府应该承担更多的公共品供给责任。从理论上讲，凡是涉及国家发展战略的公共品就应该由中央政府供给。对于欠发达农区来说，当前急需要中央和省级政府支持并且也应该支持的有四：

（1）支持工业化、城镇化的基础设施建设。一方面，工业化、城镇化不是某一地方的需要，而是国家的需要。另一方面，在过去的30多年，中西部地区已经为东部“先富起来”作出了重大牺牲。因此，中央理应制定倾斜政策，比如设立专门的发展基金，支持这些地方的工业化、城镇化的基础设施建设。许多欠发达农区工业化、城镇化面临的难题就是缺少这“第一桶金”，面临“想做生意但没本钱”的困境。

（2）支持农业现代化建设。支持农业现代化就是保障粮食安全，粮食安全不是宿州的粮食安全，也不是安徽的粮食安全，是国家的粮食安全，因此，中央财政理应对此予以更多支持。发展现代农业的本质是改造传统农业，关键在于培育现代农业经营主体，应由中央政府启动“现代农业微观经营主体再造工程”，设立专项基金支持粮食主产区家庭农场、农民合作社、农业企业。“水利是农业的命脉”，作为粮食主产区的中原经济区是易涝易旱区，城市和农村都普遍缺水，南水北调中线工程应对这一地区政策倾斜，建议在该地区修建平原水库，一劳永逸地解决这一难题。农业社会化服务体系是发展现代农业的必要支撑，鉴于既有的服务体系已经“网破人散”，应由中央政府自上而下尽快启动“农业社会化服务体系建设计划”。

（3）赋予市县政府便宜行事权。近年来，上级对农区的支持项目名目繁多，政出多门，资源分散，有限的资金使用效率不高。应该赋予市县政府便宜行事权，将有限资源整合起来，以提高其使用效率。

（4）加快推进金融改革。市县政府缺钱不仅缺在财政上，更缺乏融资手段。应该进一步放宽农村金融准入政策，支持粮食主产区新型金融机构建设，尽快出台《合作金融法》、《农业保险法》、《存款保险条例》；制止农区资金外流；支持、规范农区市县政府融资平台建设。

3.“钱人挂钩”破解缺人难题

缺人是制约欠发达农区经济社会发展的又一难题。客观地说，中央和省级政府过去不是没有对欠发达农区进行人力资本投资。一是投资的力度不够，二是投资具有盲目性，撒胡椒面式的。因此，建议要把钱用在该用的人身上，有的放矢，即“钱人挂钩”。当前，对于欠发达农区来说，急需得到上级政府两个方面的支持。

第一，支持产业工人队伍建设。支持欠发达农区产业工人队伍建设，其实质就是支持欠发达农区的农民就地就近市民化，这对新时期的国家经济社会转型具有战略意义，理应由上级政府承担更多责任。建议设立欠发达农区“产业工人培育基金”，对农民工技能培训、就业指导、城市安居等予以支持。支持欠发达农区的职业教育机构建设，支持欠发达农区政府创办农民工大学。

第二，支持人才队伍建设。支持欠发达农区人才队伍建设，一要以政策“留人”，二要以政策“引人”。应该允许欠发达农区政府采取更加灵活的人事制度，帮助地方政府设立专项基金，用以改善专门人才的生活待遇、工作条件以及引人、引智。鼓励科研院所、高等院校在欠发达农区设立分支机构。

破解城乡二元经济结构的思路与对策研究

李春艳　聂亚珍
（湖北师范学院资源枯竭型城市转型与发展研究中心　黄石　435002）

城乡一体化是经济社会发展到一定阶段的必然要求，是破除“二元结构”的必经之路。现阶段，我国已成为世界第二大经济体，但我国的城镇化率与世界同等发展水平的国家相比仍有很大的差距。2013 年，我国城镇常住人口为 73111 万人，城镇化率为 53.37%，若考虑到城镇常住农民工统计数据的精确性、“城中村”等伪城镇化因素，我国的城镇化率将低于该水平 10%左右。由于发达国家一般是从轻工业阶段进入重工业阶段，所以基本上不存在农村大量剩余劳动力的问题，但新中国成立初期制定的优先发展重工业的工业化道路，以及为此制定的一系列政策、制度，基本上奠定了我国城乡二元经济的格局。二元体制导致城乡隔离，城乡经济在封闭的环境中运行，城乡分割和城市偏向发展使得城乡二元经济结构矛盾进一步固化，加之我国人口基数上，农村人口众多，决定了城乡二元经济结构的转化和消除，是通过集中型城市化到扩散型城市化的必然过程。目前，城乡一体化已进入深入阶段，各种问题凸显，因此我国的城乡一体化要在借鉴发达国家经验的基础上，结合自身实际情况，探索出一条适合自身发展的城乡一体化道路。党的十八届三中全会强调，城乡二元结构是制约城乡一体化发展的主要障碍，必须健全城乡发展一体化体制机制，形成以工促农、以城带乡、工农互惠、城乡一体的新型工农城乡关系。城乡发展一体化是针对城乡二元结构来说的，城乡发展一体化的过程实际上就是破除城乡二元结构的过程，其实质是将城市和乡村进行统筹规划，消除城市系统和农村系统两个系统之间的区域壁垒，促进城乡之间社会、经济、文化、生态等方面的相互融合，从而实现各种生产要素在城市和农村之间自由流动和合理分配，使城乡紧密结合，和谐共处，消除“二元墙”，实现城乡职能和空间上的一体化发展。

一、城乡经济二元化程度与城市化水平的关系

一般认为，城市化是指农村人口向城市转移，使城市人口规模增大，比重增加的过程，城市通过经济的集聚效益和规模效应创造更多的财富。随着我国城市化的发展，城市化的内涵不断丰富，不仅仅是指人口的城市化，还包括进城农民生活方式的城市化、身份的市民化、土地的城市化等。无论城市化的概念怎样界定，其最终目的就是为城乡二元经济结构的转化和消除服务，但通过对 2001—2013 年城镇和农村人均可支配收入数据的整理后发现，若以城镇人均可支配收入与农村人均可支配收入之比来衡量我国的城乡经济二元化程度，随着我国城市化水平的提高，我国的城乡经济二元化程度呈现出先上升后下降的趋势，见表 1。

表 1　**城乡经济二元化程度与城市化水平**

年份	城镇人均可支配收入（元）	农村人均可支配收入（元）	城乡经济二元化程度	城市化水平
2001	6859.6	2366.4	2.9	37.66
2002	7702.8	2475.6	3.11	39.09
2003	8472.2	2622.2	3.23	40.53
2004	9421.6	2936.4	3.21	41.76
2005	10493	3254.9	3.22	42.99
2006	11759.5	3587	3.28	44.34
2007	13785.8	4140.4	3.33	45.89
2008	15780.8	4760.6	3.31	46.99
2009	17174.7	5153.2	3.33	48.34
2010	19109.4	5919	3.23	49.95
2011	21809.8	6977.3	3.13	51.27
2012	24564.7	7916.6	3.1	52.57
2013	26955.1	8895.9	3.03	53.37

注：城乡经济二元化程度=城镇人均可支配收入/农村人均可支配收入

从表 1 我们可以发现，2001—2013 年，我国的城市化水平连年递增，由 2001 年的 37.66%增长到 2013 年的 53.37%，12 年增长了 15.71%，平均每年增长 1.31%，而城乡经济二元化程度则由 2001 年的 2.9 增长到了 2013 年的 3.03，其中，2007 年二元程度最大为 3.33，2007 年以前，二元程度呈递增趋势，2007 年以后，除 2009 年略有增长外，其他年份，二元程度呈递减趋势。伴随着城市化水平的提高，城乡经济二元化程度呈现出了先升后降的趋势。

此外，由于城乡经济二元化程度的变化趋势在 2007 年发生了相反的变化，所以以 2007 为拐点，对 2001—2007 年和 2008—2013 年城乡经济二元化程度和城市化水平相关数据分别建立回归模型。以变量 Y 表示城乡经济二元化程度，X 表示城市化水平，运用计量经济学的 Stata 软件我们可以得出如下模型：

2001—2007 年的相关模型为模型 1：$Y = 1.370 + 0.043X$

$$(0.417)\ (0.010)$$

2008—2013 年的相关模型为模型 2：$Y = 5.577 - 0.047X$

$$(0.316)\ (0.006)$$

从模型 1 的回归结果我们发现，模型 1 中 $R^2=0.79$，变量 X 的 P 值为 0.007，在 1% 的显著性水平下，回归系数通过了统计学意义上的显著性检验，并且回归系数为 0.043，说明每当城市化水平提高一个单位时，城乡经济二元化程度将会提高 0.043 个单位。回归模型的结果表明，2001—2007 年，我国城市化水平的提高并没有降低经济二元化程度，城乡经济二元化程度反而随着城市化水平的提高有所上升。

从模型 2 的回归结果我们发现，模型 2 中 $R^2=0.93$，表明方程的拟合优度较好，且变量 X 的 P 值为 0.007，在 1%的显著性水平下，回归系数也通过了统计学意义上的显著性检验。回归系数为-0.047，说明每当城市化水平提高一个单位，城乡经济二元化程度将降低 0.047 个单位。回归模型的结果表明，2008—2013 年，我国城市化水平的提高降低了经济二元化程度，城乡经济二元化程度随着城市化水平的提高而下降。

根据诺塞姆曲线我们知道，当一个国家城镇化率低于 30%时，城镇化处于起步阶段或初级阶段；当城镇化率高于 30%，并以较快的速度向 70%攀升时，城镇化处于加速阶段；当城镇化率大于 70%，但增长速度趋缓甚至停滞时，城镇化处于后期或稳定发展阶段。目前，我国的城镇化率为 53.37%，处于城镇化的加速阶段。2001—2007 年，我国城镇化处于加速阶段的中前期阶段，在城乡经济二元结构的基础上，资本、劳动、技术等生产要素向城市聚集，城市经济更多地表现为集聚效益和规模效益，所以随着城市化的发展，城乡经济二元化程度有上升的趋势。而 2008—2013 年，我国城镇化处于加速阶段的中后期阶段，随着人口向大城市的聚集，大城市人口密度过大，交通拥堵，环境污染等各种“城市病”开始出现，城市开始向郊区扩散，再加上近年来农村地区自身的发展，政策上对农村地区的倾斜，以及政策开始发挥作用等原因，城市化的发展更多地表现为外部效应和扩散效应，因此城乡经济二元化程度随着城市化的发展有下降的趋势。城市化对二元经济转化的作用存在阶段性特征，因此，我们应客观看待我国经济二元化程度较高的问题，城市化率应持续上升，以获取城市化高级阶段增强的城市的扩散效应，发挥城市经济对农村经济的带动作用；同时，农村也要加快新农村建设步伐，挖掘自身发展潜力，努力赶超，逐渐缩小与城镇的差距。

二、城乡经济二元结构的主要影响

1. 城乡居民消费结构有变化，但消费热点有区别

消费结构是指居民的消费支出结构，也就是居民的各类消费对象支出在消费总支出的比例及其构成状况。城镇居民消费结构是指城镇居民的各类消费对象支出在消费总支出的比例及其构成状况，农村居民消费结构是指农村居民的各类消费对象支出在消费总支出的比例及其构成状况。由于城镇居民和农村居民在消费观念、消费方式、消费层次、消费理念等方面的不同，城乡居民的消费结构表现出了不同的特征，具体如下：

从图 1 我们可以发现，2002—2013 年，城镇居民家庭人均食品消费现金支出占比在波动中呈现出下降趋势，但一直高于 35%；交通通信消费现金占比除 2008 年和 2011 年外稳步上升，位于居民消费现金支出第二位；文教娱乐消费现金支出占比 2009 年前呈现金趋势，2009 年后则呈现出了递增趋势；医疗保健消费现金支出则呈现出递减趋势；居住消费现金支出则在波动中呈现出下降趋势，且一直维持在 10%左右的比例。

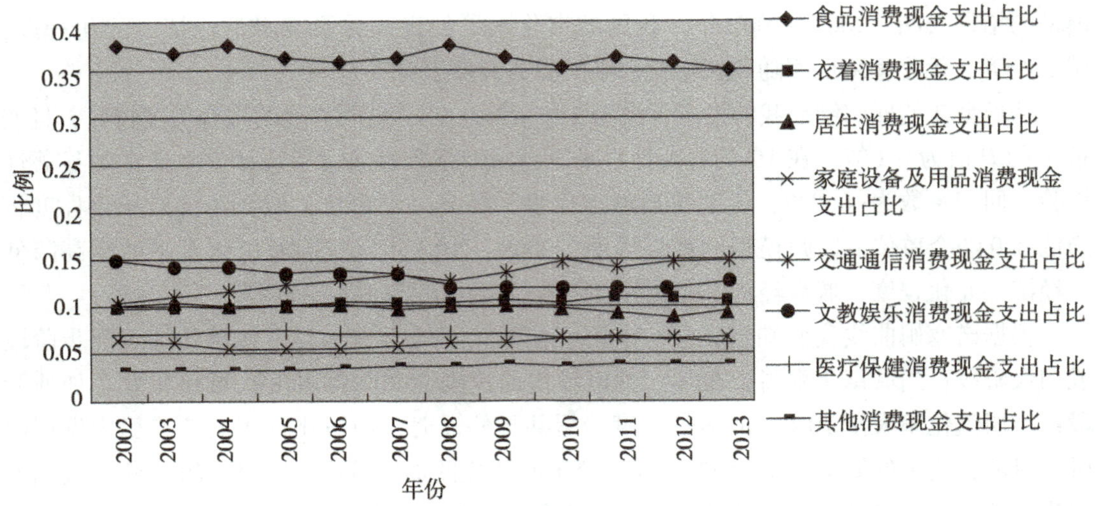

图 1　2002—2013 年城镇居民家庭人均各类消费现金支出比例

从图 2 我们可以发现，2002—2013 年，农村居民家庭人均食品消费现金支出占比也在波动中呈现出了下降趋势，但其占比一直围绕着 35%波动，2013 年，食品消费现金支出占比仅有 33. 6%；居住消费现金支出则在波动中总体上呈现出了上升趋势，一直围绕着 20%波动，虽然近三年居住消费现金支出占比呈现出了下降趋势，但其占比仍然较高，远远高于城镇居民居住支出占比；交通通信消费现金占比除 2007 年和 2011 年外稳步上升，但其占比略低于城镇居民；文教娱乐消费现金支出占比除 2003 年外呈现出了明显的递减趋势，2013 年文教娱乐消费现金支出占比仅有 7. 9%，远低于城镇居民的 12. 7%；医疗保健消费现金支出则在波动中呈现出了递增趋势，由 2002 年 7. 07% 的增长到 2013 年 10. 04%。

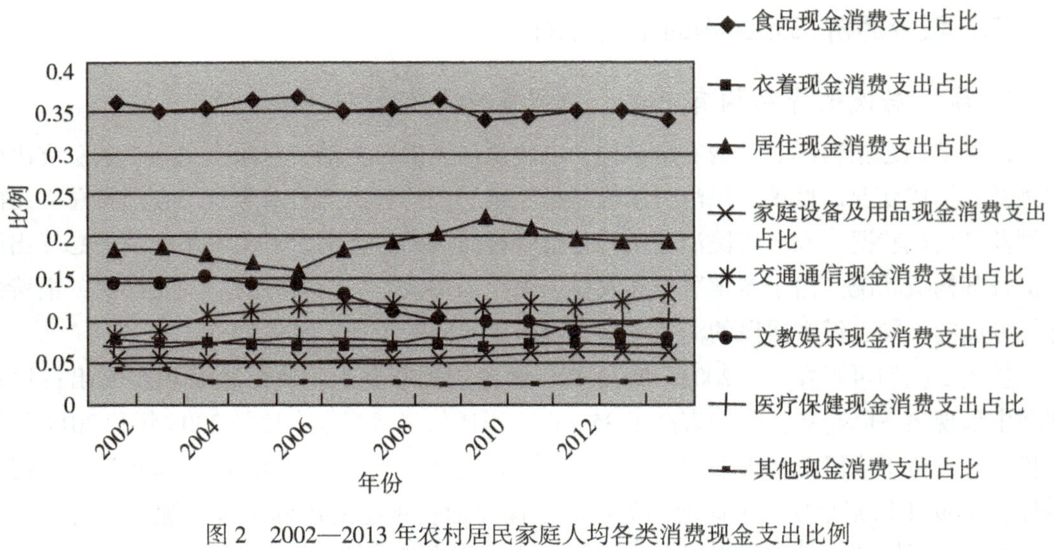

图 2　2002—2013 年农村居民家庭人均各类消费现金支出比例

由以上分析我们可以清晰地发现，城乡居民消费结构虽然有变化，但消费热点却有着明显的区别。在城乡居民消费支出结构中处于第一位的都是食品消费现金支出，但处于第二位的却明显不同，分别是交通通信消费现金和居住消费现金支出，表明城镇居民更偏好于把现金花费在交通通信方面，而农村居民更偏好于花费在建造住宅方面，这与城乡居民的消费习惯有很大的关系。农村文教娱乐消费现金支出除 2003 年外呈现出了明显的递减趋势，2013 年文教娱乐消费现金支出占比仅有 7.9%，远低于城镇居民的 12.7%，表明城镇居民对精神层次的需求较多，而农村居民对精神层次的需求较少。城镇医疗保健消费现金支出则呈现出递减趋势，说明城镇居民很好的享受到了城镇医疗保险制度所带来的好处，而农村医疗保健消费现金支出在波动中呈现出递增趋势，则表明一方面随着社会经济的发展，农村居民生活条件好转，有了更多的钱去看病，另一方面也表明新型农村合作医疗制度的优势并没有完全发挥出来，还存在缺陷，因此在进一步推进城乡一体化的过程应逐渐完善这些不足，并且通过一些方式刺激农村居民的消费热点，使农村居民的消费需求从物质层面向精神层面转变。

1. 城乡卫生费用、教育现状等差距较大

（1）个人现金卫生支出占比递减，但城乡人均卫生费用绝对差额递增。2003 年，我国正式启动新型农村合作医疗试点，2006 年开始在全国试点地区开展，随后全国范围内推广实施，2013 年，新型农村合作医疗参合率为 98.3%，基本实现全覆盖。现阶段，我国城市居民实行的是城镇居民基本医疗保险制度和城镇职工基本医疗保险制度，农村则实行的是新型农村合作医疗制度，三大医疗制度的建立和普及，使得我国居民看病就医的负担较之以往年份有所降低，但城乡不同医疗保险制度的分割，使得城乡居民在看病就医方面的负担有所不同。

一方面，2001—2012 年，全国卫生总费用逐年递增，从 5025.93 亿元增加到 27846.84 亿元，其中，政府卫生支出、社会卫生支出和个人现金支出金额均在增长，但三者占全国卫生总费用的比重却在不断变化。从图 3 我们可以发现，政府卫生支出占比和社会卫生支出占比总体上呈现出递增趋势，而个人现金支出占比则是呈现出逐年递减趋势，表明随着社会经济的不断发展，城市化水平的提高，新农村建设的推进，以及三大医疗保险制度的普及，我国居民看病就医的负担逐渐降低。2012 年，我国居民政府卫生支出占比为 30.04%，社会卫生支出占比 35.61%，个人现金支出占比 34.35%，个人现金支出占比较之 2001 年 59.97%有很大幅度的下降。此外，2012 年，我国卫生总费用占 GDP 的比重为 5.3%，而世界平均水平为 9.7%，我国卫生费用支出远低于世界卫生费用支出的平均水平。

另一方面，2001—2012 年，城市人均卫生费用和农村人均卫生费用总体上呈现出递增趋势，分别从人均 841.2 元和 244.77 元增长到 2969.01 元和 1055.89 元。从图 4 我们可以发现，虽然城乡人均卫生费用均呈现出了递增趋势，但二者的增长速度却不一样，城市人均卫生费用的增长速度明显高于农村人均卫生费用的增长速度，并且城乡人均卫生费用的绝对差额有逐渐扩大的趋势。这种人均卫生费用的差距表明了城市和农村在医疗卫生机构、卫生人员等就医条件和就医质量方面存在着较大差距。相关数据表明，由于城乡不同

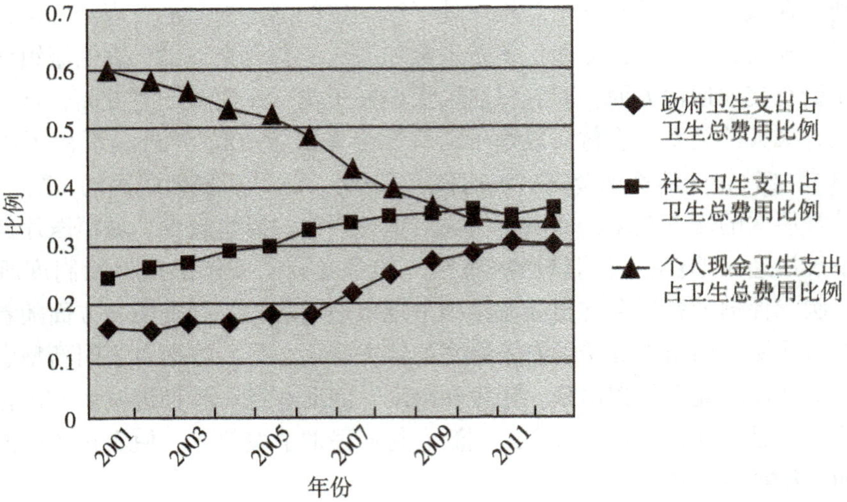

图 3　政府、社会和个人现金卫生支出比例

医疗保险制度的分割，导致三大制度下的全国重复参保率在10%左右，超过1亿人重复参保，每年财政重复的无效补贴超过200亿元。

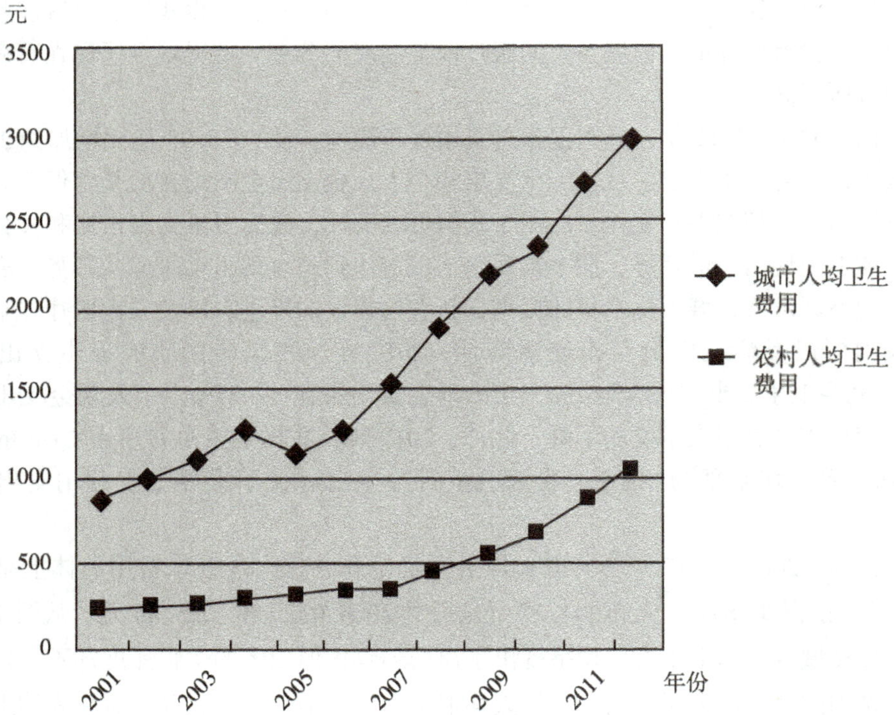

图 4　城市和农村人均卫生费用

（2）学生总人数递减，但城市和城市民办学校学生数递增。由于计划生育基本国策的实施，近年来我国的生育率一直较低，最直接的影响就是学校学生数的减少，一些农村学校倒闭或合并，见表2和表3。

表2　　　　城市和农村普通小学在校学生数

年份	普通小学在校学生数（万人）	民办普通小学在校学生数（万人）	城市普通小学在校学生数（万人）	城市民办普通小学在校学生数（万人）	农村普通小学在校学生数（万人）	农村民办普通小学在校学生数（万人）
2009	10071.4661	502.8766	1778.7684	201.4234	5655.5439	126.0235
2010	9940.7043	537.6255	1820.4675	205.6888	5350.2198	141.7918
2011	9926.3674	567.8255	2606.9589	297.3307	4065.1984	91.2333
2012	9695.8985	597.8535	2688.4287	313.8871	3652.4886	89.8671

资料来源：国家统计局。

表3　　　　城市和农村普通中学在校学生数

年份	初中在校学生数（万人）	民办初中在校学生数（万人）	城市初中在校学生数（万人）	城市民办初中在校学生数（万人）	农村初中在校学生数（万人）	农村民办初中在校学生数（万人）
2011	5，066.80	442.56	1，436.40	218.34	1，162.98	43.91
2012	4，763.06	451.41	1，441.03	229.36	974.1	36.8

资料来源：国家统计局。

从表2我们可以看到，2009—2012年，普通小学在校学生数从10071.4661万人减少到9695.8985万人，平均每年减少32.09%。伴随着普通小学在校学生数的减少，民办普通小学在校学生数却在增加，具体表现为城市普通小学在校学生数和城市民办普通小学在校学生数均在增加，而农村普通小学在校学生数和农村民办普通小学在校学生数却在减少。初中在校学生数亦表现出了相同的规律。

这主要是因为随着城镇化的发展，一部分长期居住在城镇的农民，或考虑到城市较为优质的教学条件和教学环境，或考虑到家人团聚等因素，将子女接入城镇居住就读，这样就出现了城市学生增多，农村学生减少的局面。又由于城镇公立学校资源毕竟有限，一部分农民工子女只能就读于民办的学校。但大部分民办学校的费用较高于、教学条件较次于公立学校，所以相关部门应加大对公立学校的财政投入，扩大公立学校吸纳学生数的能力；规范民办学校的办学条件，改善民办学校的教学条件和教学环境，努力让农民工子女能够享受到和城镇子女同样的教学条件和教学环境。

三、破解二元经济结构的对策建议

目前，我国城乡一体化已进入深水阶段，推进城镇化和新农村建设协调发展对促进城乡一体化格局的形成具有重要意义。

1. 加快城镇化建设

（1）完善中心镇区规划编制。发达国家城市化发展的规律表明，其城市化一般经历了先向中心城市聚集，然后又出现了向郊区分散的“郊区化”、“逆城镇化”过程。我国的城市化目前正经历着向中心城市聚集的过程，在未来的发展里也必然会经历着城市发展由聚集转向辐射，城市郊区化的过程。现阶段，由于农村剩余劳动力向城市转移，因此对住房、娱乐、医疗等基础设施的需求量越来越大，城市规模需要向外围扩展。在城市规模向外围扩展的过程中，中心城区现有规划需要重新安排和设计，向中心镇区扩张，新的功能分区需要在原来基础上更加合理和明晰，达到既能满足人们当前的生产生活，又能为以后的发展留有足够的空间。因此有关部门要协调好长远规划和当前利益的关系，以统筹城乡为目标，完善中心镇区规划，科学规划好工业区、商业区、住宅区的分布，形成“功能分区明确、中心辐射力强、资源配置合理”的发展格局。

（2）加强中心镇区和集镇带的建设。中心镇区在镇域范围内对周边地区的经济社会发展具有一定的辐射力和拉动作用，它能够吸引农村剩余劳动力向镇区转移，减小中心城区的巨大压力，同时又能够扩大农民收入，吸引农业人口在城镇落户，使其从商品生产者变为商品消费者，从而增加对农产品和工业品的消费。因此，政府应该通过大力引导民间资本、镇外资金投入城镇建设，完善镇区污水处理厂、垃圾中转站建设等配套基础设施建设，加快推进老镇区改造和镇区功能完善，吸引农民入驻城镇，从而促进中心镇区二三产业的发展，拉长城乡产业链条，带动镇域经济和村级集体经济发展。此外，在集镇基础设施建设方面，按照“六通六有”（通水泥路、通水、通电、通宽带、通有线电视信号、通天然气、有综合服务中心、有社区文化中心、有超市、有卫生室、有农贸市场、有中小学幼儿园）标准进行建设，各个集镇应结合自身特点和区位优势，因地适宜发展相关附属产业，带动周边居民就业。

2. 提升农村公共服务

（1）推进公共服务功能向农村延伸。在公共设施建设方面，将城镇道路网、供水网、垃圾处理、有线电视、宽带、商贸超市、公共交通等延伸到农村社区，同时，加强社区内医疗卫生、家政服务、幼儿教育、文体健身、计生服务等为一体的综合服务中心建设，满足人们日常的生活需要。村组建设运动场、文化活动中心、健身中心、农民公园、卫生室、幼儿园等，使农民充分享受市民待遇，农村与城市的差距不断缩小。

（2）提高各类保障在农村的覆盖水平。大力推行农村新型合作医疗、新型社会养老保险在农村的覆盖水平等，不断提高农村居民的“五保”供养水平。建立失地农民养老保险制度，当男性年满 60 岁，女性年满 55 岁即可享受“退休”待遇，或根据当地实际情况，甚至当失地农民低于该年龄时也可以享受“退休”待遇，从而逐步解决失地农民的就业和养老保障问题。在医疗卫生方面，由于一部分农民工参与的是户籍地的新型农村合作医疗，而其居住地却在城市，这样就造成了当其生病时，一方面无法享受城镇居民医疗保险和城镇职工医疗保险，另一方面若回到户籍地就医，或给工作带来不便，或往返路费高于就医报销费用不划算，因此，对这部分农民工而言，实质上并没有享受到三大医疗制度所带来的好处。因此，即将实施的取消城乡户口，统一为居民户口的举措，一定要真正落到实处，在相关政策和福利待遇等方面使城乡居民能够享受到在就业、医疗、住房、子女教育、社会保障等统一的居民的“国民待遇”，真正实现城镇居民基本医疗保险和新型农村合作医疗对接、新农保和城镇居民（职工）养老保险对接、农村低保与城镇低保对接，实现城乡社会保障全覆盖，而不是只停留在表面上。

（3）引导农民集中居住。按照“自然村→中心村→集镇→中心镇区”的发展思路，逐步引导农民向城镇集中。在农民自愿的基础上，按照整体搬迁、整体设计、农民自建、集中居住的方式，在镇区周围和中心村建立一批新型居住小区，并引导农民向新型居住小区集中居住，加快实现进城进镇农民待遇“国民化”。

3. 创新农村社会管理和社会事业

（1）创新农村领导核心建设。领导班子的好坏决定了新农村建设的好坏，在带头人的选拔上要通过民主推荐的方式，选择那些能吃苦、能受累、会办事、能受气、为农民着想的人；选取村庄里的能人、名人、带头人等有影响力的村民组成居民理事会，互相监督，共同治理村庄，将群众的智慧渗透到新农村建设的方方面面。此外，还可以将比较富裕的镇、村领导和比较贫困的镇、村领导互调、组织学习、经验共享，带动贫困镇、村的发展，从而促进各镇、村均衡发展。

（2）激发农民参与积极性。在新农村建设的过程中，政府引导所发挥的作用远比不上农民积极参与所带来的效应。农民是新农村建设的主要参与者和受益者，因此要坚持以人为本，坚持群众主体性的原则，尊重群众的意见，在不断增加对农村、农民的投入时，要积极调动农民发展生产、建设家园的积极性，实现有人管事、有地方议事、有章理事，有钱办事，形成村民自我教育、自我管理、自我完善、自我发展的格局，进而实现真正意义上的新农村建设。

（3）大力发展农村教育事业。首先，农村地区要加快发展学前教育，逐步提高学前三年教育普及率。其次，严格控制九年义务教育的辍学率，基本普及高中阶段教育，鼓励和支持农村子女接受高等教育。最后，大力发展农村职业教育，提高农民专业素质。此外，相关部门要加大对农村地区的教育投入，加强农村学校教师队伍建设，改善农村地区的教学条件和教学环境，逐步实现办学条件标准化，缩减城乡地区的教学差距，缓解城镇学校学生数增多的压力，也为自身的发展储备人才。

参考文献

[1] 杨雪英：《城乡一体化进程中农业转移人口市民化问题研究——以连云港市为例》，《淮海工学院学报》，2014 年第 6 期。
[2] 薛晴、任左菲：《美国城乡一体化发展经验及借鉴》，《世界农业》，2014 年第 1 期。
[3] 郇才生：《城乡一体化改革发展的苏州经验》，《现代管理》，2014 年第 1 期。
[4] 吴根平：《我国城乡一体化发展中基本公共服务均等化的困境与出路》，《农业现代化

研究》，2014 年第 1 期。
[5] 李杰义、谷晗、郑文哲：《新型城镇化与新农村建设协调推进的机制与路径——基于浙江嘉兴市 2 个镇的案例研究》，《安徽农业科学》，2013 年第 6 期。
[6] 周希祥：《湖北省推进城乡一体化发展的实践与思考》，《农村财政与财务》，2013 年第 10 期。
[7] 冯敏、寇建波、邢增余：《城乡一体化建设的策略研究——以淄博市村镇体系规划为例》，《安徽农业科学》，2012 年第 1 期。

中部地区城乡公共服务均等化的思路与对策研究

中部地区城乡基本公共服务均等化的困境与出路

张建清　陈婷婷
（武汉大学中国中部发展研究院　武汉　430072）

一、中部地区城乡基本公共服务不均等现状

1. 中部地区城乡基本公共服务不均等概况

基本公共服务是指特定社会经济条件下全体社会成员共同需要的保障基本生存和发展的，具有时代特征的公共服务，目前包括义务教育、公共卫生和基本医疗、社会保障、公共基础设施等方面。其均等化包含三个方面：全体公民享有基本公共服务的机会均等，享有基本公共服务的结果相对均等、享有基本公共服务过程中的自主选择权。目前中部地区城乡基本公共服务不均等现状主要体现在以下几个方面：

（1）人均收入不均。人均收入是衡量居民在教育、医疗、住房、就业、养老等各方面支出的重要依据。近年来，随着《促进中部地区崛起的指导意见》等政策的实施和推进，中部地区城乡一体化建设也全面拉开，城镇居民人均可支配收入及农村居民人均纯收入都大幅提升，生活水平得到较大改善。然而城乡居民收入差距却越来越大。主要原因是相对于其他三个地区，中部地区城镇人均可支配收入增长最快，而农村居民纯收入增速相对较缓（见表1）。数据表明，2006 年中部地区城镇居民人均可支配收入与农村地区人均收入相差 6610 元，前者是后者的 3.02 倍，2009 年，这一数值增加到 3.07，虽然自 2009 年中部崛起战略实施开始这一数值有所下降，2013 年下降到 2.74 ，但城乡居民收入差距依然明显（见表 2 及图 1）。

表 1　**2006—2013 年中部地区城乡居民收入对比其他地区**

指标 地区	城镇人均可支配收入 2008—2013 年年均增长率	农村人均纯收入 2008—2013 年年均增长率
全　国	11.9%	14.6%
东部地区	11.6%	16.9%
中部地区	12.1%	14.7%
西部地区	11.3%	15.3%
东北地区	11.9%	16.1%
山　西	12.54%	13.94%
安　徽	13.18%	15.79%

续表

地区＼指标	城镇人均可支配收入 2008—2013年年均增长率	农村人均纯收入 2008—2013年年均增长率
江　西	11.76%	14.69%
河　南	11.73%	15.23%
湖　北	12.37%	15.19%
湖　南	11.62%	14.27%

资料来源：根据《中国统计年鉴》、《中国区域统计年鉴》、各省2013年经济与社会发展统计报告整理得到。

表2　　**中部地区各省2008—2013年城乡居民收入变化**

	年份	中部地区	山西	安徽	江西	河南	湖北	湖南
城镇居民可支配收入（元）	2008	13226.00	13119.05	12990.35	12866.44	13231.11	13152.86	13821.16
	2009	14367.00	13996.55	14085.74	14021.54	14371.56	14367.48	15084.31
	2010	15962.00	15647.66	15788.17	15481.12	15930.26	16058.37	16565.7
	2011	18323.00	18123.87	18606.13	17494.87	18194.8	18373.87	18844.05
	2012	20697.00	20411.71	21024.21	19860.36	20442.62	20839.59	21318.76
	2013	22694.00	22456	23114	21873	22398.03	22906	23414
农村居民纯收入（元）	2008	4453.00	4097.24	4202.49	4697.19	4454.24	4656.38	4512.46
	2009	4793.00	4244.1	4504.32	5075.01	4806.95	5035.26	4909.04
	2010	5510.00	4736.25	5285.17	5788.56	5523.73	5832.27	5621.96
	2011	6530.00	5601.4	6232.21	6891.63	6604.03	6897.92	6567.06
	2012	7435.00	6356.63	7160.46	7829.43	7524.94	7851.71	7440.17
	2013	8291.22	7154	8098	8781	8475.34	8867	8372

资料来源：中部各省统计年鉴、国家统计局。

（2）基础教育不均。基础教育方面总体来看，虽然中部六省各推出了一系列政策改善农村和城镇地区义务教育阶段学生的受教育机会，实施了全面免费九年义务教育。然而城乡基础教育差距仍然显著。具体体现在：一方面，农村地区教育经费明显不足，不论是总投入额还是社会捐资和集资办学经费，城乡基础教育经费投入差距明显。相较于城镇学生，农村地区学生人均教育经费支出不及城镇地区学生的一半，而农村地区学生负担相对更重。另一方面，农村地区中小学校不论是硬件设施、办学条件及师资力量都无法与城镇公立学校相提并论。农村地区学生相对分散，交通闭塞，家庭负担重，相比城镇学生的学生保留率更低，但缺乏有效地保障措施。

（3）公共卫生与基础医疗不均。近年来政府开始着力加强农村医疗卫生服务体系建

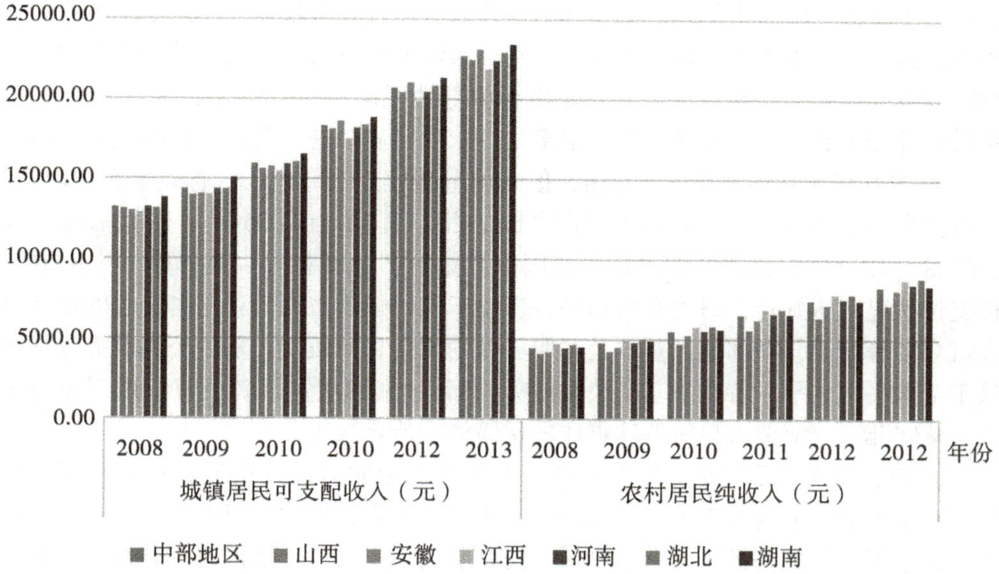

图 1　2008—2013 年中部各省城乡居民收入变化

设，近五年来中部地区累计用于公共医疗卫生方面的基础设施专项资金达 159. 5 亿元，其中仅 3/4 的资金都用于基层医疗卫生服务体系建设项目。到 2013 年，中部地区卫生医疗机构占全国比例已达到 23%，超过了中部地区人口占全国的比例。但总体来看，虽然中部地区 708 个县（市、区）中有近 95%的县参与开展了农村合作医疗制度，覆盖范围很广，但城乡之间医疗卫生机构、相关技术人员等分布仍严重不均衡，城镇地区医疗机构和专业技术人员数量稳中有升，农村地区则相对下降。此外，与城镇地区相比，农村地区医疗机构经费严重不足，疾病防治范围和防治能力也十分有限。

（4）社会保障不均。近年来中部地区各省都大力推进城镇职工基本养老保险省级统筹制度和新型农村社会养老保险制度试点，并试图建立城镇职工医保、城镇居民医保、新型农村合作社及城乡医疗救助等四个部分制度的有效衔接虽然已初步形成以各级社保经办机构为主力，银行及定点服务机构为依托，社会劳动保障工作平台为基础的管理服务组织和网络体系，并尝试向乡镇及行政村延伸，然而总体来看现有的社会保障制度仍不完善，农村人口在最低保障覆盖范围和保障程度上都与城市人口相差甚远。一是社保统筹的层次低，基金调剂能力差。农村人口、农民工、城乡低收入者、残疾人等社会弱势群体在基本公共服务享受方面，其基本权益得不到充分保障。二是养老保险待遇差别大，缴费与待遇不对等。农村人口在市区工作后却无法在此安享晚年，只能回农村养老。三是困难企业职工难以纳入医疗保险，医疗卫生体制改革严重滞后。许多城镇地区政府目前尚未把农村人口、外来务工人员、弱势群体等纳入城镇基本公共服务体系之内，这类人群一旦在工作中遭遇危险或者身体伤害，只能自己承担高额的医疗费用。

2. 中部地区城乡基本公共服务不均等现状突出特点

（1）城乡基本公共服务水平区域间差距增大。中部地区由于政策倾斜一度在东部开放与西部开发的“夹缝”中处于“塌陷”境地，相比之下所获得的财政转移支付资金最少，收益也最低。因而中部地区城乡基本公共服务能力相对较低，与其他地区相比差距也在逐渐拉大。一是由于中部地区本身各省资源禀赋差异较大，发展水平各有不同，中部地区政策本身政策缺乏差异性考虑；二是由于中部地区政策是“两个比照”的结晶，而在国家对西部和东北实施新的政策后，中部地区未能同步跟进，致使区域间差距不断拉大。

（2）城乡基本公共服务总量有增，但人均量落后。中部地区六省处于我国内陆腹地，总人口占全国的28%，其中农村人口占全国的近1/3。虽自2006年“中部崛起”战略提出，2008年中部崛起战略实施之后，受国家政策和产业转移等因素影响，中部地区财政转移支付状况有所好转，财力有所提高，但由于税收返还占比转移支付资金的比重过高以及人口众多等因素，中部地区基本公共服务人均效益相对较低，基本公共服务人均指标大多低于全国平均水平。特别是基本公共服务方面，“富者更富穷者更穷”的现象突出；农民工、留守儿童、流浪人口等特殊群体的保障体系严重缺乏。

（3）农村投入严重不足，城乡基本公共服务差距明显。虽然最近几年政府对农村地区投入有所增加，但与城市依然相差甚远。中部地区面积广大，仍有大部分地区未被纳入政策实施范围，尤其是经济发展水平低、财政收入少、人民生活困难的县市，一方面在面临重重困难的同时，却很难得到政策的支持；另一方面即使有相关政策支持，但大多是一刀切的政策，不仅有失公平，而且不利于地方基本公共服务的发展。农村地区特别是在水利、道路、电力、通信、信息等公共服务方面严重落后于城镇，制约农业发展与农民收入的同时又加剧了城乡居民收入差距。

二、中部地区城乡基本公共服务均等化面临的主要困境

从城乡基本公共服务不均等现状可见，中部地区城乡经济社会发展差距逐渐拉大，城乡居民在收入水平，生活水平，享有的基本公共服务水平等各方面都存在严重不均等现象。中部地区要想实现城乡统筹发展，达到城乡一体化的目标，完成政府公共服务职能的转变，就必须实现城乡基本公共服务均等化，然而城乡基本公共服务均等化的实现还面临很多困境，主要有以下几个方面：

1. 制度困境

城乡基本公共服务均等化研究源于财政问题，但较为复杂的社会、政治和经济环境共同影响，也使其面临深层次的制度困境。中部地区地形复杂，城镇和乡村众多，位置分散，政府在基本公共服务方面多采取差异化针对性的制度安排。

（1）财政制度。政府在城市和农村所实行的差异性的财政制度严重影响了城乡公共服务均等化的程度。这种差异主要体现在两个方面：城乡财政资源投入不均和各级政府权责划分不清。

财政资源投入方面，城市中的教育和基础设施几乎完全是由国家和政府财政投入的，而对于农村地区，国家和政府投入则相对有限，大多需要农村自身负担。财政投入的差异严重影响到资源配置制度，延缓基本公共服务均等化进程。

权责划分方面，一是事权划分不合理。始于1994年的财政分权制度造成公共服务实际提供过程中中央与地方政府之间权责划分的混乱与错位。本该由中央政府或中央政府和

地方政府共同提供的公共服务，越来越多地由地方政府甚至是区县等基层政府承担，而基层政府财力有限，限制了公共服务的有效供给。二是财权与事权错配。一方面分税制的实施与政府转移支付的不足造成税收收入层层上移，县市级政府税源严重不足；另一方面基层政府沉重的财政负担与其拥有的财权严重错配导致基层政府对农村公共服务的供给能力逐渐下降，甚至只能靠借债方式履行供给职能。

（2）供给制度。在目前城乡基本公共服务供给由相应政府层级自上而下决策的体制下，中部地区基本公共服务的供给与农村居民实际需求之间存在显著差异。

供给方面，政府往往更关注例如水电、道路等直接影响政府绩效的短期公共服务项目，忽视例如社会保障、医疗卫生等投入成本高，收效慢的长期公共服务项目，因而很难真正把握农村居民的真实需求，提供切实有效的基本公共服务；需求方面，一方面，广大社会成员对基本公共服务方面的需求呈现全面、快速增长，尤其是农村居民以及城镇中的低收入群体成为新的增长点。他们关注的问题除了民生也涉及其他例如环境保护、公共安全等，公共服务的需求呈现多样化趋势；另一方面，农村居民受教育水平有限，缺乏表达自我需求的意识，加上目前农村地区缺乏诉求渠道，政府与居民之间的信息不对称，使得政府提供的基本公共服务难以转化成有效需求。

（3）户籍制度。现行户籍制度将居民划分为农业户口和非农业户口，一方面限制了人口的自由流动，另一方面造成居民因户籍差异在享受社会保险、就业援助、最低生活保障、住房保障等各方面的权利存在巨大差别的局面。中部地区人口基数巨大，流动人口众多，基本公共服务均等化进程受户籍制度制约更为严重。加之户籍制度具有一定的世袭性，一定程度上固化和延续了城乡二元制，目前中部许多城市在户口问题上区别对待的现象依旧普遍，加剧了制度改革的困难。

2. 结构困境

（1）城乡二元化。城乡二元结构使得农村和城镇地区居民在各项基本公共服务方面存在众多差异，而政府的财政投入和基本公共服务供给上，城镇地区也明显占据更多优势。长此以往，城乡差距日益明显。加之区域经济发展状况与基本公共服务均等化程度正相关，且经济失衡与地区间公共服务水平差异会产生交互影响，中部地区一度处于“东部开放”与“西部开发”的政策夹缝中，区域经济差距不断拉大，日益严重的经济差距又会严重阻碍城乡基本公共服务均等化和城镇化进程。

（2）产业结构转型。随着中部地区产业结构转型升级，就业、社会保障、教育、医疗、住房、安全生产、社会治安等关系人民切身利益的问题将在更广泛的范围内突出展现。经济结构转型和社会结构的开放可能会造成道德失范，诚信缺失，腐败滋生，进而造成多方面的社会不公平，不利于基本公共服务均等化制度的改革和完善。

（3）利益结构调整。经济体制改革引起的社会利益调整导致社会阶层日益分化，不同群体之间收益范围、程度差异明显，特别是在农村地区，中部地区农村人口占全国的近1/3，许多失地农民并没有充分享受到改革带来的利益。而社会不公扩大到司法、文化等诸多领域，又会深刻影响社会成员的心理状态和行为方式，对于特权、违法造成的暴富以及人为不公平竞争的不满极易诱发动荡，阻碍基本公共服务均等化改革进程。

三、中部地区推进城乡基本公共服务均等化的思路及建议

分析可见，区域经济发展失衡、公共财政投入不足，各级政府权责错配，转移支付制度缺陷、利益诉求渠道缺失，户籍制度改革缓慢，法治体系不健全等是目前中部地区推进城乡基本公共服务均等化面临的主要障碍。这些障碍非短期内可以化解，因此中部地区城乡一体化这一目标也非短期可以实现，必须从实际出发，结合多方经验，分步骤分阶段，适时灵活调整。

具体而言，中部地区城乡基本公共服务关注重点应从城镇地区向农村地区转移，在财政投入、资源配置等政策方面给予农村地区优先考虑；服务模式从“供给引导需求”向“需求引导供给”转变，逐步提高资源配置效率，切实有效地提高农村地区基本公共服务的水平；推进策略从“财政主导型策略”向“民主政治制度、法治安排、利益表达机制等制度”转变，完善城乡基本公共服务体系，缩小城乡基本公共服务的差距的同时优化基本公共服务结构与布局，逐步实现城乡均等化的发展目标。

首先，改革户籍制度，打破二元体系。户籍制度是造成义务教育、公共医疗、养老保险、住房及就业保障等在内的公共服务不均等现象的根源所在。应加快户籍制度改革打破城乡分割，通过政府适当干预推进城乡统筹发展来加快城乡二元化向城乡一体化转变。

其次，进行体制改革，完善公共财政体制，建立多元化公共服务供给机制，转变政府在基本公共服务均等化过程中的传统职能。

最后，完善法律支撑体系。一是确立所有成员平等享有政府提供的基本公共服务的权益；二是确立各级政府在基本公共服务均等化中的权责，规范基本公共服务的提供；三是规范各级政府间财政收支及转移支付制度，避免不规范行为；四是建立基本公共服务利益诉求机制及权益保障机制。

中部地区城乡统筹的关键在于提高农民收入

沈琼　夏林艳
（郑州大学商学院　郑州　450001）

一、引言

城市与乡村是两个具有特定内涵的区域，在经济、社会、文化等各领域完全不同，但相互依存、相互影响，既有摩擦和对立，也有统筹发展的内在需求。城乡之间从分离、分治到开放、协调乃大势所趋。纵观世界各国经济发展的实践与历史，城乡之间长时期的相互分离，均给各国带来了严重的城乡二元结构问题，这种现象在我国尤为典型。

我国正式提出城乡统筹是在中国共产党十六届三中全会上提出的“统筹城乡发展”。统筹城乡发展就是要将城市和乡村作为一个整体，统一制定发展战略规划，通过城市反哺农村、工业反哺农业的形式，在努力加快工业化和城市化进程的同时，不断增加对农业部门和农村地区的各种投入力度，大力发展农村城市化、工业化和农业现代化，以逐渐缩小城乡之间的发展差距，彻底改变城乡二元结构的现状，实现城乡协调发展。城乡统筹内涵广泛，不仅包括经济上的统筹，还包括政治、文化、社会、生活、制度等各个方面，并且，城乡统筹的诸多方面是相互关联的，都与居民收入正相关，因此，合理的城乡居民收入差距是城乡统筹发展的关键。

本文首先分析中部地区城乡居民收入差距现状，进而指出差距扩大的主要原因是农民收入过低，接着分析了中部地区农民收入过低的原因，针对原因分析，从两个视角提出了提高中部地区农民收入的对策。

二、中部地区城乡居民收入差距的现状

本文采用城镇居民人均可支配收入与农村居民人均纯收入之比来表示中部六省城乡居民收入差距。表1为中部六省从1985—2013年城乡居民收入相关数据。

表1　　单位：元

项目 \ 年份		1985	1990	1995	2000	2005	2010	2011	2012	2013
山西	城镇居民人均可支配收入	595.3	1291	3306	4724	8914	15648	18124	20412	21873
	农村居民人均纯收入	358.3	603.5	1208	1906	2891	4736	5601	6357	8781
	收入差距	1.661	2.139	2.736	2.479	3.084	3.304	3.236	3.211	2.491

续表

项目 \ 年份		1985	1990	1995	2000	2005	2010	2011	2012	2013
安徽	城镇居民人均可支配收入	633.9	1355	3779	5294	8471	15788	18606	21024	23114
	农村居民人均纯收入	369.4	539.2	1303	1935	2641	5235	6232	7161	8098
	收入差距	1.029	2.512	2.901	2.736	3.207	3.016	2.985	2.936	2.854
河南	城镇居民人均可支配收入	653.6	1268	3299	4766	8668	15930	18195	20443	22398
	农村居民人均纯收入	328.8	527	1232	1986	2871	5524	6604	7525	8475
	收入差距	1.988	2.406	2.678	2.4	3.02	2.884	2.755	2.717	2.643
江西	城镇居民人均可支配收入	583.4	1188	3377	5104	8620	15481	17495	19860	21873
	农村居民人均纯收入	377.3	669.9	1537	2135	3266	5622	6892	7828	8781
	收入差距	1.546	1.773	2.196	2.39	2.64	2.754	2.539	2.537	2.491
湖南	城镇居民人均可支配收入	760.8	1591	4699	6219	9524	16566	18844	21319	23414
	农村居民人均纯收入	395.3	664.2	1425	2197	3118	5822	6567	7440	8372
	收入差距	1.925	2.396	3.297	2.83	3.055	2.845	2.869	2.865	2.797
湖北	城镇居民人均可支配收入	704	1427	4017	5525	8786	16058	18374	20840	22906
	农村居民人均纯收入	421.2	670.8	1511	2269	3099	5932	6898	7852	8867
	收入差距	1.671	2.127	2.658	2.436	2.835	2.707	2.664	2.654	2.583

资料来源：根据《中国统计年鉴》整理而得。

从表1可以看出1985—2013年中部六省收入差距的变化趋势，即是改革开放以来，随着中国经济的快速发展，中部地区收入差距总体上呈现出波动中上升的发展趋势。但是按照联合国统计，世界大多数国家城乡居民收入差距应该保持在1.5：1这一适度差距，这样的比例才可能促进至少说不阻碍一国经济的发展，最高在2：1左右，世界上只有极少数国家或地区城乡居民收入差距超过 2∶1。然而通过上表可以发现，中部地区城乡居民收入差距在 1.5∶1 甚至是 2∶1 的情况下是很少的，可以说随着经济的发展，中部地区城乡居民收入差距在不断扩大。若把住房、医疗、教育等考虑到城乡居民收入差距中的话，则城乡居民收入差距可能会更大。这种情况既不利于中部地区城乡统筹目标的实现，也不利于国民经济的健康快速发展以及社会的和谐稳定。

中部地区城乡居民收入差距不断扩大主要表现在两个方面，一是总量差距大，二是增长差距大。经过分析发现，中部六省具有相似的走势，故选择其中一省以山西省为例来说明问题。具体来说，1985 年山西省城乡居民收入总量差距为 236.98 元，到 2000 年增大为 2818.49 元，2010 年为 10911.41 元，最大为 2012 年的 14055.11 元。增长率方面主要是随着经济发展，城镇居民人均可支配收入增幅较大，农村居民人均纯收入增幅较为缓慢，这主要是因为经济增长带给城镇居民的福利，农村居民收入主要来源于农业收入，没有充分享受经济发展带来的好处。

造成城乡居民收入差距扩大的原因是多方面的，如金融发展对经济的影响程度、收入分配制度等。而随着经济的快速发展，城市居民人均可支配收入得到了很大的提高，虽然农村居民人均纯收入也得到了提高，但我们应该看到农民收入还是很低的，以山西为例，农民收入最大时是 2013 年的 8781 元，这才相当于 2005 年的城镇居民收入，而同时期的城镇居民收入为 21873 元，因此要改变城乡居民收入差距首先应该提高提高农民收入，下面我们将分析农民收入过低的原因。

三、农民收入过低的原因分析

1. 农民兼业化不足

农户兼业经营是指农户家庭既从事农业生产，又从事非农业生产或经营的行为。国外研究资料表明，农户兼业化经营可以促进充分就业和优化资源配置、提高农民收入、推进城市化进程。在发达国家，农户兼业经营已成为一种普遍现象，如德国、美国、挪威等国的农户兼业率都超过 50%，日本、韩国的农户兼业率已超过 80%。但是第二次农业普查结果显示，中部地区农户的兼业化程度仅为 5.9%，当然随着经济的发展，这一比例得到了提高，但是总体来说，中部地区的农户兼业化程度还是不如国外地区的高，农民无法充分享受到兼业化经营带来的好处。

而农村居民人均纯收入主要由工资性收入、家庭经营纯收入、转移性收入和财产性收入四部分构成。研究表明，家庭经营纯收入对农户收入贡献率最高，其次是工资性收入，转移性收入与财产性收入一般是作为农户收入的补充。以山西省为例，在农民纯收入中，来自农业收入的比重占到 50% 以上，是农民收入的重要来源。虽然近几年来，来自农业收入的比重由 1995 年的 65.3% 下降到 2013 年的 50.8%，但总体来说农业收入还是在农村居民纯收入中占据较大比例。兼业化不足导致农民收入更加依赖农业收入，然而经济发展带给农业收入的增加幅度是有限的，最终导致农民收入低下。

2. 农业劳动生产率低

虽然中部地区农业生产者数量庞大，但由于劳动生产率低，农民收入却并不高。以江西省为例，2013 年全年地区生产总值为 14338.5 亿元，其中，第一产业增加值 1636.5 亿元，增长 4.6%；第二产业增加值 7671.4 亿元，增长 11.7%；第三产业增加值 5030.6 亿元，增长 9.1%。三次产业对经济增长的贡献率分别为 5.1%、65.7%和 29.2%。而从事第一产业人员为 820.88 万人，对同年江西省生产总值的贡献率却仅为 21.9%。由此可以看出，因为劳动生产率低，所以无法有效提高中部地区农民收入，也无法促进经济的发展。

造成农业劳动生产率低的原因是多样的，如科技发展、经济发展水平，但主要原因还是未实现农业产业化、农业现代化。在城乡统筹过程中，必须做到农业产业化、农业现代化才有可能真正做到提高农民收入。“三农” 问题的提出得到了很多领域的响应，也一直受到人们的关注，人们为实现农业、农民、农村一体化也进行了很多努力，当然也取得了一定的成效，提高了农业劳动生产率，农民收入实现了增收，但就目前经济发展及城乡发展差距而言，农业生产率还不算很高。

四、提高中部地区农民收入的对策

中部地区农民收入过低不利于其城乡统筹目标的实现，因此我们必须积极研究对策来提高中部地区农民收入，本文主要从短期对策和长期对策两方面来叙述，短期对策是鼓励农民兼业化经营，长期对策是农民的市民化。

1. 鼓励农民兼业化经营

根据前面的分析我们知道，兼业化经营可以提高农民收入，因此中部地区应该鼓励农民兼业化经营，积极地对农民兼业化经营加以引导。目前中部地区兼业经营面临着很多障碍，为此我们需要从以下几方面入手：

（1）加强教育培训，提高农民技能。我国中部地区兼业农民经营的形式较为多样化，但能够进行大规模兼业的人数却很少，其中最重要的原因就是农民的专业技能差，致使他们无力从事科技含量高、专业技术强的兼业经营形式。为此，需要对农民加强教育培训，提高农民的技能。发达国家一般都比较注重在农户兼业和经营规模扩大的过程中对农民的教育与培训工作，这为农业经营效益的提高创造了很好的人才条件。加强教育培训不仅会使农民兼业经营兴趣提高，也有利于其向新型职业农民的转变，更有利于实现全面建设小康社会这个总目标。

（2）完善农村市场。完善的农村市场体系与机制，不仅可以帮助减少农户兼业风险，也可以吸引农户参与兼业经营。显而易见，在兼业经营中，不利的价格波动会影响农户参与市场活动的积极性。建立健全的农村市场可以促进各种生产要素和产品的合理流动，使得各种生产要素和产品的价格趋向合理化，最终使各种兼业活动的收益趋于合理化，有利于农村各种兼业经营形式的全面协同发展和农村居民收入的稳步提高。此外，完善农村市场还可以加快农业结构调整，为农村经济的发展提供良好的环境，这不仅能有利于现代农业的发展，对新农村建设也有一定的帮助。

（3）健全农村社会化服务体系。农村社会化服务体系建设的好坏，直接影响到农户投资机会和投资热情，影响农户兼业的广度和深度。为此，政府应该充分利用现代科技与经济的发展，不断健全农村社会化服务体系，扩大服务范围。改变和充实服务方式和服务内容，促进农村各业的发展，使农户的兼业行为与农村经济的发展相一致。除此之外，还应增加基础设施建设投入，对于农民比较关心的道路、医疗等方面应给与极大关注，切实服务好农民。在城乡统筹建设中，农业是基础，我们要不断改善农村生活条件，为兼业经营做好准备，只有这样才能更有利于统筹目标的实现。

2. 实现农民市民化

农民市民化就是农民转变为市民的过程，是减少农民、降低农村人口比重，增加城市人口的过程，因此农民市民化在一定意义上就是城市化。农民市民化也是传统农民脱胎换骨走向现代文明的过程，是实现城乡统筹目标的重要举措，有利于实现农业现代化、农业产业化，进而提高农业生产效率。具体来说可以从以下几个方面来促进农民市民化：

（1）政府加强宣传，消除歧视。在农民变市民的过程中，一方面，农民进入城市之后，生活困难，再加上有些政策不了解，得不到很好的照顾；另一方面，有些城市居民认为农民进入城市之后分享了城市的资源，使自己的资源少了，处处排挤农民。作为政府应该加强对农民市民化的宣传，让城市居民了解农民市民化对城市经济的好处，让农民了解与自己相关的一些政策，消除城乡居民之间的歧视。只有城乡居民和谐共处了，他们才能共同为城市经济发展做出贡献，真正实现农民市民化，实现城乡统筹。

（2）完善相关制度。在农民市民化进程中，政府应该完善教育、住房、医疗等相关制度，使农民能满足自己在城市最基本的需求。近几年来，我们听到的类似“住房难”“上学难”“看病难”的例子不胜枚举，作为政府应该反思为什么会出现这种情况？为了改善这种情况应该做出哪些措施？试想如果农民在城市中满足不了自己的需求，又怎么会安心在城市生活呢？合理有效的制度或改革是政府方面应该为农民考虑的。

（3）农民提升素质，提高技能。城市是一个讲究文明和谐的地方，作为农民在城市中生活，首先应该提升自身素质，不能把自己在农村生活中的不良作风或生活习气带到城市中来。另外城市是一个高速发展的地方，俗话说打铁还得自身硬，作为农民要想在城市中生存下去就必须提高自身技能，使自己有一技之长，有立足于城市的本领。此时农民可以利用政府等方面提供的良好资源来提高自己的技能。

参考文献

[1] 赖文燕：《转型期城乡居民收入差距成因与对策》，《企业经济》，2011 年第 4 期。

[2] 孟志兴、孟会生：《中国中部地区农民收入结构及增长问题分析——以山西省为例》，《中国农学通报》，2010 年第 14 期。

[3] 王金承：《河南省居民收入差距的现状与成因》，《经济研究导刊》，2010 年第 23 期。

[4] 郝海广、李秀彬：《农户兼业行为及其原因探析》，《农业技术经济》，2010 年第 3 期。

[5] 沈文彪：《关于农民市民化途径问题的思考》，《南方农业》，2010 年第 9 期。

发展中心镇推进湖北省公共服务均等化研究

宋哲
（湖北省社科院长江流域经济研究所　武汉　430070）

在区域的城镇体系中，中心镇起着一个承上启下的连接作用。中心镇具有较强的经济实力，它对周边的乡镇具有较强的辐射作用，是能够带动周边区域发展的增长极核。

一、中心镇在城乡统筹中的作用

新型城镇化是基于城乡统筹发展提出来的，把新农村建设和城镇化结合起来，走城乡互动、统筹发展的道路，是城乡统筹发展的重要节点。城市化进程与新农村建设在空间上需要连接点或连接区域，中心镇就是连接城市与农村的重点区域，是统筹城乡发展的重要节点，是破解城乡统筹的关键。中国的城镇化进程是以农村劳动力的“自主型”转移为典型特征。土地资源赋予的经济价值决定了他们不是将转移或者留守农村视为二者择其一的单一选择，而是将城市打工和生活视为一种“暂时性”的或者说是“得过且过”的生存策略，并将外出务工作为农村家庭收入的一种额外补充，而非替代。以往城镇化表现为土地城镇化，城镇化质量不高，应以人口城镇化为重点推进新型城镇化。

城市要发展首先必须要有空间载体，有足够的空间才能容纳需要的人口，才能承接农村人口的转移。从城乡聚落演变规律来看，那些功能强、潜力大的小城镇成长为小城市是城乡聚落向高层次形态结构演变的客观规律。中心镇小城镇化是城市区域化发展的必然结果，随着城市区域化日益增强，城镇密集地区的城市带、都市区会逐步将周边小城镇整合进其空间结构之中，使之转化为城市带或都市区的专业城镇中心城市的辐射作用将明显强于极化作用，相关城市功能将扩散至周边腹地区域，促进产业扩散、人口迁移、文化传播与基础设施延伸，影响城镇腹地调整与城镇体系重构。

在新型城镇化背景下，中心镇的发展要强化其综合承载能力，尤其要强化其综合服务功能、居住功能、产业功能和生态功能。首先，中心镇要具有居住功能。新型城镇化进程的核心是用较低成本和较短时间推动农村剩余劳动力向城市转移，中心镇在农村人口转移中发挥着重要的作用，要满足人口的居住功能。其次，中心镇要具有综合服务功能。如果把中心镇作为农村人口转移的一个重要平台，那么它首先是一个人口积聚的场所，应该满足区域居民的各种生活需求，为他们提供全方位的服务，这就要求中心镇要具有合乎社会需要的功能，即社会功能，包含安全、文化、教育和政治等方面的功能。最后，中心镇要具有产业功能。人口积聚于中心镇的条件是中心镇要有足够的就业岗位，以满足居民的就业需求，这就要求中心镇大力发展非农产业。

中心镇是农村综合服务功能的载体。大量的人口集中到中心镇，第一个面临挑战的就是中心镇的容纳能力，因此，中心镇的发展重点立足在如何提高其综合承载能力上。中心镇要重点推进交通、供排水、污水和垃圾处理等基础设施的建设，重点推进医院、学校等公共设施的建设，重点推进社会保障、住房保障等公共服务体系的建设，将中心镇发展成为方便出行、方便购物、方便就学和就业、方便生活的地方。

二、实现公共服务均等化的重要意义

推进公共服务均等化，能缩小城乡差距，促进社会和谐稳定和公平正义，确保公民平等的享受改革发展的成果，因此，实现公共服务均等化具有重要的政治和经济意义。

1. 有利于缓解社会矛盾

随着经济的发展，我国社会的矛盾发生了很多的变化。其中，有两大矛盾危害着社会的和谐稳定：一是居民对公共服务的需求日益增长，而政府对公共服务的提供明显不足；二是经济社会的发展要求政府职能的快速转变，而政府职能转变动作缓慢。这些矛盾具体表现在地区发展不平衡，城乡二元结构矛盾突出，居民收入差距偏大，经济结构不合理，环境污染问题突出等。公共服务均等化，能够缓解各种社会矛盾，促进政府职能的转变，促进社会公平正义，维护社会的和谐稳定。

2. 有利于健全体制机制

当前，我国在公共服务提供上存在不足，其中一个原因是未建立健全有效的体制机制，包括公平的地区和城乡间的资源配置机制，公平和持续的财政支持机制，规范的政府分工和问责机制等。体制的不完善，阻碍了公共服务的发展。因此，要从财政体制、公共政策、政府责任分工等多方面进行改革，完善机制，促进公共服务在数量和质量上的有效供给，为公共服务均等化提供长远的制度保障。

3. 有利于促进区域经济平衡发展

欠发达地区经济由于长期的历史欠账，基础设施和配套设施较为落后，投资环境差，发展能力不足。公共服务的均等化通过提高欠发达地区的公共产品供应能力，能减轻地区的长远负担，改善基础设施和周边的环境，为地区的发展创造有利条件，从而促进区域经济协调发展。

4. 有利于扩大内需

在城乡二元结构的背景下，农民的收入本来就低，由于公共服务提供不到位，攒钱防老、因病返贫等现象长期存在，农民有钱不敢花，导致内需不足，经济过分依赖出口，经济结构畸形。推进公共服务均等化，为广大的农民提供教育、卫生、社会保障等公共服务，能有效释放内需，拉动经济增长，促进经济结构调整，使我国经济健康发展。

三、湖北省中心镇发展的现状及问题

1. 中心镇发展现状

2013 年来，湖北省城镇化建设成效明显，2013 年全省城镇化率为 54. 51%。随着全省城镇化进程加快，中心镇的发展也进入了提质提速发展的新阶段。

2013 年，全省县域生产总值达到 14590. 4 亿元，县域地方公共财政预算收入 864. 8 亿元。一批强县发展壮大。GDP 超过 100 亿元的县（市、区）55 个，其中江夏区、仙桃市 GDP 超过 500 亿元。地方公共财政收入过 10 亿元的县（市、区）32 个，其中江夏区、黄陂区、大冶市、宜都市超过 30 亿元。大冶在“全国县域经济百强”中位居第 94 位。

2013 年，城镇化率超过 50%的县（市、区）达到 22 个，县域共有 1039 个乡镇（含街道办事处）；其中，镇级财政收入超过 2 亿元的乡镇达 53 个；乡镇总人口 5030.5 万人，占全省总人口的 87.4%；行政区域面积 17.73 万平方公里，占全省的 95.4%；常用耕地面积 3122.6 千公顷，占全省的 92.9%。

以城镇化为载体，产业组织形式逐步向集约集聚集群方向转变，形成了夷陵稻花香酒业、仙桃彭场无纺布、洪湖府场压力容器、汉川马口纺织服装等特色鲜明、竞争力强的产业集群，进而也为城镇化建设构建了坚实的产业支撑。

省统计局发布的百强乡镇显示，其经济实力较强，城镇化建设水平也较高。2012 年百强乡镇拥有企业个数 13.64 万个，平均每个乡镇拥有企业 1364.2 个，实缴税金 32179.5 万元，平均每个乡镇有工业企业 477.4 个，从业人员 1.34 万人，平均镇区面积为 18015 亩，镇区人口平均 40592 人。21 个“四化同步”试点镇先试先行，走在全省小城镇前列，2012 年试点镇平均财政收入达到 2.08 亿元，是全省平均水平的 3.35 倍；平均固定资产投资 14.4 亿元，是全省平均水平的 1.7 倍；平均拥有规模工业企业 19.8 户，是全省平均水平的 2.57 倍；农民人均纯收入 9598 元，是全省平均水平的 1.22 倍。

省小城镇在空间分布上，相对集中分布在沿江、沿线、沿路地带。全省沿长江、汉江、京广铁路和国省道（公路）地区交通畅达，人口集中，这些地区分布的小城镇共有 630 个，占到全省乡镇总数的 60.6%。

全省城镇整体功能逐步提升，城镇公共服务能力进一步增强，大大改善了城乡居民的生产生活条件。2012 年，全省乡镇达到通电全覆盖，建制镇自来水普及率 59.2%，通有线电视村达到 82.2%，垃圾集中处理村达到 44.6%；农田水利基础设施建设加快，全省乡镇农业有效灌溉面积增至 3341.4 万亩，乡镇农村路网、水网、广播电视网、电网基本形成，城镇综合承载能力不断增强。

2. 推动中心镇发展的举措

湖北省高度重视中心镇建设，将城镇建设作为加快农村发展的大战略来抓，进入 21 世纪以来先后下发关于推进城镇建设的重要文件；多次召开由省委、省政府主要领导参加的高规格会议，动员全省力量统筹推动小城镇建设；开展了“百镇千村”建设、整县整镇推进环境整治试点示范、100 个重点镇和 100 个特色镇建设、33 个经济发达镇行政体制改革试点，选择 21 个乡镇开展了“四化同步”试点示范，选择 20 个城关镇、35 个小城镇开展了小城镇建设示范，选择 26 个小城镇开展了新型城镇化示范，2011—2015 年每年建 200 个“宜居村庄”，为城镇化发展发挥了重要引领作用。

在总体规划编制上，各地坚持科学有序部署城镇化的理念，编制各地中心镇规划，在专项规划编制上，各地选择了一批一批重点镇、特色镇，编制完成供水、排水、燃气、交通等一批专项规划，保障了市政基础设施建设有序推进。在全域规划编制上，21 个“四化同步”示范乡镇先行实施全域规划编制，为全省中心镇全域规划编制探索经验。

湖北省各地将中心镇作为工业化、农业产业化的重要平台，把产业发展与城镇建设有机结合起来整体推进，一批工业重镇、商业重镇、旅游重镇快速崛起。例如仙桃市彭场镇把工业化与城镇化结合起来，鼓励企业向园区集中、人口向社区集中，加快产业园区和中心社区建设，将产业功能、城镇功能和生态功能融为一体，成为全国最大的无纺布出口基地和全国产业集群建设示范镇。汉川市马口镇集中发展纺织业，镇建成区面积达到12.6平方公里，常住人口达7.8万，吸引了该镇周边近4万名农村劳动力就近就业，成为“中国制线名镇”。又如监利市新沟镇福娃集团建成4万亩有机稻和120万亩优质稻生产基地，致力发展健康稻米精深加工、循环利用产业，带动镇域经济发展，镇区面貌不断改变。孝感市大悟县河口镇，立足“一镇两桥连三市”的交通区位优势，积极发展商贸物流业，辐射周边湖北、河南两省6镇近15万农村人口，成为地域性商品集散流通中心、文化活动中心和聚居中心。神农架林区生态旅游的“窗口”木鱼镇，结合自身实际，按照生态、绿色、古朴、简约的原则，进行规划设计和建设，一个充满巴楚文化历史气息和中国传统建筑淳朴韵味的山水型小镇初具雏形，荣获“全国环境优美乡镇”称号。

3. 湖北省中心镇建设存在的问题

虽然湖北省在中心镇建设方面取得了一些呈现，但是还存在一些问题。

中心镇规划起点不高，引领作用不强。由于城乡“二元结构”影响和小城镇人才、技术、资金缺乏等客观原因，总体上中心镇规划的编制水平和质量不是太高，缺乏区域性的视野和统筹考虑，科学性和前瞻性不足，不能适应当前社会经济快速发展的需要。而且有的镇专业规划之间衔接不够，城乡总体规划、土地利用规划、产业发展规划之间相互脱节，相互制约牵扯，给实际工作造成很大困难。规划执行的检查督办力度急需加强。

部分中心镇城镇化质量不高，基础设施和公共服务建设滞后。有些城镇承载能力不强，存在供排水不畅、环境污染严重、设施老化等问题；部分城镇管理服务水平不高，医疗、教育、文化、卫生等公共服务事业与居民品质需求差距较大，对农民的吸引力不强。部分城镇基础设施配套负荷难以承担大量进镇农民生活需求，缺少垃圾处理集中处理设施，简单归集垃圾就地填埋，极易造成环境污染。

四、发展中心镇对推进公共服务均等化的作用

1. 试点作用

实现城乡公共服务均等化是大势所趋，但不能急功近利。以湖北省现有的经济实力，全盘推进城乡公共服务均等化是不现实的，应该有重点、有步骤、分层次推进城乡公共服务均等化。中心镇一般具有基础设施较好、区位条件优越，具有一定资源和经济基础等特点，选择中心镇作为推进城乡公共服务均等化的试点是合适的。

中心镇相对而言具有资金、资源和人才的优势，通过政策倾斜、转移支付等措施，能更好地承担起加大公共服务的责任，为公共服务的推进提供经济保障和人才保障。推进城乡公共服务均等化也必须符合我国的国情，没有固定的模式可以照搬。选择中心镇作为试点，可以在实践中检验政策的效用，总结改革的得失，为全面推进城乡公共服务均等化打下基础。

2. 示范作用

在推进城乡公共服务均等化的进程中，虽然取得了一些成果，但由于缺乏经验，各地

采取的改革措施通常是“摸着石头过河”，缺乏一个可供参考的样本。

中心镇较一般的建制镇而言具有明显的区位优势、经济优势和人才优势，在乡镇改革中起着领头羊的作用，中心镇的改革措施和成果可以直接为其他建制镇的改革提供事实依据。因此，推进中心镇的公共服务均等化，将为周边的建制镇起到示范带头作用，为周边村镇推进公共服务提供实践依据，从而加快城乡公共服务均等化的进程。

3. 辐射作用

在确定中心镇时，不但考虑到其经济发展能力，而且考虑到了地域的平衡性，因此中心镇的分布是较为平衡的，中心镇的辐射能力基本可以覆盖全省所有的乡村。

一方面，由于其人口集聚作用，中心镇的人口规模和密度高于其他建制镇，在中心镇发展公共服务有利于提高资源的配置效率。另一方面，由于其特殊的区位优势，在中心镇集中配置区域性的学校、医院、文体中心，娱乐中心，培训中心，以及餐饮、零售和广电设施，能够充分发挥中心镇的辐射作用，提高公共服务的覆盖面，促进城乡公共服务的均等化。

五、推动中心镇建设发展路径

1. 加大基础设施投入

要对中心镇规划实施科学性的合理的规划。对中心镇的规划不仅考虑中心镇本身，还要考虑中心镇作为城市与农村连接点的地位。在规划中心镇的过程中时刻要把推进公共服务均等化为目的，增强中心镇枢纽的功能和作用，把中心镇建设成功能齐全、要素集约、基础设施完备的农村腹地经济文化中心，带动经济发展，推动公共服务均衡发展。

政府要运用现代投融资方式，多渠道吸引金融资本、风险资本投资，对中心镇进行投资兴业。对民间金融资本进行有效的监管和引导，对中心镇财政资金投入使用进行监管，加大财政对公共设施建设的投入以及对人才引进的投入，努力提高资金的集约利用水平。要在中心镇推行投资主体多元化、项目经营企业化，鼓励以多种形式吸收民间资本投入公共基础设施建设。将财政收入的一部分定额拿来投资与民生相关的基础设施建设，如水电网络、公交系统、城市环卫等。

2. 产城融合发展

城乡产业要相互衔接，相互补充，形成一个有效的产业链整体。对产业做一个整体的评估，将相互之间可以形成有效链条的产业吸引到中心镇来，在中心镇搭建一个可以提供基础服务的产业平台。如工业园区建设，将农村区域内发展基础较好的工业企业通过优惠政策引入中心镇工业园区，一方面可以带动企业本身固有的劳动者流入中心镇，另一方面可以加快产品的流通。城市落后的企业可以转移到中心镇，在城市范围内优先发展先进的，无污染的产业。产业平台将上下游产业进行有效整合，推动城乡之间产业链的形成。

具有资源优势的中心镇，要充分挖掘其潜在的特色产业市场。创新新型产业，发展农村旅游业、生态观光业等第三产业可以有效地加快城乡之间物流、人流、资金流、信息流的交换。对具有旅游资源的中心镇开发风景旅游区，引导当地居民到风景区就业，参与第三产业发展建设。在特色农业市场较发达的地方，引导农民开发农家乐、农产品采摘等产业。形成农产品产供销一体化，创新新型产业同时要跟城市居民消费相协调，过高或者过低的搞创新产业都会形成于城市产业相脱节，甚至是背道而驰。

3. 促进空间结构重组

将具有区位优势的中心镇打造连接城乡空间结构的节点。在中心区域的中心镇镇域范围内建立现代“物流圈”，通过发达的交通网络，连接各中心镇、农村和城市，降低农产品运输费用，发挥产品优势，带动农村经济繁荣。在区位优势不那么明显的中心镇建立综合性“商贸圈”，利用商务贸易重组中心镇与城乡之间的空间结构。在发展功能类似，发展阶段相近的中心镇之间建立一个空间组团发展组合，发挥各中心镇优势形成一个具有强大内生生长动力的“城镇圈”。

4. 推进城乡机制体制改革

转变政府职能，扩权建镇，理顺县镇权责关系，赋予中心镇部分县级经济社会管理权限，规范中心镇权力运行，减少审批环节，提高办事效率，优化镇政府组织结构。中心镇管理层面要积极主动申请资金，吸引民间资本，运用现代融资方法吸纳资金流入中心镇，进行基础设施建设、产业链建设、物流体系建设等。要不断学习先进管理制度，将中心镇建设规划与城乡一体化目标挂钩，统筹城乡发展，中心镇社会管理体制，按照城市管理要求对中心镇进行管理模式机制的升级。

严格按照居住地登记的户口，破除城乡二元户籍制度。农村居民只要在中心镇有固定住所，稳定工作，生活一年以上均可申请登记加入城镇户口。凡是成为城镇户口的居民在公共保障制度上均可享受同原有城镇居民一样的待遇。实行中心镇户口自由迁移政策和优惠政策，放宽外来务工人员准入政策，综合评测外来人员各项分值，优先考虑其转入城镇户口。

各地用地指标要向中心镇倾斜，对符合条件的用地项目要优先解决，中心镇可以将复垦、造地产生的土地留作自己使用，在全市（县）范围内实行土地互补，在不能实现非农占地项目占补平衡的中心镇，其他城镇可以对其进行补足。鼓励农村施行农业土地综合整治，将所得多余土地留在镇里使用。改革土地承包经营权，使其合法流转，农村宅基地置换城镇产权房，农村集体非农建设用地以股权形式共同参与开发经营，建立土地非农升值收益城乡共享机制。

按照城市管理要求对中心镇进行管理模式机制的升级。强化中心镇社会公共事业的普惠性，建立卫生医疗、文化体育、法律援助、社会救助等社区管理服务体系。发展中心镇民间组织，增强中心镇社区服务活力，积极探索市场化的社区服务机制，创新第三产业服务机制体制。将转移到中心镇的农民统一纳入就业系统中，在同等条件下，农民的择业就业要同城镇居民公平对待。切实解决农民的居住、就业和生活保障问题，提供教育、医疗、养老和救助等社会保障。加快完善劳动力就业网络建设。创新人才培养机制，各中心镇给予资金支持。

城乡基本公共服务差异的现实与对策

涂水斌
（武汉大学中国中部发展研究院　武汉　430072）

一、引言

作为我国社会的两大基本类别，城市和农村自改革开放以来一直被分别对待、分开治理，城市专注城市的发展，农村也仅限于农产品的生产，城市和农村的发展没有起到互补作用，更多时候，农村支持城市，城市反哺农村只是一句口号。随着我国城市化和工业化达到一定的水平，在国务院主导的城镇化运动的背景下，产生了大量农村人口进入城市的激励。但是，农村人口在户籍制度，基本公共服务和权利等方面与城市人口的不对称，大大限制了经济社会的可持续发展，也违背了社会主义的基本内涵。

党的十七大提出："要深入贯彻落实科学发展观，加快推进以改善民生为重点的社会建设，要围绕推进基本公共服务均等化和主体功能区建设，完善公共财政体系。"基本公共服务特别是城乡公共服务差异成为社会热点问题，也引起了众多学者的探讨。

1. 公共服务均等化的内涵研究

公共服务均等化是从社会福利方面阐述的，社会福利的改善是公共服务均等化的目标，而公共服务又是社会福利最大化的一种手段。福利经济学的研究范畴与公共服务均等化的内涵是一致的，而且公共服务均等化的实施将有利于提高社会的福利水平，一定程度上可以缓解社会矛盾，促进社会经济的良性循环，实现可持续发展。所以，总的来说，公共服务均等化，为福利经济学的研究拓展了研究范畴，同时，福利经济学也为公共服务均等化，从理论上提供了经济学基础。

关于公共服务以及其均等化方面，国内学者常修泽（2007）认为，基本公共服务包括四个方面的内容，分别是"基本民生性服务"、"公共事业性服务"、"公益基础性服务"和"公共安全性服务"。马国贤（2007）则认为，基本公共服务均等化分为人均财力的均等化、公共服务均等化和基本公共服务最低公平三种模式，并认为第三种最适合我国现实情况。

2. 城乡之间的非均等化实证研究

除了公共服务均等化的理论方面，城乡之间的不均等也受到国内学者的广泛关注，王雍君（2006）用城乡人均享有的医疗卫生资源（包括医生、护士及医疗设施及设备等）、城乡居民人均可支配收入等的数据比较，得出城乡间公共服务的差距比城乡经济差距更大的结论，并提出首先需要对目前的政府间转移支付体制作重大的结构性改革，以满足均等的基本标准。解垩（2009）指出，城乡公共服务的巨大差异，既体现在农村基础教育的资金投入方面，也体现在现有卫生资源在城乡之间差距悬殊的分布方面，而社会保障的城乡差距最为明显。包兴荣（2006）认为，当前的城乡差距集中表现在城乡基础设施和公共服务上的差距，而城乡公共服务的差距又突出表现在农村公共教育、公共医疗和社会保障等社会性公共服务产品供给水平远落后于城镇。陈昌盛等通过比较发现：各地基本公共服务绩效得分与其第一产业比重（体现城市化水平）和农村/城镇恩格尔系数比大体成反向关系，即第一产比重和农村/城镇恩格尔系数比越高的省份，绩效得分越低，并依此得出公共服务的城乡差距十分突出的结论。

3. 城乡公共服务不均等的原因研究

随着经济的发展，农村生活水平的提高，城乡关系的进一步深化，农村的基本公共服务需求已经变成现实需求。但是，现实情况是城乡公共服务的巨大差距使学者不禁对差异的原因产生了兴趣。蔡昉、杨涛（2000）认为，改革开放以来的城市偏向型战略导致了中国城乡发展之间的巨大差异，集中表现为，相对城市投入，财政对农村基本公共服务的投入水平严重不足。于风荣（2006）认为，公共服务的城乡之间差异根源在于城乡二元的发展结构，其实质是农村居民的权利意识不强，政治权利的缺乏，导致农民的基本权利无法通过政治途径得到表达。林万龙（2007）认为，供求内容不符，供给方式不恰当、机制单一等是现在公共服务城乡差距的主要表现。此外，自 1994 年财税改革以来，地方财政收入显著减少，财权与事权的不匹配压缩了农村公共服务的投入。

二、基本公共服务均等化的意义

提供公共服务是政府最基本的职能之一，社会公平是社会主义和谐社会的本质要求，公共服务的均等化是政府职能全方位体现的，也是建设社会主义现代化国家的内在需要。在市场经济条件下，由于国家战略的市场的运作，一方面，城乡之间的收入差距越来越大；另一方面，在财政资金的转移支付方面，农村也存在天然的弱势。建设社会主义和谐社会以及全面建设小康社会的重点和难点都将在农村地区，推进城乡基本公共服务均等化，也是实现城镇化，建设新农村，解决农村问题的必然要求，城镇化的内涵并非全部农民都迁往城市，而是将城镇化与新农村建设结合在一起，目的是使农民在农村也能享受到作为城市居民的医疗、教育、交通等基本服务。加快公共服务均等化的建设，对于推进社会主义和谐社会和社会主义市场经济都有重要的意义。

第一，推进基本公共服务均等化是实现政府职能转变和建设服务型政府的需要。政府存在的基本职能之一是提供公共服务，公共产品具有非竞用性和非排他性，由于产权的不明确，个人对于公共产品的投资产生巨大的外部效应，自身却得不到相应的补偿，同时，没有付出任何努力的人们也可以享用其他人对于公共物品的投资，这就存在搭便车的行为，因此这个市场是无效的，公共产品的生产必然小于社会福利最大化的帕累托最优水平。政府的出现有效地弥补了公共物品的这一缺陷。在社会主义市场经济条件下，政府的主要职能有四项，即经济调节、市场监管、社会管理和公共服务，对于建设服务型政府的目标来说，政府应该在执行经济调节和市场监督任务的同时，更加注重社会管理和公共服务的提供。

基本公共服务均等化，是服务型政府的内在要求。当市场成为资源配置的主要方式之后，管理型政府的模式滞后于生产力和社会的发展，经过改革开放 30 多年的发展，效率问题或者说生产力问题已经不再是社会矛盾的主题，政府和人民更关心蛋糕怎么分配的问题。自由平等竞争的社会主义市场经济运行机制要求高效率的服务性政府，努力推进公共服务均等化是实现社会主义公平问题的第一步，也是关键的一步，同时反映了政府的行政价值取向和在公平与效率之间的新的平衡。贯彻落实科学发展观，要求政府强化基本公共服务意识，加快建设服务型政府，重视社会事业的发展。

第二，全面建设小康社会与和谐社会的内在要求。全面建设小康社会就是保证最贫困人口的基本生活，因此，农村问题是建设小康社会的重点和难点，事实表明，大量的贫困人口依旧集中在农村地区，加快农村的经济建设将是全面建设社会主义和谐社会的内在要求。农村的经济发展对公共服务也提出了实实在在的需要，缩小城乡公共服务领域的差距，改善农村居民生活条件，成为建设小康社会的最后的短板，党的十七大强调，要加快以改善民生为重点的社会建设。把扩大公共服务，人人享有基本公共服务作为促进社会公平正义、让人们共同分享发展成果的重要内容和基本途径。通过基本公共服务的均等化推动建设和谐社会。

第三，是缩小城乡差距、解决农村问题的必要选择。从 2006 年全面取消农业税开始，政府就反复强调“三农”问题的解决，也逐年加大了农村资金的投入，建设社会主义和谐社会，归根到底还是要解决好农村、农业、农民的问题。多年来城乡二元的经济结构，使得公共服务显著偏向城市居民，长期以来，农村居民得不到基本的公共服务，教育、医疗、养老等资源与部分农村地区绝缘，很多农民因子女教育、家庭成员的疾病返贫，基本公共服务在城乡之间的差异和失衡，进一步加大了“三农”问题的解决难度，也推迟了城乡一体化的进程。

建设社会主义新农村的核心是切实提高农村居民生活水平，这对基本公共服务均等化提出了要求，农村居民生活水平的改善主要来自于两个方面。一方面在市场经济的作用下，农业生产力水平的提高，增加农村居民收入；另一方面，通过加强农村公共服务建设，例如改善农村居民的教育条件、医疗水平、公共安全保障等，使基本公共服务成为提高农村生活水平的重要筹码。

三、城乡公共服务差距的具体表现

不合理的公共政策安排和公共资源配置造成农村经济长期以来落后城市，并且差距再进一步加大，与此同时公共服务领域的差距比居民收入间的差距更为严重。主要体现为义务教育的城乡差距、公共卫生与基本医疗的差距和基本社会保障的差距。

第一，城乡义务教育领域的差距。由于国家的重视，义务教育阶段农村学生入学比例与城市相比已经没有差距，城乡义务教育主要差距是办学质量，具体表现为交易经费投入、基础设施投入和教师水平三个方面。

从表 1 可以看出，2004 年与 2000 年相比，农村与城镇的生均教育经费投入正在显著缩小，表明政府正在有意识地缩小城乡义务教育投入之间的差距，即使如此，差距依然很明显，城乡教育经费的不均等仍然相当巨大。除教育经费外，教师水平和基础设施的投入的差异也必须引起重视，2009 年农村生均危房面积是城镇的 2. 93 倍，生均计算机是城镇的1/2倍，生均固定资产是城镇的4/5倍，其中生均危房面积差距最大，即使如此，差距最大也是对义务教育质量最重要的师资方面的差异更为显著，以2009年小学教育阶段教师分布为例，研究生学历教师城镇占85.09%，农村仅占14，91%（数据来源于2010年《教育统计年鉴》）。通过分析可以看出，城镇义务教育在投入经费、办学条件、教师水平三个方面都存在明显差距，特别是师资力量方面，城镇中小学教师在学历构成方面远远优于农村。义务教育资源的分配不均是造成我国义务教育城乡差距的直接原因。

表1　**2000年与2004年中国城乡生均义务教育投入比较**　单位：元

		普通小学			普通初中		
		城镇	农村	农村低于城镇	城镇	农村	农村低于城镇
生均教育经费	2000年	1484	798	46.23%	1955	1014	48.13%
	2004年	1980	1326	33.03%	2288	1487	35.01%
生均预算内事业费	2000年	953	558	41.45%	1120	667	40.45%
	2004年	1379	1035	24.95%	1457	1101	24.43%
生均预算内公用经费	2000年	95	28	70.53%	146	45	69.18%
	2004年	154	95	38.31%	164	126	23.17%

资料来源：中国（海南）改革发展研究院 编：《基本公共服务与中国人类发展》，中国经济出版社2008年版。

第二，公共卫生和基本医疗的差距。基本上，农村只有基本的乡镇卫生院，2010年，全国共有卫生人员820.75万人，其中乡村医生和卫生院仅为109.19万人，占总数的1/8左右；全国卫生机构床位共计4786831个，其中乡镇卫生院占994329个，农村约占全国的1/5。

我们以5岁以下儿童死亡率比较，发现农村医疗卫生条件明显弱于城市，5岁以下儿童死亡率显著高于城镇，见表2，由此说明，城乡医疗卫生条件存在巨大的差异，导致农村因疾病死亡人口风险大于城镇居民。

表2　**2010年城乡5岁以下儿童死亡率**

新生婴儿死亡率（%）			婴儿死亡率（%）			5岁以下儿童死亡率（%）		
城市	农村	比例	城市	农村	比例	城市	农村	比例
0.41	1.0	2.44	0.58	1.61	2.78	0.73	2.01	2.75

资料来源：《中国统计年鉴（2011）》。

第三、我国城乡基本生活保障的差异。20世纪80年代以来，我国对社会保障体制进行了一系列的改革，在城镇逐步建立起适应市场经济体制的基本养老保险和医疗保险，由中央政府和地方政府分级负责。但是，农民、乡镇企业职工和进程的农民工参保的比重却很低，农村主要靠土地和传统的“养儿防老”。

由表3我们可以看出，在医疗保险方面，虽然参保率城乡之间大致没有差异，但是人均支出额却存在巨大的不均衡，城镇居民的人均医疗保险基金支出是农村地区的5.75倍。其次，在基本养老方面，虽然农村人口接近城市两倍，但是参保人数不到城镇的一半，并且人均支出金额的差距更是达到了惊人的20多倍。

表3　**2010年城乡医疗保险和基本养老保险差异比较**

城乡医疗保险情况				
城镇		农村		人均支出城乡比
参保人数（亿）	人均支出额（元）	参保人数（亿）	人均支出额（元）	
4.33	817.11	8.36	142.08	5.75
城乡基本养老保险情况				
城镇		农村		
参保人数（亿）	人均支出额（元）	参保人数（亿）	人均支出额（元）	
2.57	4107	1.03	194.6	20.5

资料来源：《中国统计年鉴（2011）》。

虽然政府近年来大力推进城乡基本生活保障服务均等化，但是不可否认，农村居民和城镇居民在享受这类社会保障的权利存在着巨大的不公平。农村的经济水平本身就落后于城镇，社会保障作为财富二次分配关键，平衡城乡之间社会保险支出的巨大差距对降低社会贫富差距和维护社会稳定就显得更加重要。

四、推进城乡基本公共服务均等化的对策建议

我国城乡公共服务均等化的目标就是使得全社会的公民，不论阶层、职业、性别等因素的不同，都能享受到政府提供的教育、医疗、养老等方面的服务，意思就是政府提供的公共服务对于每个公民来说都应该是大致相等的。

推进公共服务均等化成为了解决城乡二元结构、实现城镇化和建设社会主义和谐社会的关键点。因此，在政策方面应该有所创新，加大投入，使公共服务成为条件收入差距和社会不公平的一件利器。

建立推进基本公共服务均等化的有效机制，首先必须从政治上确立城乡居民的平等意识。农村城市公共服务的不均衡，其深层次原因是行政与市场的势力均倾向于为城镇投入更多地资源，公共服务是由行政主导的财富的二次分配，而行政权又大部分集中城镇公民手中，这就影响了行政在配置基本公共服务资源的公平性。宪法明确规定，我国公民享有平等的政治权利，要实现经济上的平等和公共服务的均等化，就需要农村居民享有和城镇居民一样的权利，使农村居民明白自己的地位，有效地运用合法的政治手段寻求自己平等的权利。

其次，确定合理的度量公共服务均等化的标准。我国还未就实现公共服务均等化建立

一套合适的衡量标准，包括地方政府的财政收入、财政支出水平、人均收入等方面的因素。大部分政策文件只是简单地说明考虑当地实际情况，这是一个模糊的概念，没有明确的标准，往往导致政策的执行力度不够，执行时间的迟滞，最终达不到预期的效果。因此，着手建立一套有针对性的基本公共供给标准显得尤其重要。

再次，加大财政对农村地区基本公共服务领域的投入。1994 年的财税体制改革造成的消极影响就是地方政府的财权与事权的严重不匹配，这就必然削弱了财政资金对农村的倾斜。因此，由中央财政向地方政府划拨专项资金，用于推进农村基础设施和教育、医疗等领域的建设，从资金来源上予以支持。

最后，协调城镇化的推进与新农村的建设。李克强总理强调，城镇化归根到底是人的城镇化，要以人为本。坚持做到让每个农村居民都享受到与城镇居民平等的公共服务是我们的出发点，也是我们的落脚点。城镇化与新农村的建设是互补的两项战略，真正做到农村支持城市，城市反哺农村。一方面，城镇化为中国经济创造了大量的消费需求和生产力的提升，加速了中国社会主义市场经济的成熟和现代化的实现，另一方面由于城镇化导致的农村经济活力不足，农村劳动力人口大规模迁向城镇，这就对社会主义新农村的建设提出了现实要求。农村和城镇的协调发展才能做无论是农村还是城镇居民都能平等地享受到政府提供的公共服务。

协调城乡发展，推进城乡经济一体化和公共服务均等化是一项长期的工程，必须从政治、经济、法律等方方面面入手。因此，这方面的研究还有待继续深入。

参考文献

[1] 郭厚禄：《我国基本公共服务均等化研究》，中共中央党校博士论文，2009 年。

[2] 夏锋、张娟：《以基本公共服务均等化为重点推进城乡一体化》，《重庆社科文汇》2009 年第 8 期。

[3] 艾丽：《中国公共服务均等化研究 》，武汉大学硕士论文，2012 年。

[4] 解垩：《城乡卫生医疗服务均等化的经济学理论要略》，《中国卫生经济》2008 年第 11 期。

[5] 王雍君：《中国的财政均等化与转移支付体制改革》，《中央财经大学学报》2006 年第 9 期。

中部地区构建城乡和谐关系
体制机制与政策研究

新形势下扩大与长三角地区合作的对策建议

江西省发展改革委地区经济处课题组
（南昌　330031）

长三角地区是我国经济最活跃、生产力最发达、科技实力最强的地区之一。随着长江经济带战略的提出，长三角对外面向全球、对内引领长江流域乃至全国经济发展“龙头”作用进一步显现。中部地区尤其是江西更应该加强与长三角地区合作，加快中部地区崛起步伐。

一、扩大与长三角开放合作的新形势

1. 机遇

（1）国际分工格局的调整将加速长三角产业向内陆转移。2008 年国际金融危机之后，国际国内产业分工格局发生了深刻调整，长三角地区传统的低端出口型经济难以为继，优化产业结构，加快产业转移迫在眉睫，中西部地区发展基础日趋完善，具备了承接发达地区产业转移的条件。

（2）长江经济带的建设将加强中部地区与长三角合作关系。长江经济带提出推动产业梯度转移，为中部地区承接长三角产业转移提供了重要的机遇；提出打造世界级产业集群，为中部地区加强与长三角地区合作，推动优势和新兴产业与长三角共同打造世界级产业集群提供了良好机遇；提出打破行政壁垒，清理阻碍市场要素流动的法规、政策，推动生产要素合理流动，推行统一的市场准入和技术标准，建立一体化的市场体系，有利于中部地区建立与长三角一体化的市场体系。

（3）江西省开放合作战略的实施将营造良好的开放环境。一是政府职能加快转变。党的十八大以来，省政府连续五次取消和下放行政审批权限，累计下放和取消行政审批项目 122 项，较 2009 年保留的 330 项，精简率达 37%。二是营造了良好的经济环境。江西省委十三届七次全体（扩大）会议提出了“发展升级、小康提速、绿色崛起、实干兴赣”的十六字方针，2013 年 3 月，中共江西省委、江西省人民政府出台了《关于全面扩大开放加快开放型经济发展升级的意见》，对于营造良好的开放合作的经济环境具有重要的指导意义。

（4）交通基础设施的完善将提升开放合作的能力。基本形成了“三纵四横”的高速公路网、“十纵十横”国省干线公路网、“两横一纵”国家高等级航道网。截至 2013 年底，江西省高速公路通车里程达 4335 公里、国道 7600 公里、铁路 3146 公里。形成了以九江港为门户港口，南昌港为中心腹地港口，赣江、信江通过长江黄金水道与长三角贯通连接的高等级航运通道；通往长三角的大能力铁路通道和高等级、广覆盖的公路通道。

2. 挑战

（1）区域竞争日益加剧。争夺长三角地区产业结构转移是目前沿江欠发达地区争夺的热点。江西省竞争优势并不突出，在争夺长三角产业转移中必然面临激烈竞争。

（2）虹吸效应日趋明显。长江经济带将加剧长三角等发达地区对江西省的虹吸效应，吸引资源要素流入长三角，削弱了江西省的竞争优势。

（3）合作平台日显不足。江西省开放合作平台建设进度缓慢，成效有限，目前还处于起步阶段。江西省尚未与长三角地区建立政府间协调平台，也未加入长三角地区已有的协调平台。上饶浙赣产业园、南昌上海产业园和九江承接产业转移示范基地等对接长三角产业转移的飞地园区进展缓慢。

（4）比较优势逐渐弱化。拓展优惠政策的空间有限，发展要素趋紧，自然矿产资源日渐枯竭。

二、扩大与长三角地区开放合作的思路与定位

1. 发展思路

在新形势下，紧紧围绕大开放战略，充分利用比较优势，按照“政府引导、市场主导、企业运作”的原则，扩大与长三角在产业、港口、平台、旅游、金融等方面合作，构建全面开放、全面参与、全面合作、全面提升、深度融合的开放合作格局。

2. 发展定位

（1）现代产业体系的协作区。江西省的产业结构和要素资源禀赋与长三角具有良好的互补性，具备了融入长三角现代产业体系的基础条件。当前新的形势为江西省融入长三角现代产业体系创造了重要机遇。江西省应该抓住机会，积极融入长三角现代产业体系，努力将江西省打造成为长三角现代产业体系的协作区。

（2）优质绿色农产品供应基地。食品安全是长三角重点关注的问题之一。长三角地区土地、劳动力等要素日益紧缺，农业发展空间有限，江西省生态和农业资源的优势明显，大力发展现代高效生态农业，努力打造成长三角优质绿色农产品供应基地。

（3）文化生态旅游目的地。长三角地区经济发达，旅游消费能力较强，且具有较强的出游意愿，是江西省最重要的旅游客源地。江西省应该充分利用旅游资源优势，大力实施旅游强省战略，将江西省建设成为长三角生态休闲旅游目的地。

三、扩大与长三角地区开放合作的对策建议

1. 完善开放合作平台，构建开放新格局

（1）加快建立政府开放合作平台。一是签署政府合作协议，加强在金融业、现代服务业、高新技术等方面的合作。争取以观察员身份参加目前长三角已经建立的“市长联席会议”、“长三角城市经济协调会”等对话平台，为江西省调整与长三角开放合作的政策提供重要依据。二是推动建立“3+2”泛长三角发展论坛。大力推进长三角向“3+2”的模式泛化，以长三角（3+2）青年论坛为基础，高位推动建立覆盖面更广、层次更高的“3+2”泛长三角发展论坛，掌握对接长三角的主动权。三是构建城市群开放合作平台。

支持赣东北城市群与杭州湾城市群、温台城市群等签订合作协议，建立优势互补、形式多样的合作关系。四是创新飞地经济发展的体制和机制，按照“一事一议”的原则，差异化制定共建园区合作方案，探索在与浙江交界处建立赣浙开放合作试验区，支持南昌上海产业园、上饶浙赣产业园和九江承接产业转移示范基地等对接长三角产业园加快建设。

（2）充分利用民间开放合作平台。一是充分发挥江西商会和江西企业家协会的桥梁作用，吸引长三角地区成功赣商回乡投资创业，为家乡建设做贡献。二是加大江西省企业联合会、商会和长三角企业联合会、商会的对接力度，推动企业间合作，切实解决长三角企业在赣投资中遇到的问题。

2. 提升产业承接能力，加快融入长三角现代产业体系

（1）积极承接产业转移。加强与长三角合作，制订承接长三角产业转移规划，探索产业转移合作模式，建立利益共享和补偿机制，在税收、收益分成方面进行制度创新，打造“飞地经济”新模式，实现产业转移双赢、多赢格局。合作共建“共青—上海产业园”等产业园区及产业承接基地，共创产业合作新篇章。

（2）推动重点产业协作发展。发挥长三角钢铁、汽车、造船、机械、纺织和食品等传统工业优势，利用江西在土地、劳动力、原材料等方面的比较优势，鼓励长三角企业以多种方式到江西投资发展，设立区域研发、制造、销售中心。加强两地电子信息、生物医药、新能源、航空、节能环保、文化创意等战略性新兴产业合作，推动高技术企业及高技术成果的交流与对接，营造良好的发展合作环境。

（3）加强农业合作。一是加强农业产销合作。鼓励江西农业企业与长三角商贸流通企业合作，共建营销企业联盟和电子商务平台，联合举办产品产销对接洽谈会，建立稳定的农产品购销关系，推动江西特色农产品更便捷地进入长三角市场。二是加强现代农业合作。依托长三角地缘优势与资金、技术、信息、市场，推动农业企业共同建设高科技农业基地、无公害农产品基地、特色农产品基地和农副产业基地，共同加快技改扩能、战略重组、股改上市步伐，促进共同发展。

3. 大力实施旅游强省战略，增强江西旅游吸引力

（1）优化旅游业产业结构，提升旅游产业品质。一是着力优化旅游产业结构。加大旅游产品体系创新力度，在大力开发观光产品的基础上，全面开发休闲度假等其他各类旅游产品，尽力满足广大人民群众的多元化旅游消费需求。围绕打造“一核三片五城十县百区”旅游目的地体系，进一步加强景区与景区之间、景区与城区之间的联系互动，积极构建“三线八圈”旅游线路框架体系。二是大力提升旅游产业品质。加快推进文化业与旅游业的融合，依托各地文化特色，着力打造具有江西特色的集思想性、艺术性、娱乐性为一体的旅游文艺精品，推动旅游由“看景点”向“品文化”方向转变。规范行业管理，提高服务水平，重点整治欺客、宰客、发布虚假广告等突出问题。加强从业人员管理，对严重违法违规的人员严肃查处。

（2）拓展长三角客源市场推广，主动融入长三角旅游体系。一是加快江西旅游资源与长三角旅游市场的对接，强化旅行社之间的合作，引进长三角部分旅行集团雄厚的资本、成熟的市场推介能力和产品策划能力，合作针对长三角市民旅游需求，专门为以上

海、杭州、南京、苏州等为出发地的旅客打造出城市观光、民俗文化、世界文化遗产和自然景观于一体的精品旅游线路。二是争取尽快开通旅游专列。降低上海、杭州、南京等地至江西旅游专列门槛，优化申办程序、放开申请限制，适时开通长三角至江西尤其是赣西、赣南的自驾游专列。三是加快建立赣沪旅游联合体。积极融入长三角旅游一体化，打造“4+1”旅游合作模式，实现江西与沪苏浙皖四省的“交通同城化、信息网络化、服务规范化”。

4. 加强金融合作，壮大江西金融业

（1）推动金融机构进驻江西。积极引进长三角的商业银行、证券公司、金融租赁公司、资产评估公司等金融机构进驻江西，设立分支机构。积极协调已在江西设立分支的机构的长三角银行进一步加大对江西的信贷投放力度，在江西省发起设立村镇银行等，充实江西省金融规模。

（2）搭建投融资平台。加强对接，推动长三角地区大型企业参与投资江西基础设施、公用事业以及其他产业投资活动。强化与企事业投资和私募股权投资机构的对接，共同建设股权投资机构和企业对接的平台。在金融市场交易方面，积极争取上海支持，推动更多企业在上海证券交易所上市，大型企业、金融机构参与上海金融市场交易。

（3）构筑信用平台。共同营造良好的金融法制、信用、中介、创新环境等，努力建设政府、企业和个人相结合的社会信用体系和金融风险防范体系，为金融业务发展创造良好的外部环境。

中心镇培育小城市试点的“浙江样本”及其启示

吴传清　陈文艳
（武汉大学经济与管理学院　武汉　430072）

在城乡结构体系中，“小城镇”处于“城之尾、乡之首”，是统筹城乡发展的重要节点。如何促进经济实力强、吸纳人口多的中心镇（或称“经济强镇”）持续健康发展、发挥其集聚、辐射作用，一直是小城镇建设、城乡统筹发展理论研究与实践的热点话题。党的十八大报告将中小城市和小城镇的功能表述为“产业发展、公共服务、吸纳就业、人口集聚”。《国家新型城镇化规划（2014—2020年）》明确提出，完善设市标准，严格审批程序，把有条件的县城和重点镇发展成为中小城市。浙江省在全国率先开展中心镇培育小城市试点实践，为小城镇建设、经济强镇培育小城市、小城市建设等实践，提供了典型示范样本。

一、浙江省中心镇培育小城市试点实践的缘起和进展

1. 浙江省中心镇培育小城市试点实践的缘起

（1）中心镇培育工程。2000年，浙江省按照择优培育中心镇的目标要求确定了136个建制镇（含县城）为中心镇①。2007年8月，浙江省人民政府出台了《关于加快推进中心镇培育工程的若干意见》，提出了培育中心镇的目标、任务与政策扶持与改革措施。实施中心镇培育工程以来，中心镇建设水平大幅提升，一些中心镇演变为人口多、规模大、经济实力强、具有区位优势的特大镇。2010年，浙江省城镇化率高达61.62%，超过了全国城镇化率平均水平（49.68%）。

（2）小城市培育试点。为了统筹城乡发展，优化城乡空间布局，缓解中心城市发展压力，充分发挥中心镇的辐射带动作用，2010年10月浙江省人民政府出台《关于开展小城市培育试点的通知》，提出加快人口聚集、产业聚集，加快培育一批聚集能力强、带动效应好、功能完备宜居的小城市，探索一条具有浙江特色的新型城镇化道路。浙江省就“小城市培育试点”工作，先后作了一系列制度安排（见表1）。

表1　**浙江省中心镇及小城市培育试点政策、规划一览**

文件名称	颁布时间
《浙江省人民政府关于公布浙江省中心镇名单的通知》	2000-08-29
《浙江省中心镇发展规划（2006—2020年）》	2007-10-31
《浙江省人民政府关于加快推进中心镇培育工程的若干意见》	2007-08-20

① 浙江省人民政府：《关于公布浙江省中心镇名单的通知》，2000年。

续表

文件名称	颁布时间
《浙江省人民政府办公厅关于进一步加快中心镇发展和改革的若干意见》	2010-10-11
《浙江省人民政府办公厅关于开展小城市培育试点的通知》	2010-10-11
《2011 年全省中心镇发展改革和小城市培育试点工作要点》	2011-05-02
《关于支持小城市培育试点工作实施意见》	20111-12-02
《2012 年全省小城市培育试点和中心镇发展改革工作要点》	2012-04-05
《浙江省人民政府办公厅关于增补省级中心镇的通知》	2012-09-11
《2013 年全省小城市培育试点和中心镇发展改革工作要点》	2013-05-10
《浙江省人民政府办公厅关于公布小城市培育试点扩围名单的通知》	2014-03-20
《浙江省人民政府办公厅关于瓜沥镇等 36 个中心镇和淳安县千岛湖镇等 7 个重点生态功能区县城小城市培育试点三年（2014—2016 年）行动计划的复函》	2014-06-30
《浙江省中心镇培育专项资金管理办法》	2014-08-18

选择一批中心镇开展培育小城市试点，其缘由主要表现在：

①中心镇自身发展壮大遇到行政瓶颈阻碍。随着中心镇经济的不断发展，人口与产业不断向中心镇聚集，彰显了经济的规模效应。但是受行政管理体制制约，中心镇的权限与职能不匹配，使中心镇处于“市一级的工作要求，县一级的经济地位，镇一级的管理权限”尴尬局面。资源按照行政等级分配，难以避免不同等级城市间资源分配的不公平。中心镇的行政瓶颈使其基础设施建设、公共服务难以满足中心镇发展的要求，中心镇培育小城市是中心镇发展壮大的内在要求，因此，选择人口多、规模大、经济实力强的特大中心镇赋予其现代小城市管理体制和管理权限，使其突破行政管理体制制约。

②小城市是连接大中城市与乡村的纽带。乡镇规模较小，辐射带动作用较小，难以统筹城乡发展。中心镇培育小城市的发展可以吸纳大量农村剩余劳动力，提高农民收入，小城市现代化建设可以辐射带动新农村建设，缓解大中城市发展压力，统筹城乡一体化的发展。浙江省城市化进程中最大特征是“散”，也正是这样浙江省区域经济发展呈现高度均衡化格局。城镇发展步伐加快，功能日益加强，辐射带动力尚待整合，因此，浙江省城市化必须由“散”到“聚”，把中心镇培育为小城市是统筹城乡发展的战略选择。

③中心镇培育小城市可以推进经济发展方式转变。浙江省中心镇经济总量快速增长，第三产业的增加值每年都有提升，但是三大产业发展仍然失衡。制造业在中心镇的发展创造了很多就业岗位，吸引了大量的农村剩余劳动力向中心镇聚集，中心镇收入提高，可以增加对第三产业的需求与供给，推进经济发展方式转变，把产业支撑作用强、人口承载潜力大中心镇培育为现代小城市使城镇转型升级。城市是高端生产要素聚集地，人才与资本的聚集有利于城镇传统产业转型升级，小城市可以发展特色产业，聚集特色产业，形成产业聚群，有利于打造经济增长极。

2. 中心镇培育小城市试点实践进展

（1）两批中心镇培育小城市试点名单。2010 年底，浙江省从 200 个中心镇中选取了 27 个作为第一批小城市培育试点，试点中心镇普遍面积大、人口多、经济实力强，具有建成小城市的潜质。第一轮小城市试点取得了阶段性成果，为了进一步增强小城市辐射带动作用，2014 年 4 月，浙江省又新增 16 个小城市培育试点，含 9 个中心镇、7 个省级重点生态功能区范围内的县城。具体见表 2。

表 2　**浙江省中心镇培育小城市试点名单**

城市	第一批试点名单	第二批试点名单
杭州	萧山区瓜沥镇、余杭区塘栖镇、桐庐县分水镇、富阳市新登镇	淳安千岛湖镇*、建德市乾潭镇
宁波	象山县石浦镇、慈溪市周巷镇、奉化市溪口镇、余姚市泗门镇	江北区慈城镇、宁海县西店镇
温州	苍南县龙港镇、瑞安市塘下镇、乐清市柳市镇、平阳县鳌江镇	文成县大峃镇*、泰顺县罗阳镇*
湖州	吴兴区织里镇、德清县新市镇	南浔区练市镇
嘉兴	桐乡市崇福镇、嘉善县姚庄镇、秀洲区王江泾镇	海宁市长安镇
绍兴	诸暨市店口镇、绍兴县钱清镇	上虞区崧厦镇
金华	东阳市横店镇、义乌市佛堂镇	永康市古山镇
台州	温岭市泽国镇、玉环县楚门镇、临海市杜桥镇	路桥区金清镇
衢州	江山市贺村镇	开化县城关镇*
舟山	普陀区六横镇	定海区金塘镇
丽水	缙云县壶镇镇	云和县县城*、景宁畲族自治县县城*、庆元县县城*

注：第一批 27 个试点镇均为中心镇；第二批试点镇名单中标*的为 7 个省级重点生态功能区县的县城，其余 9 个为中心镇。

（2）第一批小城市培育试点镇成效。根据《关于开展小城市培育试点通知》，到 2015 年纳入小城市培育的 27 个中心镇要建成区面积 8 平方公里以上，建成区户籍人口 6 万人以上或常住人口 10 万人以上，年财政总收入 10 亿元以上，农村居民人均纯收入 2 万元以上等目标。

自浙江省中心镇培育小城市试点实施以来，围绕着“一年一个样、三年大变样”，真抓实干，第一批 27 个中心镇小城市试点培育工作取得显著成效。2011—2013 年，GDP 增长率分别为：17.6%、13.7%、13.2%，分别高出全省 5.8、5.7、5 个百分点①。GDP 占

① 数据来源于浙江省发改委。

全省比重由2010年的5.58%提高到6.42%，提高了0.84个百分点。3年培育，涌现了一大批GDP超100亿元、财政收入超10亿元的经济强镇。中心镇培育小城市在经济发展中的地位举足轻重，对周边的乡镇发挥了辐射带动作用。

①产业聚集加速。区域面积、人口仅占全省3.9%与4.5%的27个小城市试点中心镇，产业加快聚集发展，弥补企业在人才、技术、信息等方面资源供应不足，实现区域资源的最优空间耦合，增强辐射带动作用。2013年，27个试点工业投资580.6亿元，占总投资的43.3%，高出全省8.5个百分点。工业功能区扩大12平方公里，新聚集企业9697家，工业功能区规上企业增加值占全部工业增加值75.6%。

②公共服务水平提升。3年培育，27个小城市试点完善基本公共服务体系，加快实现基本公共服务均等化。基础教育水平显著提高，加大教育投入与建成区校舍建设改造力度，学前教育普及率、建成区义务教育集聚率、高中段毛入学率分别达99.4%、90.8%和98.5%。2012年，城乡居民与城镇职工养老医疗保险参保率分别为97.1%、91.8%。医疗服务水平提高，2013年千人医院床位数达3.5张、千人医护人员数达3人，比2012年分别提高0.15张和0.23人。

③吸纳大量就业。27个试点镇从“镇”蝶变为“市”，经济规模不断扩大，产业聚集，形成了一系列主导产业，非农就业岗位增加，吸纳了大量就业人口。2011年新增就业岗位12.6万个，镇均新增岗位4686个；二三产业从业人员比重增加了2.3个百分点，达到了86.2%。

④人口聚集加快。随着产业聚集加速发展与户籍制度的深化改革，27个试点镇农村人口快速向建成区集中。2013年试点建成区常住人口城镇化率为64.8%，比2010年城镇化率高9.3个百分点。

二、浙江省中心镇培育小城市试点政策的主要内容

浙江省围绕“创业富民、创新强省”总战略实施小城市培育试点三年计划。2011—2013年，浙江省政府每年均出台《全省小城市培育试点和中心镇发展改革工作要点》，加大政策支持力度，深化体制创新，促进小城市试点镇人口集中、产业聚集发展。

1. 强镇扩权改革

根据小城市管理需求，明确试点镇的职能定位，赋予试点镇与县级政府基本相同的经济社会管理权限，提高小城市试点镇聚集人口、经济发展、公共服务与社会治理能力，建立适应强镇发展需求的行政管理体制。

（1）扩大管理权限。

①扩大经济管理权。赋予强镇有关企业、个体工商户和社区社会组织备案登记权、鼓励和允许企业投资项目备案权、镇域范围内民资进入基础设施和社会公益类项目审批权、建设工程管理权、村庄和建设项目规划管理权、涉路施工活动许可权等经济管理权限，提高经济管理效率，激发经济发展活力。

②下放社会管理权。下放居民身份证、居民户口簿、计划生育证明、房产证、老年人优待证、残疾证、就业失业登记证、社保卡等证件的办理权，以及社会救助、民政优抚等权限，提高办事效率，切实方便群众。

（2）完善行政管理体制。

①优化行政机构设置。构建精简统一高效的基层政府架构，根据强镇的人口、经济规模及建设管理任务，加大县级机构延伸力度。整合职能相近的县级派驻机构及强镇相关职能机构，明确管理职能。

②建立事权与支出责任相适应的财政体制。完善强镇财政体制，在划分收入的基础上，明确事权与相应的支出责任，调动强镇发展积极性。

③合理配置人员编制。县（市、区）根据强镇实际，在本区域乡镇编制总额不突破的前提下，统筹调剂适当增加强镇的编制数量，根据强镇发展需要，制订统一的优惠政策引进特殊专业技术人员，提高行政管理服务水平。

2. 财政政策

（1）完善财政管理体制。按照分税制财政体制的要求，合理划分县（市、区）与试点镇的事权。按照财权与事权相匹配的原则，进一步理顺县（市、区）与试点镇的财力分配关系，实现财力分配向试点镇倾斜，促进小城市培育。

（2）加大税费支持力度。鼓励县（市、区）政府对在试点镇新办的大型商贸企业，自营业当年起，实行房产税、城镇土地使用税、企业所得税地方分成部分按收入级次三年内予以全额拨补。试点镇土地出让净收益市、留成部分和在试点镇征收的城镇基础设施配套费，全额返还用于试点镇建设。

（3）建立试点专项资金。浙江省政府从2010年起建立每年10亿元的小城市培育试点专项资金用于试点镇的基础设施、产业功能区、技术创新和人才集聚服务平台、公共服务平台等项目的补助。

3. 土地政策

完善土地管理制度，优先支持中心镇开展农村土地综合治理，整合城镇用地空间。加强土地保障，建立试点镇用地保障机制，优先安排各地在省下达的年度城镇建设用地指标。小城市培育实施城乡建设用地增减挂钩，积极推进宅基地换城镇住房、低效利用建设用地的二次开发等用地制度改革，优化土地资源配置，促进土地集约利用。允许在强镇有合法稳定职业或住所的本省进城农民落户，继续保留土（林）地承包权、宅基地用益物权、农村集体资产股权等权益，进一步加快了土地确权步伐，强化农村土地流转。

4. 户籍政策

（1）放开本地农民落户。全面放开强镇落户的限制，允许在强镇有合法稳定职业或住所的本省农民，可以根据本人意愿办理城镇居民户口，享受城镇居民同等的就业、养老、医疗、教育等公共服务。对在中心镇建成区落户的农民，可以保留其承包经营权，允许依法进行有偿转让，享受原所在村的集体资产权益及承担相应义务。

（2）优化流动人口结构。建立以流动人口的年龄、文化程度、职称、技术等级、居住年限、社会保险缴费年限、投资纳税、社会服务等为主要内容的积分落户制，根据积分高低差别化享受当地城镇居民公共服务，优化人口结构。

5. 人才政策

强化人才支撑。以试点中心镇干部队伍的配备和建设为重点，进一步强化试点镇人才保障。建立健全专业技术人才引进、培养、使用机制，建立完善市县两级建设、规划、环保等部门专业人才到试点镇挂职的制度。试点镇从自身实际出发，重点培养和引进符合发展需要的实用人才、建立健全人才引进使用的激励机制。

三、浙江省中心镇培育小城市试点实践的若干启示

中心镇培育小城市是推进新型城镇化进程的新热点。随着中心镇资本、人口产业聚集，中心镇的规模效应与辐射带动效应在经济发展中起重要的作用，把中心镇培育为小城市可以协调大中城市与乡镇的发展，缓解大中城市的压力。中心镇升级为现代化的小城市后，会产生自我发展与经济辐射功能，成为带动整个区域经济发展的增长极。因此，推进我国新型城镇化进程，应该根据乡镇的经济状况与区位优势培育中心镇，当中心镇发展到具有城市潜力，中心镇蝶变小城市。

中国幅员辽阔，每一个地区地理环境与资源禀赋不同，有各自的特点。推进一个地区的城镇化的发展，必须根据自身区位特点制定城镇化方针政策，不可以模仿或照搬其他地区的模式，但可以借鉴其他地区城镇化的经验教训。浙江省中心镇培育小城市试点实践，为全国小城镇建设、小城市发展提供了样本示范。浙江省中心镇培育小城市试点实践具有以下启示：

1. 促进产业和城镇融合发展

培育主导产业集群，以产业为支撑，提升城镇发展的内生动力，促进产业和城镇融合发展。产业的繁荣发展与产业聚集是培育小城市的有利支撑，如果中心镇没有繁荣的产业，转移到中心镇的劳动力就没有就业岗位，也就无法吸引人口聚集。浙江省 27 个中心镇培育小城市试点根据自身的区位优势，趋利避害发展特色产业，错位发展的产业布局，形成以城镇为依托的板块经济，提高经济规模效益与居民收入水平，为城镇发展提供内生动力。

2. 完善公共服务体系

小城镇的建设必须加强服务型政府的建设，加强公共服务、基础设施建设。浙江省中心镇小城市培育围绕转变政府职能、提升服务管理水平，完善强镇的行政管理体制。赋予强镇相应的经济发展、便民服务、综合执法等方面的管理权限，增强强镇经济社会发展能力。政府应该完善公共服务，加强公共文化、公共体育、就业服务等便民服务设施建设，提高小城市居民基本公共服务水平，保障学有所教、劳有所得、病有所医、老有所养、住有所居，推进新型城镇化的进程。

3. 深化土地制度改革

土地制度也是我国城镇化进程中一大难题，由于土地制度城乡二元结构的存在，一定程度上影响了城镇化的进程。深化与创新土地制度改革，可以优化土地利用结构，提高土地利用效率。城乡建设用地增减挂钩，可以协调城镇用地规模结构，控制城市用地以适应集约用地和乡镇建设用地供给。推进农村土地制度管理制度改革，依法维护农民土地承包经营权，进一步加快了土地确权步伐，强化农村土地流转，这样不仅可以促进土地的集约利用，也可以促使农村转移人口可以更快融入城市，进一步提高城镇化的质量。

4. 深化户籍制度改革

目前，我国土地城镇化水平高于人的城镇化水平，我国城镇化进程中出现了“鬼城”、空城现象。我国城镇化是伪城镇化，统计上的城镇化是把外来农民与流动人口算入城镇人口，但他们却不能与城镇户籍人口一样享受教育、医疗、养老等公共服务，造成了农村剩余劳动力转移出现“离土不离乡”状况。户籍制度是城镇化最大障碍，城镇化的核心是人的城镇化，推进新型城镇化建设必须推进户籍制度的改革。

在城镇进程中，小城镇要健全农业转移人口落户制度，放开小城镇落户限制。小城镇应该根据区域的承载能力与发展潜力，以就业年限、居住年限、城镇社会保险参保年限等为基准条件，因地制宜制定农业转移人口落户制度。

浙江中心镇培育小城市试点户籍制度的改革为我国城镇与小城市的发展提供经验借鉴，小城市是农民就业、创业、居住的载体，是农民增收的首选之地，加快小城市人口聚集，改变以往的“候鸟式”人口迁移状态，创新户籍管理制度，降低落户门槛，人口自由流动为农村剩余劳动力转移提供有利条件，使农民享受与当地城镇居民同等待遇，解决随迁子女平等教育问题、保障农业转移人口就业、医疗、住房。

5. 推进生态文明建设

新型城镇化道路必须注重生态文明建设。浙江省第二批小城市培育试点除了9个中心镇以外，7个都是省级重点生态功能区范围，将试点绿色可持续的新型城市化，有望建成生态考核指标。可持续发展是21世纪的必然选择，城镇化建设必须使产业合理布局，节能减排，把生态经济、低碳经济培育成新的经济增长点，走集约、智能、绿色、低碳的新型城镇化道路。

参考文献

[1] 浙江省人民政府：《关于公布浙江省中心镇名单的通知》，2000年。

[2] 杨红新：《创新中心镇小城市化模式——以浙江小城市培育为例》，《经济研究导刊》，2012年第10期。

[3] 赵洪祝：《加快中心镇发展改革和小城市培育》，《今日浙江》，2010年第20期。

[4] 徐靓、尹维娜：《小城镇从“镇”到“市”发展路径——对浙江首批27个小城市培育试点镇研究小结》，《城市规划学刊》，2012年第1期。

[5] 浙江省人民政府：《关于瓜沥镇等27个中心镇小城市培育试点三年行动计划的批复》，2011年。

[6] 浙江省人民政府：《浙江省强镇扩权改革的指导意见》，2014年。

[7] 邵川：《培育中心镇为小城市的功能定位研究》，《地域研究与开发》，2014年第2期。

[8] 朱东风：《中心镇小城市化理论分析与江苏实践的思考》，《城市规划》，2008年第3期。

[9] 杨红新：《培育生态型小城市 促进中心镇协调发展——以桐庐县分水镇为例》，《当代社科视野》，2012年第12期。

中部地区构建城乡和谐关系体制与对策探讨

范和生　李三辉
（安徽大学社会与政治学院　合肥　230601）

城乡关系一直是我们党和政府所关心的问题，也是国家均衡健康发展所无法回避的议题。城乡兼顾、城乡统筹以及城乡一体化等城乡发展理念和政策的提出过程，也是我国探索城乡发展路径的真实写照。长期以来，我国的经济发展和社会建设都不同程度地受到城乡二元结构的制约，城乡关系也成为构建和谐社会、实现全面小康社会的重要影响因素。

一、国家视域下的城乡和谐关系演化

早在新中国成立前的中国共产党的七届二中全会上，党就意识到要防范由工作重心转移所可能带来的后果，毛泽东在报告中指出，党的工作重心的转移并不是丢掉乡村，应当城乡兼顾使城市工作和农村工作、工人和农民、工业和农业紧密地结合起来。这成为新中国成立后中国共产党在城乡发展问题上的指导思想。社会主义改造完成后，由于党在国家的经济社会建设上出现了错误的指导思想，工业发展和农村建设出现了严重失调，农村承担起支持城市和工业发展的重任，农村和城市在功能、定位、作用上的差异进一步加大，城乡二元结构也逐渐形成。

十一届三中全会后，我国实行了以经济建设为中心，推行改革开发的政策，社会主义市场经济体制开始逐步建立。随着党指导思想的变化和改革的推进，农村改革发展问题、城乡关系问题也日益受到党和国家的重视。事实上，正是农村改革揭开了中国改革开放的序幕，即家庭联产承包责任制的推行极大地解放了农村生产力，促进了农村经济和整个国民经济的发展，带动了国家其他领域的改革。为解决市场经济发展中城市与乡村的协调发展问题，中央在“十五”发展规划中提出“城乡互动”即“逐步推进城镇化，努力实现城乡经济良性互动”的思想。2002 年，党的十六大报告指出，要统筹城乡经济社会发展，提高城镇人口比重，逐步扭转工农差别、城乡差别和地区差别扩大的趋势。以城镇化推进农村城市化，这是党中央在总结我国发展实践基础上提出的处理城乡问题的思路设想。鉴于此，党的十六届三中全会通过的《决定》进一步明确提出“统筹城乡发展、统筹区域发展、统筹经济社会发展、统筹人与自然和谐发展、统筹国内发展和对外开放”的“五个统筹”新要求，统筹城乡发展被放在了第一位。之后，党的十六届五中全会提出了建设社会主义新农村的目标，坚持把解决好‘三农’问题作为重中之重，实行工业反哺农业、城市支持农村，推进社会主义新农村建设，促进城镇化健康发展。

党十七大报告在阐述和部署社会主义新农村建设任务时，明确提出要建立以工促农、以城带乡长效机制，形成城乡经济社会发展一体化新格局。之后，党的十七届三中全会又明确提出到 2020 年基本形成城乡经济社会发展一体化新格局。党的十八大报告又强调指出加大统筹城乡力度、推动城乡发展一体化，提出“四化同步”、城乡一体化的发展思路，这不仅是对解决“三农”问题路径的顶层设计，也是对建立新型工农城乡关系的科学思考。中共十八届三中全会进一步强调健全城乡发展一体化体制机制，全会通过的《中共中央关于全面深化改革若干重大问题的决定》指出，城乡二元结构是制约城乡发展一体化的主要障碍。为此，必须健全体制机制，形成以工促农、以城带乡、工农互惠、城乡一体的新型工农城乡关系，让广大农民平等参与现代化进程、共同分享现代化成果。

总之，我国城乡和谐关系的构建还处在不断探索发展的阶段，城乡兼顾、城乡统筹以及城乡发展一体化都是党根据国情变化提出的重大战略决策，其根本目的都是要统筹城乡发展，保证社会稳定和国民经济的健康发展。

二、中部区域环境下的城乡发展

我们这里所说的中部地区虽然在地理上也处在中国中部，但是个经济地理概念，其区域是由国家在2004年提出的《中部崛起计划》所划定，不同于传统地理意义下的不沿边、不沿海靠近中国版图中间的省份。地理概念的中部地区包括10个省、1个直辖市和1个自治区，而经济地理概念仅涵盖华北地区的山西，华中地区的河南、湖北、湖南以及华东地区的安徽和江西六省。

中部经济区的划分不仅有地域环境临近的考虑，更有此区域省份具有诸多发展共性、便于协同推进的区域整体考量。就中部地区的经济社会发展水平而言，中部区域同东部地区特别是发达地区相比具有很大的差距。单从城镇化率这一个发展指标来看，中部地区整体的城镇化水平不高。2013年全国城镇化率为53.73%。2014年中部六省的统计公报显示，湖北省2013年的城镇化率为54.51%，继续位居中部第一，山西的城镇化率为52.56%，江西的城镇化率为48.87%，湖南的城镇化率为47.96%，安徽的城镇化率为47.9 %，河南的城镇化率为43.80%。数据显示，同全国平均城镇化水平相较，中部六省只有湖北省达到了全国平均水平，其他省份则低于全国平均水平，其中江西、湖南、安徽、河南与全国比相差了好几个百分点。从全国大的发展背景和国家政策调整趋势来看，中部地区的发展日益受到重视，这一点是值得肯定的。现今，中部地区城镇化的发展也进入了黄金时期。有一点值得注意，城镇化率的数字高低并不能完全代表地区的发展质量，城镇化进程中必须不断优化城乡结构，注重提升城镇化质量。总体来说，中部地区的城镇化质量、城乡关系结构优化度还急需提高。

单就以中部区域的安徽省为例。《安徽社会发展报告（2014）》中有专门研究安徽省城镇化质量的研究报告，该报告采用以主成分分析法为基础的综合评价模型，从经济发展、居民生活、生态环境、基础设施及社会服务这五个指标来评定城镇化质量。报告显示，安徽省城镇化质量有所提升，但与发达地区相比仍有差距。

由表1可知，安徽省城镇化质量与全国城镇化质量都呈现出波动式上升趋势。虽然自2007年以来，安徽省城镇化质量呈现出显著加快的态势，但是与东部沿海发达地区相比，安徽省城镇化质量仍明显落后。在“十二五”时期，安徽省制定了一系列提升城镇化质量的政策，促进了安徽省城镇化质量迅速提升。但是由于安徽省处于内陆地区并且是农业大省，城镇化起步较晚，所以城镇化质量仍未达到全国平均水平。

表 1　　安徽省城镇化质量同全国比较的情况（2007—2012 年）

年份	2007	2008	2009	2010	2011	2012
安徽	−2. 219	−1. 277	0. 615	1. 195	0. 514	1. 172
全国	−0. 676	0. 161	−2. 078	−0. 477	1. 896	1. 173

资料来源：《安徽统计公报》（2007—2012 年）。

如表 2 所示，处在东部地区的山东、浙江、广东三省 2012 年城镇化质量指数都高于全国平均水平，地处西部的四川、陕西两省 2012 年城镇化质量指数低于全国平均水平。同东部和西部相比，中部地区 2012 年城镇化质量处在全国水平上下，比如，湖南省高于全国平均水平，安徽省则低于全国平均水平。同山东、浙江及广东四省比较，安徽省城镇化质量存在较大差距。可见，我国的城镇化水平也呈现出梯形分布，东、中、西部存在较大差异，而且区域之间也存在不同水平差别。具体分析，安徽省位于中部地区，起步较晚，在发展时间上迟于山东、浙江等东部省份，再加上安徽省农业所占比重较大，城镇化质量提升相对缓慢，但是由于安徽省沿江近海，所以较四川、陕西等西部内陆地区，城镇化质量又稍高一些。

表 2　　安徽省城镇化质量同其他几省比较的情况（2012 年）

省份	四川	陕西	山东	浙江	广东	湖南	安徽
城镇化质量指数	1. 155	1. 169	1. 221	1. 301	1. 387	1. 178	1. 172

资料来源：2012 年相关省份的统计公报。

城乡经济社会一体化发展水平是衡量城镇化质量的一个重要依据，而二元对比系数是测评城乡一体化发展水平的重要指标。图 1 是近年来安徽省二元对比系数与城镇化质量的关系图。

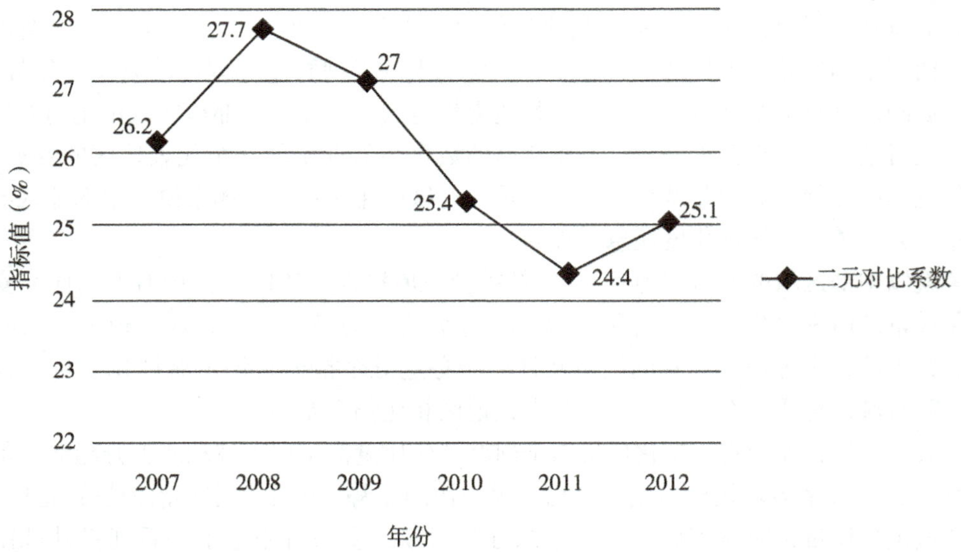

图 1　安徽省二元对比系数趋势图（2007—2012 年）

资料来源：《安徽统计公报》（2007—2012 年）。

安徽省城乡二元对比系数呈波动上升趋势，一个重要原因是安徽省在“十一五”规划纲要中提出要建设社会主义新农村的规划目标，实施了一些有效的深化农村改革措施。它们对缓解城乡二元结构起到了极大推动作用，但由于破除城乡二元结构是一个复杂的过程，且上述政策在实行初期，可能会导致非农就业人口逐渐增加，非农产值增加速度与非农就业增加速度不协调，从而导致非农比较劳动生产率下降和波动、二元对比系数呈波动上升趋势。

安徽省城乡发展状态是反映中部地区的一个窗口。就中部地区而言，其整体的城镇化水平不高，区域内存在有广大的乡村地区。在这种情况下，中部地区的城乡统筹发展更多地要考虑到维持和保护现有的城乡关系所形成的基本利益格局。尤其是在推进社会主义新农村建设的过程中，农村地区所特有的社会形态、文化资源、土地资源等都要给予重视，充分保护农民的权益，要在充分照顾农村现有资源、利益的情况下，逐步地实现城乡一体化。例如，安徽铜陵市推进城乡统筹计划，许多村民并不愿意转为城市户口，因为农村户口是他们享有一些政策的条件，农村户口更有优势。此地的城镇化就不能不顾事实而一味地推行，要在保护农村利益，尊重农民意愿的前提下有条件地实施城乡一体化，统筹城乡。这里就涉及一个原则，中部地区不能为了发展，为了加快城镇化步伐而将现有乡村资源全部舍弃掉，尤其是有价值且不可恢复的资源。有些危害和恶果我们已经看到，很多学者也有过研究佐证。此外，中部地区又有着推进城乡一体化、开展大量城乡统筹工作的发展需求，这就要考虑到城乡统筹发展中的体制建设，体制建设中要确立保护农民、农村利益的原则，在这种基础上去实现城乡统筹。

三、立足中部地区、立足本省的城乡发展

虽然中部地区各省有着大量相同的区域背景、发展机遇和制约因素，但是不同省份的省情和实际发展状况又是千差万别的。从地势分布上，山西处在黄土高原，河南、安徽多为平原；从土地资源看，河南、安徽有肥沃的土地资源，是发展农业的大省；从能源资源看，山西、豫西、湖北、安徽等地有丰富的地下资源；从工业发展来看，武汉、长沙、株洲、郑州、太原、合肥、南昌又是一些工业较为发达的城市。也正是考虑了中部地区内部不同的实际情况，《促进中部崛起规划》将中部定位为“三个基地，一个枢纽”，即重要粮食生产基地、能源原材料基地、装备制造业基地和综合交通运输枢纽。

正是在本省省情和统筹规划的基础上，各个省份进行着各具特色的统筹建设，比如山西打造安全环保的“新型能源基地”、安徽力求沿江起舞承接长三角。山区丘陵地带的城乡发展策略肯定不同于平原地区，两地居民的居住形态就有很大不同，山区民众居住布局分散，不似平原地区集中、易规划，由此，不同地区的城镇化水平、城乡发展一体化程度差距较大。仅就单个省份来讲，本省不同地区的发展也呈现不均衡状态。以安徽省为例，安徽省城镇化质量地区差异较大，呈现出明显的东西差异。

由表 3 可知，由于受到地理条件、社会历史条件、经济基础等因素的作用和影响，省会城市合肥及沿江经济带的马鞍山、芜湖、铜陵这四个城市的城镇化质量各项指标相对于省内其他地市来说处于领先地位。

表 3　　　　安徽省各市城镇化质量指标（2007—2012 年）

地区	2007 年	2008 年	2009 年	2010 年	2011 年	2012 年
合肥市	5.410	5.453	5.379	5.287	4.580	4.760
淮北市	-0.535	-0.410	-0.645	-1.569	0.244	0.357
亳州市	-1.110	0.780	1.404	0.951	-2.982	-2.829
宿州市	-2.328	-0.158	-0.835	-0.868	-1.408	-1.224
蚌埠市	1.047	-0.961	-2.014	-1.933	0.696	-0.281
阜阳市	-3.163	-3.042	-2.516	-3.008	-3.567	-2.492
淮南市	-1.838	-1.742	0.578	-0.874	-0.447	-0.100
滁州市	-0.890	-1.410	-1.514	-0.432	-0.418	-0.514
六安市	-2.228	-1.193	-1.245	-2.136	-2.939	-1.448
马鞍山市	3.223	-0.279	2.173	2.700	2.806	2.291
芜湖市	1.874	2.668	0.675	1.167	2.750	2.185
宣城市	-1.569	-1.964	-2.218	0.150	-1.174	-1.229
铜陵市	0.705	0.568	-0.380	-0.338	4.222	2.058
池州市	1.262	0.536	0.518	0.864	-0.994	0.063
安庆市	0.295	1.077	-0.842	-0.192	-1.641	-1.801
黄山市	-0.152	0.079	1.484	0.232	0.342	0.203

资料来源：《安徽统计公报》（2007—2012 年）。

安徽省不同地区城镇化质量的巨大差距反映了不同地域发展的失衡问题，有些地方城镇化质量高，有些地方城镇化发展比较滞后，这客观上造成了安徽省整体城乡发展水平的偏低。黄山地区多丘陵山区，它的城乡统筹计划势必须考虑地域环境的限制，从政策层面讲，城镇化政策在特定区域不能强硬地加以推行，此举不科学也不可为。可见，政府在制定城乡统筹建设政策时，要充分地照顾到特定的区域环境特征，区域资源（包括土地资源、矿产资源、人力资源）；不同地区在推进城乡统筹发展的过程中要立足本地现实情况，有序开展城乡一体化建设工作，而不是片面地搞城镇化建设，一味地把人口聚集起来，集中到大城市或特大城市。

统筹城乡发展是党和国家针对我国长期形成的城乡二元结构、着力从根本上解决我国“三农”问题，确保全面建成小康社会及构建社会主义和谐社会所提出的重大战略决策。考察我国的城镇化进程，城镇化质量提升过多地依赖城市居民生活水平提高及城市建设，城乡二元结构并没有得到改善，反而使城乡差距不断拉大，城乡均衡发展的目标远没有达到。各地区发展不均衡，城乡二元结构明显，二元对比系数存在很大差距，进一步增加了我国城乡统筹发展的整体提升难度。统筹的设计要求和结果达成是要考虑方方面面的，既要考虑到城乡老百姓的利益要求，又要在城乡统筹中考虑资源因素，利用现有的土地资源、人力资源、政策等各种资源。在统筹考虑全局的情况下，国家和地方政府所建立起的相应统筹体制才能最大限度地满足老百姓的物质和精神文化需求，这个体制才是符合现有社会现实的，遵循城乡统筹发展设计思路的。

四、城乡统筹发展路径的几点思考

在上面的论述中，我们梳理了国家政策层面上的城乡关系统筹战略，探讨了中部区域环境下的城乡发展。面对国家建立统筹城乡的体制思路和中部地区发展的现实，我们也对实现中部地区城乡统筹发展的路径做了几点思考。

1. 政策带动中部“二传手”

城乡统筹发展是作为国家战略提出的，战略的确定要搭建相应的政策体系。从我国的发展现实来看，国家政策对一个地区发展的意义非凡，东部地区的快速发展离不开国家给予的整体牵引，西部地区的大开发也依赖国家的着力推动。那么，中部地区处在国家怎样的战略地位，要实施怎样的政策设计，这需要国家从整体发展态势出发，针对中部地区特定的条件和发展基础进行布局。

从我国经济社会的发展现实来讲，改革开放 30 多年来中国社会已经形成了“阶梯状”的发展态势，区域内也出现了梯度发展境况，要统筹城乡发展、实现国家发展均衡化，需要国家做出政策统筹，也只有国家拥有整体调控力量。东、中、西部发展情况不同是要作出政策区分的，但总体而言，国家调整中部地区的政策力度不足，中部作为承接东部、推动西部发展的“二传手”功能还急需开发。

就政策实施上的统筹城乡发展而言，国家给予中部地区的政策安排是远远不够的，虽说有中部崛起计划，但它远比不上东部早期发展的政策优惠度，也不及国家西部大开发的战略力度。要促进中部地区迅速崛起，发挥中部地区的“二传手”作用，国家高层需要进行政策设计，这个设计就是在整个国家的社会发展中怎么去把东部、中部、西部的发展政策进行衔接，因为在东部搞的一些政策、在西部实施的策略都不可能实施到中部发展上来，也不适用。

总之，国家对中部地区要有一个整体的顶层设计，这个政策设计既要照顾整个国家这一大的发展格局，又要充分考虑中部地区所处在的战略地位。

2. 中心城市助推区域均衡化

自改革开放以来，我国实行了优先发展东部、开发西部、中部崛起的梯度发展战略，“阶梯状”的国家发展形态已成事实，这也是国家推行均衡化发展的现实背景。现今中国的诸多资源和大部分人口都集中在东部地区，尤其是沿海东南部，如此过分集中的资源在促进国家发展的同时也给国家未来发展带来了极大隐患，不仅有军事上的安全隐患，也不利于国家均衡发展。

结合中部发展现状，从资源均衡配置来考虑，我们认为国家可以做出一些体制调整。在中部地区行政体制上可设立直辖市，比如郑州市，郑州是中原经济区的核心城市，地处中国中心地带，它可以带动中部地区的发展；国家还可以把更多的战略资源投入中部地区，比如大型科研项目、交通能源项目等；可以将国家重要的研发机构、大型国企的总部搬迁到合肥、武汉等地，以此推动中部发展、促进国家发展的均衡化。拿合肥市来说，合肥是国家4大科教城市之一，也是国家的创新型城市，合肥城市面积现在足够大，几乎占了安徽省总面积的1/13，环巢湖沿岸提供了巨大的沿湖机构发展空间，是成为建立国家创新研发基地及大型国企总部最好的地方。合肥市也有一定的承接基础，合肥市有中国科技大学等高校，有相当数量的国家级科研院所和实验室（如38所、16所等），国家可以在这个基础上进一步地转移科研资源，合肥也具备这样的承接潜力。

国家还可以着力推进“中四角”城市”（中四角新说，包括武汉、长沙、合肥、南昌）的发展，促进四城市的整体化，打造一个巨大的经济发展区域，带动整个中部地区乃至全国的发展。从地理位置上看，长沙所在的湖南靠近西部、西南地区，武汉靠近中部也临界西部，合肥、南昌则可以连接东部。若这四个城市实现一体化发展，围绕长江的整个中部经济带将被盘活，可以发展承接国家的多种产业转移，实施国家的第二代发展战略。“中四角”发展战略上升为国家战略，要建成中国经济发展的“第四极”，必须要有国家体制与政策的支撑。它将带来巨大的发展契机，它联东启西，不仅能承接东部产业转移，发展中部，作为二传手也能带动西部地区，因此，“中四角”城市的发展潜力、推动力不容小觑。

同时，国家均衡发展战略还可以考虑首都问题。北京作为国家的首都，集中了大量的资源，交通拥挤、人口集中、资源消耗等都限制在了北京的发展。国家现在提出“京津冀一体化”，这个一体化实质上也是考虑了资源扩散问题，但其作用有限，带动能力仅维持在北京周边地区。我们认为国家能不能在制度性安排上建立两个首都，北京作为政治首都，在另一个城市设立行政首都。从中国中部地区发展来看，如果说更多地着眼全国一盘棋、带动西部地区，行政首都可以考虑设在西安市。从地理位置上看，西安地处中国陆地版图的中心；从历史文化上讲，西安是中国历史上13朝古都；从军事战略上说，西安是桥头堡，当有战事东部容易遭受毁灭性打击，而西安将成为最重要的防线（这一点从抗日战争中可以看到）。关于迁都和资源转移问题，国际上和中国历史上都有先例。国际上，巴西迁都带来了巴西的整体发展，美国从大西洋沿岸向西部太平洋沿岸的资源转移带来了美国均衡发展。中国历史上，王朝的发展也不乏考虑首都问题，比如唐朝，西京长安和东都洛阳都保持发展，武则天时期更是交替使用两个首都，方便了地区开发；明代，永乐迁都北京之后，南京实际上作为陪都依然使用，一南一北各自保留了一套完整的制度体系。

此外，统筹国家发展也可以将资源向西南扩散，建立起几个开发西南的新中心。首先，可以借助重庆市作为直辖市发展的机遇，将一些战略资源迁往重庆，因为重庆在抗战中曾作为国民政府陪都本身具有一定的资源优势，使重庆真正建为推动西南发展的一个中心；其次，在西南地区要着力发展昆明，借助东南亚这一个国际发展平台，将昆明建成连接中国和东南亚地区的一个中心。随着自由贸易区的发展，东南亚在努力实现一体化发展，昆明的重要性也得到东南亚的重视，昆明—新加坡的高铁如果建成，昆明的中心作用将更加明显。国家应该加大昆明的建设力度，将昆明打造为东南亚贸易、交通、文化等各方面的中心，使昆明发挥类似东南亚首都的职能，真正产生带动西南边疆走向现代化的助推作用，促进中国整体发展。

3. 关注农民工统筹中部发展

据国家统计局在2014年5月12日发布的《2013年全国农民工监测调查报告》，2013年全国农民工总量为26894万人，新生代农民工有12528万人，占46.6%，占1980年及以后出生的农村从业劳动力的65.5%，主要集中在东部地区及大中城市务农。从地域分布来说，农民工群体的来源中中部地区占据着很大份额，河南、安徽、湖北等是大量农民工的输出地。因此，要统筹中部地区的城乡发展，农民工问题自然不容忽视，国家出台了关注农民工群体的政策，大量学者也将农民工作为研究对象进行研究。我们觉得，不仅要关注、研究农民工群体本身，政策上也要考虑把中部地区这一区域作为对象。

回顾东部地区的发展历史，农民工群体起了巨大作用，他们为东部地区创造了大量财富，那么，国家在整体的政策调整方面可不可以考虑给中部的这些劳动力输出大省提供一些政策性补偿。以安徽为例，安徽每年将近1000万人向发达地区输出，他们在年轻时候给发达地区创造了巨大财富，一旦因年龄、伤病等问题致使劳动力红利消失时，他们就回归家乡，生活保障的负担则留给了中部省份。这一状况普遍存在于中部地区，给中部地区带来了巨大压力和发展困境。事实上，中部地区被强加给了一个不公平现实：中部地区大量人力资源的青春创造力量都留给了发达地区，而劳动力红利消失后的后续保障压力推给了中部地区。

针对这样的社会发展现实，国家应该做出相应地政策调节，出台一些政策来消解中部地区因发展不公带来的人力回归压力，这些政策性的补偿应该对中部地区发展及国家整体发展起着重大作用。因为改革开放30多年过去了，第一代农民工基本上面临着回归中部家乡的选择，等到第一代农民工大规模回归，中部地区必将迎来艰巨的社会发展难题。同时，中部地区还面临着第二代农民工不愿意回归的现实，他们多跟父辈一起在城市生活，追求留在城市，但他们大量的社会关系、政策性照顾都在家乡，因此，中部地区面临着怎么解决农民工相关政策的问题。同时，农民工不愿意回来，他们给地区发展留下了一个巨大的“人力资源空白”，国家应不应该提供一些政策性地支持与补偿。此外，中部地区的发展怎么办，中部地区怎么去获得人力资源，因为大量劳动力进入了东部等发达地区，中部地区人力资源相应地失去很多，国家应该怎样去调整发展战略政策。这些政策调整和政策补偿对中部地区的发展来说意义重大。

参考文献

[1] 刘锐：《城乡兼顾、城乡统筹与城乡一体化》，《石河子大学学报》，2014年第2期。

[2] 张柯、黎昕：《我国城乡统筹发展理论研究综述》，《重庆科技学院学报》，2014年第3期。

[3] 程桦、范和生、王开玉：《安徽社会发展报告（2014）》，社会科学文献出版社2014年版。

[4] 李宾、周向阳：《我国城乡统筹水平发展趋势的实证研究》，《统计与决策》，2014年第6期。

[5] 蔡之兵：《中国城乡统筹发展模式研究》，《江苏社会科学》，2014年第3期。

新时期中部地区城镇化中的发展问题及战略定位

罗海平　傅春
（南昌大学中国中部经济社会发展研究中心　南昌　330031）

一、前言

城市化在我国无论官方文本还是学术文献，多被称为“城镇化”。城市化和城镇化在本质内涵上是一致的，都包含三个层面的意义：（1）农村人口向城市或城镇人口的转换和流动，即人的城镇化；（2）第一产业向第二三产业转换，即产业城镇化；（3）城市文明向农村的扩散和渗透，即文明或生活方式的城镇化。从城镇化转换方向来看，城镇化包含两个途径，第一种是农村、农民、农业分别向城市、市民和城市产业转移；第二种是城市范围和产业不断向城郊和农村扩张以及城市生活方式不断向农村渗透。两个过程是截然相反的过程，但现实中两种城镇化方式往往都存在，差异仅在于哪种方式占主导地位或起主要作用。

我国目前正处于城镇化的高速发展阶段。2012年全国城镇化率达到52.57%，中部地区城市化率47.19%，低于全国平均水平达5个百分点，但依然处于快速城镇化阶段。根据世界城镇化史，当一国或地区处于高速和快速城镇化时期，往往是社会发展问题多发期。经济问题、社会问题以及精神问题往往相互交织。我国的城镇化相对于西方发达国家而言，更艰难更复杂，衍生的问题可能更多也更难处置。中部六省均为我国重要的农业大省、人口大省、能源大省、矿产大省。尽管均具有较好的承东启西、连南接北的区位，但与东部发达地区相比，中部六省受国家区域发展整体布局和优先序列等多重因素的影响，无论是城镇化进程还是经济发展均具存在较为严重的“塌陷”问题。其中较为突出的发展问题主要有城乡差距问题、农村治理问题、城中村治理、征地与强拆事件、耕地与粮食安全问题、人口流动和人才流失问题、资源枯竭与资源型经济的转型升级等问题。这些问题尽管形成原因各不相同，各省或地区表现程度也不尽相同，但都制约并影响着中部地区的持续健康发展。

新时期我国除了处于快速城镇化时期外，同时也是改革红利、开放红利、土地红利、人口红利、资源红利等逐渐减少甚至丧失的经济转型期，正面临全球经济形势疲软，不稳定、不安定因素增多，竞争环境恶化等国际环境，面临社会问题、民生问题相对突出，网络安全、社会舆情、民族问题相对复杂化等国内环境。在我国结束了长达30年两位数高增长时代，逐渐进入“高增长瓶颈”，主动调低经济增长率的情况下如何加快实现经济转型和升级，扩大内需，实现区域协调、健康、持续发展是当前急需解决的重大战略性问题。对中部地区而言，能否在我国未来30年中发挥更大作用，扭转中部地区在我国区域经济发展格局中的“塌陷”处境，实现真正崛起；能否实现改革开放后“前30年看沿海，后30年看中部"；能否在中部全面崛起的同时实现全面赶超？未来中部各省发展定位是什么？制约中部发展的因素可能有哪些？这些都是中部发展理论和实践中急需解决的重大和重要问题。

二、中部地区城镇化中的十大发展问题

（1）城镇化下的城乡差距问题。高速城镇化下中部城乡差距巨大，并呈扩大化趋势。城乡差距过大尤其是城乡居民的收入差距过大是我国一个普遍问题。如表1所示，以2012年为例，我国城镇居民家庭人均年收入为26958.99元，农村居民家庭人均纯收入为7916.58元，全国城乡收入比为3.4。中部六省无论是城镇居民还是农村居民收入均低于全国平均水平。在城镇居民家庭中江西省最低仅为21150.24元，而农村居民家庭收入则是山西省最低，仅为6356.63元。而城乡差异最大的为山西省，城乡收入比达到3.5。在当前城镇化加速时期，城乡差距进一步扩大，相较2000年中部各省城乡收入比均有较大幅度的扩大。可见现有的城镇化模式并不利于城乡差距的缩小，或者说近十多年来中部各省在缩小城乡差距上的收效甚微。城乡差距的扩大在某种程度上对推进城镇化具有好处，但不利于农村社会的健康发展。尤其是对中部地区而言，农村人口基数大、是我国粮食主产区主要分布地，肩负我国粮食安全的国家责任，农民收入过低将对农村社会的稳定、和谐以及我国粮食安全带来重大影响。

表1　**城乡居民家庭人均年收入比较（2012年）**

地区	城镇居民家庭人均全年总收入（元）	农村居民家庭人均纯收入（元）	2012年城乡收入比	2000年城乡收入比	2012年收入差距绝对值
全国	26958.99	7916.58	3.4	2.8	19042.41
山西省	22100.31	6356.63	3.5	2.5	15743.68
安徽省	23524.56	7160.46	3.3	2.8	16364.1
江西省	21150.24	7829.43	2.7	2.4	13320.81
河南省	21897.23	7524.94	2.9	2.4	14372.29
湖北省	22903.85	7851.71	2.9	2.4	15052.14
湖南省	22804.55	7440.17	3.1	2.8	15364.38

（2）城镇化中农村社会问题。城镇化带来农村人口的急剧减少，乡村社会生态正遭遇大变局。传统乡村农耕社会的风俗习惯、文化传统以及精神风貌等都受到很大冲击。在城镇化、计划生育政策以及土地政策等的推动下，农村社会和家庭结构发生巨大变化。①农村人口呈现断崖式减少。在城乡总就业人数增加的情况下，乡村就业人数2010年相对2000年减少7516万人。中部地区都为农民工输出大省，农业人口减少问题更严重。不仅几乎所有的中青年人进城务工，长期脱离农业生产，而且更是稍稍有体力且身体较好的老年人都进城务工，从事清洁、保安、物业、看管等工作。再加上跟随子女居住或替子女照

顾小孩进城老人。故实际在农村而又全职从事农业生产的就更少。②农村留守儿童、留守老人的问题越来越突出，农村社会服务欠缺。近年留守儿童的教育问题、心理健康、人身安全尤其是留守女童安全问题都越来越突出。留守老人如何安度晚年等也越来越引起社会关注。对大多夫妻双双外出打工的家庭来说家庭教育和家庭养老均存在问题。③农村信仰缺失和信仰再造问题。随着我国取消农业税，农村基层政府和组织在农村的组织力和号召力越来越弱。由于缺乏组织的引导和参与，农村普遍存在信仰缺失问题。农村的信仰真空，使得近年基督教等宗教组织在农村扩张迅速，同时也为邪教等非法组织在农村的发展和渗透提供了土壤。非法宗教组织发展的对象通常为留守妇女、留守老人和小孩，尤以身体差、常年有病痛、家庭经济困难的农民为主。非法组织占领农村信仰阵地，易被不法分子以宗教之名进行非法活动，其危害非常大、隐患极大，将极不利于农村社会的健康发展。为此，应积极发挥农村发展基层或民间组织力量，成立互助互娱组织，抵御不良组织的渗透和破坏。这将是农村社会健康发展的关键。④老龄化问题越来越突出。如表 2 所示，2012 年我国 65 岁以上人口比重接近 9. 40%，而按照国际标准 7%即进入老龄化社会。中部六省 65 岁以上老人比重均超过 7%，其中湖南省老龄化最严重，约 11. 11%，另外安徽、湖北分别接近 10. 32%和 10. 76%。由于我国人口基数大，故老龄化社会对我国经济发展影响不会很大，但对我国养老服务业是个重大挑战。尤其是农村老龄化问题在中部更加突出，为此乡村社会养老服务的发展更迫切。

表 2　**中部就业人口指标变化**

地区	65 岁及以上人口比重（%）		城乡就业人员（万人）		乡村就业人员（万人）	
年份	2000	2012	2000	2010	2000	2010
全国	6. 9607	9. 3987	72085	76105	48934	41418
山西省	6. 2	7. 9627	1419	1665. 1	988. 6	1100
安徽省	7. 45	10. 3156	3373	3846. 8	2797. 8	3076. 5
江西省	6. 1084	8. 0894	1935	2306. 1	1547. 2	1761. 2
河南省	6. 96	8. 821	5572	6041. 6	4712. 4	4914. 7
湖北省	6. 31	10. 7592	2508	3116. 5	1781. 7	2154. 4
湖南省	7. 29	11. 1059	3462	4007. 7	2856. 1	3129. 4

（3）城中村治理问题。城中村是我国城乡分离制度在城镇化扩张中所形成的特有现象，是城镇化双轨制所导致，属于城镇化历史遗留问题。城中村问题主要表现为：①城中村成为城市发展死角。城中村隶属村委管而不是社区或街道管，易成为城市管理的死角，脱离整个城市的发展进程。城中村不仅严重影响了城市的美观和形象，而且随着城市的扩张和发展城中村要想得到改善和发展将越来越难；将如同北方工业城市的“棚户区”一样将成为现代城市永久的“伤疤”甚至是“创伤”。②城中村滋生城市病。城中村是城市问题高发区，比如吸毒、黑恶势力、色情交易、黑工厂等问题较为突出。③城中村引发家

庭教育问题。城中村农民子弟因家庭富足或缺乏技能而不必工作，沦为不良少年，产生较为严重的青少年教育问题；④城中村带来新的社会分配不公和贫富悬殊。城中村原村民仅因农民身份获得集体土地分配权和收益权，迅速成为城镇化过程中先富人群，从而使其与原城市居民中职工家庭的收益迅速拉大，导致我国城市中特有现象即城市中合法富足人群不是技能、素质都相对较高，拥有高学历和较好工作岗位的人群，反而是没有技能的城市农民。城中村原住农民通过集体分红、土地补偿、房屋征收补偿以及房屋和店面出租而成为城市新的有钱人。这种分配和收入差距根源于身份差别，不利于城市持续健康和谐发展。⑤城中村"小产权房"问题。我国小产权房的解决思路总体来讲是错误的。目前我国城乡二元体制下，城中村无论是集体还是个人建房均无商品房身份，被冠以"小产权房"。小产权房问题是历史问题和政策本身的问题。为此，在解决小产权房问题时应给予小产权房的完全产权，已建房应该承认其合法性，并允许其如同商品房一样在市场上自由买卖。同时按照房产决定土地产权的原则，使农村建设用地或宅基地随房产交易而交易。中部六省城中村引发的社会问题很严峻，城中村治理还停留在治安整顿、环境美化的阶段，而城中村的未来发展趋势也还不明确。

城中村问题为未来城市化发展提出了新的要求，即如何实现城中村与城市的一体化和统一统筹发展的问题。为此，对已形成的城中村应创新城中村治理模式，逐步使城中村融入城镇发展，确保城中无"村"。而在新城市建设和老城扩张中则应"统一规划，整体置换"，取消土地、房产尤其是小产权房的农与非农的身份识别。对已无实际农业生产职能的所有村社应通过制度创新和利益补偿都形式实现农民转市民，并使村级组织向社区或街道组织转换，集体土地转成全民性质，村集体企业转制成股份企业，并与原村社集体脱离关系，并通过股份转让、交易等形式吸收新成员和原集体成员的退出。总的来讲，未来城市建设中对存量城中村问题要尽早解决，尽早消灭"城中村"，而且是越早越好。而对于增量城中村问题则应在城市规划和城市建设中"一劳永逸"地彻底解决，不留"尾巴"，最终取消城市中一切乡、村、社等行政组织和机构。

（4）城镇化下的强征与强拆等暴力执法问题。近年伴随我国高速城镇化建设，强征土地和抢拆等恶性事件层出不穷。在中部地区此类事件尤为突出，多次出现被征被拆户以自焚、自杀或暴力对抗拆迁等恶性事件，如引起全国关注的江西宜黄自焚事件。强征强拆事件产生的原因有：①我国行政执法人员法律意思淡薄，存在"政大于法"、"红头文件大于法"、"领导意见大于法"、"公权大于法"等现象，从而导致执行征地拆迁的行政执法人员在得到领导首肯后可以不择手段、不计后果进行强征强拆。②房价高企以及地方政府土地财政促使地方政府和房地产开发商都具有强烈的征地卖地的动力。③官商从土地买卖中的灰色交易促使官员成为开发商强拆强征等违法行为的保护伞。④二元土地政策下农民和集体土地不能直接上市交易，导致同地不同价，开发商对被征农户盘剥过重，农民补偿款过低，激化了农民与开发商或地方政府的矛盾。农民在求助无望下选择自焚等极端行为对付暴力执法。中部六省由于赶超任务重、压力大，盲目建设更突出，土地市场不成熟，故强征强拆等恶性事件相对于其他地区更频繁。为此，中部地区解决强征强拆问题更急迫也更艰难。

（5）城镇化下的耕地与粮食安全问题。中部地区承担有国家粮食安全的重要职责，耕地面积的减少将直接影响粮食主体功能的实现。2000—2012年我国耕地面积减少8323.3千公顷，减少比重达6.4%。中部六省耕地面积均有不同程度减少，其中山西省减少11.61%，江西省和湖北省耕地减少均超过5%。中部地区由于外出务工人员较多，实际弃耕的土地较多。耕地面积减少将直接影响农业生产，影响粮食产量，影响中部地区在全国的粮食地位。中部粮食总产量从2001年占全国的26.63%上升到2012年的30.08%。但这种地位并不稳定，2013年下降为29.65%。其中，相对于2001年湖南省、湖北省的粮食地位均有显著的下降，如湖北省从2001年的4.72%下降到4.16%，湖南省从5.97%下降到4.86%，下降超过1个百分点，见表3。可见，我国传统的鱼米之乡的两湖地区在全国的粮食产量地位下降较大。相对而言，河南和安徽的粮食产量地位进一步增强，但均存在下降趋势。

表3 **中部各省粮食产量地位变化** 单位：万吨

	耕地面积（千公顷）		2013年		2012年		2001年	
	2000年	2012年	粮食产量	占比	粮食产量	占比	粮食产量	占比
全国	130039.2	121715.9	60193.84		58957.97		45263.67	
山西	4588.6	4055.8	1312.8	2.18%	1274.1	2.16%	692.1	1.53%
安徽	5971.7	5730.2	3279.6	5.45%	3289.1	5.58%	804.2	1.78%
江西	2993.4	2827.1	2116.1	3.52%	2084.8	3.54%	1600	3.53%
河南	8110.3	7926.4	5713.69	9.49%	5638.6	9.56%	4119.88	9.10%
湖北	4949.5	4664.1	2501.3	4.16%	2441.81	4.14%	2138.49	4.72%
湖南	3953	3789.4	2925.74	4.86%	3006.5	5.10%	2700.3	5.97%
中部总和	30566.5	28993	17849.23	29.65%	17734.91	30.08%	12054.97	26.63%

（6）城镇化下的人口流动和人才流失问题。中部六省均为我国人口输出大省。随着东部沿海的率先崛起，中部各省不仅仅“孔雀东南飞”优秀人才纷纷流向沿海发达城市，同时更多的是“麻雀也东南飞”农村剩余劳动力主要流向同样也是沿海城市。从而中部地区在全国的人口地位不断下降，中部六省年末总人口占全国的比重从2000年的28.16%下降到2010年的26.62%，见表4。除人口基数较小的山西和江西两省外其他四省人口在全国的比重均有不同程度的下降。另外，中部各省乡村人口和乡村就业人员占全国的比重均超过中部人口在全国的比重，说明中部六省农村人口基数大，从另一方面也说明中部地区城市化进程和城市化率低于全国平均水平。另外，中部地区都是我国农业生产资源条件相对较好的地区，农村存在大量的剩余劳动力，而剩余劳动力多转向东部沿海城镇就业。中部各省大量的劳动力向东部沿海转移导致中部各省长期以来农村社会空巢化问题严重、中部地区乡镇和县城人气严重不足。省会等大中城市的发展也因人气不够导致城市集聚能力不足，不能很好地发挥大中城市人口集聚和产业辐射的职能，见表5。中部省会城市除武汉外，首位度均较小，经济总量与东部沿海许多非省会城市相比差距都较大，不能很好

地实现省内或跨省的经济活动。

表 4　　**中部地区人口与就业人数的在全国的地位变化**　　单位：万人

比较项	年末总人口				城乡就业人数			
年份	2010		2000		2010		2000	
全国	134091	占比	126743	占比	76105	占比	72085	占比
山西省	3574	2.67%	3248	2.56%	1665.1	2.19%	1419	1.97%
安徽省	5957	4.44%	6286	4.96%	3846.8	5.05%	3373	4.68%
江西省	4462	3.33%	4149	3.27%	2306.1	3.03%	1935	2.68%
河南省	9405	7.01%	9488	7.49%	6041.6	7.94%	5572	7.73%
湖北省	5728	4.27%	5960	4.70%	3116.5	4.10%	2508	3.48%
湖南省	6570	4.90%	6562	5.18%	4007.7	5.27%	3462	4.80%
中部总和	35696	26.62%	35693	28.16%	20983.8	27.57%	18269	25.34%

表 5　　**中部地区乡村人口及乡村就业人口在全国的地位比较**　　单位：万人

	2005 年						2010 年					
地区	总人口		乡村就业人员		乡村人口		总人口		乡村就业人员		乡村人口	
全国	130756	占比	46258	占比	74544	占比	134091	占比	41418	占比	67113	占比
山西	3355	2.57%	1035.7	2.24%	1942	2.61%	3574	2.67%	1100	2.66%	1857	2.77%
安徽	6120	4.68%	2939.2	6.35%	3947	5.29%	5957	4.44%	3076.5	7.43%	3395	5.06%
江西	4311	3.30%	1638.8	3.54%	2716	3.64%	4462	3.33%	1761.2	4.25%	2496	3.72%
河南	9380	7.17%	4752.4	10.27%	5784	7.76%	9405	7.01%	4914.7	11.87%	6505	9.69%
湖北	5710	4.37%	1932.8	4.18%	3243	4.35%	5728	4.27%	2154.4	5.20%	2881	4.29%
湖南	6326	4.84%	2975.4	6.43%	3985	5.35%	6570	4.90%	3129.4	7.56%	3725	5.55%
中部总和	35202	26.92%	15274.3	33.02%	21617	29.00%	35696	26.62%	16136.2	38.96%	20859	31.08%

中部地区的教育相对发达，高等教育资源丰富，高端人才不少，但受制于中部地区经济发展水平以及中部地区制度和政策束缚，中部在吸纳高校毕业生就地就业容量有限，导致大量中部教育资源产出外溢，大学毕业生尤其是硕博士研究生在就业选择上多选择东部沿海经济发达地区。中部地区的科研院所以及企业缺乏吸引高端人才的优势，高端人才跳槽现象较为严重。就其原因，经济较为滞后导致薪酬不高，科研配套能力不足，基础设施、公共服务不健全，但导致中部地区缺乏吸引高端人才最重要原因还在于中部地区思想解放不足，在旧体制上束手束脚，制度和体制创新不够，在项目经费使用和管理上束缚过大，用人制度与国际要求格格不入，无法形成人才激励机制，导致中部地区缺乏吸引高端人才的优势，留不住人才，无法激发人才创新活力。

（7）转型时期的城市安全问题。安全是建设和谐社会最基本要求。我国的城镇化是市场化、工业化和现代化“四化”推进的过程。“四化”推进的进程各不相同，导致当前从农业社会向城市市民社会、从计划经济向市场经济、从农业主导到工业主导、从传统社会向现代社会的综合转型过程的安全问题异常突出和复杂。对中部地区而言，安全问题主要表现为生产安全问题和社会安全问题。中部六省均为我国安全生产责任事故高发区。安全责任事故主要出现在如下几个方面：①矿产开发、建筑施工等因施工作业不当，或偷工减料等导致人员伤亡；②工厂、商铺、商场等因安全意识不够、消防防范不力等导致火灾等事故；③有毒气体、液体、其他排放物处置不当导致环境污染和生态破坏；④手工作坊或工厂雇佣童工、智障人员等违反劳动法并引发极端恶性事件；⑤因产品、食物质量引发的安全责任事故和公共安全事件，以上事故的出现或多发既有人为等偶发因素的原因，更有安全制度不健全、安全意识不强、缺乏法制意识、监督机制不健全以及私人利益驱动等多方面原因。

城市安全是中部各省尤其是大中城市面临的重大问题。在利益最大化、经济至上的政绩观驱使下，我国几乎所有城市在城市建设和规划中贪图城区的大、专注城市的外在美观，而忽视看不见的城市地下排污、泄洪等工程。许多大中城市一到雨季就成了“水城”，带来极大的人民生命和财产损失。当前，城市安全问题呈现由“看得见的安全责任事故”向“看不见的安全隐患”转换趋势。随着网络传媒的普及，网络舆情对社会安全和稳定的影响越来越大。网络谣言对社会经济发展的破坏以及民众安全的危害将更加严重。为此，应该树立新的安全观，做好各种安全防范机制。

（8）转型时期的贪腐与官僚作风问题。政府部门存在两个最大的问题，一是官员的贪腐问题，二是政府机构普通公务员的官僚作风和缺乏服务意识的问题。中部六省作为内陆区域这两个问题都非常突出。尤其是山西和江西，在十八大后在“既打老虎又拍苍蝇”的反腐中，落马的官员数量之多、级别之大、问题严重程度在全国罕见，群体性、集团式腐败问题特别严重。在我国急剧城市化的变革中各级政府官员腐败之风盛行既有现实经济原因更有制度因素。缺乏有效的权力监督的制度，导致官员权力寻租，插手项目和工程，利用权力在矿产资源开发、承包买卖、土地交易等市场行为中谋取私利。官员的腐败导致国有资产流失、豆腐渣工程甚至黑恶势力滋生等事件，严重损坏了党和政府在群众中的形象。政府部门存在的另一个问题在于我国大多数政府部门或政府办事机构的工作作风和工作态度问题，表现为“门难进脸难看”，服务意识缺乏、服务技能不足，官本位思想严重。有利可图，拼命揽事，出现问题推卸责任。中部地区许多地方政府和部门的制度和政策设计出发点不是基于方便群众，节省成本，而主要是基于如何设租揽事和规避责任。地方政府服务意识跟经济发展程度密切相关，通常是经济越落后，服务意识越差，设租现象越严重，事情越难办。为此，对中部地区而言反腐任务艰巨，廉政建设任务重。但正是因为贪腐现象是我国各地方政府的普遍问题，从而使得中部在增强政府服务意识、建设社会主义民主和法治上大有可为。

（9）非均衡发展与老少边穷问题。我国区域开发和城镇化建设采取的是非均衡发展战略，即优先和重点开发基础好、具有优势的区域，如大城市化、特大城市以及城市群。

在非均衡发展战略下中小城镇和欠发达地区的开发与建设往往得不到应有的重视。从而带来区域发展的两极分化。区域非均衡发展问题对中部地区而言，主要是老少边穷的开发问题。老少边穷地区是指革命老区、少数民族自治县级地区、沿陆地国境线的县级行政区、欠发达地区，老少边穷地区多为我国经济发展滞后、自然条件差的偏远和边远地区，多位于经济发展落后的中西部山区和丘陵地区。对中部地区而言，老少边穷地区主要是革命老区和欠发达地区，且革命老区和欠发达地区通常是重叠的。在全国中西部21个省区市确定的592个县（旗、市）为国家扶贫开发工作重点县中山西省有35个、安徽省19个、江西省21个、河南省31个、湖北省25个、湖南省20个。全国241个老区县中，78%集中于江西、湖北、湖南、四川、陕西6省。中部主要分布在太行山区、吕梁山区、大别山区、井冈山地区和赣南地区。中部革命老区多呈现跨省连片分布。为此，连片开发老区已成为我国老区开发的重要战略，甚至上升为国家战略。2012年6月28日，国务院出台《关于支持赣南等原中央苏区振兴发展的若干意见》，对全国革命老区和贫困地区加快发展具有标志性意义和重要示范作用。解决老少边穷问题尤其是革命老区的贫苦问题，消除贫困不仅仅关涉到贫困地区的经济社会发展和民生，更影响到党和政府的政治声誉。革命老区是革命时期我党最重要的支撑和依托，为中华人民共和国成立作出过极大的牺牲。革命老区却长时间处于贫困状态，很显然将极大影响老区人民对党的情感。为此，在当前中部各省应高度重视中部地区老少边穷问题尤其是革命老区的开发与建设问题。而不仅仅是发展大城市，建设城市群。将开发革命老区和欠发达地区作为一项能上升到国家长远发展战略的政治任务来抓非常必要。

（10）资源型城市与资源枯竭问题。中部地区是我国重要的矿藏分布地，储量丰富、品种多、品质高，是支撑我国工业化的重要能源基地。中部地区不少城市属于资源型城市，在全国262个资源型城市中中部共74个，其中不少城市因煤或矿而兴也因资源的枯竭而衰，见表6。矿藏资源的开发利用长期以来为中部各省矿藏丰裕地的发展和经济繁荣起到了重要的支撑作用。但随着资源的过度开发和无序开采，在资源大规模开发期间，资源因价格过低并没有给资源丰裕地的人民带来与之相应的生活水平的提升，相反在资源枯竭时却留下了各种问题如环境污染、生态破坏以及安全频发等问题。在中部六省的矿藏资源丰裕地“荷兰病”“资源诅咒”的问题都较为突出。伴随着资源逐渐枯竭、环境遭到破坏、生态恶化等问题，各地原有资源型产业无以为继，城市原有产能过剩，城市产业转型和升级压力大。

表6 **中部资源型城市数量（2013年）**

省	山西	安徽	江西	河南	湖北	湖南	中部总和
总数量	13	11	11	15	10	14	74
地级市	10	9	5	7	2	4	37
县级市	3	1	3	7	6	7	27
县		1	3	1	2	3	10

三、新时期中部地区发展形势、要求与城镇化挑战

1. 世界发展潮流与中部地区城镇化面临的外部挑战

当前世界经济与政治格局、全球经贸准则和社会发展的价值取向都相对稳定。从社会发展阶段来看，发达国家几乎都已处于后工业化、后城市化时期，而发展中国家则大多还处于工业化、城市化推进或加速时期。尽管发达国家和发展中国家在经济发展、城市化的目标和模式以及发展阶段都不尽相同，但相互间依然在共同的国际规则下不断分化、融合与合作，并呈现出共同的发展趋势和未来走向。主要表现为：（1）市场自由化、贸易便利化已成为世界经济发展的主潮流，且具有不可逆转性。旨在降低进出口关税，实现贸易自由化的世贸组织（WTO）目前已有159个成员，成员贸易总额达到全球的97%。各国要想真正融入世界经济，必须与国际接轨，减少经济的行政干预。（2）国家和地区间的竞争加剧。无论是发达国家还是发展中国家都在充分利用本国资源发展经济，争夺世界市场和发展资源，而且竞争越来越激烈。（3）世界经济的竞争正向跨国企业和品牌间的竞争转变。跨国企业尤其是跨国品牌企业间的竞争正逐步取代国与国之间的竞争。（4）法制与民主成为现代社会的共同要求。法制健全和高效是一国或地区吸纳他国资源和人才的最基本要求。政治民主已成为以美国为代表的西方发达竭力向全球推销的价值标准。缺乏法制和民主的国家和地区将被世界主流社会所唾弃和孤立。（5）西方发达国家在高度城市化后，“逆城市化”开始成为一种未来趋势。乡村较好的生态环境以及充裕的土地资源吸引越来越多的人尤其是富裕阶层在乡村生活和度假。城市“乡村化”已逐渐成为一种时尚。

相较于世界发展的潮流和现代化要求，中部各省无论是城镇化水平还是社会发展均还存在极大差距，面临较大的挑战。主要表现在：（1）中部各省面临“先天优势”和“后发优势”均丧失的尴尬境地。中部各省城市化率低于全国平均水平，尽管人口基数大但城镇发展长期人气不足，并面临劳动力成本上升、资源枯竭等发展问题。（2）中部各省不具备较好的经济社会发展和赶超的制度环境优势。中部地区经济自由化程度总体不高，尤其是省与省之间的地方保护主义、歧视性待遇、进入门槛过高、政府干预经济等的行为还较为普遍，这些都与世界经济发展的国际准则不符。主动基于经济自由化和便利化来要求各级地方政府，形成按国际规则办事的自觉要求对一心谋求辖区发展的、滥用“优惠政策”的地方政府来说异常困难。（3）在我国整体体制变革总体滞后的情况下，中部地区要摆脱旧体制束缚，将是中部各省变革勇气和魄力的巨大挑战。我国政府部门、事业单位等财政支付系统的工资体制、管理体制僵化严重与市场变化脱轨，未能形成有效的增长机制。由于缺乏合法的物质激励机制，导致设租“创收”成为政府部门员工和官员的普遍现象。公务员需要创收、教师需要创收、医生需要创收，甚至公检法系统的法官、公安人员等都需要正常工资之外的“创收”才能过上相对富足的生活。这样的制度环境和社会风气将严重影响党和政府的声誉。同时公共服务部门“不给钱为难人，不给钱脸难看”等现象与国际社会尤其是发达国家的公共服务行为规范和准则要求格格不入。要改变这种现状必须进行系统性的体制改革甚至政治改革。

2. 新时期我国发展目标及对中部城镇化的发展要求

广义的城镇化是社会发展的现代化，是现代文明向乡村社会的延伸和渗透。为此，城镇化目标应基于社会发展目标而不是单纯的经济发展目标，更不是城市建设目标。当前，在我国社会转型和高速城镇化时期，中部地区经济、社会、生态、环境以及精神等发展问题相互交织，目前我国正处于完善社会主义市场经济制度、建设全面小康社会的重要时期。党的十八大提出，倡导富强、民主、文明、和谐，倡导自由、平等、公正、法治，倡导爱国、敬业、诚信、友善，积极培育和践行社会主义核心价值观。富强、民主、文明、和谐是国家层面的价值目标，自由、平等、公正、法治是社会层面的价值取向。从国家层面的价值目标来看，实现国家的富强、民主、文明和和谐是新时期我国需要实现的主要目标。“富强”是指实现国家整体的富足和强盛，是对经济和科技的发展要求。对中部地区而言，要求实现经济的高增长和人民收入的提高，以及人民整体素质的增强。目前我国正处于经济转型升级的时期，中部地区在经济和科技发展将迎来更多的机遇。但随着我国发展观的改变，未来发展将不再一味追求 GDP，而是更注重民生。要让人民从经济发展中得实惠，必须积极争取国家收入分配改革、税费改革，在此基础上在省级层面和省级职权内最大化地实施“还富于民”，增加人民收入，最大限度地减少各种税费，减轻人民负担。“民主”不仅是根本政治制度建设上的民主，更重要的是要求民主理念应深入各个层级政府部门的公共决策。不仅要通过民主建设达到防范政府官员腐败和违法行为，更要使民主成为一种自觉行为。通过推进民主实现中部地区行政效率提高，改善公共服务水平和能力。“文明”则是精神文明和物质文明的结合，是能与国际接轨的现代文明。中部六省均有自身的文化和精神特质，新时期应着力于将传统文化和精神融于现代文明。“和谐”则是国家需要实现的社会常态，是实现国家稳定的最基本要求。中部地区是我国极端事件多发区域，各种问题较为集中。中部的安定和稳定将对整个国家起到稳定器作用。

“自由、平等、公正、法治”则是我国未来社会发展需要实现的目标，是社会环境和社会氛围的建设要求。中部地区应根据各省自身的特点，在“自由、平等、公正、法治”四个方面形成自身的特色。改革开放后，中部各省除在经济发展的资源属性以及文化、人文等方面具有一定特色外，在社会发展创新上普遍没有形成较为显著的特质。这跟只重视经济发展而忽视社会发展是分不开的。未来社会将是一个“以特色吸引人、以特色取胜”的社会。而“特色”就是在某个方面做得比全国任何地方都好，并达到完美完善的极致。相对而言，城市建设以及经济发展上的特色以及人文上的特色都较好打造，而在社会领域、在民生上则较难做出新意。中部各省要提升在全国的地位和作用就必须打造中部自身的“特色”。各省以下的各级行政区则应在行政权限范围内试点打造各种社会发展“特色市”、“特色县”甚至“特色乡（镇）”等。而这种特色不仅仅是在中国具有特色在全世界都要具有特色。

3. 中部地区承担更多社会发展国家责任的必要性与可行性

中部地区在我国完善社会主义市场经济和建设和谐社会中具有重要作用。中部地区人口基数大、农村人口多，在我国高速城镇化进程中扮演着蓄水池作用。在“优先开发开放东部沿海”战略下，中部地区从人力支持、人才输出等多个方面支撑和支持了东部沿海的迅速崛起。随着改革开放的全面推进，东部沿海长期以来的优惠政策和特殊政策已经逐渐普及和普惠化。东部沿海发展面临外部市场竞争加剧、人力和土地成本上升、资源和环境承载力减弱、外来人口回流以及经济高增长瓶颈等问题，在这样的形势下中部地区协助东部沿海甚至接手东部沿海承担更多的国家责任是可能的也是可行的，是中部地区谋求更大发展的必然要求，是中部区位条件和历史地位的必然。

中部各省均具有各自特色的人文传统和精神禀赋。中部有不少地区为我国传统文化的发源地，甚至很长时间内是古代中国的经济和政治中心。每个省都曾在历史的某个特定阶段发挥过特殊而独特的作用。基于中部各省较好的人文传统、科教文化以及人力资源，中部六省都具有较好的在新时期做出独特贡献的潜质。但改革开放后随着东部沿海地区的率先崛起以及“经济至上”的政绩观驱动下中部地区在全国的影响力下降和中流砥柱地位逐渐丧失。在我国社会治理模式、法律法规、改革方向和改革进程基本上都是由中央政府统一部署和统一推进的情况下，留给地方自主改善和创新的空间较小。在统一政令下地方政府很难有自主创新空间和发挥的余地，为此很难在政治体制改革、文化建设、社会发展等领域形成自我特色，差异往往在于统一政策下不同地方的绩效差异。尽管如此，在全球价值认同增强的大背景下，“民主、自由、法制、和谐”已成为世界共同认可的价值观。而我国当前总体民主意识还较为淡薄、自由氛围不够、法制还不够完善以及不和谐因素还较多的情况下，中部地区在这四个方面做出真正被国际社会认可的绩效，本身就是社会发展和进步的一大名片和特色。

四、中部城镇化进程中的社会发展战略定位

新时期中部地区除要实现经济上的崛起外，更要在社会发展上走上领先地位，使其成为支撑我国稳定发展和社会发展的重要力量。《国家新型城镇化规划（2014—2020 年）》强调要“坚持以人为本，推进以人为核心的城镇化”。十八届三中全会更强调要“完善城镇化健康发展体制机制”，即提升城镇化的社会治理水平，拓宽城镇化的社会治理路径。在我国高速城镇化背景下，中部地区要提升全国的发展地位，应从发展战略上做好如下定位：

（1）城乡统筹发展的典范。目前我国城镇化多基于狭义城镇化内涵要求，将城市化或城镇化等同于城市的扩张和城市的建设。基于我国人口基数大、农业剩余人口多以及世界城市化发展的最新趋势，城市化本质在于人的城市化，而人的城市化要求人的生活和生产方式的城市化以及现代文明的普及化。从这个意义上讲，在中部地区城镇化建设中重点实现城乡统筹发展不仅符合新的城市发展观要求，也在一定程度上代表了世界城市发展的最新趋势。在当前要实现城乡统筹，重点要求统一户籍制度、统一养老和医保待遇、统一固定资产和房产登记、统一用地管理和土地市场交易等。同时，加大农村基础设施建设，主要是确保每个乡镇“柏油路”通城、每个村“水泥路”通镇、每户“沙石路”通村的最低农村交通建设要求。另外，做好宽带、有线电视进村入户工程。“路通和网通”两个工程将从实体和虚体、物流和信息流等方面将农村社会与外界进行无障碍联通。

（2）农村社会治理典范。我国农村社会治理结构总体来讲一直延续着“乡—村—组”的行政治理结构。但随着农民生产和生活自主性的增强，习惯于行政管理和权力管理的农村组织与农民生活生产的交集越来越少。加之大量的农业人口进城务工，农村组织“名

存实亡”，农村社会逐渐没落，整个农村缺乏生气和人气。中部地区应充分发挥较好的农业社会发展基础，做好农村基础设施建设，增加农村就业和农民创收机会，构筑具有地方特色的农村社会新生态。

（3）廉政建设与基层民主典范。法制和民主并不仅仅基于国家宏观层面的社会发展目标要求。在全国统一法律法规和民主制度下，中部各省依然应积极探索行政辖区内的法制建设和基层民主。使法制和民主成为一种良好的社会风气，成为各级政府及企事业单位、每一个政府官员、每个公民最基本的行为准则和规范。让民主之风有效遏制权力的滥用，让权力为民服务。当前中部地区“抱团腐败”、“集团腐败”现象较为严重，黑恶势力较为猖獗，为此在当前高压反腐和惩恶的大背景下“趁热打铁”适时推进法治建设和民主建设建设将会起到较好的效果。

（4）脱贫致富与还富于民的典范。中部六省总体生存环境较好，但在各省都存在山区等生存环境恶劣的地区，老少边穷尤其是革命老区分布较多。为此，中部地区治理贫困，脱贫致富的压力较大。如何使欠发达地区、落后地区迅速脱贫致富是一个世界性的难题。目前我国并没有非常有效且能在全国范围广泛推广的欠发达地区区域开发的成功模式和路径。中部地区应以开发革命老区为契机，调动各方力量积极探索老区开发模式和路径。脱贫致富是我国还富于民、提高民生工程的重要目标。基于此应采取“财政扶持、政策支持和市场诱致”的方式进行欠发达地区的开发。“财政扶持”就是各省在财政转移支付上要向落后地区转移，将用在建“鬼城”“空城”等盲目扩张上的财政支出，用于欠发达地区的民生工程建设。“政策支持”指从政策上给予贫困地区更多的自主权，使之在调动资源和激发积极性上能有更多的灵活性，各个方面都不宜管得过死过严。如给予更多的投融资权力以及财政赤字、发行债券等权力。“市场诱致”是引导经济行为和要素流动的最好方式。通过市场诱致逐步改变欠发达地区的生产和生活方式，通过特殊政策吸引资金要素的流入，通过体制内财政高工资既刺激需求、繁荣市场，又为欠发达地区留住人才确保队伍稳定奠定基础。

（5）矿产开发与资源型经济升级典范。中部六省都是矿产资源丰裕地区，在一定程度上面临资源型经济的问题。资源型经济问题在我国主要是资源开发和分配机制不合理所致。由于我国资源属于国有故资源开采权和受益权都由中央或中央企业获得，但资源所在地区或当地人民则很难从资源开采中获利。一方面大量廉价倾销式的矿产出口，使得资源逐渐枯竭，另一方面粗放式的开发给当地生态和环境带来极大的破坏。加之，矿产资源分布地多为生存条件差的偏远山区。如世界稀土资源最丰富的江西赣南地区，同时也是江西革命老区和欠发达地区最集中的区域。鉴于各种因素“资源诅咒”现象在中部资源丰裕地异常普遍和尖锐。中部六省都应高度重视资源型经济的转型与升级以及探索可持续性强、收益高，能较好实现人、环境与生态和谐关系的矿产开采机制和矿产开发分配机制，从而使矿产资源真正成为造福子孙后代的财富，为拥有丰裕矿产资源的老少边穷地区的人民带来真正的资源红利。

五、结论

在经历了改革开放 30 多年高速增长的新时期，在狭义城镇化的推动下，我国累积了大量复杂而尖锐的发展问题。一味追求高增长、高城镇化率和高工业化程度将不再是现代文明社会的发展目标。按照世界发展尤其是西方发达国家的发展规律，当经济及物质水平达到一定程度后，效率已不再重要，重要的是生活的质量和精神需求的满足。中部六省当前尽管依然还处于要靠快速的城镇化拉动经济增长的“亢奋期”，但这毕竟不是一个能够长久持续的正常状态。中部地区要从广义城镇化的认知开始，从发展理念的变革开始，围绕现代文明社会的最终目标准则来规划改革开放的第二个“30 年”。而不是单纯地为增长而增长，为崛起而发展。在发展理念的形成、发展目标的设定、发展对策的制定以及发展政策的实施上都应彻底清除功利性、短期性和盲目性的思维和行为。

新时期“民主”、“民生”、“法治”、“和谐”将成为我国社会进步的关键词。在这个过程中中部各省都应该而且也能够发挥更大的作用，通过社会发展进步而不是单纯的经济增长来增强中部在全国的战略地位。中部地区要实现战略地位的提升，最重要的是要做好切实可行的发展定位。不应为了单纯的经济崛起，照搬东部沿海城市的发展模式和路径，不应大兴土木，盲目追求城市的“新、大、全”，而应注重城市内涵的挖掘，民生的改善以及人文素质提升，在“特色”上做文章，做大做强中部“特色”。通过打造“特色”提升中部六省在我国的战略地位。

参考文献

[1] 侯蕊玲：《城市化的历史回顾与未来展望》，《云南社会科学》，1999 年第 2 期。

[2] 曾宪明：《中国特色城市化道路研究》，武汉大学博士学位论文，2005 年。

[3] 倪鹏飞：《中国城市竞争力的分析范式和概念框架》，《经济学动态》，2001 年第 6 期。

[4] 王发曾、吕金嵘：《中原城市群城市竞争力的评价与时空演变》，《地理研究》，2011 年第 1 期。

[5] 熊华、支晓娟：《中部地区省会城市竞争力实证研究》，《华中科技大学学报（城市科学版）》，2006 年第 3 期。

[6] 李仁安、申家峰：《中部地区城市群城市竞争力评价研究》，《武汉理工大学学报》，2007 年第 8 期。

[7] 张湖林：《论促进中部崛起的城市带动战略》，《中南民族大学学报》，2011 年第 1 期。

[8] 张合林：《促进中部崛起战略的理论基础及其政策完善》，《郑州大学学报》，2010 年第 2 期。

[9] 安虎森、陈明：《工业化、城市化进程与我国城市化推进的路径选择》，《南开经济研究》，2005 年第 1 期。

[10] 朱攀峰：《中国新型城市化道路选择研究》，中共中央党校博士学位论文，2009 年。

[11] 郑慧玲、谢元态、林孝丽：《中部六省城市化水平比较研究》，《中国城市经济》，2011 年第 4 期。

[12] 王亚力、朱翔：《新世纪中部六省城市化进程及其综合效益的对比分析》，《生态经济》，2010 年第 10 期。

[13] 国家统计局城市社会经济调查司：《中国城市统计年鉴》，中国统计出版社 2012 年版。

[14] “中国中部经济与社会发展数据库”（http：//ccced. ncu. edu. cn）。

中部地区新型城镇化的创新与探索

中部地区新型城镇化的创新与探索

湖北省发改委中部办
（武汉　430070）

根据中国社会科学院发布《城市蓝皮书：中国城市发展报告 NO.5》，近年来，随着促进中部地区崛起战略的深入推进，《促进中部地区崛起规划》的实施，中部地区城镇获得了较快发展，城镇人口逐渐增多，城镇化进程加快推进，城镇化水平显著提高。到2011年底，中部地区城镇人口达到16278万人，比2006年增加了2882万人，增长了21.51%；城镇化水平由2006年的39.0%提高到2011年的46.3%，增长了7.3个百分点，年均增长1.5个百分点。中部地区城市群呈现快速发展的态势，经济规模不断扩大，经济实力显著增强，支撑带动能力明显提高，已成为促进中部地区崛起的主要力量和重要依托。如中原城市群以占全省35.2%的土地，集聚全省44.4%的人口和58.4%的经济总量；武汉城市圈以占全省31.2%的土地，集聚全省53.0%的人口和60.4%的经济总量；长株潭城市群以占全省的13.3%土地，集聚全省20.8%的人口和42.3%的经济总量；鄱阳湖生态经济区以占全省30.5%的土地，集聚全省近50.0%的人口和58.7%的经济总量；皖江城市带以占全省54.5%的土地，集聚全省45.0%的人口和67.6%的经济总量。当前，中部地区已进入城镇化加速发展的关键时期，如何更好地加速推进中部地区城镇化进程，事关实现中部崛起和全面建成小康社会的大局。

一、中部地区城镇化现况

1. 中心城市的辐射带动功能有待增强

中心城市的辐射作用主要表现为通过城市产业、商品、资金、技术、人才和信息的溢出，促进和影响区域乃至全国经济社会的发展。一是综合服务功能，主要集中在科技、金融、物流等方面；二是辐射带动功能，通过扩散效应带动周边城市及区域的发展。经济发展阶段及城市合作机制等外在一些因素，使得城市的辐射带动功能有待进一步提高。如武汉城市圈圈域产业主要聚集于武汉市，与周边8个城市之间的产业发展缺乏明显的分工与协作，一体化的发展格局尚未形成。

2. 城镇体系不尽合理

在城镇体系建设中，中部地区存在对城镇职能定位和发展方向存在不准确、不合理等问题，城市间的同质化问题较为突出，进而导致各城市尚未形成合理分工的城市职能体系。大中城市偏重城市经济功能的建设，而社会服务等配套功能的滞后，使得交通拥堵、公共安全事件、城市环境污染加剧等一系列“城市病”问题凸显。而中小城市和小城镇的发展质量和效益偏低，基础设施和城镇公共服务设施比较薄弱，城镇功能和综合承载能力相对较弱。

3. 城镇发展方式较为粗放

长期以来，一些城镇重经济发展、轻环境保护，重城市建设、轻管理服务，使得中部地区的城镇发展方式较为粗放，主要表现在以下几点：一是城市建设“摊大饼”式扩张，土地利用集约化程度较低，不仅使得“土地城镇化”快于人口城镇化，而且对城市群资源短缺、生态安全和粮食保障都存在影响。二是城镇公共服务功能不完善，城镇管理较为粗放，使得农村人口市民化的进程滞后，城中村和城乡结合部等外来人口集聚区人居环境较差。三是部分城镇的规划理念不新，脱离区域的自然、地理和文化等特征，造成城市缺乏个性和文化传承的特征。四是城镇化发展与工业化、农业现代化和信息化的协调度较差，城镇化在“四化同步”发展中的支撑作用尚未得到充分发挥。同时，在城镇化、工业化和农业现代化的深入发展中，资源环境的约束性、现有体制机制的约束性和传统发展模式的惯性，使得中部地区“四化同步”发展中存在着客观的障碍。

4. 中小城镇产业承载能力不强

中部地区部分城镇产业承载能力还相对较弱，尤其是中小城镇的二、三产业的层次相对较低，服务业发展滞后，不能为承接农村转移人口提供充足的就业机会与就业岗位，进而导致农村剩余劳动力大量外流。根据国家发展与改革委员会 2012 年统计，全国共有农民工 3.35 亿人，占总人口的 34.5%，占农村人口的 47%。其中农民工输出人口最多的十个省份依次为河南、安徽、湖南、江西、四川、江苏、重庆、贵州、辽宁和湖北（见表 1），长江中游城市群所涉及的四个省份均位列其中，成为农村剩余劳动力输出大省。因此，如何提高中小城镇的就业承载能力，吸引本省在沿海发达地区农民工“回归就业”，解决好农村人口进城后的就业问题，既是中部地区新型城镇化面临的机遇，也是一个重大挑战。

表 1　**2012 年中国农民工输出前十省/直辖市统计**

省/直辖市	农民工输出数（万人）	占总人口比重（%）	主要目的地
河南	2670	34	北京、山东、苏南
安徽	2024	32.5	北京、上海、苏南、浙江
湖南	1879	22	广东、浙江
江西	1847	25	广东、浙江、上海
四川	1679	16.5	广东、浙江
江苏	1224	17.5	苏南、上海、浙江
重庆	1208	48	浙江、广东
贵州	1027	20.5	浙江、广东
辽宁	1011	18.4	北京、广东
湖北	925	10.8	浙江、广东

二、中部地区城镇化面临的主要挑战

1. 粮食安全与发展用地矛盾

中部地区是国家重要的粮食主产区，在保障国家粮食安全中承担着重要的作用。但是在城镇化过程中，大量的发展用地需求，会存在挤占耕地的现象，而且所占用的耕地不具有可恢复性，对粮食安全存在重大的隐患。中部地区大部分城镇正处于新型城镇化发展的加速提升时期，快速的工业化和城镇化，建设占用耕地需求将会越来越大。因此，如何处理好“快速城镇化”与“保障粮食安全”的关系，在严格保护耕地的前提下，保障城镇化建设用地需求存在一定的困难，也成为新型城镇化和城乡统筹必须要解决的挑战。

新型城镇化过程中部分农村地区的“空心化”现象较为严重，大部分青壮年劳动力因为城乡之间比较收益的关系，选择外出务工，农田基本上是留在家的老人耕种，这必然导致耕地撂荒和耕种效率低等一系列问题，粮食安全也将面临挑战，这也成为长江中游城市群新型城镇化必然面临的一个挑战和问题。

2. 生态保护与节能减排压力增加

中部地区大部分属国内淡水资源最为密集的区域，也是国家探索“两型”社会和生态文明建设的示范区。但是中部地区的产业发展，仍以传统制造业发展为主，高耗能、高消耗的产业问题依然存在。如沿江地区的九江、岳阳、安庆等城市，石油化工行业依然是城市发展的主导产业，如何在推动产业发展的同时保护地区生态环境，保障长江流域水资源安全，成为中部地区面临的挑战。同时，随着新型城镇化进程中，城市居民的快速增加，能源消耗总量也将持续增加，节能减排的任务就更为艰巨。

因此，中部地区要加快生态建设和环境保护，积极转变经济发展方式，改变部分城市高耗能、高消耗的产业结构，发挥“两型”示范作用，推动新型城镇化进程。

3. 城乡公共服务均等化的财政支出压力较大

新型城镇化必然要求实现城乡一体化，城乡一体化最突出的问题是实现城乡公共服务的均等化。有研究表明，实现一个农民工完全市民化，解决好住房、医疗、社保等方面的公共服务，需要投入10万~20万元；国务院发展研究中心也表明，每增加一个城市人口，城市基础设施新增投资最保守估计需要9万元。而中部六省的财政收入在全国并不高。因此，城乡基础设施和公共服务设施建设任务繁重，如何处理好城乡公共服务均等化的公共财政支出需求成为一个重要挑战。

4. 中小城镇产业层次较低与就业需求的矛盾

打造高质量的新型城镇化，要推进产城融合，将城镇化作为拓展农民就业的重要空间。中部地区的大部分城市相继进入工业化中后期发展阶段，资本密度提高，替代劳动力日益显现。而中部地区大城市生产性职能较强，主要以发展重化工业为主、服务性行业目前发展不足，就业吸纳能力相对较差；同时中小城市及小城镇非农产业发展较为薄弱，吸纳就业能力较差。如长江中游城市群2012年人口1.58亿，城镇化率每提高1个百分点，需要转移150多万农村人口。因此，如何解决农村人口就业需求问题，对于中部地区来说，是一个巨大的挑战。

三、发展路径及应对措施

1. 坚持集约式城镇化发展道路与模式

中部地区具有其独特的资源禀赋和发展条件，应积极探索多样化的城镇化道路，促进不同区域的快速崛起。中部地区的城镇化应该有一个合理谨慎的新选择和新出路，不能再沿用东部沿海地区城镇化的老路子，否则将付出更大的代价。但目前中部地区学习东部发展模式和发展轨迹的趋势明显，中部地区各省市都在积极承接东部地区的产业转移，都在加快城镇化的进程。今后中部地区应积极吸收东部地区城镇化的经验和教训，防止城镇建设用地的快速扩张，防止城镇化的过快推进，以自身的资源和产业优势为依托，以提升城镇化的质量为导向，积极稳妥地推进中部地区的城镇化进程。

新型城镇化究其本质是人的城镇化，只有减少农民数量才能提高农民生活质量，这是西方发达国家推动农村发展的成功经验，也是我国社会主义现代化建设的必然要求。根据发达国家的经验和有关理论推演，我国城镇化水平比较理想的状态是65%~70%。按照这一标准，未来5~10年，还将有近5亿人口由农村进入城镇。建立在有限土地上的城镇要吸纳如此众多的农村转移人口，只有走集约式城镇化发展的道路。转变城镇发展方式，实现从以外延扩张为主、重视数量增长的粗放型发展向以内涵增长为主、重视质量提高的集约式发展的转变，是我国城镇化健康有序发展的必由之路。必须坚持有主有次、循序渐进的原则，正确处理好城镇化过程中效率与效能的关系，使城镇化速度与资源负荷力相契合，与环境承载力相适应，与城市经济社会发展规律相一致。

2. 大力推进城市密集区的整合发展

中部地区6省都在积极促进城镇密集区的发展，长江中游城市群、中原城市群、马（鞍山）芜（湖）铜宜沿江皖江城市带，太原都市圈都已经初步发育。这些区域已经开展了城镇群的总体规划和专项规划，总体发展环境得到极大的改善，基础设施不断完善。但各城镇群的空间整合效果不理想，由于行政分割而造成的各自为政的现象仍然比较普遍。各个城镇群的产业结构同构化，分工不明显的现象比较明显，中心城市的辐射带动能力不强。今后应加强各个城镇群的整合发展，大力培育以武汉为中心的都市经济区和其他以省会城市为中心的人口—产业集聚带，增强核心区域的竞争力和辐射带动力，加快与沿海发达的都市经济区的整合与协同发展。要将域内基础设施项目放在优先发展的地位上，加大资金技术投入，尽快形成以城际铁路、高速公路为骨架，机场、港口为辅助的城市群综合交通格局，构建全方位的城市通联的交通网络，积极推进城市间城镇基础设施共建共享。在打通“断头路”、构建“城铁小时圈”、形成中部航空港口群的前提下，重点加快交通枢纽中心建设，推进人员物资的自由流动。继续强化特大型城市武汉作为全国性铁路路网中心、全国高速公路网重要枢纽、长江中游航运中心、重要门户机场和航空物流中心的地位；其他5个中心城市长沙、南昌、合肥、太原、郑州分别作为区域性交通中心，辐射华南、华东和华北，同时加快宜昌港作为三峡翻坝转运中心以及芜湖华东地区铁路交通枢纽和公路网络中心的建设。

3. 积极发展县域经济和民营经济

发展壮大县域经济是实现中部地区崛起的重要支撑。县域经济的发展，对加快工业化、城镇化，推进农业现代化，提升中部整体经济发展水平，增强综合经济实力，具有十分重要的作用。发展壮大县域经济是促进中部地区经济协调发展的重要途径。发展壮大县域经济，既有利于发挥各自比较优势，提高县域经济发展的整体水平。也有利于缩小区域经济发展和城乡经济发展的差距，形成相互促进、共同发展的良好局面。发展壮大县域经济还是增加农民收入的主要举措。县域经济的发展壮大，能够吸纳更多的农村剩余劳动力，会有效增加农民收入，促进“三农”问题的解决，不断提高中部地区的城镇化水平。可以大力发展县域经济和中心城镇，积极扶持民营经济的发展，提升城镇的发展质量，提供更多的就业机会，优化城镇居住环境，吸纳农村人口的集聚。

加快小城镇社会保障、文化教育、医疗保健、社区服务等一系列配套改革。通过小城镇的集聚效应，大力发展第三产业，发挥其产业门类多、服务面广、包容劳动力能力强的优势，吸纳大量不同层次不同类型的农村富余劳动力。大力发展民营经济，包括发展现代股份制公司、乡镇企业、家庭经济等，其关键是要创造促进民营经济发展的环境条件，消除阻碍发展的一切制约因素。

4. 坚持均等化发展，建设公平正义的社会服务体系

推进新型城镇化，应统筹城镇化与社会发展的关系，在社会和谐中推进城镇化。在政治方面，让更多的人获得参与决策和议事的机会，为不同社会阶层的人提供发展的机会和平台，让所有的人分享城市发展进步的成果。在社会方面，正确处理政府、企业和居民的关系，保护农民和城镇居民的合法权益，尊重居民的意愿和选择；正确处理当地居民和外来居民的关系，切实保护外来居民权益，让外来居民与当地居民和谐相处；正确处理不同收入阶层之间的关系，既鼓励人们创新、创业和创富，同时关心和保护弱势群体，实行向弱势群体倾斜的普惠福利，建立与完善配套的社会保障政策，缩小贫富差距。要以基本公共服务均等化，推动农民工市民化。合理规划，提出明确目标，将基本公共服务的提供纳入城镇各级政府考核体系，增加财政投入，优化财政支出结构，提高政府公共服务能力，为进城农民提供和本地居民同等的义务教育、公共卫生、社会保障、就业、公共文化、公共住房等公共服务，使农民工能够融入当地社会，提高生活质量，逐步实现由农民向市民的转变，促进城镇经济社会和谐稳定、可持续发展。

5. 注重生态城镇建设

大力倡导绿色生活、生态生活，加强城市绿地资源建设，提高生态环境自我净化能力，倡导绿色消费，减少消费污染。中部地区城镇化建设应加快建立统一的生态保护标准，制定区域内统一的生态保护政策，建立统一的废弃物和污水排放标准，统筹规划区域内环保基础设施建设，加强生态系统修复，实施生态环境综合整治。加快建立统一的生态保护监测网络，对生态环境的敏感区域、重大环境污染事件、环境保护需求和重点企业环境治理等实现信息共享。探索建立区域内常规性联合检查机制、突发性污染事件的事故处置机制和污染防治基础设施的共建共享机制。加快建设生态安全保护区。加强生态林和公

益林的建设与保护。做好森林自然保护小区的升级申报工作，争取森林生态效益补偿资金。加快建设生物多样性自然保护区。依法禁止对野生动植物进行滥捕、滥采，保持并恢复野生动植物物种和种群的平衡，完善生物多样性保护体系。加快建设湿地保护区。建设阳新网湖、通山富水、崇阳青山、通城大溪、平江汨水和罗水、永修及武宁柘林湖等湿地公园，充分发挥湿地在维持生态平衡、保护生物物种多样性以及涵养水源、蓄洪防旱等方面的重要作用，并逐步建设成为国家、省级湿地公园。

6. 发展低碳经济、建设低碳化城镇

针对我国城镇化进程中面临的日益严峻的资源环境保障问题，中部地区新型城镇化绝不能走先发展后治理的老路，也不走唯环境不发展的道路，要走低碳化、工业化与城镇化协调发展之路。要将城镇化发展对资源环境的代价降到最低程度，将资源与生态环境对城镇化进程的限制降到最低限度，依据资源环境承载能力，推行资源节约型和环境友好型的城镇化发展模式。鼓励发展节能性环保产业，降低产业发展对能源、水资源、空气等生态资源的消耗或破坏；支持探索循环经济模式，以更少资源生产更多经济价值；要求工业入区、入园，促进产业群，既可以集中处理污染，又可以使各产业分享外部经济。重视调解资源占用与分配、环境污染方面的矛盾、冲突，促进城镇化与环境保护的良性互动。要根据各城镇的特点，从低碳产业、低碳生产、低碳产品、低碳生活等方面着手，按照资源—产品—废弃物—再生资源的反馈式循环利用模式，在城镇大力推广清洁生产，着力推进城镇废渣、废水、废气的再利用，促进城镇循环经济发展。

中国经济新常态背景下的山西城乡统筹发展*

李志强　顾颖　李晓娟
（山西大学经济与管理学院　太原　030006）

面对当前中国经济“新常态”，推进结构性改革，保持经济平稳增长成为首要任务。我国社会转型中，最为迟缓、最为艰巨的就是城乡结构的调整。城乡结构反映的不单纯是经济结构，它更多地反映了一种不和谐的社会地位结构，因而城乡结构的调整必然“牵一发而动全身”，对于我国整个经济社会结构的调整发挥着尤其重要的作用。党的十八届三中全会中也明确指出，要加快打破城乡二元结构，健全城乡发展一体化体制机制，实现城乡结构均衡发展。山西省城乡结构问题尤为突出，要实现山西经济社会结构的“再平衡”，必须积极探索资源型地区城乡结构均衡发展的新路径、新模式，破解城乡结构失衡、农村发展滞后等难题，协调推进城镇化、工业化建设，闯出一条资源型地区城乡统筹发展的新路。

一、新常态下山西城乡统筹发展的必要性

1. 统筹山西城乡发展，积极稳妥推进新型城镇化建设，是适应增速新常态的客观要求

随着中国步入经济从高速增长转向中高速增长的“新常态”，以人为核心的新型城镇化将成为助推中国经济向中高端水平迈进的强大引擎，城镇化引擎的作用将愈加凸显。通过构建城乡统筹发展机制，提升山西城镇化的质量和水平，发挥城镇化在经济社会发展中的龙头带动作用，有利于缓解农村人口压力与土地承载力之间的矛盾，推动农村经济增长方式转变。通过加快农业现代化进程，建立适应山西省特点的耕作制度和农业产业结构，有利于提高农业资源利用效率，实现农业的可持续发展。只有通过创新城乡一体化发展体制机制，协调推进新型城镇化建设和新农村建设，才能充分释放人口城镇化的巨大潜力，开创山西富民强省新局面。

2. 统筹山西城乡发展，加快促进城乡结构均衡发展，是适应结构新常态的必然选择

当前，中国经济已步入稳健发展、重调结构、调控出新、动力再造的“新常态”，调整经济结构成为未来经济发展的重点方向，城乡区域结构问题作为最突出的结构问题之一将在更大程度上决定经济发展质量。而目前山西省存在城乡二元结构矛盾突出，城乡居民收入差距过大、地区发展不平衡、城乡文化差异扩大等问题，这些问题直接影响到扩内

* 山西省社科联重点课题“山西省城乡结构演化与均衡发展研究”（SSKLZDKT2014087）。

需、稳增长政策的实施效果。通过城乡统筹发展，积极推进具有二三产业劳动技能的农民进城务工经商，促进具有经济实力的农村人口到城镇安居乐业，实现农村型消费向城市型消费转变，才能充分挖掘农村内需潜力、最大限度释放农村内需，才能更好地适应经济“新常态”，攀升新高度。

3. 统筹山西城乡发展，从根本上加快解决“三农”问题步伐，是适应调控新常态的题中之意

“三农”问题是关系到现代化建设全局的大问题和社会稳定的大问题，是当前经济新常态下中长期新的经济增长点，是能够激活整个国民经济微观基础的重要方面。在“底线思维”的影响下，稳增长、促改革、调结构的政策要想有所作为，离不开“三农”措施的持续发力。山西省作为全国欠发达地区，农村人口比重大于全国水平，农业发展自然条件差且投入不足，农业生产力较为落后，对解决“三农”问题的要求更加迫切。但是，解决“三农”问题必须跳出过去基于农村本身就“三农”论“三农”的研究思路，因为农村区域自身没有条件和能力来解决“三农”问题。城乡统筹发展是解决“三农”问题的有效途径，跳出了“以农言农”的传统思路，在发展战略、经济体制、政策措施和工作机制上有一个大的转变，以此从根本上加快解决“三农”问题的步伐，开创农业增效、农民增收，农村和谐的新局面。

二、新常态下山西城乡统筹发展面临的主要矛盾及问题

近年来山西省城乡统筹发展取得了明显成效，城乡关系得到了初步改善，但城乡分割的二体制不可能在短期内消除，而且在中国“新常态”的背景下，一些城乡一体化建设过程中面临的深层次问题也逐渐暴露出来。总的来说，目前山西省城乡一体化发展还处于探索阶段，仍然面临着许多深层次矛盾及问题，主要表现为以下四个方面：

1. 城镇化与工业化不同步，高水平城镇化进程缓慢，适应经济新常态的支撑力亟待增强

在经济减速进入新常态情况下，过去在高增长掩盖下的风险与矛盾将有可能暴露出来，新型城镇化的发展对促进山西省持续健康发展的重要支撑作用愈发凸显。2003—2012年，山西省城镇化与工业化发展水平相比（见表1），工业化水平平均快于城镇化水平12.1%，虽然差距在减少，但城镇化发展水平始终滞后于工业化水平，工业化推进的城镇化率的提升，远远不及全国平均水平。

表1　**2003—2013年山西省城镇化水平与工业化水平的关系**　单位：%

年份	2003	2004	2005	2006	2007	2008	2009	2010	2011	2012	2013
城镇化率	38.8	39.6	42.1	43	44	45.1	46	47	49.68	51.26	52.56
工业化率	57.3	59.5	56	57.8	59.6	61.5	54.6	56.8	53.19	51.78	—
偏差	18.5	19.9	13.9	14.8	15.6	16.4	8.6	9.8	3.51	0.52	—

资料来源：根据《山西统计年鉴》（2003—2013年）数据整理得到。

截至2013年，山西省城镇化率比2003年提高了13.76%，全国城镇化率提高了13.23%，山西省城镇化发展速度逐渐快于全国（见表2）。然而这其中更多是一种土地的城镇化，目前现有城镇人口中仍有大量农村户籍人口，他们并没有真正融入城市。随着农民退出农村的成本逐渐增高，农民工市民化的进程趋于缓慢，也直接带来了一系列严重的社会问题。

表2　**2003—2013年山西省与全国城镇化率比较**　单位：%

年份	2003	2004	2005	2006	2007	2008	2009	2010	2011	2012	2013
全国	40.5	41.8	43	43.9	44.9	45.7	46.6	49.7	51.27	52.57	53.73
山西	38.8	39.6	42.1	43	44	45.1	46	47	49.7	51.26	52.56
差距	-1.7	-2.2	-0.9	-0.9	-0.9	-0.6	-0.6	-2.7	-1.57	-1.31	-1.17

资料来源：根据《中国统计年鉴》和《山西统计年鉴》（2003—2013年）数据整理得到。

2. 城乡产业结构不合理，农业现代化进程缓慢，适应经济新常态的产业带动力亟待增强

农业增长的动力不是来自于农业内部，而是来自二、三产业的发展。一方面，农业、农村的稳定和发展是支撑工业化、城镇化发展的重要基础。另一方面，从工农互惠、产业互补的角度来讲，工业化和城镇化又是农业现代化和农村繁荣的重要力量。农业现代化要依靠工业装备和城镇消费带动的特点决定了一个国家的农业现代化要落后于工业化。在国民经济新常态背景下，紧密结合农业发展的实际，推动在实现工业化、城镇化的同时实现农业现代化具有重大的现实意义。

山西是农业小省能源大省，农业基础比较薄弱，农民增收相对缓慢，近年来山西省农业增加值仅占全省GDP的5%左右，粮食产量、农林牧渔业总产值等主要农业指标徘徊于全国20位以后。农业整体生产水平不高，不仅受到土地贫瘠、耕地资源、旱地占耕地总量的2/3以上等自然资源约束，还存在农业资金与科技人员投入不足，农业有效灌溉不足，经营规模普遍偏小，市场化、产业化、机械化、现代化程度不高等问题（见表3）。

表3　**山西省农业现代化情况**

项目		2008年	2009年	2010年	2011年	2012年
农业机械化情况	当年实际机耕面积（千公顷）	2179.93	2367.46	2559.72	2525.92	2573.45
	占耕地面积（%）	—	—	—	—	—
	当年机械播种面积（千公顷）	1765.23	1989.83	2181.66	2307.28	2444.00
	占总播种面积（%）	47.4	53.9	58.0	60.8	63.2
	当年机械收获面积（千公顷）	745.96	860.51	1026.62	1306.79	1515.47
	占总播种面积（%）	20.0	23.3	27.3	34.4	39.2

续表

项目		2008年	2009年	2010年	2011年	2012年
农田水利情况	年末有效灌溉面积（千公顷）	—	1261.00	1274.15	1324.78	1319.16
	机电灌溉面积（千公顷）	945.72	948.05	961.90	1012.03	1042.43
	有效灌溉面积占耕地（%）	—	—	—	—	—
	机电井数量（眼）	80117	88463	81166	82286	86599
农用化肥情况	农用化肥施用折纯量（吨）	1034042	1043239	1103663	1145667	1182795

资料来源：根据《山西统计年鉴》（2009—2013年）数据整理得到。

除此之外，山西省产业结构总的一个特征是第一产业基础脆弱、第二产业重型化且素质不高，尤其是我省城乡产业布局同构现象严重。比如，山西省多数县域经济仍然以煤、焦、电等资源性产业为主，占到县域生产总值的70%以上，忽视农业的现象普遍存在，甚至一些农业大县，也大搞炼焦、洗煤，丢掉了县域特色，造成了资源浪费和市场的过度竞争，城乡经济效益下降。

3. 城乡收入增长失衡，消费差距不断扩大，适应经济新常态的调节力亟待增强

近年来山西省农业农村发展取得了巨大的成绩，尤其是进入“十二五”之后连续两年农民的收入增幅超过了城镇居民。但相比城市经济的发展，山西省农村经济发展缓慢，城镇居民收入远高于农村居民，城乡收入差距持续拉大（见图1）。2003—2013年，山西省全年城镇居民和农村居民人均可支配收入的绝对差不断扩大，由2003年的2705.6元扩大到2013年的15302元，城乡相对收入比由2.0增大到3.3的峰值，然后下降为3.1（见表4）。截至2013年，全省城镇居民家庭人均可支配收入达到22456元，同比增长10%；农村居民人均现金收入7154元，增长12.5%。同时，山西省农村居民人均纯收入明显落后于全国平均水平（见表4），2013年全省农村居民人均纯收入为全国水平的80.4%，绝对差距也从2003年的322.8元拉大到2013年的1741.9元。

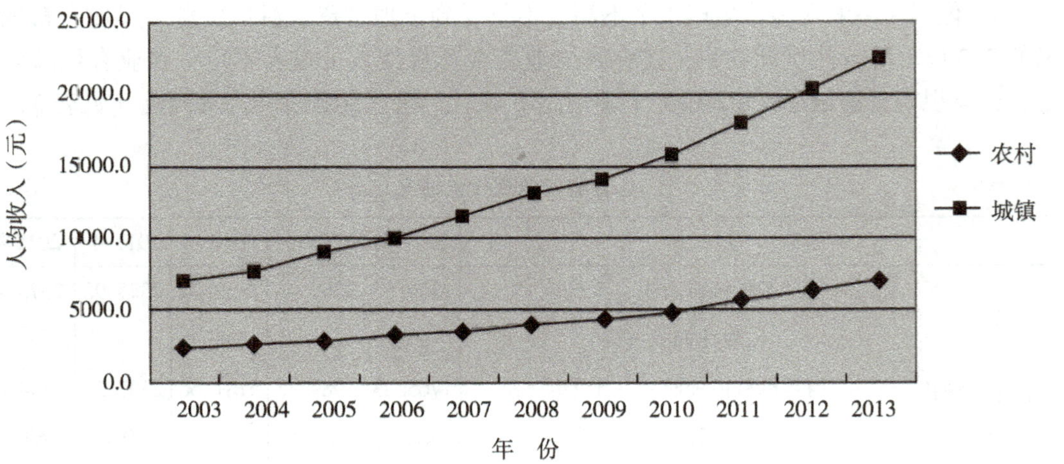

图1　2003—2013年山西城乡居民收入变化

资料来源：根据《山西统计年鉴》（2003—2013年）数据整理得到。

表 4　**2003—2013 年山西省与全国城乡居民收入对比**　单位：元

年份	城镇居民人均可支配收入		占全国平均值比重（%）	农村居民人均纯收入		占全国平均值比重（%）	城乡相对收入比值	
	山西	全国		山西	全国		山西	全国
2003	7005.0	8472.2	82.7	2299.4	2622.2	87.7	3.0	3.2
2004	7902.9	9421.6	83.9	2589.6	2936.4	88.2	3.1	3.2
2005	8913.9	10493.0	85.0	2890.7	3254.9	88.8	3.1	3.2
2006	10027.7	11759.5	85.3	3180.9	3587.0	88.7	3.2	3.3
2007	11565.0	13785.8	83.9	3665.7	4140.4	88.5	3.2	3.3
2008	13119.1	15780.8	83.1	4097.2	4760.6	86.1	3.2	3.3
2009	13996.6	17174.7	81.5	4244.1	5153.2	82.4	3.3	3.3
2010	15647.7	19109.4	81.9	4736.3	5919.0	80.0	3.3	3.2
2011	18123.9	21809.8	83.1	5601.4	6977.3	80.3	3.2	3.1
2012	20411.7	24564.7	83.1	6356.6	7916.6	80.3	3.2	3.1
2013	22456.0	26955.1	83.3	7154.0	8895.9	80.4	3.1	3.0

资料来源：根据《山西统计年鉴》（2003—2013 年）数据整理得到。

由于收入差距的拉大，山西省城乡居民之间的消费支出能力差距比较明显（见表 5）。从表中可以看出，虽然城乡居民人均消费支出比从 2003 年 3.6：1 下降到 2013 年的 2.3：1，基本呈稳步下降的趋势，且逐渐低于全国城乡居民人均消费支出比，但是城乡居民人均消费支出的绝对差距却拉大了，从 2003 年的 3671.0 元上升为 2013 年的 6540.7 元，表明山西省仍然有巨大潜力的农村市场始终没有被激活。

表 5　**2003—2013 年山西省与全国城乡居民人均消费支出对比**　单位：元

年份	城镇居民家庭人均现金消费支出		占全国平均值比重（%）	农村居民家庭平均每人消费支出		占全国平均值比重（%）	城乡消费支出比值	
	山西	全国		山西	全国		山西	全国
2003	5105.4	6510.9	78.4	1434.4	1943.3	73.8	3.6	3.4
2004	5654.2	7182.1	78.7	1636.5	2184.7	74.9	3.5	3.3
2005	6342.6	7942.9	79.9	1877.7	2555.4	73.5	3.4	3.1
2006	7170.9	8696.6	82.5	2253.3	2829	79.7	3.2	3.1
2007	8101.8	9997.5	81.0	2682.6	3223.9	83.2	3.0	3.1
2008	8806.6	11242.9	78.3	3097.5	3660.7	84.6	2.8	3.1
2009	9355.1	12264.6	76.3	3304.8	3993.5	82.8	2.8	3.1
2010	9792.7	13471.5	72.7	3663.9	4381.8	83.6	2.7	3.1
2011	11354.3	15160.9	74.9	4587	5221.1	87.9	2.5	2.9
2012	12211.5	16674.3	73.2	5566.2	5908	94.2	2.2	2.8
2013	13166.2	18022.6	73.1	5812.7	6625.5	87.7	2.3	2.7

资料来源：根据《山西统计年鉴》（2003—2013 年）数据整理得到。

4. 城乡公共服务水平不均衡，城乡基础设施条件差距较大，适应经济新常态的调控力亟待增强

城乡互惠互利，首先在于城乡等量劳动获取等量收益，等量资产获得等量回报以及公共设施、公共产品和社会保障的城乡一体化。山西省城乡公共服务水平不均衡，农村教育、医疗、文化、卫生等社会事业的发展还相对滞后。其中教育方面的问题较为突出，主要表现为农村教育经费投入不足、中小学教师队伍建设落后且流失严重、学校学习和住宿条件差以及农民工子女和“留守儿童”的义务教育等问题。

山西社会保障体系逐步完善，城镇职工基本养老、医疗、失业、工伤、生育5项保险实现制度全覆盖，2013年农村16.4万人纳入五保供养。766.4万城镇人口参加基本养老保险，比上年增加33.4万人；1439.8万人参加新型农村社会养老保险，较之上年增加42.2万人。但是，山西省的社会保障制度还不够完善，农村的社会保障覆盖面和保障水平都与城市存在很大差距（见表6）。以2011年为例，农村居民人均保障支出为310元，仅占城镇居民人均保障支出的1/18；从社会保障待遇看，农村社会保障待遇为0.66%，不及城市社会保障待遇的1/10。山西省城乡基本公共服务的不平衡阻碍了农村的快速发展，扩大了城乡间发展差距，严重制约着城乡统筹发展。

表6　**2009—2013年山西省城乡社会保障情况**　单位：万人、亿元

项目		2009年	2010年	2011年	2012年	2013年
养老保险	城镇基本养老保险人数	564.1	591.0	19.8	648.5	766.4
	农村社会养老保险人数	378.2	491.0	1083.7	1397.7	1439.8
最低生活保障	城市最低生活保障人数	94.4	91.5	91.7	89.0	85.0
	城市低保资金	17.5	18.2	26.5	—	25.1
	农村最低生活保障人数	121.0	132.1	136.8	150.6	—
	农村低保资金	9.8	11.1	19.8	—	—

资料来源：根据2009—2013年山西国民经济和社会发展统计公报数据整理得到。

依据第二次农业普查结果，2010年山西省城镇固定资产投资5816亿元，农村固定资产投资536.6亿元，城镇固定资产投资是农村的10倍以上，且农村固定资产的投资额仅占全年总投资额的8.45%，致使农村的基础设施相对落后，特别是一些偏远农村的水利、电力、通信、交通等条件较差。由于以上基础设施落后，外加收入水平较低，山西省农村居民在衣食住行等生活质量上和城镇居民还有一定差距。从2012年城乡居民家庭平均每百户年末耐用消费品拥有量来看，山西省农村居民所拥有的电冰箱、彩色电视机、空调等，都远少于城镇居民，且远低于全国平均水平（见表7），这些非常不利于城乡统筹发展。

表7 **2012年山西省城乡居民家庭平均每百户年末耐用消费品拥有量与全国比较**

单位：台、部

地区		洗衣机	电冰箱	彩色电视机	家用电脑	空调	移动电话
全国	城镇	98.02	98.48	136.07	87.03	126.81	212.64
	农村	67.22	67.32	116.90	21.36	25.36	197.80
山西	城镇	103.44	91.81	111.17	74.07	48.17	188.39
	农村	86.62	52.90	109.24	27.67	7.57	186.76

资料来源：根据《中国统计年鉴》（2013）和《山西统计年鉴》（2013）数据整理得到。

三、新常态下山西城乡统筹发展的重点建议

1. 以提高城镇化水平为突破口，协同推进新型城镇化与新农村建设，加速促进城乡经济融合

（1）加快高品质城镇化进程。加快推进规模城镇化向人口城镇化转型，创新新型城镇化体制机制，促进工业化与城镇化良性互动，探索具有中国特色、符合山西实际的"一核一圈三群"新型城镇化之路。支持太原率先发展，加大力度推进地铁2号线、城市道路、汾东商务区等重大项目建设，把太原建设成为山西转型跨越发展的先行示范区。强化省级统筹，重点推进"四通"，使太原、晋中逐步实现基本公共服务对接共享，提速太原晋中同城化。创新城镇化推进方式与协调机制，强化生态红线的刚性约束，加快朔州东部新区、大同都市区、长治上党城镇群、晋城"一城两翼"、运城生态智慧城与临汾百里汾河经济带建设步伐，形成具有自身特色的城镇化发展形态。分层次分模式推进大县城及乡镇建设，引入智慧城市、数字乡镇等崭新理念，探索县城及乡镇城镇化新模式。创新百镇建设机制，依据吸纳人口数量及经济实力赋予镇相应的管理权。深入推进矿区城镇化，开展"以矿建镇"试点建设，统筹大型煤矿与城镇化建设协调发展，充分发挥产业化对城镇化的带动作用。着力构建规范透明的城镇化建设投融资长效机制，鼓励社会资本进入公用设施投资领域，促进城镇化建设投融资主体多元化发展。

（2）加快推进新农村建设。构建完善财政支农、金融支农政策体系，创新财政支农与金融支农联动机制，提高财政支持新农村建设投入比重，强化支农资金整合运用。加快推进生态畜牧经济区和现代农业示范区建设，深入实施"一县一业"、"一村一品"工程，大力振兴设施农业、畜牧业、酿造业、粮食、杂粮、水果及中药材等七大产业。加快新型农业经营体系构建步伐，探索建立家庭经营、集体经营、企业经营、合作经营等多种农业经营方式协同发展机制。构建多元化农业服务体系，加大农业科技创新服务平台建设，创新农技推广服务模式，全力培育懂技术、会经营的新型农民，加快推进农业标准化、信息化。深入实施百企千村产业扶贫开发工程，加强大企业、大项目对接合作，整合扶贫资源，创新扶贫模式，着力推进贫困地区新农村建设。建立现代农村金融制度，引导建设资金更多地投向农村，鼓励引导先进生产要素流向农村。进一步健全农业保险制度，积极开展"三农"保险试点。加强农村基层规划管理、经营等人才队伍建设，更加注重提升农

村规划管理水平，科学引导和规范农村新居建设。加快采煤沉陷区治理和农村危房改造进度，加大农村环境污染整治力度，逐步改善农村生产生活条件，促进美丽乡村建设。

（3）推进城乡双向互动发展。全面加快新型城镇化、工业化、信息化和农业现代化“四化同步”，推进城乡区域协调发展，加快转变城乡分割的经济发展方式。建立健全城乡统筹发展工作机制和管理体制，探索构建财政转移支付与农业转移人口市民化相挂钩的机制，扎实推进城乡规划、城乡要素交换、城乡资源配置、城乡社会管理、城乡基础设施和城乡公共服务等“六个统筹”，制订城乡一体化发展政策及建设方案。建立以城带乡、以工促农长效机制，充分发挥工业化、城镇化及城市建设对农村发展的辐射带动作用。统筹推进城乡土地制度一体化，合理安排和调控城乡用地布局，建立统一的城乡建设用地有形交易市场和交易门户网站，深入推进城乡建设用地增减挂钩等改革试点。增设统筹城乡发展专项资金，整合财政支农资金，鼓励社会资本投向农村建设。探索建立劳动力、资金、信息等在城乡之间合理配置的机制，推动城乡之间生产要素的自由合理流动。完善城乡就业体制，建立健全开放统一的城乡劳动力市场体系，保障农民工同工同酬、同等待遇。统筹城乡基础设施建设和社区建设，实施农村人居环境改善工程，建设“农民半小时生活功能圈”。

2. 以创新城乡一体化发展体制机制为核心，多举统筹城乡社会事业发展，加快实现基本公共服务均等化

（1）统筹城乡就业政策。打破城乡就业壁垒，建立城乡统一的劳动力市场，制定平等的行业准入制度，实行公平的就业政策。降低农村劳动力到城市就业的门槛，将现有针对城镇人员的就业再就业优惠政策向农村劳动者延伸，扩大政策覆盖面。建立城乡统一的就业服务制度，建成城乡一体的人力资源市场，实现城乡就业服务和劳动用工统一管理，把就业管理服务工作延伸到村和社区，做好培训、就业、维权三位一体的就业服务工作，形成市、县、乡、村（社区）四级互联互通的城乡一体的就业管理服务体系。充分利用农民工基层服务平台，建立健全农村劳动力转移就业长效机制，提高农村劳动力规模转移的组织化程度。建立跨地区就业劳动力管理信息沟通机制，统筹城乡劳动力转移和稳定就业。建立城乡统一的供需信息交流系统与制度，延伸覆盖半径。持续推进户籍管理、社会保障和职业培训等制度创新，消除农村劳动力进入城市就业的体制障碍。

（2）推进城乡教育事业一体化建设。深化教育体制改革，完善以市（区）县政府管理为主的农村义务教育管理体制，全面普及九年义务教育和高中教育，落实义务教育免费政策和高中教育经费保障机制，逐步提高农村中小学生人均公用经费。支持民间力量发展职业教育和成人教育，建立以市（区）县级职业中学为龙头，乡（镇）成人文化学校、农业广播电视学校和各种农业技术推广机构为骨干，向村组延伸辐射的市（区）县、乡（镇）、村三级教育培训体系。加强农村、城镇校舍维修改造，建立农村义务教育阶段校舍维修改造长效机制，缩小城乡之间办学条件差距。完善助学体系，扩大高中阶段教育资助范围，探索建立城乡贫困家庭子女接受高中阶段教育免费制度。建立健全城乡统一的农村居民转变为城镇居民和进城务工人员子女就学保障机制。建立城市对口支援农村教育帮扶制度，加快农村中小学现代远程教育工程建设，实现城乡教育资源共享。

（3）增强农村公共卫生服务能力。整合城乡卫生资源，建立和发展新型农村合作医

疗，搞好区域卫生规划，确保每个建制乡（镇）有一所政府举办的卫生院，建立以中心卫生院为核心的乡村卫生服务网络。合理布局村卫生站，加强卫生站的房屋和基本诊疗设施建设，加快村卫生站标准化建设，推动农村卫生机构向社区卫生服务转型，并给予与城市社区卫生服务机构相同的公共卫生服务补助政策支持。健全镇卫生院及村卫生站人员、经费保障机制，落实对乡村医生的补贴和社会保障政策。鼓励城市卫生医疗机构拓展农村医疗市场，促进农村卫生医疗事业健康发展。健全城乡困难群众重大疾病医疗救助制度。建立和完善城乡药品监督供应体系，加强药品市场管理，保证农村用药经济、安全。加快城乡公共卫生事件的预防控制监督体系建设，完善应急处理机制。完善城乡医疗机构对口支援的长效机制，支持城市医院在农村卫生站挂钩设点。

（4）创新文化管理体制和运行机制。完善覆盖城乡的公共文化服务体系，构建推进城乡文化统筹发展的体制机制，提升城市先进文化向农村辐射力度。加快农村公共文化基础设施建设，力争尽早实现文化馆、图书馆达到国家规定标准，乡镇文化站、村文化大院建有文体娱乐场所。推进文化信息资源共享工程、乡镇综合文化站、广播电视村村通工程、农村电影放映工程建设。推进国家文化和自然遗产地保护、历史文化名城保护、抢救性文物保护工程，加强对农村优秀民间民俗文化资源的系统发掘、整理、保护。逐步推行公益性文化场馆免费开放制度，培养扶持基层文化队伍。加快建设农村体育健身设施，广泛开展农民健身活动。广泛开展创建“文明村镇”、“文明户”等群众性精神文明创建活动。

（5）建立更加公平可持续的社会保障制度。加快推进基本公共服务均等化，推进城乡基本公共服务制度有效对接，实现公共服务在不同区域间无障碍转续。强化社会保障财政投入力度，加强社保基金投资管理与监督，完善社会保障体系。推进城乡居民医疗保险制度整合，争取尽快建立统一的城乡居民基本医疗保险制度，使城乡居民基本医疗制度一体化。强化定点医院、药店监管，规范两定机构行为。规范居民大病保险工作，解决好城乡居民大病保障问题。全面推行“五险统征”，扩大社会保险参保缴费覆盖面，提高非公经济单位、灵活就业人员、失地农民等的参保覆盖率，推进社保关系跨制度、跨区域转移接续。完善基本住房保障体系，坚持政府主导地位，加快推进保障性住房建设，规范保障性住房管理与分配。以市场需求为导向构建多层次的住房供应体系，推进廉租房与公共租赁住房“并轨运行”，稳步推进城中村和城镇棚户区改造，着力增加中小户型住房供给。完善五保供养、残疾人与特困户最低生活保障等社会救助制度，扩大农村社会保障覆盖范围，逐年提高农村“五保户”集中供养率，提升农村低保水平。

3. 以环境质量持续改善为重要内容，统筹推进城乡生态建设，全面提升城乡可持续发展能力

（1）统筹城乡环境保护与生态建设。统筹划分城乡生态建设、环境保护的责任，建立生态破坏和环境污染补偿机制，维护农民的环境权益。完善城乡一体的环境保护与建设管理体制，形成全覆盖、网络化的环境保护市、县、乡、村四级监管体系。着力推进农村环境保护工作，加强大气和水环境综合整治，全面完成主要污染物总量减排目标，环境质量全面达标。创新建立生态补偿机制，多层次、多渠道、全方位筹措生态建设资金，着力推进以生态恢复、饮用水源保护为重点的城乡生态环境建设。加强城乡水资源利用与保护

设施、污水处理、防洪设施等的整体协调，形成城乡一体的生态环境综合保护与建设格局。

(2) 加强城乡污染综合治理。实行城乡污染一体化防治，防止污染企业向农村转移，将城市污染防治和农村污染防治结合起来，实行统一规划和系统整治，统筹布局污水处理厂、垃圾处理厂等环境设施。对农村污水实行村收集、镇处理，对农村垃圾，除建有垃圾处理厂的中心镇外，实行村收集、镇运输、县处理。以改水改厕、垃圾集中处理、养殖业废弃物无污染治理、农村沼气建设、减少化肥农药使用等为重点，强化农业面源污染防治。全面加强城镇生活污染防治及垃圾处理和再利用力度，加大水污染防治、环境质量整治和环保执法力度。

参考文献

[1] 李志强主编：《山西资源型经济转型发展报告》，社会科学文献出版社2014年版。

[2] 张占斌：《从战略全局研判中国经济新常态》，《光明日报》，2014年10月16日。

[3] 李小鹏：《2014年山西省人民政府工作报告》，《山西日报》，2014年1月27日。

[4] 安虎森、吴浩波：《我国城乡结构调整和城镇化关系研究——一种新经济地理学的视角》，《中国地质大学学报（社会科学版）》，2013年第4期。

[5] 刘淑清：《制约山西省城乡居民收入增长的原因分析》，《经济研究参考》，2011年第26期。

[6] 王春光：《城乡结构：中国社会转型中的迟滞者》，《中国农业大学学报（社会科学版）》，2007年第1期。

中部地区新型城镇化发展模式研究

殷薛梅　贺清云
（湖南师范大学资源与环境科学学院　长沙　410081）

一、前言

城镇化是现代化的必由之路，是解决农业、农村、农民问题的重要途径，对全面建成小康社会，加快推进社会主义现代化建设具有深远意义。当前，中部地区城镇化发展已经站在一个新的历史起点上，既面临重大机遇，更面临诸多难题，在这样一个关键的十字路口，正确的方向就是走新型城镇化道路。

新型城镇化，强调的是以人为本，着力构建以人为核心的城镇化，逐步提高城镇人口素质和居民生活质量；新型城镇化，强调的是环境友好，着力推进绿色发展、循环发展，尽可能减少对自然环境的干扰和损害；新型城镇化，强调的是集约高效，严格控制城镇建设用地规模，促进城市紧凑发展；新型城镇化，强调的是城乡统筹，着力推进信息化、工业化和城镇化协调发展，形成城乡一体发展的新局面。

中部地区，正处于新型城镇化建设的探索期，能否摸索出一套适合自身发展的新模式，将成为决定其新型城镇化建设成败与否的关键。中部地区城镇体系比较健全、城镇经济比较发达，今后要在严格保护生态环境的基础上，加快培育中原及长江中游等城市群，有序承接国际及沿海地区产业转移，壮大现代产业体系，完善城乡基础设施，形成生活品质优良、生态环境优美的新型城镇。

二、中部地区新型城镇化建设的现状分析

1. 中部地区新型城镇化建设取得的成就

（1）城镇化进程逐步加快，城镇化水平日趋提高。近年来，中部地区在中部崛起战略的推动下，结合地方实际，积极实施新型城镇化发展战略，新型城镇化建设取得了显著成效：城镇人口逐年增多，城镇化水平显著提高，城镇化进程不断加快。截至 2013 年底，中部六省总人口数达到了 36085 万人，城镇总人口数达到了 17497 万人，城镇化率达到了 48.49%，创历史新高。与 2009 年相比，中部六省的城镇总人口数增长了约 1909 万人，增长幅度十分显著。同时，中部六省的城镇化率也呈逐年上升趋势，并以 1.4%的速度逐年增长着，城镇化进程发展潜力巨大，见表 1。

表 1　**2009—2013 年中部地区城镇人口及城镇化率**

年份	总人口数（万人）	城镇人口数（万人）	城镇化率
2009	35603	15046	42.26%
2010	35696	15558	43.58%

续表

年份	总人口数（万人）	城镇人口数（万人）	城镇化率
2011	35791	16278	45. 48%
2012	35927	16955	47. 19%
2013	36085	17497	48. 49%

资料来源：《中国统计年鉴》。

（2）城镇规模不断扩大，城镇体系不断完善。近年来，中部地区加快各级各类城镇建设，初步形成了大中小城市和小城镇分工互补、协调发展的新格局。截至 2013 年底，中部地区共有地级城市 80 个、县级城市 89 个、建制镇 5146 个，其中地级以上城市人口超过 400 万的有 2 个，分别是武汉市和郑州市；人口规模在 200 万 ~ 400 万的城市有 6 个，分别是长沙市、合肥市、太原市、南昌市、襄阳市和阜阳市。与此同时，中部地区城镇的经济规模也不断扩大，截至 2013 年底，中部地区的 GDP 总值已经达到 127305. 63 亿元，与 2009 年相比，增长了约 56728. 07 亿元，并以将近 16%的年平均增长速度逐年增长着，发展潜力巨大，已经成为促进中部地区乃至全国经济增长的重要推动力量，见图 1。

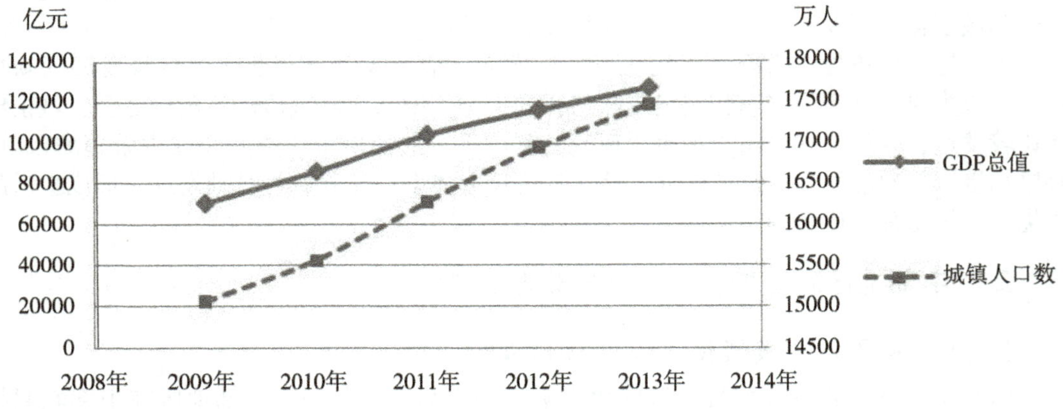

图 1　2009—2013 年中部地区城镇经济规模与人口规模变化情况

（3）城镇基础设施不断完善，城镇功能显著增强。近年来，中部地区在中部崛起战略的推动下，出台了一系列关于新型城镇化建设的新举措，城镇基础设施投放比例逐年提高，人居环境明显改善。据统计，截至 2014 年 9 月，湖南省高速公路建设投资累计已完成 351. 93 亿元，高速公路通车里程已新增 104 公里。自 2010 年开始，河南省全力加快城市新区、中心城市组团、产业集聚区、中心商务区和特色商业区五大载体建设，城市面貌焕然一新。除此之外，湖北省、安徽省、山西省、江西省也都加大了对基础设施的投入与建设力度，城镇综合承载能力显著提升，人民生活环境和生活质量都得到了明显改善。

（4）体制改革进展良好，统筹城乡发展成效明显。近年来，中部地区坚持以城乡统筹发展为着力点，着力加快体制机制改革，并取得了积极成效，城乡居民生活质量与生活水平显著提高。一方面，自2012年全面放开农民进入中小城市户籍限制开始，农民工在城市就业的歧视性政策逐步取消，在城镇享受的公共服务得到明显改善；另一方面，城市公共服务向农村覆盖，城市文明向农村辐射，城乡教育资源、就业服务、医疗保障、养老服务、生态环境等公共服务逐步实现均等化，城乡居民的生活环境和生活质量都得到较大程度的改善。

2. 中部地区新型城镇化建设存在的问题

（1）城镇化总体水平偏低，城镇化潜力有待挖掘。随着经济与社会的快速发展及中部崛起战略的广泛实施，中部地区的城市化水平得到了显著提高，但碍于起步晚及经济发展水平的限制，中部地区城镇化整体水平依然较低，在全国范围内仍然处于劣势地位。截至2013年底，中部地区的城镇化水平仅为48.49%，分别低于东部地区13.27个百分点，低于东北地区11.55个百分点，落后于全国平均水平5.24个百分点，见图2。根据城镇化发展的一般规律推知，中部地区正处在城镇化加速发展的关键时期，发展潜力巨大，因此，如何更好地挖掘中部地区城镇化发展的巨大潜力，将成为中部地区未来赶超全国水平的重要战略制高点。

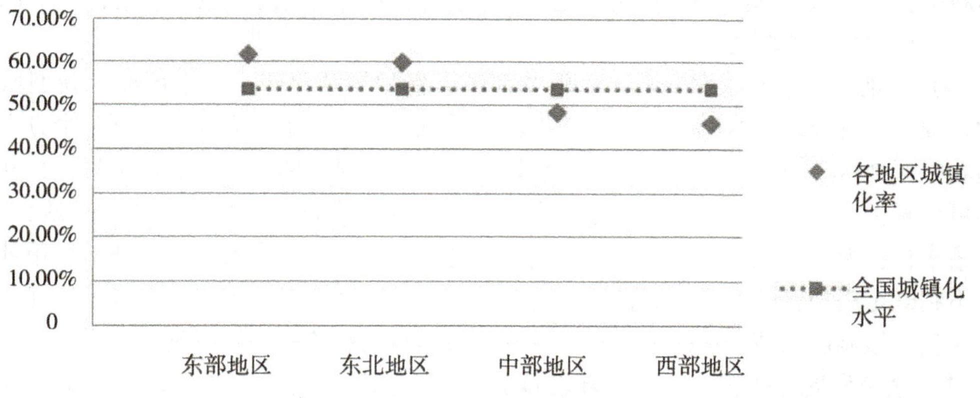

图2　2013年我国四大板块城镇化水平对比

（2）城镇化发展不协调，中部六省发展差异明显。目前，中部六省的城镇化发展不均衡问题突出，从宏观上来看，湖北省的城镇化水平最高，达到54.51%，高于全国平均水平，位居全国第12名；山西省、江西省、湖南省、安徽省次之，城镇化水平分别为52.56%、48.87%、47.96%、47.86%、，低于全国平均水，分别位居全国第14、19、21、22名；河南省城镇化水平最低，城镇化水平仅为42.40%，低于全国水平11.33个百分点，位居全国第27名，远远落后于全国平均水平，见图3。中部六省之间城镇化发展不协调，在很大程度上制约了中部六省经济的腾飞，迫切需要团结合作、统一步伐，缩小中部各省的城镇化发展差距。

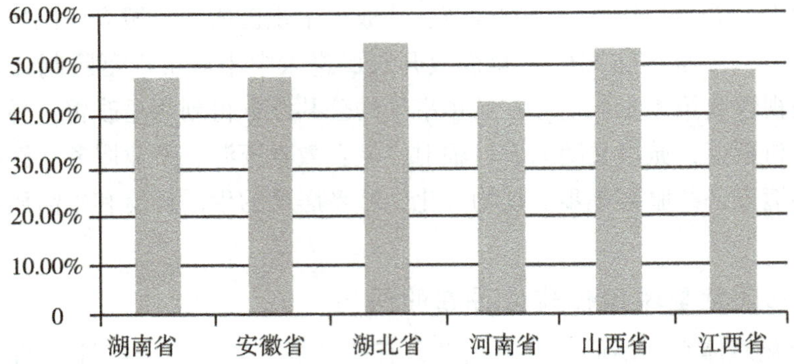

图 3　2013 年中部六省城镇化水平

（3）投资与融资困难重重，制约中部各省新型城镇化建设。由于中部各地城镇化发展不均衡，部分城镇发展较为滞后，加大对此类城镇基础设施、公共服务和生态环境保护等方面的资金支持力度成为当务之急。但是，实现一个农民工完全市民化，解决好包括住房、医疗、社保等方面的公共服务，需要投入大量资金，国务院发展研究中心研究表明，每增加 1 个城市人口，城市基础设施新增投资最保守估计要 9 万元，按此测算，中部六省每年转移至城镇的人口预计将达到 500 万~600 万人，意味着城市基础设施新增投资要达到 5000 亿元左右。因此，中部地区亟待创新投融资体制，优化投融资渠道，进而保障各地新型城镇化建设顺利进行。

（4）土地供求矛盾越发突出，阻碍中部各省新型城镇化建设。中部地区新型城镇化建设过程中，建设用地大幅增加，土地供求矛盾越发突出。主要表现在以下三个方面：一是随着中部地区工业化、城镇化进程的加快，建设占用耕地的数量需求越来越大，并且具有不可恢复性；二是部分地方政府为了卖地生财，大举进行城市扩容，强行征地、拆迁，引发诸多社会矛盾，埋下诸多隐患；三是在征地补偿方面，单个农民所得征地货币补偿通常达不到既定门槛，使其难以凭借所有者身份进入被征地后发展起来的正规经济部门。因此，深化土地制度改革、破除城乡二元结构的现实意义和迫切性日益突出。

（5）城镇发展方式粗放，资源环境承载能力受到严重考验。长期以来，中部地区城镇化建设对资源消耗巨大，对环境生态破坏严重。如城市发展重面积扩张、资源投入，轻内部挖潜、结构调整和优化管理，造成城镇资源利用效率低下，严重阻碍了城镇质量的提高和功能的正常发挥。随着中部地区城镇化进程的加快，生态环境的约束将日益加剧，如果再继续沿用传统粗放的发展方式，中部地区的城镇化建设将难以维持，经济社会快速发展的态势也将难以维持。因此，中部各省迫切需要改变那种传统的“重效益，轻质量”的发展方式，寻求一条经济、社会、城市协调发展的道路，提高自身的资源环境承载能力。

三、中部地区新型城镇化建设的模式选择

近年来，虽然中部地区在推进新型城镇化建设的实践中取得了良好的效果，但也面临

着城镇化水平低、城镇发展不平衡、投融资困难重重、城镇发展方式粗放等一些突出矛盾和问题，而解决这些矛盾和问题的关键就是模式创新。

1. 单一城市中心向城镇网络化转变模式

中央城镇化工作会议提出，要把城市群作为未来新型城镇化的“主体形态”，促进大中小城市和小城镇合理分工、功能互补、协同发展。近年来，武汉与郑州以其良好的基础设施、发达的科技教育和日趋完善的投资环境，成为国内外投资者关注的“热土”，逐步形成了以武汉为中心的长江中游城市群、以郑州为中心的中原城市群两个国家级的城市群。

未来湖北省与河南省的城市构架，应该是网络状的城市群结构，包括城市群和城镇群。这种城镇发展模式旨在打破行政区域隔离，达到资源共享、效益联动的良好效果，进而形成大、中、小城镇协调发展的城市网络格局，见图4。然而，由于湖北省与河南省内各个城镇之间存在着较为严重的行政隔离限制，各个城镇之间并没有形成很好的协同发展环境，要想实现城镇网络化发展，就要打破这种行政隔离，在各个城镇之间规划建设高铁、地铁等轨道交通，形成快速通道，并逐步打破各个地区之间的通信、户口和教育等限制，最终实现一体化和同城化。

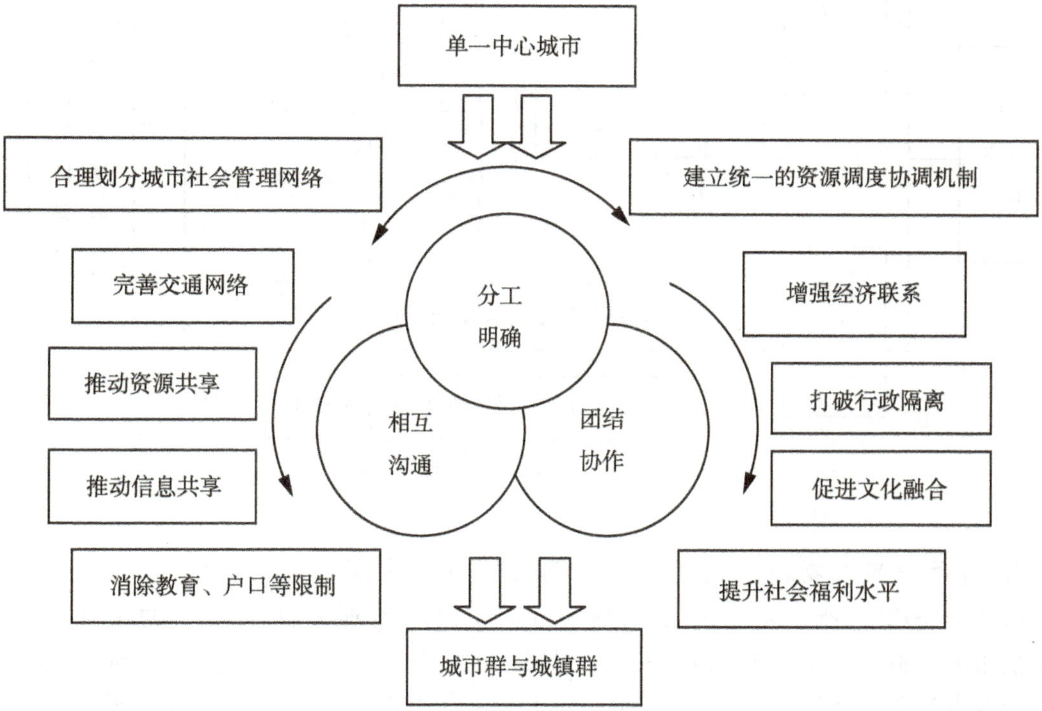

图4　单一城市中心向城镇网络化转变模式结构图

2. 产城一体化基础上的“内外兼顾型”城镇发展模式

邻近东部发达地区的中等发达地区，如安徽、江西和湖南三个中部地区重要的省份，不可能像东部沿海地区那样直接吸引大量、集中和持续的外商投资，这些地区应选择更为有效的发展模式，应当在依靠民营中小企业带动的内生性产业发展模式的基础上，重视发挥毗邻东部发达地区的区位优势，积极承接东部沿海地区的产业转移，走产城一体化基础上的“内外兼顾型”城镇化道路。

现阶段，在产业先行的基础上，安徽、江西和湖南实现产城一体化发展有两种出路：一是要与东部沿海开放战略相结合，利用东部地区结构升级、产业向中西部地区梯度转移的机遇，实行梯度转移对接战略，走“外部投资密集推动的外生性发展模式”道路；二是必须依靠体制改革和技术创新，更多地走依靠民营中小企业带动的内生性发展模式，最终形成兼有“外部投资密集推动的外生性发展”与“民营中小企业带动的内生性发展”共同带动的发展模式。具体见图5。

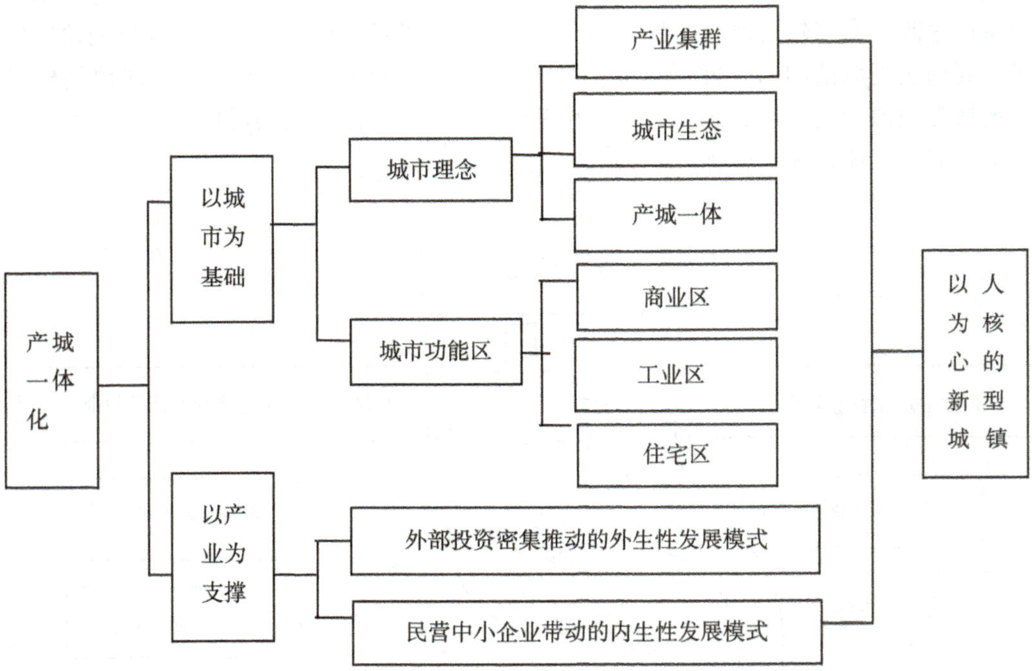

图5 产城一体化基础上的“内外兼顾型”城镇发展模式

3. 特色明显、功能混用的集约紧凑型城市发展模式

所谓“紧凑”，强调的是土地混合使用和密集开发，主张人们居住在更靠近日常工作和生活服务设施的地方，是一种基于土地资源高效利用和城市精致发展的新思维。众所周知，山西省是我国重要的能源矿产基地，由于大规模开采能源矿产资源，生态环境与城市建设不协调现象十分突出，因此，山西省未来新型城镇化建设，应立足资源实际，构建特色明显、布局合理、功能混用的集约紧凑型城市发展模式。

山西省现在正处于城镇化与机动化同步发展时期，要依托能源化工基地发展基础，稳步推进能源化工产业发展，加速山西化工产业发展轴带建设，形成以太原、大同为中心的面域辐射城镇体系。一方面，山西省在推动紧凑型城镇的实现过程中，要避免建设单一功能区，尽量减少对区域外城市功能的依赖；另一方面，山西省在推动紧凑型城镇的实现过程中，要保持人与自然的和谐，保护农田、保护耕地，做好能源矿产开发生态补偿工作。总而言之，山西省的新型城镇化建设必须在规划的调控下做到布局合理、功能混用与集约紧凑，防止出现松散模式，见图6。

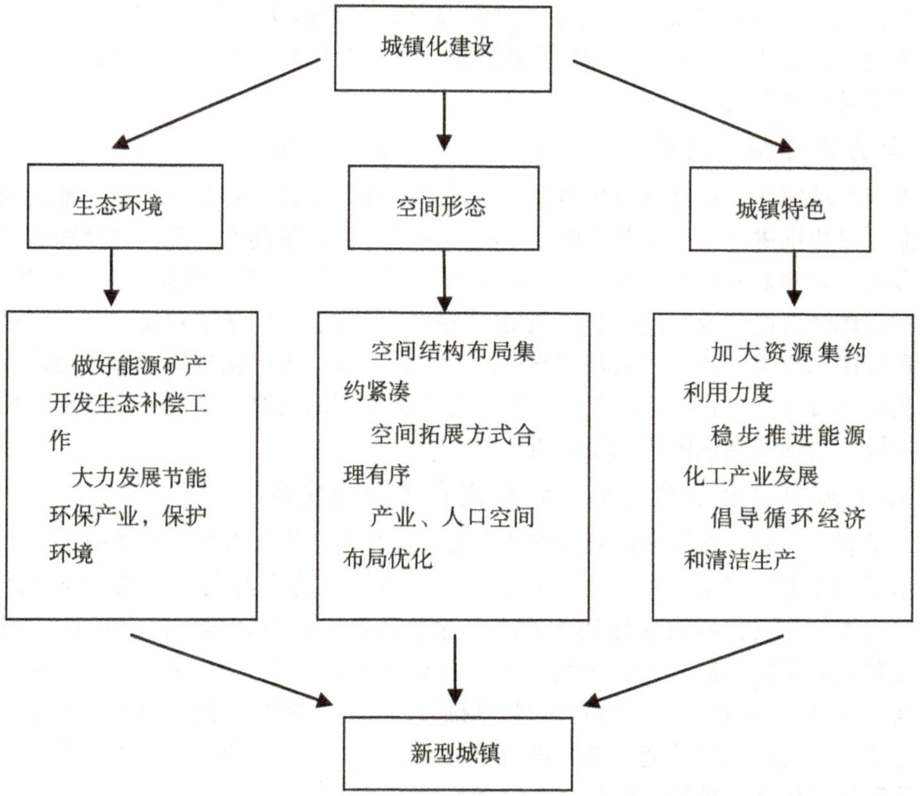

图6　特色明显、功能混用的集约紧凑型城市发展模式

四、新型城镇化建设的路径选择

1. 加快现代产业建设，打造中部产城一体化新城镇

新型城镇应当融合生产、生活、生态、信息、教育、文化等多元功能，利用产业形成的基础，配套发展公共服务，形成区域城镇化发展实体。中部地区产城一体化建设要采取多种途径：一是加大招商引资力度，抓住我国东部地区产业转移升级的机遇，围绕当地优势产业和发展基础，大力开展招商引资；二是加快产业集聚区和特色商业区等各类产业园区建设，完善区内基础设施和服务设施，吸引人口和产业向园区集聚；三是大力培育龙头企业，积极引进和培育关联性大、带动性强的大企业大集团，发挥龙头带动作用，促进相

关专业化配套企业集聚，拉动与之直接相匹配的新城建设和人口集中，开启更快和更大规模的城镇化进程。

2. 深化投融资体制改革，加快推进新型城镇化进程

当前，中部地区要创新新型城镇化建设投融资机制，多渠道、多元化筹集城镇建设资金，为新型城镇化建设提供充足的资金保障。一方面，要促进新型城镇化建设投融资主体多元化，建立以政府引导为主，金融参与，市场运作，规范管理的城镇建设投融资机制，从政府直接投资为主，转变为以建设性投资集团向社会融资为主的市场化方式；另一方面，要深化新型城镇化建设投融资体制机制改革，在政府统一管理的前提下，按照谁投资、谁经营、谁受益的原则，鼓励采取独资、合资、合作等形式投资建设，稳步增强新型城镇化建设投资融资能力。

3. 大力推行制度改革，保障新型城镇化健康发展

推进新型城镇化，提高城镇化质量还有赖于系统的综合配套改革。中部地区推进新型城镇化需要尽快推进的配套改革措施主要有：一是加快户籍制度改革，在全面放开建制镇和小城市落户限制的基础上，有序放开大中城市落户限制；二是稳步推进土地制度改革，允许农村集体经营性建设用地出让、租赁、入股，保障农民的基本权益；三是积极探索财税和投融资体制改革，建立财政转移支付同农业转移人口市民化挂钩的城市建设投融资机制，形成多元可持续的投融资机制；四是推进社会保障制度改革，推进城乡融合的社会保障体系建设，实现社会保障机制全覆盖。

4. 提高城市综合承载能力，推动城市可持续发展

城市承载力，是一个城市的基础设施和自然、生态、资源等要素支撑经济、社会和人口发展水平的能力。目前，中部地区正处于新型城镇化建设的关键时期，应坚持多措并举、综合治理的原则，着力建设集约紧凑、绿色低碳、和谐宜居、富有特色的现代化城市。一是要大力保护生态环境，大力发展节能环保产业，大力开展生态宜居城市创建活动，全面改善城镇环境质量；二是要加强基础设施建设，加快道路、供电、供水、通信等基础设施建设，完善城市功能，提高城市综合承载能力；三是要提高建设和管理水平，创新城市管理体制机制，把城市建设好、管理好。

5. 打破城乡二元结构，推动城乡一体化发展

当前和今后一段时期，中部地区城镇化建设仍将处于快速发展阶段，要统筹抓好城镇化与新农村建设，逐步缩小城乡发展差距。其一，要加快现代农业发展，增强农业综合生产能力，确保中部六省粮食产量持续稳定增长；其二，要逐步增强中心城市对农村的辐射带动作用，推动中心城市的交通网络、公共服务、基础设施、商贸物流网络、金融服务网点向农村延伸；其三，在快速城镇化背景下，中部地区还要有序推动大量的农村富余劳动力向城镇转移，并将具备条件的农业转移人口转化成为城镇居民，进而提高中部地区城镇化水平。

五、结语

城镇化是经济社会发展的基础，中部地区加快推进新型城镇化建设，要在选择好发展

模式的基础上，树立以人为本的发展理念，构建现代城镇体系。尤其是要注重城镇和乡村之间的协调发展，注重人、城镇和生态环境之间的协调发展，实现全面协调、集约高效、人文活力、公平共享的城镇化建设新局面。

参考文献

[1] 沈清基：《论基于生态文明的新型城镇化》，《城市规划学》，2013 年第 1 期。

[2] 王发曾：《中原经济区的新型城镇化之路》，《经济地理学》，2012 年第 12 期。

[3] 曾志伟、汤放华、易纯、宁启蒙：《新型城镇化新型度评价研究——以环长株潭城市群为例》，《城市发展研究》，2012 年第 3 期。

[4] 刘静玉、刘玉振、邵宁宁、郭海霞：《河南省新型城镇化的空间格局演变研究》，《地域研究与开发》，2012 年第 5 期。

[5] 赵永平、徐盈之：《新型城镇化发展水平综合测度与驱动机制研究——基于我国省际 2000—2011 年的经验分析》，《中国地质大学学报》，2014 年第 1 期。

[6] 刘少华、夏悦瑶：《新型城镇化背景下低碳经济的发展之路》，《湖南师范大学社会科学学报》，2012 年第 13 期。

[7] 石忆邵：《中国新型城镇化与小城镇发展》，《经济地理》，2013 年第 7 期。

[8] 陈晓春、蒋道国：《新型城镇化低碳发展的内涵与实现路径》，《学术论坛》，2013 年第 4 期。

[9] 姚士谋、张平宇、余成、李广宇、王成新：《中国新型城镇化理论与实践问题》，《地理科学》，2014 年第 6 期。

[10] 赵莹：《长三角小城镇新型城镇化建设的理性思考》，《当代经济研究》，2012 年第 9 期。

[11] 仇保兴：《我国低碳生态城市建设的形式与任务》，《城市规划》，2012 年第 12 期。

[12] 汪海波：《我国现阶段城镇化的主要任务及其重大意义》，《经济学动态》，2012 年第 9 期。

[13] 喻新安：《中国中部地区发展报告：新型城镇化与中部崛起》，社会科学文献出版社 2013 年版。

[14] 叶裕民：《中国统筹城乡发展的系统构架与实施路径》，《城市规划学刊》，2013 年第 1 期。

基于典型案例的湖北新型城镇化路径研究

彭智敏
（湖北省社科院长江流域经济研究所　武汉　430070）

一、武汉花山镇新型城镇化模式——建设生态新城

花山生态新城地处武汉边缘，北邻长江，原为以供应主城区的蔬菜生产基地，划入东湖高新区后，正式启动了新型城镇化试点，由湖北联投集团投资、规划、实施。根据规划，新城总用地面积约 66.4 平方公里，规划了新港、新城和生态保育三大功能区，建设用地 18 平方公里，规划人口 20 万人。近年来，花山生态新城就如何促进产业发展与城市功能有机融合进行了探索。

1. 企业主导，产业保障联合开发

湖北省联投集团是湖北省最大的投融资平台之一，在服务武汉城市圈建设的过程中，充分发挥国有资本资源整合能力，联合一批优秀企业，组建了“城市开发联盟”，组合式开发形式已相对成熟。在花山新城建设规划中，注重建设符合新型工业化要求的特色产业群和新型社区密切结合。该公司与全国最大的软件园营运商——大连亿达集团合作，在花山新城兴建武汉软件新城，与新加坡淡马锡旗下吉宝通讯公司合作，依托年吞吐量 300 万标箱的武汉新港花山码头，建设现代物流产业园，出口加工、保税物流、出口港码头“三位一体”，实现江海联运。随着软件新城、花山新港一期建成和一大批企业的入驻，花山生态新城很快发展成为了一个经济繁荣、交通发达、高科技人才密集、城市规划和基础设施一流的现代化新型城区。

2. 绿色准入，高端布局

花山生态新城从严守绿色、高端、集约的“两型”产业准入原则，抢抓东湖国家自主创新示范区建设机遇，重点布局关联性、带动性强的战略新兴产业，明确了研发和设计、港口与物流、商务和旅游三大重点发展方向，努力构造“低投入、高产出，低消耗、少排放、能循环、可持续”的现代“两型”产业体系，打造东湖国家自主创新区的研发服务中心。

3. 宜居宜业，制度创新

第一，农民拆迁安置项目“花城家园”最先启动，按商业小区标准配套生活服务设施；第二，花山新城区域内布置了占地 300 亩，建筑面积 50 万平方米的全省保障房示范基地暨花山万套公租房项目，园区新就业大学生、外来务工人员的住房问题将得以妥善解决；第三，通过招商引资，吸引碧桂园、万科两大地产企业进驻，为新城居民和市中心居民提供了数百万方的中高档住宅；第四，将花山镇上年满 55 岁的女性和 60 岁的男性全部

纳入社保范围，让他们领取养老保险金；第五，新城建设开发后，联投集团和当地政府，为村级经济预留了一定的发展资金，并为村民提供3000多个就业岗位。

二、襄阳新型城镇化特色——因地制宜的多种模式

1. 襄阳市的特色

襄阳位于湖北省西北部，地形以平原为主，历来是我国重要的粮食生产基地。该市的新型城镇化的推进路径有如下几个特点：一是坚持以农民为本，抓住培育支柱产业这个关键，突出建设公共基础设施和公共服务体系这个重点，实现“物”的城镇化与“人”的城镇化协调发展，社会公共服务均等化与基础设施现代化同步建设，新型城镇化与产业支撑相互促进。坚持特色发展，以强烈的文化意识指导新型农村社区规划和建设，努力建设有地域特色、文化韵味、与自然生态环境融为一体的美丽乡村。二是积极稳妥、整镇推进，确保新型农村社区建设进度快、农民受益多、综合效益好。坚持试点先行、整镇推进，分类指导、分步实施，在两个示范区分别创办一个农村新社区样板点，每个县（市）区创办一个新社区整镇推进示范点。

2. 三种不同的适应性模式

襄阳市在推进新型城镇化过程中，坚持因地制宜、分类指导，着力探索新型农村社区建设的不同方式。

一是在农村腹地探索了以“三集中”为特色的双沟模式。以院士专家工作站、育秧工厂等12个现代农业创新项目为抓手，以农产品加工产业园为载体，推进“土地向大户集中、工业向园区集中、农民向社区集中”，形成现代农业板块经营、农产品加工业集群发展与新型农村社区建设“三位一体”，探索创建现代农业综合示范区的新路子。

二是在城市近郊探索了以“三化”为特色的尹集模式。引进有经济实力、有经营能力的市场主体，参与新型农村社区建设，将村集体土地所有权、土地承包经营权、集体建设用地使用权、农民房屋所有权同步确权，量化为股份，以股份合作形式组建农业发展有限公司，合理配置企业法人股、社区集体股和居民家庭股，探索“资产股份化、产城一体化、管理社区化”的新型农村社区建设模式。

三是在新建工业园区探索了以“三转换”为特色的魏庄模式。征地时组建社区资产股份公司，把征地补偿款的70%变成股份，量化到社区居民，发展工业地产、商业地产、蓝领白领公寓等，将“农民转换为股民、村民转换为市民、农业转换为非农产业”，确保村民失地不失业、失地不失收、失地不失保。

该市在重点推广以上三种典型模式的同时，鼓励各市县根据自身的情况，探索符合当地实际的模式。

三、监利县新沟模式——“四化同步”

荆州市监利县位于江汉平原腹地，南邻长江，是全国水稻生产第一县。该县新沟镇新型城镇化发展道路，就是“四化同步”，并且主要依靠一家企业——福娃集团。

1. 以农副产品加工为主的新型工业化

福娃集团（原湖北银欣集团有限公司）成立于1993年6月28日，是由农业部等九部

委评定的首批农业产业化国家重点龙头企业，是湖北省委、省政府“十二五”期间重点支持的十一家销售额过百亿的龙头企业之一。连续三年被省政府评为“湖北省十强农产品加工企业”和“行业五强企业”。公司以大米粗加工起步，依托江汉平原丰富的粮食资源，致力发展健康稻米精深加工、循环利用产业。稻谷在集团旗下的三家精米厂被加工成大米，大米又作为原料加工成米饼、八宝粥；精米加工环节形成的碎米及米皮用来生产糙米卷；米糠用来生产油料；稻壳取代燃煤用来发电，就连稻壳焚烧后的炉灰，也被回收制成建筑材料或者用来提取白炭黑。产粮大县最富有的稻谷经过一道道流水线上的精深加工，转变成市场上畅销的商品，附加值大大提高，福娃集团也因此不断发展壮大。2012年，福娃集团实现产值74.9亿元，销售收入69.9亿元。

在福娃集团的带动下，新沟镇涌现出一大批农产品加工和配套企业，工业化水平得到快速提高。近两年来，工业产值占总产值的比重一直高达90%以上，其中仅福娃集团一家所创造的产值就占到了近80%，龙头企业带动工业化发展的效果极为明显。

2. 重视信息化与工业、农业的深度融合

福娃模式围绕一粒米打造一条产业链，除了生产环节打造信息化生产线之外，还在仓储方面引入ERP进销存模块，实现库存物资的有效管理；在物流管控上，引入物流信息管理和GPRS全方位定位系统，确保将商品及时送到市场；在营销管理方面，综合利用各大电商平台拓展销售渠道，借助客户反馈系统采集营销信息并进行大数据分析；另外，财务、行政等系统与生产、物流、营销系统的信息化集成整合也已完成。

在福娃基地，集团投资建设了农田信息监控平台，包括大田生态环境监控系统、土壤墒情监控系统、太阳能视频监控及福娃集团育秧工厂物联网平台。通过信息化建设，福娃集团可以实现对基地农作物生长情况的准确掌握，大大提高了农业生产的可控性。

3. 地方政府助推新型城镇化

2003—2011年，福娃集团从一个工厂变成5个工厂，不仅先后安置500多名员工居住，还建设吉祥社区和福娃社区，提供部分商住楼，带动新沟镇城区从2.7平方公里扩大到5.3平方公里，迁往城区的员工达到270多人。到“十二五“末，福娃集团规划员工将增至6000人，预计其中至少有65%以上的员工从农村迁出。至少有近5000名农民因福娃集团白领身份华丽变身，成为城镇居民。算上他们的家人，新沟镇将增加居民近2万人，扩容57%。

配合福娃模式工业化、城镇化进程，新沟镇政府积极完善基础设施，为镇域经济发展提供更好的公共服务。近两年来，新沟镇在交通、医疗、电力、通信、教育等各方面所投资建设的项目，均达到了监利县城的水平。城镇化建设的不断推进，又反过来促进了企业发展。该镇在做城镇建设及产业发展规划时，就考虑到企业的发展趋势，专门给福娃食品厂预留了空间。

四、鄂州新型城镇化模式——城乡一体化

鄂州市位于武汉市的东部，是湖北面积最小的地级市。2009年，鄂州被湖北省委、省政府确定为全省城乡一体化综合配套改革试验区。作为试点城市，鄂州从整体规划、基

础设施、公共服务、产业支撑、创新管理等方面全方位推进城乡一体化建设，加快相关领域的改革创新，统筹城乡发展和新型城镇建设取得明显成效，2012 年城镇化达率 62.09%，全省第二；工业化率达 65%，居全省第一位，城镇居民人均可支配收入全省第三，农村居民人均纯收入全省第四。其做法主要是：

1. 科学论证，全域推进

为率先实现城乡一体化，鄂州编制了《鄂州市城乡总体规划（2009—2020）》，规划通过科学论证，提出了“全域鄂州”的规划理念：把城市与农村作为一个整体，统筹推进，构建以主城区为中心，3 座新城为支撑、10 个特色镇为节点、106 个中心村（新社区）为基础的“四位一体”城乡空间格局，形成城乡统筹、相互衔接、全面覆盖的规划体系和监督执行体系。

2. 建设新社区，产业支撑

为落实“四位一体”的城镇体系规划，鄂州市在加快主城和新城建设的同时，把建设新社区作为推进城乡发展一体化的切入点深入推进。2009 年，重点推进了城乡一体化示范区“百里长港示范区”建设。该示范区包括 6 个乡镇、28 个村，7.5 万人。鄂城区燕矶镇池湖等 28 个示范村从实际出发，探索出农村新社区建设的规划引导型、迁村腾地型、项目拆迁型、城中村改造型、产业培育型、环境整治型等六种模式。新产业同步推进。示范区积极鼓励发展“一村一品、一镇一业”经济，大力推进现代农业、现代服务业、现代工业，培育壮大水产、畜牧、蔬菜、林果等特色产业，为城乡一体化建设提供强有力的支撑。

3. 推进公共服务均衡化，改革行政层级

为了实现城乡公共服务均衡化，鄂州市开始进行户籍管理、就业、教育、医疗等十个重点领域和关键环节的改革，实现了城乡一体化的供水、交通、医保、社会救助、文化体育、低保、社会保险、就业服务八个方面的全覆盖。

4. 推动农村综合产权改革

试点启动以来，鄂州相继制订出台《关于加快推进农村产权制度改革的实施意见》等 20 多项政策文件，形成推动农村产权制度改革的制度体系。

五、结论

上述湖北 4 个地方新型城镇化探索，具有许多内在的共同点，其给我们的启示包括如下几个方面。

1. 坚持特色发展绿色发展

首先是经济发展要基于本地丰富的自然资源、农副产品以及充足劳动力，以农副产品加工为起步，逐步加大科技投入，提高产品的科技含量。这样的发展路径，不仅具有较强的市场竞争力，也符合充分发挥了地方比较优势；其次是大力发展低碳经济、循环经济。新型城镇化意味着不能走先发展后治理的老路，也不走唯环境不发展的道路，而要走低碳化、工业化与城镇化协调发展之路。鼓励发展节能性环保产业，降低产业发展对能源、水资源、空气等生态资源的消耗或破坏；支持探索循环经济模式，以更少资源生产更多经济价值；要求工业入区、入园，促进产业群，既可以集中处理污染，又可以使各产业分享外部经济。重视调解资源占用与分配、环境污染方面的矛盾、冲突，促进城镇化与环境保护的良性互动。

2. 新型城镇化要走产城融合的道路

走产城融合发展道路，就是要“以产兴城”，“以城促产”。这些案例都表明，新型城镇化要产业先行，通过产业的集聚促进人口的集聚，为城镇化提供基础支持，同时以城镇服务功能的完善为产业群发展，为城镇化提供基础支持；以城镇服务功能的完善为产业群发展、人口集中创造条件。在产业选择应考虑独特的技术水平、人才供给和产业基础，中小城市产业发展应着重突出劳动密集型产业，突出产业在就业人口吸纳、居民收入增长等方面的功能。中小城市产业发展要突出地域特色，坚持特色化发展、链条化发展。

3. 公共服务均等化是基础

首先是以基本公共服务均等化，推动农民工市民化。在新型城镇化进程中，城镇政府需要将基本公共服务均等化，作为现阶段经济社会发展的重要任务。合理规划，提出明确目标，将基本公共服务的提供纳入城镇各级政府考核体系，增加财政投入，优化财政支出结构，提高政府公共服务能力，为进城农民提供和本地居民同等的义务教育、公共卫生、社会保障、就业、公共文化、公共住房等公共服务，使农民工能够融入当地社会，提高生活质量，逐步实现由农民向市民的转变，促进城镇经济社会和谐稳定、可持续发展。

其次是以基本公共服务均等化，推动大中小城市和城镇协调发展，建设城市群、城市带。在我国城镇化进程中，城市发展出现程度不同的环境污染、交通拥堵、房价飞涨等所谓“城市病”的问题。其原因之一，就是教育、医疗、文化等优质公共服务资源主要集中于中心城市、大城市，但中小城市、城镇往往不足。借鉴其他国家城市化的经验教训，总结我国城镇管理的现状，长江中游新型城镇化建设需要将基本公共服务均等化，作为推动大中小城市和城镇协调发展，建设城市群、城市地带的重要手段。应控制特大型城市人口过快增长，预防严重的“城市病”。同时，在财政制度方面，增加对中小城市、建制镇以及小集镇的专项转移支付，提高其对居民的公共服务能力，建设宜居城镇，发展特色经济，形成城镇间产业合理分工，吸引周边地区农民就地进入非农产业就业，进而转化为城镇居民，从而促进大中小城市和城镇协调发展，逐步发展成为城市群、城市地带，促进城镇间相互协作、相互配合，实现经济社会效益最大化。

苏州城乡一体化经验及其对河南的启示

王海杰
（郑州大学商学院　郑州　450001）

一、苏州城乡发展一体化的历程与成效

苏州城乡一体化的基础扎实。在经历了20世纪80年代乡镇企业"异军突起"的农村工业化和90年代开发区和开放型经济蓬勃发展两个大的发展阶段之后，2008年苏州被确定为江苏省城乡发展一体化综合配套改革试点市，当时已显现经济实力雄厚、财政收入规模大、城市化水平高、城乡居民收入差距小的特征。2007年，苏州市地区生产总值5700.85亿元，人均GDP超过10000美元，地方一般预算收入541.82亿元，城市化率65.6%；城市居民人均可支配收入21260元，农民人均纯收入10475元，城乡居民收入比2.03∶1；覆盖城乡居民的社保体系基本形成，全市城镇职工养老、医疗、失业、工伤、生育五大保险的覆盖面均达到98%以上，农村劳动力基本养老保险参保率达95%，农村老年居民享受社会养老待遇或补贴覆盖率达到97%，新型农村合作医疗人口覆盖率达96.5%。所辖昆山市率先建立了城乡统一的居民基本医疗保险制度。

但是，当时苏州的发展也面临着一些急需解决的问题：外来人口增多，常住人口密度超过2000人/平方公里；土地资源紧缺，人均耕地已不到半亩；农户分散居住较为突出，农房闲置不断增多；农业规模经营不够。苏州市认识到这些已经成为苏州进一步发展的制约，同时，也认识到苏州已到了城市支持农村、工业反哺农业的阶段。为此，开始积极探索城乡发展一体化，着力改变二元经济和社会结构，科学合理配置资源，破除发展瓶颈制约。

2008年试点工作开展以来，苏州积极探索破除城乡二元结构现实路径，基本建立了城乡一体的规划发展、富民强村、现代农业发展、生态环境建设、公共服务均等化等方面的长效机制，城乡发展一体化程度迅速提高。2013年，全市实现地区生产总值13015.7亿元，人均GDP（按常住人口计算）12.32万元（近2万美元），地方公共财政预算收入1331亿元，城镇化率73.2%，全市92%的农村工业企业进入工业园，91%的承包耕地实现规模经营，52.2%的农户实现集中居住，累计140多万农民实现了居住地转移和身份转变；农村集体总资产突破1350亿元，村均稳定收入650万元；农民人均纯收入连续10年实现两位数增长，达21578元；城乡居民收入比1.91∶1，为全国城乡居民收入差距最小的地区之一。全市行政村班车通达率99%，城乡公交一体化覆盖率90%以上，90%的规划保留村庄实现生活污水集中处理，村村实现生活垃圾集中收集。全市实现城乡低保、基本养老、医疗保险"三大并轨"，公共服务均等化水平显著提升。2014年苏州被列为国家级城乡发展一体化综合改革试点。

二、苏州城乡发展一体化经验

2008年以来，苏州市已牢固确立了城乡一体发展的鲜明导向，基本构建了城乡联动的发展机制和城乡一体的政策体系，基本形成了以工促农、以城带乡、工农互惠、城乡一体、共同繁荣的局面，在江苏省和全国均处于领先地位。

第一，实施“四规融合”，推进城乡规划衔接。苏州高度重视规划的先导引领作用，将城乡规划衔接作为城乡发展一体化前提，结合当地自然条件、经济社会发展水平、产业特点，以开放式、全覆盖、片区发展和多规叠合的规划理念为指导，在实现“村村有规划，城乡规划全覆盖”的基础上，实施产业发展规划、城乡建设规划、土地利用规划和生态建设规划“四规融合”，其中，土地利用规划是“四规融合”的基础，为各类规划的实施提供空间载体和支撑；城乡建设规划是“四规融合”的中心，引领城、镇（乡）、村各类建设；产业发展规划是“四规融合”的重要抓手，保证各项经济建设活动最终“落地”；生态建设规划着眼于城乡生态基底的保护和建设，为城乡一体化提供生态保障。通过“四规融合”优化城镇、工业、农业、居住、生态、水系等规划布局，按照生产空间、生活空间、生态空间分别明确区域功能，实现基础设施、产业发展、环境保护的城乡协调，从城乡一体的高度全面规划解决人口发展、土地利用、城镇村落布局、产业聚集、环境保护、生态涵养等问题。

第二，推行“三个集中”和“三个置换”，实现资源要素重新整合。“三个集中”，一是引导农村工业企业向规划区集中。农村新办工业一律进入工业规划区，不符合土地利用规划和镇村建设规划的原工业企业，通过采取投资、税收分配、财政奖补等优惠政策措施，鼓励其逐步向工业规划区集中。二是引导农民居住向新型社区集中。对于地处工业规划区、城镇规划区的农户以及被拆迁农户，建设与城镇建筑风格相融合的新型社区，对于地处农业发展区、生态保护区的农户，建设具有江南水乡特色、适合生产和人居的新型村庄；引导分散居住农户、新建翻建农户以及已向非农产业转移的农户向城镇及其周边地区的新型社区集中居住。三是引导农业用地向适度规模经营集中。按照农民自愿原则，鼓励通过土地合作化经营、集体组织经营、种养大户经营，实现规模化、效益化、集约化经营。通过“三个集中”，解决生产性资源使用粗放、使用方式落后、集聚效应不足问题，既优化了城镇、工业、农业、居住、生态、水系等布局，也为资源资产化、资产资本化、资本股份化提供了支撑，使乡村工业和农业实现市场化、集约化、规模化、效益化经营成为可能，也使为城乡提供均等的公共服务成为可能。

“三个置换”，一是以农业用地区域内的农户宅基地及住宅置换城镇商品房。按照“规划先行，总量平衡，统筹兼顾，分类指导，农民自愿，鼓励创新，先建后拆，先拆后得”的原则进行。宅基地置换新增的建设用地指标，由各县（市区）统一调配使用。二是以农村土地承包经营权流转置换土地股份合作社股权和城镇社会保障。鼓励农民逐步将承包地、自留地通过流转置换农保为城保。三是以集体资产所有权置换股份合作社股权，鼓励农民带股、带保、带房进城镇。“三个置换”进城进镇的农户，原则上安排在所在城镇落户，同时把被撤并乡镇作为城镇新型社区进行规划、建设和管理。通过“三个置换”，促进农民实现居住空间和社会身份向市民的“双转换”，同时又保障了农民的权益。

第三，开展“三大合作”，激发农村发展活力。(1) 社区股份合作。通过对村组集体经济组织开展产权制度改革，将农村集体资产（主要是经营性净资产）折股量化给农民(社员)，实行民主管理，按股分红，从而把原村级经济合作社改革为村级股份合作社。通过增加农民的资产和资本性收入使之逐步摆脱对农村和农业的依赖，为农民“持股进城、按股分红”创造条件。(2) 土地股份合作。在稳定家庭经营制度和保障农民土地承包经营权基础上，由农民自愿将土地承包经营权入股，组建土地股份合作社，然后由合作社开展适度规模经营，实行民主管理和按股分红，在更大范围内实现土地资源的优化配置。(3) 农民专业合作。包括在农产品生产经营方面组建的专业合作社，在农业和农村服务方面组建的专业性合作社，以及投资于房屋出租、物流服务业等方面的富民合作社等多种形式，促进农民专业化、标准化生产经营，推动农业特色主导产业的发展和农业产业化经营。

第四，落实平等就业政策，提升农民就业创业能力。把农村劳动力就业纳入整个社会就业体系，着力建立城乡平等的就业制度。(1) 建立城乡一体的就业和失业管理制度。建立城乡劳动力资源调查制度和就业、失业界定标准体系，规范就业和失业登记管理，完善城乡一体的就业和失业管理制度。(2) 实行城乡统一就业促进政策。对劳动年龄内有就业愿望和就业能力的农村劳动力，发放统一的就业登记证，鼓励各类培训机构为农民开展多层次、多形式职业培训，提供免费的职业介绍和职业培训服务。(3) 建立统一的城乡就业困难人员援助机制。以创建充分就业社区和充分就业村为载体，以城镇零就业家庭、农村零转移贫困家庭等困难群体为重点，将城镇就业再就业援助优惠政策向农民延伸，援助就业困难的农村劳动力和被征地农民就业。对农村就业困难对象，发放再就业优惠证，通过提供社保补贴鼓励用人单位吸纳农村就业困难人员就业。农村就业困难人员通过初次技能鉴定，可申领一次性职业技能鉴定补贴。拓宽公益性岗位的范围和规模，把农村“四保一协”（保洁、保绿、保通、保安和劳动保障协理员）的岗位纳入公益性岗位范畴，优先安置农村零就业家庭人员等就业困难对象。发展劳务合作社，主要吸收被征地农民和有劳动能力、有就业愿望、但难以找到合适工作岗位的农村富余劳动力参加，对外提供劳务、承接工程、参与社区服务等。(4) 发挥失业保险对预防失业、促进就业的保障作用。从失业保险基金节余部分提取资金，用于职业介绍补贴、职业培训及技能鉴定补贴、社会保险补贴、就业岗位补贴，以及小额担保贷款贴息等。(5) 鼓励农民投资创业。降低创办个体工商户和小企业优惠门槛，给予创业引导性资金和租金补贴、税收优惠、融资信贷支持，给予引进的高层次创新创业人才优惠政策，给予有创业愿望人员免费创业培训，对成功创业人员实施社会保险补贴，对就业困难人员创业提供一次性创业补贴，建立创业服务体系等。以本地特色产品为载体，鼓励通过结合区域经济特点开展“一镇一品”特色产业创业活动，发挥“一镇一品”的创业示范引领作用。

第五，推进“三大并轨”，破解城乡公共服务分割。按照“城乡共建、城乡联网、城乡共享”的原则，积极推进城镇基础设施向农村延伸，统筹推进城乡道路、水利、电力、电信、环保、信息化等基础设施建设，促进城乡基础设施共建共享。统筹发展学前教育、义务教育、高中阶段教育，做到城乡学校统一管理体制、统一规划布局、统一办学标准、统一办学经费、统一教师配置、统一办学水平“六个统一”，实现城乡学校“六个一个样”，即学校校园环境一样美、教学设施一样全、公用经费一样多、教师素质一样好、管理水平一样高、学生个性一样得到弘扬。

“三大并轨”是苏州近年来城乡发展一体化的一大亮点。自2008年开展城乡发展一体化试点以来，苏州积极探索创新，注重社会公平，突破城乡居民身份界限和制度壁垒，构建“三大并轨”的社会保障体系，实现了城乡社保“制度合一”。(1)最低生活保障并轨。2011年苏州市实行城乡低保标准并轨，目前城乡低保标准已统一提高至700元。(2)城乡居民医疗保险并轨。从2003年苏州就从制度设计上将进入乡镇村各类企业务工并与之建立劳动关系的农村劳动力，全部纳入城镇职工医疗保险制度，2009年将在城乡各类企业务工的非农就业的农民工全部纳入城镇企业职工医疗保险。2011年末，苏州实现城乡居民社会医疗保险并轨，建立了覆盖城乡全体社会成员的居民医疗保险、职工医疗保险和社会医疗救助“三位一体”的社会医疗保障体系，城镇职工医疗保险制度和城乡居民医疗保险制度并存发展，除常熟市仍由卫生部门管理外，均纳入人力资源和社会保障部门统一管理。(3)城乡居民养老保险并轨。制定了农村和城镇基本养老保险关系转移接续办法，通过积极的财政补贴政策引导农村居民参加城保，对原参加本市农村养老保险的农村居民，按规定换算、转移后纳入城保体系，实行统一的城乡居民养老保险。

第六，创新社会治理模式，推进社会和谐。(1)健全城乡社区管理体制，加强基层社区服务功能。建立了以村（居）委会为主体，社区管理服务站（综合服务中心）为平台、其他各类社会组织和社区居民广泛参与的新型社区管理体制。以社区服务中心为载体，建设以社区党员服务、养老服务、法律服务、就业服务、卫生医疗服务、困难群众帮扶服务等为内容的服务平台，形成“一站式”、“一条龙”的规范化服务体系，促进政府公共服务、居民志愿互助服务、商业性便民利民服务向社区覆盖，形成了“建设网络化、管理人性化、服务精细化、队伍专业化”的社区创新管理模式。(2)探索政社分开的社会治理新机制。改变社会组织是政府附属物的传统观念，明确政府与社会的边界，规范政府与社会的职能，促进社会各类角色的合理分化，让社会组织回归其应有的社会地位，使其在协调利益关系、维护社会秩序和增进社会合作中发挥更大作用。积极推进“政社互动”的实践探索，探索社会组织培育孵化机制，培育了一大批根植于本土的“接地气”的社会组织。(3)创新流动人口管理服务。2011年开始实施流动人口居住证制度，实现保障和服务的“一证通”，建立健全“以证管人、以业管人、以房管人”相结合的流动人口管理制度，实现流动人口与本地市民基本公共服务均等化。(4)探索建立“区镇合一”行政管理体制。积极推进强镇扩权改革，鼓励规模大、标准高、功能优、特色明、实力强的各类产业园区和所在镇探索建立“区镇合一”行政管理体制。

三、河南省新型城镇化现状与问题

1. 河南省新型城镇化现状

当前，河南省初步形成了由特大城市、大型中心城市、中小城市、小城镇、新型农村社区组成的“金字塔”形五级城镇体系框架，城镇化呈现出竞相发展的总体局面。截至2013年底，河南省城镇化率达到43.8%，较2000年提高20.6个百分点，年均提高1.58个百分点，比全国同期年均1.35的增幅高0.23个百分点。与此同时，河南省城镇化率与全国的差距也由 2000 年的 13.02 个百分点缩小为 9.93 个百分点。

城镇链与产业链耦合发展特征显现。河南省城镇和产业沿主干铁路、高速公路、干线公路形成了京广、陇海、南太行、伏牛东、宁西、黄淮六条城镇产业价值链。河南食品工业主要依托由京广铁路轴线联结的城市，铝工业、能源工业、装备制造业主要依托由陇海铁路轴线联结的城市，重化工业主要依托由新—焦—济、洛—平—漯交通轴线联结的城市。城镇和产业在空间上复合度高，呈现明显的耦合发展特征。

城镇单体紧凑布局与群体连绵发展态势显现。河南省平原面积占总面积的 55.7%，且全省地域轮廓呈团状，地域开阔，地势舒展，城市之间交通联络方便，利于人口及经济活动集聚。目前，河南省已初步形成“一极两带四轴”的城镇紧凑布局和城市群空间组织形态，形成了中心城市与周边中小城市组团发展的城镇连绵体格局。

2. 河南省新型城镇化面临的突出矛盾和问题

第一，城镇的辐射带动和综合承载能力不足。(1) 核心城市辐射带动能力不强。按照国际一般标准，首位城市占本区域的比重，人口不低于 10%，经济总量不低于 30%。郑州市 2013 年人口、GDP 占全省的比重分别为 8.7% 和 19.3%，对全省经济社会发展的龙头带动作用较弱。(2) 其他中心城市规模小。一些省辖市的市域人口已超过 1000 万，但中心城区人口却不足 100 万，有的甚至不足 50 万，难以有效地辐射带动周边地区发展。(3) 小城镇服务带动乡村地区发展的功能较弱。河南省有建制镇 826 个，镇均 0.88 万人，规模过小，功能不全，难以发挥对乡村地区的带动作用。

第二，规划的科学性和严肃性不够。(1) 规划制定不科学。许多地方虽然编制了总体规划，但整体设计和系统性不足，没能充分体现在经济社会发展规划指导下将产业发展规划、城乡建设规划、土地利用规划和生态建设规划“四规融合”，而且规划内容粗略，缺乏在布局、规模、职能和发展方向等方面的整体协调，可操作性不强。(2) 规划执行不严肃。一些地方受短期利益驱使，规划变化快，规划的刚性约束作用没有得到应有重视，短命建筑、违规建设、违法占地现象比较普遍。部分乡镇没有设立规划管理机构，缺少专职管理人员，规划得不到很好的落实。

第三，产业的支撑和吸纳能力不强。(1) 产业结构不合理，吸纳劳动力就业能力较弱。第一产业比重过大，二、三产业发展相对滞后，特别是第三产业发展水平不高，城区服务业吸纳城镇就业的能力相对较弱，承接农村剩余劳动力转移的能力远不适应城镇化发展需要。(2) 产业集聚区投资强度较低，产业吸纳就业能力有限。产城融合度低，产业集聚区与城市发展双向互动能力弱。(3) 项目带动就业能力较弱。房地产开发项目、生活性服务项目较多，高技术和高就业率项目较少，支撑城镇经济和吸引农民就业的能力不足。

第四，资源的保障和匹配不力。(1) 资金保障不力。随着城镇化的快速发展，基础设施建设力度不断加大，基本公共服务均等化、农民市民化进程不断加快，所需资金越来越大。但由于地方财力不足，金融支持城镇化建设力度不够和投融资机制不活，许多地方城镇化建设资金缺口较大。(2) 土地匹配不够。随着人口进城落户步伐加快、城镇规模持续扩张，各市城镇建设用地制约问题突出，而且用地报批手续繁琐，集体建设用地转换国有建设用地手续办理周期长，严重制约旧城区、城中村改造和产业集聚区建设。

第五，农民的进城能力和意愿不高。（1）农民进城成本高。据测算，当前农民在县城落户的成本接近30万元，而人均日常消费也将增加6000元/年，其收入难以承担如此高昂的成本。（2）农民进城意愿不强。由于受自身素质、传统观念等因素的影响，一些农民进城后就业难度大，生活习惯难以适应，同时，由于国家“三农”政策的力度不断加大，土地资产升值预期提高，不少农民倾向选择在农村生活。

四、苏州城乡发展一体化经验对河南的启示

河南省和苏州自然条件、资源禀赋和经济社会发展水平差异很大，苏州城乡发展一体化的起点是工业反哺农业，因此其城乡一体化重点放在农村发展上，而目前河南省新型城镇化建设的重点还是城区和产业。苏州的许多发展条件是河南省无法比拟的，但苏州在城乡一体化发展方面的理念和创造的经验，有重要的借鉴价值，对河南省新型城镇化建设很有启示。

第一，加强顶层设计，支持先行先试。苏州市城乡发展一体化之所以推进顺利、成效显著，与江苏省的正确指导和大力支持密不可分。经过几年来的谋划建设，河南省新型城镇化尽管取得了一定的成效，但总体上仍处于起步阶段，管理体制不顺、土地资金等要素制约较大、户籍制度等改革滞后等问题突出。江苏省支持苏州推进城乡发展一体化的实践说明，对于事关全局的重大改革发展任务，缺少顶层设计和系统指导，对制约城镇化发展而基层市县又难以解决的体制机制障碍不能及时研究破解之策，会影响地方的积极性、主动性和创造性。省级层面必须切实加强对城镇化的领导和指导，有关职能部门必须善于抓住国家政策的机遇，为新型城镇化发展创造好的条件，鼓励支持基层以敢为人先的精神去破解发展中的难题，为全省推进新型城镇化发展创造经验。

第二，完善考核体系，建立科学合理的工作推进机制。苏州市为推进城乡一体化发展，制定了城乡一体化发展测评指标体系，包含城乡一体化能力指数、结构指数、效率指数、质量指数四大类30多个指标，对苏州城乡发展一体化进程的监测和健康发展发挥了很好的作用。河南省各地新型城镇化起步有差距、进程有快慢、水平有高低，且仍有相当一部分市县缺乏基本的统计信息。苏州的经验告诉我们，为便于对各地城镇化分类指导，必须尽快完善统计体系，研究制定符合河南省城镇化发展实际和下一步发展方向的考核体系，通过强化考核发挥各相关部门的作用，形成城镇化健康发展的支持体系和激励机制。

第三，维护规划的权威性和严肃性，不断提升规划水平。苏州“四规融合”城乡规划体系的实质是多层次、多角度、全方位地进行沟通协调，建立起各类规划之间全面、系统、有效的衔接协调机制，实现总体利益平衡，最终优化了城乡空间开发格局，引导人口和产业实现有序转移，改善城乡人居环境。做到规划一步到位、建设分步实施，不留空白点，不煮夹生饭。河南省新型城镇化城乡规划体系正处于形成时期，不少地方仍主要是在进行重点区域城市设计，以及基础设施建设和公共服务布局。苏州市的经验告诉说明，新型城镇化规划要坚持系统性，坚持一张蓝图绘到底，严格按照规划要求一步一步向前推进，持之以恒抓好落实，不因人事变动而进行改变。

第四，创新体制机制，增强城乡一体化发展的内生动力。苏州的“三个集中”、“三个置换”、“三大合作”、“三大并轨”实质是对农业经营制度、集体经济产权、城乡要素

流动、社会保障体系的改革和创新。正是通过这些改革创新，使得农村农民资源资产化、资产资本化、资本股份化，为农民实现居住空间和社会身份向市民的转换奠定了基础。河南省新型城镇化建设的一项重要任务就是探索城乡发展一体化的体制机制，破除制约城乡发展一体化的障碍，着力在增强产业和农村发展活力、促进城乡要素平等交换和公共资源均衡配置等方面寻找解决路径。当前，应着力创新资金筹措机制，加大财政资金支持力度，完善城乡建设投融资机制。改革土地利用机制，加快农村土地制度改革，开展土地综合整治和完善建设用地增减挂钩、人地挂钩机制，加强土地利用监管。

第五，盘活资源，夯实产业支撑。苏州以市场为主导将盘活资源作为城乡发展一体化的逻辑起点，创造性地把发展农村股份合作经济作为实现市场配置资源的有效形式，以此作为夯实产业支撑的核心驱动力。苏州以土地股份合作为轴心，将土地产权按照市场配置资源的逻辑，通过产权明晰、产权转换、产权经营，将土地资源产权由模糊向清晰，由计划向市场，由传统经营向市场经营，由低效使用向高效使用的转换，由此将农村分散的资源、技术和资金进行有效整合，引导多元化主体参与农村资源利用方式重构和城乡发展一体化建设，在此基础上形成了一、二、三产业的联动和融合，实现了“村村有物业、家家有资本、户户成股东、年年有分红”，农民既获得财产性收入又获得劳动性收入，为城乡发展一体化奠定了生产方式转换的基础。河南省的新型城镇化建设需要切实依靠市场，将盘活资源作为推动发展的逻辑起点，通过确地、确权、确股，创新经营方式，夯实城镇化的产业支撑。为此，需要加快产业转型升级。以产业集聚区、商务中心区、特色商业区建设为载体，大力发展就业带动能力强的先进制造业和现代服务业，为人口集中提供就业条件。需要大力发展现代农业。要出台激励政策，依靠农村资源大力发展特色高效农业和农产品加工业，推进农业集约化经营。要处理好高效农业与粮食种植的关系，平衡种粮效益与其他经济作物或养殖效益剪刀差，推进融生产、生活、生态、生物于一体的现代农业发展。要在建立农业科技推广体系基础上发展生态农业科技园区，可在郑州新区建立我国乃至世界独有的农（业）谷，作为农业科技的创新高地，利用科技提升农业产业化经营水平，拉长加工链和价值链。

第六，顺应经济社会转型需要，创新社会治理模式。苏州在城乡发展一体化进程中，及时转换镇村的行政管理职能，在强化其社区服务功能的同时，通过“政社互动”的形式发挥社会组织的作用，增强基层自治能力。同时，随着产业园区的壮大，推行“区镇合一”行政管理体制和治理模式，及时完成了社会治理的创新，为城乡发展一体化提供了强有力的动力和保障。河南省在新型城镇化建设中，随着旧有村庄的拆并，其原有居民的生产方式和生活方式已经改变，农村传统的经济社会模式也已经改变。苏州经验说明，经济社会结构的适应性优化不仅能够提高各种社会资源的价值，还能够推动这些资源在利益相关者之间作出效率性的再分配。伴随城乡一体化的推进，要通过组织、政策、规章和制度等的创新来推动社会治理模式创新。

参考文献

[1] 卢水生：《体制创新提升城乡一体化》，《苏州日报》，2012 年 12 月 10 日。

[2] 蔡文芬、崔宝玉：《农民专业合作社“资本控制”研究述评》，《华东经济管理》，

2012 年第 8 期。
[3] 蒋宏坤、韩俊：《城乡一体化的苏州实践与创新》，中国发展出版社 2013 年版。
[4] 韩雷、刘长庚：《以产权制度创新实现农村经济内源性成长》，《华东经济管理》，2013 年第 3 期。

临空经济区发展对新型城镇化模式的启示

李中建　李佳楠
（郑州大学商学院　郑州　450001）

引　言

城镇化是我国现代化建设进程中的重大战略和历史性任务。党的十八大明确指出："必须以改善需求结构、优化产业结构、促进区域协调发展、推进城镇化为重点，着力解决制约经济持续健康发展的重大结构性问题。"随着临空经济区在全球范围的不断发展，河南省借鉴国际先进经验，把建设郑州航空港区作为新型城镇化的新路标，以临空经济区建设助推城市发展模式转型，加快解决当前城镇化中存在的主要问题，推动城镇化进程。

目前，针对城镇化过程中出现的问题，我国学者已经有了较为深入的研究。陆大道（2007）认为城镇化出现冒进态势，提出实施循序渐进和资源节约型城镇化的目标和政策建议。张占斌（2013）认为城镇化出现人口城镇化滞后、城镇化质量不高的问题，提出以机制体制创新破解城镇化难题。李克强总理（2012）强调城镇化要加强产业支撑、保障粮食安全，走符合中国实际的发展路子。国际经验上，美国的孟菲斯机场、达拉斯—沃斯堡机场等国际枢纽机场对周边地区经济有带动作用。约翰·卡萨达教授提出了航空大都市的概念，认为这种依托综合航空运输体系迅速崛起的未来城市形态将成为城市化的新模式，预示着全球城市的未来。本文将临空经济区建设与城镇化进程相结合，分析现阶段我国城镇化主要症结，总结国际临空经济区发展经验，以临空经济区为基点，探讨郑州航空港经济综合实验区建设对新型城镇化模式的启示，以临空经济区发展引领中原城市群建设，为我国城镇化建设注入新动力。

一、当前城镇化的主要症结

改革开放以来，我国城镇化快速发展。1981—2003 年，我国城镇化率提高近 20 个百分点；2011 年，我国城镇化率达到 51.3%，首次突破 50%重要关口。联合国关于世界城镇化相关研究报告表明，我国城镇化率还有近 20 年的快速增长，到 2030 年，我国城镇化率将提高至 65%～70%，城镇人口将新增 3 亿左右。① 与此同时，由"高速度"所产生的人口城镇化滞后、空间结构不合理、产业支撑不足、经济增长粗放、生态环境恶化等问题日益突显，制约城镇化水平和质量的提高。具体表现在以下三个方面。

① 简新华、黄锟：《中国城镇化水平和速度的实证分析与前景预测》，《经济研究》，2010 年第 3 期。

1. 人口城镇化滞后，出现虚假城镇化和贫困城镇化

“以人为本”的城镇化应当将“人口城镇化”放在突出位置，使农村人口向城市转移和集中，实现城市人口比重的合理攀升。然而，当前我国城镇化进程中，人口城镇化明显滞后。根据国家统计局数据，截至2013年第三季度，我国农村外出务工劳动力人数已达到17392万人，但其中大部分农民工及其家属并未实现真正意义上的城镇化。在数据统计中，农民工虽已被计为城镇人口或被城镇化，但由于我国二元户籍管理制度的限制，其户籍仍为农业户口，仍不能算是真正的城镇人口；农民工虽在城镇工作，但不能平等享受到政府提供的就业、教育、社会保障、医疗卫生等公共服务，大多数农民工从事环卫、家政、建筑、采掘、餐饮等工资低、环境差、无保障的工作，居住在“城中村”、简易房、建筑工棚、地下室等简陋、恶劣的环境中。农民虽走出了农村，却未真正迈入城市，这表明我国城镇化已经出现虚假城镇化和贫困城镇化。

2. 城市空间失控，“摊大饼”式的土地城镇化

与人口城镇化滞后相对应的是，土地城镇化明显快于人口城镇化。城镇土地占用速度远快于吸纳人口速度。城市数量直线上升，城市空间极度膨胀，结构布局不尽合理，“摊大饼”式发展模式蔓延全国。首先，从城市数量上看，自改革开放以来，我国城市数量增加2倍，仅1993—1996年，全国设市城市由570个增加到666个，年均增加32个城市，尤其是县级市增量最为明显。① 其次，从城镇建设用地来看，据2013年国家统计年鉴，我国城市建设用地面积达45750.67平方公里，征用土地面积2161.48平方公里，城镇建设用地的盲目扩张、无序蔓延，侵占大量优质土地，城市空间极度膨胀。最后，从城市空间结构来看，与集群生存和发展不相符的单一功能城市组团以及与城市经济健康发展不适应的“摊大饼”式土地城镇化愈演愈烈，使得大量农村土地被征用进行城市建设，失地农民和城市边缘人群无奈向城市聚集，城市自身的就业和基础设施供应能力不堪重负。

3. 缺乏产业支撑，发展动力不足的空壳城镇化

城镇化需要产业的支撑，通过产业发展促进就业和创业，同时，城镇化也能为产业发展搭建更好的平台。现阶段，缺乏产业支撑成为城镇化进程中城市发展动力不足的重要原因。产业发展规模小、转型升级缓慢，企业结构不合理，就业创业形势严峻，这些问题都制约着地区经济的发展。具体表现为：一方面，对于部分靠自然资源发展的城镇来说，随着该地区自然资源逐渐枯竭，该地区城镇规模不可能大幅度扩大，无法实现产业优化升级，导致城镇发展缩小、停滞甚至衰亡。另一方面，对于一些以探寻优势产业为支撑推动地区发展的城镇来说，想要依据当地特点，避免“千城一面”，最大程度发挥比较优势，是十分困难的任务和挑战。许多地区在城镇化过程中由于自身认识不足和政策指向错误走了不必要的弯路、错路。城镇化强调第二、三产业在城市的集聚，需要服务业的大力发展。如何利用好服务业吸纳就业的巨大作用，充分挖掘和释放发展潜力，尽可能地扩大就业、改善人民生活水平，增进城市发展动力，是摆在决策者面前的重大难题之一。

---

① 陆大道：《我国的城镇化进程与空间扩张》，《城市规划学刊》，2007年第4期。

二、国外临空经济区发展的冲击效应

20世纪90年代国际机场协会研究调查数据显示，100万航空旅客运输量每年能够产生1.3亿美元的经济收益并增加2500个就业岗位。1992年美国北卡罗来纳大学的卡萨达教授提出著名的“第五冲击波理论”。他认为，影响区域经济发展的五个冲击波依次是海运、内河航运、铁路、公路和航空运输，其中，航空运输作为影响区域经济发展的第五个冲击波，对经济的发展有着巨大的推动作用。在全球化背景下，以航空运输为代表的临空经济的发展开始成为城市化的新驱动力，成为现代化国际经济中心城市迅速崛起的重要依托和区域经济发展的巨大引擎。世界上众多大型现代化机场，如爱尔兰香农机场、美国达拉斯—沃斯堡国际机场、荷兰阿姆斯特丹史基浦机场、德国法兰克福机场等，都相继推出临空经济区建设计划，旨在最大限度地利用全球资源，促使机场周边发展为当地经济核心和全球经济产业链重要节点。这为我国城镇化发展模式创新带来巨大启示和宝贵经验。

1. 便捷的综合交通枢纽是临空经济发展的基石

速度经济时代对全球速达性提出了更高要求。对国际各个临空经济区来说，完善的综合交通体系及便捷的地面运输保障是其发展中的重要基石。典型如德国法兰克福机场的“空铁联运”模式：法兰克福便捷密集的交通网使其成为德国基础设施最好的地区之一，法兰克福机场位于德国最重要的两条联邦高速公路交会处，在机场登机厅下设有地下火车站，实现了机场与高铁的无缝连接。在机场附近的远程火车站，乘机办票柜台和行李输送系统让旅客在火车站即可办妥值机手续。此外，旅客可以通过航空公司的订票系统购买联程票，真正实现“空铁联程”。另一典型是以最短换乘时间著称的韩国仁川国际机场。仁川国际机场具有巨大客运中转换乘量，有专用高速公路等各种交通方式连接机场与各地市中心。仁川国际机场的出入境时间全球最快，实现了平均16分钟的出港时间和12分钟的到港时间，远优于国际民航组织推荐的60分钟和45分钟标准。

2. 创新型发展模式是实现区域经济腾飞的法宝

临空经济区以机场为核心，在空间上呈现多层次的圈层结构，每一层都有其特定的规划和布局。在此基础上，国际各临空经济区结合自身优势，形成了独具特色的发展模式。1959年，爱尔兰香农国际机场旁建立了世界上第一个临空经济区——香农机场自由贸易区，自此香农镇从一个普通村庄一跃成为依托临空经济的新兴国际化城市。如今，香农开发区跨越爱尔兰中西部五个郡，总面积1万平方公里，人口约40.7万，是欧洲最具吸引力的国际商业区之一。而以韩国仁川国际机场为依托建立的松岛新城正着力以“生态型”、“智慧型”模式助力首尔经济圈。在仁川机场的周围预留的大量土地用于建设商务会展中心、综合娱乐设施、博彩酒店、购物休闲区等设施，努力发展成为国际购物、休闲、旅游、娱乐、会议和物流中心。据规划建成后的松岛新城将成为旅游胜地，并15万个工作岗位。

3. 强有力的产业支撑是临空经济发展的动力之源

产业的蓬勃振兴永远是一个地区经济社会发展的不竭动力。对临空经济区来说，临空经济相关的航空货运业、航空制造业、高端服务业、电子商务业等产业的集聚和兴起为地区的经济带来了强大的助推力。随着联邦快递公司的进驻，美国孟菲斯实现了从棉花交易中心到世界货运中心的华丽蜕变。自 1992 年起，孟菲斯国际机场一直是全球第一大货运吞吐量空港，其强大的枢纽功能吸引了大批知名的网络零售商在机场附近建立订购营运中心，成功融合了信息科技、航空港及快递业务，极大地促进了城市的发展。而诸如美国达拉斯—沃斯堡机场、德国法兰克福机场、巴黎戴高乐机场等国际综合性枢纽，其产业聚集更具多样性和综合性。例如，达拉斯—沃斯堡国际机场周边聚集了商业、物流业、高科技制造业、金融保险业等 1300 多个临空经济相关产业，众多产业的兴起能够极大促进地区的经济增长。

三、郑州航空港区建设对我国新型城镇化的启示

随着临空经济区在全球范围内的不断发展，河南省借鉴国际临空经济区发展的先进经验，把郑州航空港区建设作为探索新型城镇化模式的大胆实践。2013 年 3 月 7 日，国务院正式批复《郑州航空港经济综合实验区规划（2013—2025）》（以下简称《规划》）。河南省将临空经济区的发展作为带动中原地区经济发展的龙头，并以此探索新型城镇化建设。把郑州航空港经济综合实验区建设作为中原经济区的核心增长极，将港区建设与产业结构的转型升级、区域经济的发展紧密结合，解决了现阶段我国城镇化进程中出现的人口城镇化滞后、空间结构失控、产业支撑不足等问题，以临空经济区发展引领中原城市群建设，将为我国城镇化注入新的活力。

1. 重视交通建设，打造立体化交通枢纽

交通在城市建设中起着不容忽视的先导及关键作用。1954 年郑州凭借重要的交通优势成为河南省省会，经济飞速发展，至 2013 年底，郑州总面积 7446. 2 平方公里，总人口 919. 1 万人，其中城区建成区面积 382. 7 平方公里，市区人口 460 万～500 万人。① 随着《规划》的批复，郑州又一次以其重要的交通优势肩负起发展临空经济、参与国际竞争、打造国际航空大都市的重要使命。郑州航空港区将构建以空港为中心的放射状陆路交通网络，推动郑州机场与郑州高铁客运枢纽站紧密对接，打造立体化交通枢纽，化交通优势为经济优势。综合交通体系的完善为国内外的贸易联系打开方便之门，也为郑州新型城镇化发展道路奠定基石。全方位的基础设施服务将为商品贸易提供便利，有利于城镇居民生活水平和质量的提高，也有利于提高城镇居民的工作、生活效率和生活满意程度，避免虚假城镇化和贫困城镇化的出现。

2. 冲破行政区划限制，实现人口本地城镇化

以往受到各地方政府层级的限制，常出现各地经济发展政策不一致、下级行政区执行上级行政区政策受限、相邻地区经济发展速度无法协调等问题，阻碍城镇化进程。郑州航空港经济综合实验区规划以郑州、开封两市为中心，涉及中牟、新郑、尉氏 3 县（市）部分区域，面积 415 平方公里。港区按照集约紧凑、产城融合的发展理念，优化功能分区，集中构建“三区两廊”空间发展格局，提升整体竞争实力，成为进一步促进港区内

① 张占斌：《新型城镇化的战略意义和改革难题》，《国家行政学院学报》，2013 年第 1 期。

部各县市交流合作的新契机和港区内部各县市加强经济联系、实现经济融合的新起点。为推动港区发展，郑州航空港区被赋予省辖市级管理权限，实行“两级三层”管理模式，而随着大型企业的进驻，许多当地农民实现本地安置、本地就业、本地城镇化，既省去了迁移成本，又避免了户籍限制所导致的贫困城镇化和虚假城镇化。

3. 把握产业集聚的强大引力，充分扩大就业

推进城镇化应当坚持城市发展与产业成长“两手抓”，把城镇化与调整产业结构、培育新兴产业、发展服务业、促进就业创业相结合。郑州航空港区不断发挥富士康的示范效应和生物医药等产业优势，明确临空产业发展方向，以临空产业集聚带动城市发展，转移农村劳动力、解决人民就业，为地区发展和城镇化做出巨大贡献。2012 年底，郑州航空港产业集聚区全部营业收入由 111.7 亿元增加到 332.5 亿元，增长 198%；区内企业总数由 46 家发展到 110 家。2013 年，电子信息产值 1600 亿元，工业总产值 1740 亿元。围绕富士康“8+1+3”产业发展规划，计划到 2014 年累计引进重大项目 220 个，总投资 786 亿元，吸引电子信息、光电与半导体、精密机械、高端物流服务业等技工贸企业上千家入驻。以高端制造业和高端服务业为主导的临空产业的发展为扩大居民就业、提升城镇化水平作出了重大贡献。

4. 构建开放型经济模式，由城镇化走向国际化

中国经济的发展应当放眼国际、立足全球。面对国际经济环境发生的深刻变化，郑州航空港区在规划初期立足国际，通过国际化视野，顺应世界科技产业变革新趋势，加快临空经济发展，抢占国际竞争制高点。具体表现为以下两个方面：首先，郑州综合保税区的成立使郑州初步形成了开放的综合平台，该保税区 2011 年实现进出口总额 95 亿美元，封关过后第一个总年度 2012 年完成进出口总额 285 亿美元，在全国所有综保区中排名第二，为临空经济的发展打造了良好的大环境。其次，跨境贸易电子商务服务项目将贸易与邮件两种货物进出口形式进行科学整合，极大降低货运成本，有利于空港地区完善国际化营商环境，提升参与国际产业分工层次，构建开放型经济体系，建设富有活力的开放新高地。

参考文献

[1] Flint, P. ,An Airport for the Global Economy,Air Transport World, 2004,41(5).

[2] Ensign, L. , Airports and Regions: The Economic Connection, Economic Development Journal,2014,13(2).

[3] Kasarda, J. D. , & Crenshaw, E. M. ,Third World Urbanization: Dimensions, Theories, and Determinants,Annual Review of Sociology,1991,17.

[4] 约翰·卡萨达、格雷格·林赛：《航空大都市》，曹允春、沈丹阳译，河南科技出版社 2013 年版。

[5] 曹允春：《临空经济——速度经济时代的增长空间》，经济科学出版社 2009 年版。

[6] 简新华、黄锟：《中国城镇化水平和速度的实证分析与前景预测》，《经济研究》，2010 年第 3 期。

[7] 温铁军：《中国的城镇化道路与相关制度问题》，《开放导报》，2000 年第 5 期。

[8] 李克强：《协调推进城镇化是实现现代化的重大战略选择》，《行政管理改革》，2012 年第 11 期。
[9] 周一星：《关于中国城镇化速度的思考》，《城市规划》，2006 年第 1 期。
[10] 仇保兴：《集群结构与我国城镇化的协调发展》，《城市规划》，2003 年第 6 期。
[11] 张占斌：《新型城镇化的战略意义和改革难题》，《国家行政学院学报》，2013 年第 1 期。
[12] 仝新顺、郑秀峰：《郑州航空港经济综合实验区临空经济发展研究》，《区域经济评论》，2013 年第 1 期。
[13] 张大卫：《郑州航空港经济综合实验区——经济全球化时代推动发展方式转变的探索与实践》，《区域经济评论》，2013 年第 3 期。
[14] 张占仓、蔡建霞：《郑州航空港经济综合实验区建设与发展研究》，《郑州大学学报（哲学社会科学版）》，2013 年第 4 期。

新型城镇化进程中的利益平衡机制与效应研究：关于农村宅基地置换改革的分析

王磊
（武汉大学中国中部发展研究院　武汉　430072）

一、农村“拆村并居”的背景

很多学者认为，鉴于中国人口众多而适宜居住的地域面积有限这一具体国情，在短时间内将大量农民集中在现有大中型城市的发展模式并不现实，而通过“就地城市化”实现大中小城市协调发展将是必由之路。所谓农村“就地城市化”，是指农村人口并不向城市大规模迁移，而是在原有的居住地，通过房屋置换将原先分散居住的农户迁入集中建设的小区，并对腾出的宅基地进行复垦，从而增加建设用地指标，发展产业与基础设施，改变农业生产、农民生活方式与农村面貌。然而，我国的“拆村并居”改革基本上源自于自上而下的推动，各地在制度设计上的差异直接导致了改革效果的不同。

在经济发展水平较低或地方财政紧张的地区，由于负责拆迁补偿的地方政府或村集体组织经济实力较弱，无力垫付大量的补偿和集中安置资金。因此“拆村并居”改革通常要等到企业投资实际到来，或者企业将要进行扩张，用地需求增加时，才实质性启动。在这一模式下，地方政府往往通过强制合约的方式，压低标准以缩减成本。例如，单方面决定房屋价格评估的内容，未将具体房屋和区位所附属的机会租金收益纳入补偿范围。而在农户这一方，由于对城市发展规划、宅基地的未来用途及增值空间缺乏了解，这往往使得他们对于地方政府的补偿标准产生怀疑。再加上代表其利益诉求的组织机构缺位，因此双方在补偿标准上很难达成一致。既然强制合约的条款内容与农户参与改革的程度无关，那么后者只会根据固定合约的内容采取对他们个人而言理性的态度和意愿，如适度拖延或私自搭盖等，而这显然会与地方政府实现目标函数最大化所要求的最优意愿相去甚远。

在江浙一带经济发展水平较高，尤其是成渝等得到国家政策与资金扶持的地区，由于地方政府或村集体组织具有较强的经济实力，且对于用地需求有着乐观的预期，因此即使在没有企业新建扩建的情况下，也先期开展“拆村并居”改革，以增加建设用地供给。腾出的建设用地指标很快便能通过土地级差收益，不仅覆盖前期集中居住改革的投入，而且还能用于建设用地投资。在这一模式下，地方政府重点考量的不再是补偿成本的高低，而是土地流转交易的效率。加之来自于上级政府的有力监管和社会舆论的广泛关注，促使地方政府往往通过各种制度化的协商形式，来实现与农户之间的激励兼容。从农户的角度，由于具有实质性参与协商的渠道和激励，即地方政府所给出的合约的内容与农户参与的程度直接相关，在农户与地方政府的协商过程中，双方所同时选择的参与程度与合约内容将实现地方政府目标函数的最大化。

二、文献回顾

总体而言，关于农村“拆村并居”改革的研究已有不少。一些文献是以某个地区为例对其背景和动因的分析。如吴建瓴（2007），白莹、蒋青（2011）对成都统筹城乡模式下推进农民集中居住的具体方式和实际状况进行了总结；郭丽丽、蔡瞳等（2009）以江苏省为例探讨了农民集中居住的动力机制及途径；阮荣平（2012）则分析了不同阶段农村集中居住的不同动因。一些研究是对具体的推进策略和建设步骤进行讨论。赵海林（2009）分析了如何通过合适的策略形成中心村建设的内在驱动力，保障中心村建设顺利进行；罗小龙、田冬等（2012）基于对利益相关者诉求的调查，提出了建设集中居住点的具体措施。还有一些文献是对改革的效果进行评价和提出进一步改革的方向。如 Tao，Xu（2006）以及 Yang，Wang（2008）分别指出了当前改革的碎片化和强制性问题；宋言奇（2008）从社区空间、社区人际网络以及社区公众参与提出了兼顾三者的评估标准；马贤磊、孙晓中（2012）利用案例分析的方式认为优先在经济落后地区实施农民集中居住项目和合理选择集中居住模式有利于保障农民福利和节约土地；靳相木（2009）则指出，由农地非农化开发的指令性配额到可转让化的改革是一条兼顾严格土地管理和市场化的可选路径。

然而，现有研究的方法还比较单一，大都仅是从宏观层面，就总体情况或是具体案例展开的定性研究，这种分析难以对各地区的政策进行量化处理，也不易实现对地区差异和区位因素的控制，因此基于不同地区改革实践所得出的结论存在一定的不可比性。这也使得现有研究得出的相关政策建议往往停留在呼吁和倡导的层面，而未能通过对于激励效应的具体阐发，将一般性的理论和地方实践结合起来分析。鉴于此，基于 2010—2012 年对天津、山东、江苏、湖北、四川等省多个乡县村的调研和各地实践经验的归纳整理，本文首先按照改革主体，即地方政府与农户之间合约关系的不同①，将现有农村“拆村并居”改革模式大体分为上述强制型与激励兼容型两大类。由于两种制度实质上是地方政府提供的不同合约安排，本文在合约理论的基本框架下，根据这两种制度中农户所面临参与约束的不同，建立以地方政府发展目标最大化为目标函数的模型，并通过对于模型的求解，揭示不同改革路径下农户的参与意愿及其对于地方政府目标函数的影响②。由于不同合约安排的根本区别在于是否充分考量和吸收了农户的参与意愿，本文继而分别以在成都和诸城的地方实践作为两种合约模式的对照性案例加以分析，以进一步佐证其迥异的政策效果。文章最后对模型的意义进行了讨论。

---

① 本文中的“合约”是指地方政府为获得农户对“拆村并居”改革的配合，而同意支付的成本，主要包括拆迁补偿以及作为安置地点的集中居住区的建设成本。

② 本文中的“参与意愿”是指农户表达诉求的积极程度，以及由此带来的收益与改革成本分担。如下文激励兼容约束条件所表明的，农户的参与意愿越高，其收益和分担改革成本的比例也越高，从而使得农户在协商过程中需要选择最优意愿来最大化其效用水平。

三、基于合约理论的分析

合约理论又称委托—代理理论。Spence、Zechhauser（1971）和 Ross（1973）在使用“状态空间模型化方法”（state-space formulation）来分析信息不对称时，指出了委托人的“隐藏行动”和代理人的“隐藏信息”导致的机会主义和道德风险问题。对此，Mirrlees（1976）和 Holmstrom（1979）通过事前的完全合约来解决风险分担和有效激励的两难问题。在中国的具体背景下，地方政府行为对辖区经济的推动作用有目共睹。在这个意义上，农村“拆村并居”作为一种制度设计，实质上是作为委托人（principal）的地方政府和作为代理人的农户（agent）之间的合约安排，即以经济发展为首要政策目标的地方政府通过公共政策来调动农户参与改革。也就是说，农村“拆村并居”是通过地方政府提出拆迁补偿合约，农户对此做出分步（即强制合约情形）或同步（即激励兼容合约情形）的选择来完成的。

1. 基本模型

根据合约理论的一般范式，可以将农村“拆村并居”的上述基本模式表示为两个约束条件（2）和（3）下的目标函数（1）最大化问题。其中，目标函数①是改革中地方政府发展目标的最大化。为了简化起见，假设地方政府是良性的，即其发展目标为在合约成本一定的前提下，实现改革所涉及的全体农户总效用的最大化。合约所涵盖的拆迁补偿、集中居住区建设可视为地方政府所承担的成本，因此可将地方政府的发展目标表示为对全体农户的收入减去合约成本后的差值的效用实现最大化。两个约束条件分别为个体理性约束（Individual Rationality constraint，IR）和激励兼容约束（Incentive Compatibility constraint，IC）。IR 表示集中居住改革不会降低农户的效用②，从而保证其愿意参与改革。IC 表示农户会以最优的参与意愿来接受合约，即农户的净效用在这一参与水平上最大化。因此，地方政府和农户的互动过程，就是分别选择合约成本和参与意愿，从而使目标函数在 IR 和 IC 的限制条件下实现最大化。

$$\max_{a,s(x)}:\int U\{\pi(a,\theta)-s[x(a,\theta)]\}\cdot g(\theta)\mathrm{d}\theta \tag{1}$$

$$\text{s. t. (IR)}\int u(s(x(a,\theta)))g(\theta)\mathrm{d}\theta - a\cdot C \geqslant \underline{u} \tag{2}$$

$$\text{(IC)}\int u(s(x(a,\theta)))g(\theta)\mathrm{d}\theta - a\cdot C \geqslant \int u(s(x(\underline{a},\theta)))g(\theta)\mathrm{d}\theta - \underline{a}\cdot C,\ \forall a,\underline{a}\in(0,1) \tag{3}$$

各个变量的具体含义如下：农户的参与意愿为 a；外部变量 θ 表示改革利益分配中农户所得的比例，该比例在制定政策时是不确定的，对于地方政府实现政策目标也是有风险的，因此反映了改革主体之间的利益分配与风险分担。其分布函数为 $G(\theta)$，密度函数为 $g(\theta)$，值域为 Θ；农户货币化收入为 π，是 a 和 θ 的函数。x 是地方政府所观察到的农户

① Spence，Zechhauser（1971）和 Ross（1973）在“状态—空间模拟化方法”（state-space formulation）中，具体说明了可以将目标函数写为对于外部变量积分的具体缘由。

② 如改革降低了农户效用，意味着地方政府的目标函数不受任何约束，从而不具经济学意义，这里不做讨论。

参与意愿，也是 θ 和 a 的函数。地方政府所提供合约的成本为 $s(x)$ ，其发展目标可表示为最大化 π 与 $s(x)$ 之差的效用 U 。

在约束条件（2）与（3）中，u 是农户参与“拆村并居”改革时的预期效用，$\underline{u}$ 是其不参加时的保留效用集中居住区的建设成本为 C ，$a \cdot C$ 表示农户在改革中所承担的成本，$\underline{a}$ 表示除能使目标函数最大化的最优参与意愿之外的任何其他意愿。

2. 强制路径与参与路径的比较

（1）强制合约的情形。在农村“拆村并居”改革的第一种模式，即强制合约的情况下，上述基本模型需要做适当修正，以更为接近真实的情形。具体而言，这时仅存在保证农户效用水平不致恶化的个体理性约束（IR）。由于强制合约使得农户无法通过协商来展现其对于改革的最优参与意愿，所以激励兼容约束（IC）此时并不成立。于是，上述模型变为式（1）和式（2）组成的单一约束条件下的最大化问题。

由于强制合约提供的补偿少于农户应得（即利益分配不利于农户），且合约弹性为一常数（即合约所规定的利益分配格局固定不变），式中 s 满足条件 $\partial s/\partial \pi < 1$，以及 $\partial^2 s/\partial \pi^2 = 0$。于是，上述最大化问题的拉格朗日函数为：

$$L(a,\ s(\pi)) = \int U[\pi - s(\pi)]g(\theta)\mathrm{d}\theta + \lambda\left[\int u(s(\pi))g(\theta)\mathrm{d}\theta - a \cdot C - \underline{u}\right]$$

通过计算一阶条件，引入预期值算子 E ，整理变形，得到：

$$EU'\left(\frac{\partial \pi}{\partial a} - \frac{C}{u'}\right) = 0 \tag{4}$$

其解即为实现目标函数最大化所需要的最优合约 $s_\lambda^*(x) = s_\lambda^*(\pi(a^*,\ \theta))$ 。

然而，由于现实中地方政府通常并不了解 θ 以及 a 的真实大小，上述最优合约往往难以实现。在这种境况下，由地方政府武断做出的强制合约 $s^*(\pi(a,\theta))$ 往往是非最优的，农户会针对这一合约做出他们相应的意愿表达 a^+ ，以实现其自身效用的最大化。在这样一个分步决策过程中，以农户自身效用最大化为目标，再次引入相应的拉格朗日函数，同上述整理变形，得到：

$$EU'\left(\frac{\partial s^*}{\partial \pi}\frac{\partial \pi}{\partial a^+} - \frac{C}{u'}\right) = 0 \tag{5}$$

将式（5）中农户的实际参与意愿与式（4）中的理论最优意愿进行对比，我们可以发现，只要满足 $\partial s^*/\partial \pi < 1$, $a^+ < a^*$ 便能成立。这一结果表明：在强制合约情形下，农户对于“拆村并居”改革的实际参与意愿，低于地方政府所期望的最优水平，从而使得地方政府的目标函数无法实现最大化。

（2）激励兼容合约的情形。与上述情形相反，如果“拆村并居”改革是以前述激励兼容合约的方式进行，按照式（1）到式（3）给出的基本模型，该情形是式（2）和式（3）约束条件下的最大化问题。通过 Mirrlees-Holmstrom 条件对式（1）到式（3）进行变换，得到：

$$\max_{\pi}\int[\pi - s(\pi)] \cdot g_a(\pi)\mathrm{d}\pi$$

$$\text{s.t.}\ (\text{IR})\int s(\pi)g_a(\pi)\mathrm{d}\pi - a\cdot C \geqslant \underline{u}$$

$$(\text{IC})\int s(\pi)g_a(\pi)\mathrm{d}\pi - a\cdot C \geqslant \int s(\pi)g_{\underline{a}}(\pi)\mathrm{d}\pi - \underline{a}\cdot C,\ \forall a,\ \underline{a}\in(0,\ 1)$$

其中各个变量说明如下：当农户参与改革意愿为最优时，其收益为 π ，否则其收益则为 $\underline{\pi}$ ，且 $\underline{\pi}\in[0,\ \pi)$ 。π 的密度函数为 $g_a(\pi)$ ，$\underline{\pi}$ 的密度函数为 $g_{\underline{a}}(\pi)$ 。

运用拉格朗日函数，得到：

$$[(\pi - s(\pi)]g_a(\pi) + \lambda s(\pi)g_a(\pi) + \mu s(\pi)[g_a(\pi) - g_{\underline{a}}(\pi)] = 0 \tag{6}$$

整理变形，即有：

$$\frac{g_a(\pi)}{g_{\underline{a}}(\pi)} = \frac{\mu s(\pi)}{\pi + (\lambda + \mu - 1)s(\pi)} \tag{7}$$

对式（7）进行分析，有：当 $\frac{g_{\underline{a}}(\pi)}{g_a(\pi)} \geqslant 1$ 时，$s(\pi)\leqslant s_\lambda^*(\pi)$ （8）

当 $\frac{g_{\underline{a}}(\pi)}{g_a(\pi)} \leqslant 1$ 时，$s(\pi)\geqslant s_\lambda^*(\pi)$ （9）

式（8）表示第一种情况，即若农户选择最优参与意愿的概率低于他们选择其他参与意愿的概率，那么由地方政府所提供的合约甚至不如强制合约的情形。相反，若式（9）表示的第二种情况成立，即农户选择最优参与意愿的概率高于他们选择其他参与意愿的概率，那么地方政府所提供的合约将优于强制合约的情形。换言之，在存在激励兼容合约的集中居住改革中，农户将会选择最优参与意愿，以获得更好的合约，而地方政府的目标函数也得以实现约束条件下的帕累托最优。

四、地方实践分析——以成都和诸城为例

通过研究集中居住改革在我国不同省份的实践，本文选取四川成都和山东诸城分别作为激励兼容和强制合约的对照性典型案例。其中，在成都的城乡统筹综合改革配套试验区的改革中，激励兼容的制度设计得到了较好的应用，实现了改革推进的良性循环。首先，在土地的确权方面，政府颁布了《关于加强耕地保护进一步改革完善农村土地和房屋产权制度的意见》，以此为依据，由地方土地资源局等多个相关部门参与，对农村土地进行测量并公示，为农民在土地流转中的实质参与奠定基础。进一步，当地国土局、房管局、农业局向农民发放“四权两卡”（土地承包经营权证、集体建设用地使用权证、房屋所有权证、集体土地使用权证；耕地保护卡和养老保险卡），同时设计耕地保护基金和耕地保护补偿机制。其次，在土地流转阶段，成都市成立了农村产权交易所，为各类农村产权流转和农业产业化项目投融资提供担保服务，组建乡村公共关系之上的议事会，以及政府出资为自愿放弃宅基地和耕地的农户建设集中居所，同步推进户口变更以及失地农民社保系统，激励并实现了农民在改革中的真正参与。最后，在后期的利益分配阶段，通过发展村集体经济组织的农业园区，与农业项目公司签订流转协议，农民以产业工人的形式实现就业，同时，对集体土地收益权进行股量化，并按股分配长期利益保障了农民的长期参与。成都一系列可视为对附着于土地上的生活生产方式的补偿手段，一方面减小了土地产权的

交易成本，另一方面提高农民参与改革的积极性，双向的促进作用又加强了交易的公正性，从而走向了城乡市场统一、交易成本减小的良性循环，同时为省内改革的广泛推行提供了群众基础。

然而，山东诸城的“拆村并居”改革以强制合约的模式贯穿改革制度始末，招致了农户的抵制和不满，为改革的推进带来极大的困难。首先，在土地价值的评估中，政府单方面强制推行按面积支付旧宅的方法，把宅基地作为普通商品进行边际成本定价，仅向农民支付住宅租金，转而与城市开发者完全分享土地租金，将农民排斥于合同的签订之外。同时置换出的建设用地完全由政府统一调配使用，农民则无法享受土地级差收益，土地的升值收益和资本收益又一次在农民无法参与的背景下，完全流向政府。而在配套的补偿方面，由于仅设计了单一的经济支付，帮助农民转换为新市民的相关配套改革并未同步推进，涉及农户切身利益的生产生活就业等诸多措施缺位。尽管效率为先的强制性集中居住长远看有利于农村发展，农户以“滞留户”，拖延或者私自搭盖等等抵制行为加大了改革的潜在成本。

五、结论

以上基于合约理论和地方实践的分析表明，农村“拆村并居”改革中的强制性路径与参与性路径会产生迥异的经济后果。农村“拆村并居”的具体政策，尤其是合约所涉及的补偿安置内容，若由地方政府单方面制定并强制推行，而农户在这一过程中几乎没有任何发言和协商空间，后者将会根据合约的内容进行符合个体理性的分步决策，如通过拖延拆迁或私自搭盖等等，来谋求自身利益的最大化。这显然与地方政府所预期的路径，即只要保证农户利益不受损害，地方政府的发展目标就能实现最优化有出入。而在激励兼容的制度设计中，“拆村并居”改革的合约更多是通过地方政府和农户之间协商的方式来确定。在这个同步决策的过程中，农户将有激励通过最优的参与意愿来获得比强制合约情形下更好的福利，而此时地方政府的目标函数也得以实现帕累托最优。

需要注意的是，本文分析所指出的，是农村“拆村并居”改革中的一条较为有效和公正的总体框架设计，即基于协商和参与，而不是单边与强制的改革方向。但并不能简单地将此等同于某个具体的改革方案，从而简单认为只要通过与农户协商和鼓励其积极参与，改革就能产生预期的效果。事实上，对几省市的数个村落进行走访调研的过程发现，由于少数农户在协商过程中的不合理要价，致使当地“拆村并居”改革进程受阻，从而延滞农村经济发展的情况也并不鲜见。正如有些学者提出，在提高对农民集体所有土地征收补偿总体标准的同时，也需要通过对补偿收入征税，或是通过土地流转形成土地供应主体间的竞争，防止出现一夜暴富等新的不公。实际上，这些建议措施可以体现在本文模型中农户为改革所承担的成本的 $a \cdot C$ 中。也就是说，农户通过积极参与和诉求的表达，在提高其收益的同时，也会相应增加其成本承担，从而促使其做出最优的意愿选择。在实践中，这就意味着需要在土地征收、流转、补偿纳税等方面逐步建立一整套的制度措施，来保障集中居住改革能在地方政府与农户进行充分互动、实质参与的框架下，朝着合理与良性的方向发展。通过参与框架的建立，以及配套制度的协同，在逐步减少明显不公正的过程中，稳步推进农村“拆村并居”改革以及新型城镇化的建设，这不仅是建立共识、推进深化改革的动力所在，也是实现福利经济学家阿马蒂亚·森所谓的“实质自由”和“扩展的公正”的必由之路。

参考文献

[1] 周其仁：《还权赋能：奠定长期发展的可靠基础——成都城乡统筹综合改革经验的调查研究》，北京大学出版社 2010 年版。

[2] 吴建瓴：《土地资源特征决定模式选择：关于成都市“推进农民向城镇集中”的调查与分析》，《经济体制改革》，2007 年第 3 期。

[3] 白莹、蒋青：《农民集中居住方式的意愿调查与分析——以成都市郫县为例》，《农村经济》，2011 年第 7 期。

[4] 郭丽丽、蔡瞳、陈利根：《农民集中居住的动力机制及途径探讨：以江苏省为例》，《资源与产业》，2009 年第 1 期。

[5] 阮荣平：《农村集中居住：发生机制、发展阶段及拆迁补偿——基于新桥镇的案例研究》，《中国人口·资源与环境》，2012 年第 2 期。

[6] 赵海林：《农民集中居住的策略分析：基于王村的经验研究》，《中国农村观察》，2009 年第 6 期。

[7] 罗小龙、田冬、孙浩浩、龚福海：《健康城镇化视角下的农村集中居住点建设研究——以江苏省东台市为例》，《城市发展研究》，2012 年第 6 期。

[8] Tao, R., Xu, Z., Groping for Stones to Cross the River versus Coordinated Policy Reforms: The Case of Two Reforms in China, The Journal of Policy Reform, 2006, 9(3).

[9] Yang, D., Wang, H., Dilemmas of Local Governance under the Development Zone Fever in China: A Case Study of the Suzhou Region, Urban Studies, 2008, 45(5-6).

[10] 宋言奇：《农民集中居住社区建设个案研究》，《城市问题》，2008 年第 9 期。

[11] 马贤磊、孙晓中：《不同经济发展水平下农民集中居住后的福利变化研究——基于江苏省高淳县和盱眙县的比较分析》，《南京农业大学学报》，2012 年第 2 期。

[12] 靳相木：《新增建设用地指令性配额的市场取向改进》，《中国土地科学》，2009 年第 3 期。

[13] Spence, M., Zechhauser R., Insurance, Information and Individual Action, American Economic Review, 1971, 61 (2).

[14] Ross, S., The Economic Theory of Agency: The Principal's Problem, American Economic Review, 1973, 63 (2).

[15] Mirrlees, J., The Optimal Structure of Authority and Incentives within an Organization, The Bell Journal of Economics, 1976, 7 (1).

[16] Holmstrom, B., Moral Hazardand Observability, The Bell Journal of Economics, 1979, 10 (1).

[17] Walder, A. G., Local Governments as Industrial Firms: an Organizational Analysis of China's Transitional Economy, American Journal of Sociology, 1995, 101 (2).

[18] Qian, Y., Jin, H., Weingast, B. R., Regional Decentralization and Fiscal Incentives:

Federalism, Chinese Style, Journal of Public Economics, 2005, 89(9-10).
[19] 周黎安:《中国地方官员的晋升锦标赛模式研究》,《经济研究》,2007 年第 7 期。
[20] 阿马蒂亚·森:《正义的理念》,王磊、李航译,中国人民大学出版社 2012 年版。

中部地区新型城镇化特点、现实问题与思路创新*

杨刚强

（武汉大学中国中部发展研究院　武汉　430072）

新型城镇化建设已成为我国推进金融市场、户籍制度、财税体系、社会保障、政府行政管理以及农村土地等领域改革的中心和抓手，是扩大内需的最大潜力和新的增长点。中部地区是我国“三农”问题最为突出的区域，城镇化进程的推进面临着农业资源保护、农民市民化、生态文明建设等诸多问题。如何克服城镇化进程中的经济、社会、生态风险，突破原有城镇化的路径依赖，开辟中部地区新型城镇化建设的新思路，是当前迫切需要解决的重大现实问题。

一、中部地区新型城镇化呈现特点

促进中部崛起战略实施以来，中部地区城镇化水平不断提升，由 2006 年 39.0%提高到 2013 年的 49.26%，年均增长 1.28 个百分点，高于全国平均水平 0.05 个百分点，见表 1。但中部地区城镇化率整体水平偏低，区域内部差异明显，区位条件较好，沿交通干线分布的地级单元城镇化水平较高；从时序演进来看，城镇化水平呈现出一定的趋同性和区域发展阶段性特征，但增长速度较快。

表 1　**2006—2013 年中部地区及各省城镇化水平（%）**

年份	全国	中部地区	山西	安徽	江西	河南	湖北	湖南
2006	43.90	39.00	43.01	37.10	38.70	32.50	43.80	38.70
2008	45.68	40.92	45.11	40.50	41.36	36.03	45.20	42.15
2010	49.68	44.52	48.05	43.20	44.06	38.80	49.70	43.30
2012	52.57	47.98	51.26	46.50	47.51	42.43	53.50	46.65
2013	53.73	49.26	52.56	47.86	48.87	43.80	54.51	47.96

资料来源：2006—2012 年数据来源于《中国统计年鉴》，2007—2013 年、2013 年数据分别来源于中部六省政府工作报告。

1. 人口迁移流动构成城镇化的重要动力

农业转移人口在实现了由乡村到城镇的初次流动之后，还要频繁地在不同城市和地区

* 教育部人文社科青年基金项目“公共服务、家庭结构对劳动力转移的影响及公共政策选择（13YJC790176）”。

间作横向的空间流动。中部地区农业转移人口以跨省迁移流动为主，相对来说具有较低的人口省外迁入率。2012 年在跨省流出人口中，安徽占 21.7%、河南占 11.15%、湖南占 10.99%、江西占 8.93%，四省跨省流出人口占全国总数的 52.77%。山西和湖北在跨省流动人口中，所占比例较小，两省合计约占 7%①。跨省流动人口主要流入大中城市，而省内流动人口主要流入小城镇，迁移流动人口已经成为城市常住居民的重要组成部分，人口迁移流动对于中部地区城镇化水平提高的贡献率约为 18%②。但在城镇化进程中，本地人口和外地人口的社会分化性表现得非常突出，使原来城乡二元结构的社会矛盾转移到城市内部，使原来的农村贫困问题转移到城市内，成为城市贫困问题，强化了城市内部的不平等，扩大了城市内部的社会分裂，已成为影响中部地区未来全局发展和实现社会和谐的核心问题。

2. 城市群发展构成城镇化的重要载体

大中小城市和小城镇协调推进是新型城镇化的重要空间形态。中部地区已形成了以“两型”社会、生态经济、资源转型、承接产业转移等多种主题形态的城市群，成为中部地区推进新型城镇化建设的重要平台。中部地区城市群的发展，促进了人口等资源要素在地理空间上集聚、产业资本在空间的动态配置，基本实现了城市圈内人口与产业双向的空间聚集和累积作用，成为中部地区城镇化水平最高的地区。但中部地区各城市群内中心城市规模和实力还不够大，与周边城市的联系还不是很强，中小城市受产业基础弱和基本公共服务供给水平低等的影响，人口集聚能力不强。

3. 产业转型升级构成城镇化的重要保障

产业支撑和转移人口稳定就业是城镇化的重要基础，没有产业支撑的城镇化是空洞的，农民即使进城也会重新返乡。中部地区在推进新型城镇化的进程中，既存在产业层次低、服务业推动城镇化动力不足的问题，也存在转移人口稳定就业薄弱的问题，影响了新型城镇化水平和质量的提升。2012 年除湖北省的人口—产业系数③为 1.00 之外，中部其他五省的人口—产业系数均小于 1，平均水平为 0.86，见图 1。这表明湖北省的产业与人口在该地区分布较为一致，而中部地区其他五省和中部整体产业规模小，人口数量多，人口和经济不匹配性较为显著，产业支撑城镇化的职能尚未强化。服务业是就业“最大容纳器”，但中部地区产业仍以第一、二产业为主，第三产业发展滞后。2012 年中部地区三次产业就业人员所占比分别为 40.0%、26.6%和 33.4%。中部地区第一产业从业人员占有较大比重，高于全国平均数水平 6.4%，而第二产业、第三产业工业从业人员所占比例较小，分别低于全国平均水平 3.7%、2.7%，其吸纳农业转移人口的作用尚未充分发挥，见图 2。

① 国家卫生和计划生育委员会流动人口司：《中国流动人口发展报告 2013》，中国人口出版社 2013 年版。

② 作者根据《中国统计年鉴（2013）》、《2013 年中国农民工检查报告》和《中国流动人口发展报告（2013）》中相关数据计算得到。

③ 人口—产业系数来反映人口集中和经济集中的偏离，用 R_S 表示，它等于某地区 GDP 占全国 GDP 的份额与人口占全国总人口份额的百分数之比值。

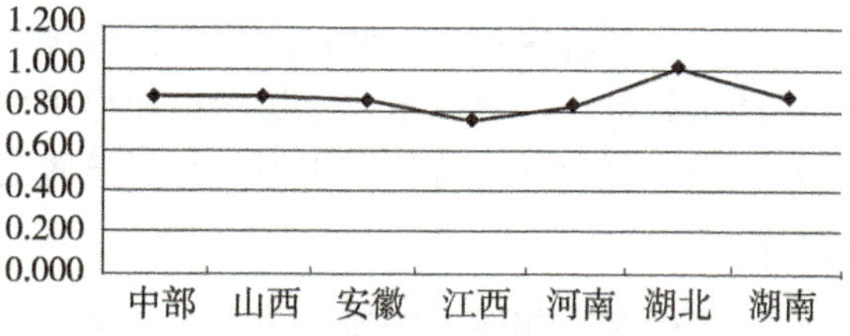

图1　2012年中部六省及中部地区人口—产业系数

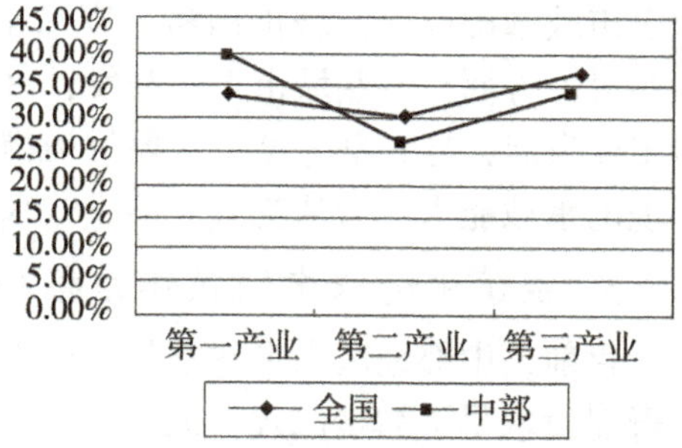

图2　2012年全国及中部三次产业就业人数比

4. 政府推动构成城镇化的重要模式

中部地区城镇化是在城乡二元结构的基础上进行的，政府与市场的关系没有得到正确的处理。政府在城镇化进程中发挥着主导作用，市场在资源配置中的决定性作用没有得到发挥，造成了“人地分割”的城镇化模式，即经济集聚明显高于人口集聚，土地的城镇化明显快于人口的城镇化。一方面造成了过快的土地城镇化，即“以地谋发展”。由于地方政府的财力不足，就需要另辟财源以在激烈的地方竞争中获得优势，因此依靠大肆圈地的方式，既可获得大量低价土地以吸引企业和产业从而带动地方经济，也可靠炒卖土地获得土地收入以开展城市建设。另一方面广大农民的权益受损。“要地不要人”，即愿意要农村的土地，但却不愿意要来自农村的农民工，以减轻自身在提供相应公共服务上的财政压力，使得农民在土地财产权益和基本公共服务享受等方面受到明显的剥夺和排斥。

二、中部地区新型城镇化实践面临的现实问题

1. 城镇化进程中农业资源的保护与开发

城镇化一方面会不同程度地减少耕地，从而影响粮食和其他农产品的产出；另一方面，又会引起农村人口大规模向城镇转移。中部地区城镇化在有效带动农产品需求迅速增长，为农业发展能提供广阔空间的同时，也使得中部地区农业发展所受到的资源环境约束不断增强。以政府为主导的低成本城镇化和城乡二元经济结构的存在，阻碍了生产要素及产品在城乡之间的平等交换，导致资源配置在城乡及三次产业间严重扭曲，土地、资金、劳动力等资源要素大量被城镇和工业发展所挤占，中部地区农业发展面临着耕地减少、水资源短缺、环境污染、农业凋敝、农村空心化等诸多挑战。同时，由于公共财政收入的城市依赖和公共服务的城市偏向，也导致了农业农村基础设施建设滞后、农业现代化进程缓慢。

2. 城镇化进程中生态文明的建设

生态文明建设的首要任务是空间布局，核心是推进新型城镇化。中部地区在推进城镇化进程中，出现了与资源环境承载能力不匹配的问题，一些城市深陷入“城镇化主要造成了生态环境的破坏，而生态保护则在一定程度上对城镇化具有限制作用”的恶性循环怪圈。一方面，一些地方政府的民生投入重点更多关注“看得见、成效快、收益高”的

形象工程，像修马路、建高楼等，而相对忽视立体交通体系、污水收集管网、城市垃圾处理等市政基础设施，城市内涝、废水排放、河流污染等问题也逐渐暴露城市生态的脆弱性。另一方面，一些城市无序开发，重经济发展、轻环境保护；一些地方生态保护屡屡让步工业发展，导致部分城市主要污染物排放量严重超标，空气、水、土壤等已超出了生态环境的承载能力，清洁空气、洁净饮水、良好气候、优美环境等优质生态产品供给匮乏。

3. 城镇化进程中城镇体系格局的完善

目前，中部地区尚未建立与城镇空间分布、规模结构相匹配的城镇体系。中部六省城市群建设取得了初步成效，但受行政管理体制分割、区域竞争加剧等因素的影响，中部地区城市群布局不合理，城市群内部分工协作不够、集群效率不高的问题依然存在。中小城市集聚产业和人口的功能不足，小城镇数量多、规模小、服务功能弱，没有实现就地就近城镇化、就地就近市民化、就地就近基本公共服务均等化。中部地区主要以传统的扩张型城镇化为主，过多的注重人口比例增加和城市面积扩张，而没有实现产业结构、就业方式、人居环境、社会保障等一系列由“乡”到“城”的重要转变。

4. 城镇化进程中农业转移人口市民化

2012 年中部地区新增城镇人口 678 万人，估计约有 70%是农业户口人口。据此推算，到 2012 年底，中部地区需要市民化的农业转移人口约为 7152.6 万人①。由于城乡分割制度的存在，以及城乡之间公共资源配置的不均衡，城市对人口的吸纳能力和承载能力不足。中部地区户籍人口城镇化速度慢于常住人口城镇化速度，农业转移人口与城镇居民的经济社会地位长期不平等，大量的进城农业转移人口虽然被统计为城镇常住人口，但未能在教育、就业、医疗、养老、保障性住房等方面平等享受城市居民的基本公共服务和社会保障，使他们并没有真正成为所在城市的居民，而成为城乡、地区间巨大的流动群体，制约了农业转移人口市民化的进程。

5. 城镇化进程中体制机制创新

中部地区城镇化进程面临的体制机制问题，是全国大背景下的地方缩影。主要体现为原有城镇化所依赖的一些制度、政策与现实的不适应。如现行户籍管理、土地管理、社会保障、财税金融、行政管理等制度，是原有传统政府主导城镇化模式下的产物，阻碍了城乡要素平等交换和公共资源的均衡配置，使广大农民的财产权利得不到保障、农业经营体系难以升级完善，固化了已经形成的城乡利益失衡格局，制约了农业转移人口市民化和城乡发展一体化，难以共同构成推进新型城镇化的合力。

三、中部地区推进新型城镇化总体思路创新

新型城镇化的核心在于不以牺牲农业和粮食、生态和环境为代价，着眼农民，涵盖农村，实现城乡基础设施一体化和公共服务均等化，促进经济社会发展，实现共同富裕。加快中部地区新型城镇化健康发展，应充分发挥政府和市场两大主体作用，优化生产、生活

① 作者根据《全国流动人口动态监测数据集 2011》、《2013 年中国农民工检测报告》和《中国流动人口发展报告 2013》中相关数据计算所得。

和生态三大空间，推进农业现代化、新型工业化、新型城镇化、信息化“四化”的协调发展，实现“五个注重”和“五个同一”。

1. 注重城镇化进程中农业资源的保护，将农业和工业放在同一个市场系统里，实现生产要素统一配置

实现中部地区城镇化进程中农业资源的保护与开发，需要建立基于市场体系和政府保障的作用机制，实现生产要素在工农和城乡间的统一配置。一是要推进城乡要素平等交换和公共资源均衡配置，完善城乡要素平等交换的市场体系，发挥市场在农业资源要素配置中的决定性作用，改变传统的农村土地、资本、劳动力等生产要素单向流动的发展模式，带动城市资金、技术、信息、人才等现代生产要素向农业农村领域延伸，实现城乡要素平等交换。二是更好地发挥政府在农业资源要素保护与开发中的制度完善、规划引导和法律规范等方面的作用。完善粮食主产区利益补偿机制、鼓励社会资本投向农村建设、推进城乡基本公共服务均等化，实现农业生产要素在区域和城乡的均衡配置。发挥工业化、信息化、城镇化对农业现代化的引领带动作用，严格控制城市占地规模，严格控制耕地和淡水资源的使用，坚持走出一条不以牺牲农业和粮食、生态和环境为代价的城镇化与农业现代化协调发展道路。

2. 注重城镇化进程中生态文明的建设，将城镇和农村放在同一生态系统里，实现国土空间优化开发

良好的自然和社会生态环境是人们生存、生活和发展的必要条件，是城镇化得以可持续发展的必要要素。积极稳妥地推进中部地区新型城镇化，就是要以国家主体功能区规划为基础，把生态文明理念和原则融入城镇化的全过程，把城乡放到同一个生态系统里科学谋划，处理好城镇化进程中的生态经济、生态安全和生态环境等关键环节和突出问题。一是增强城镇化过程中城乡生态产品的生产能力。加快城市生态环境建设，包括公园绿地建设、园林，景观绿化工程，提高建成区绿化覆盖率；推进绿色发展、循环发展、低碳发展，形成节约资源和保护环境的产业结构。增强农业、农村生态环境多种功能的供给，保护生物多样性，以提高生态产品和农产品的生产能力。在城乡一体化进程中，实施生态修复，推进中部地区矿区复垦治理、综合利用和生态修复，加快推进中部地区荒漠化、石漠化、水土流失综合治理，扩大森林、湖泊、湿地面积。二是控制城镇化进程中城乡空间开发强度。中部地区具有较高比例的限制开发区和禁止开发区，在推进城镇化建设过程中，应留足城乡合理的农业用地和生态用地，节约利用土地、水、能源等资源，构建科学合理的城市化格局、农业发展格局、生态安全格局。三是完善生态文明建设制度保障，健全新型城镇化评价体系中的奖惩机制，完善资源有偿使用制度和生态补偿制度，加强生态文明宣传教育。努力形成政府主导、企业融入、社会组织协调、市民参与的生态文明角色定位，增强生态产品提供和生态治理能力。

3. 注重城镇化进程中城镇体系格局的完善，将大城市和小城镇放在同一个空间系统里，实现规划布局合理化

中部地区在国家“两横三纵”的城镇化战略格局中占有重要地位。推进城镇化，既要优化宏观布局，也要搞好城市微观空间治理，要将大城市和小城镇放在同一个空间系统

里，构建科学的城镇空间布局。一是中部地区应根据区域自然条件，科学设置开发强度，引导城市合理布局，推动城市由单中心向多中心转变，形成中心城市带动周边卫星城协调发展格局。协调各个功能城镇之间的关系，有效实现中小城市群整体及各功能分区城镇集聚规模的平衡，努力形成集约高效的生产空间、宜居适应的生活空间、山清水秀的生态空间。二是坚持大中小城市与小城镇协调发展。以大城市为中心、中小城市为重点、小城镇为基础，从传统的大城市扩张转向生态卫星城的建设和小城镇的协调发展，形成多层次的大中小城市和小城镇协调发展格局。一方面要加快中部六省城市群和长江中游城市群的发展，培育城市群增长极。进一步加快武汉、郑州、长沙、合肥、南昌、太原等城市的资源要素整合，促进产业集聚和结构升级，增强这些城市的辐射带动作用。加快完善中小城市的产业体系，形成特色鲜明、功能互补的发展格局，积极创造就业条件，提高中小城市对农村人口的承载能力和吸纳能力。另一方面要壮大县城和中心镇。以基础设施和公共服务设施建设为基础，以产业发展为依托，加快乡村工业和人口向镇区集聚。同时，要发挥小城镇的辐射带动作用，促进基础设施和公共服务向农村延伸，增强吸纳农村剩余劳动力的能力。三是建立空间规划体系，推进规划体制改革，加快规划立法工作，确保城市规划实施的连续性。广做宣传，积极吸纳广大人民群众参与城市管理，听取群众意见、尊重专家意见，形成科学的城市管理决策体系。

4. 注重城镇化进程中农业转移人口市民化的实现，农民和市民放在同一个公共权利系统里，实现基本公共服务均等化

有序推进农业转移人口市民化，是推进以人为核心的城镇化的本质要求。“人的城镇化”就是要以广大居民的权益保障为最重要的支点，将农民和市民放在同一个公共权利系统里，实现城乡在经济社会结构上的高度融合与协调发展、实现城乡基本公共服务的均等化，让城乡居民平等参与现代化进程、共同分享现代化成果。推进农业转移人口市民化是“人的城镇化”的核心内容，其本质是城市公共服务水平的提升与人口数量的快速增长相匹配，即农业转移人口进入并落户于城市，同等享受就业、随迁子女教育、住房、基本医疗卫生、社会保障等方面的基本公共服务，实现三维转换，即从农业到非农业的职业转换，从农村到城镇的地域转移，从农民到市民的身份转变。

加快中部地区农业转移人口市民化就是矫正农民工劳动的制度性贬值与基本权利缺失，实现私人福利与社会福利的统一。中部地区农业转移人口市民化的根本路径，就是要加快户籍制度改革，放宽落户条件，让有意愿有能力的农业转移人口在城镇落户定居成为市民；加快推进公共服务均等化，剥离户籍背后的隐性社会福利，让暂不符合落户条件或没有落户意愿又有常住需求的农业转移人口，能享有社会保障、城镇住房、劳动就业、公共教育、医疗卫生等方面的基本公共服务。具体举措包括：一是创新中部地区户籍管理模式，放开户籍限制，积极探索适宜本地区人口自由迁移的人口登记和人口管理制度，实行城乡统一的户籍制度。在破除制约城乡居民平等享有基本公共服务的户籍制度的同时，加快剥离依附在户籍制度之上的各种城乡差别权益，逐步将基本公共服务领域各项法律法规和政策与户口性质相脱离，保障符合条件的外来人口与本地居民平等享有基本公共服务。二是建立与市民化挂钩的财政转移支付机制，按照人口转入地经济发展程度，以及农业转移人口的质量与规模等，确定中央财政转移支付的标准，缓解人口转入地公共支出压力，

提高城市为农业转移人口提供公共服务的财力保障。三是实现城镇基本公共服务常住人口全覆盖，包括农业转移人口能够享受到全面和高质量的基本公共服务，满足人民群众日益增长的需求；基本公共服务发展较为平衡，实现城乡、地区之间的均等化，城市不同群体的基本公共服务得到充分的保障；农业转移人口获得公共服务的体制和制度保障进一步完善，基本公共服务的社会性和公益性全面体现，农业转移人口市民化的强度与模式更趋合理。四是提高农业转移人口自身职业技能和文化素养，实现生活方式、行为习惯、价值观念、社会参与等由乡到城的转换，加快农业转移人口再社会化的过程，增强农业转移人口城市适应能力。

5. 注重城镇化进程中体制机制创新，将市场和政府放在同一个改革体统里，实现城乡发展一体化

城乡要素分配的不平等和公共服务资源配置的不均衡是制约中部地区城镇化进程的重要障碍。突破这一障碍就是要将市场和政府放在同一个改革体统里，激发市场的活力、加快政府体制机制的创新、实现城乡一体化。一是促进城乡要素自由流动。要充分发挥市场的作用，促进经济活动和人口向产业基础较好、区位交通优势明显的具有较强承载能力的城镇集聚，提高农民在非农产业的就业比例。二是促进公共资源均衡配置。加快城乡就业、教育、医疗、养老、卫生等制度创新，以保障城乡居民平等享受基本公共服务的权利。三是健全城乡社会保障体系，建立更加公平可持续的社会保障制度，改善城乡居民的总体福利。四是加快推进劳动就业制度的创新。加快建立城乡一体化的劳动力市场，健全劳动力自组织，促进就业平等，反对就业歧视，切实保障劳动者平等就业的权利。五是深入贯彻落实《关于进一步推进户籍制度改革的意见》，因地制宜，按照不同类型的城市实行差别化落户政策；优先解决存量，逐渐加快已经在城镇就业和居住的农民工市民化进程。

参考文献

[1] 曹广忠、陈昊宇、边雪：《2000年以来中部地区城镇化的空间特征与影响因素》，《城市发展研究》，2012年第7期。
[2] 田明：《农业转移人口空间流动与城市融入》，《人口研究》，2013年第4期。
[3] 国家卫生和计划生育委员会流动人口司：《中国流动人口发展报告2013》，中国人口出版社2013年版。
[4] 任远：《我国人口迁移和城镇化的新特点》，《文汇报》，2013年2月4日。
[5] 黄勤、杨爽：《通过产业转型升级加快推进新型城镇化建设》，《经济纵横》，2014年第1期。
[6] 陈锡文：《当前我国农村改革发展面临的几个重大问题》，《农业经济问题》，2013年第1期。
[7] 东超：《新型城镇化和生态文明建设"一体化"》，《学习时报》，2013年7月22日。
[8] 孟霞、杨刚强：《有序推进农业转移人口市民化》，《经济日报（理论版）》，2014年1月16日。
[9] 陈锡文：《农业转移人口市民化须解决四个问题》，《人民日报》，2014年6月23日。

[10] 任致远：《关于我国城镇化发展问题的思考》，《城市发展研究》，2013 年第 12 期。
[11] 仇保兴：《智慧地推进我国新型城镇化》，《城市发展研究》，2013 年第 5 期。
[12] 钟少颖、陈锐、魏后凯：《中国新型城镇化空间布局研究》，《城市发展研究》，2013 年第 12 期。

协调推进新型城镇化战略实施的法律思考

——以户籍制度改革为视角

袁轲　莫广明

（武汉大学中国中部发展研究院　武汉　430072）

新中国成立后，我国的城镇化在曲折中前进。城镇化曾经历过顺利发展阶段，也出现过倒退与停滞。自20世纪90年代以来，我国城镇化进入了快速发展时期。城镇化的快速发展极大地推动了投资、产业的集合，促进城镇基础设施、公共服务等不断发展，为国家经济高速发展作出了重要贡献。同时，城镇化意味着农村富余劳动力向城镇转移，是一个农民转变为市民的过程。但是，由于历史与现实的因素，我国的户籍制度却成了阻碍城乡之间劳动力自由流动的一道藩篱，对新时期我国新型城镇化战略实施带来了极为不利的影响。本文拟以户籍制度改革为视角，用法律的思维与方式探讨新时期我国协调推进新型城镇化战略实施的相关问题。

一、新型城镇化的意涵及意义

1. 新型城镇化的意涵

党的十八大报告提出："坚持走中国特色新型工业化、信息化、城镇化、农业现代化道路，推动信息化和工业化深度融合、工业化和城镇化良性互动、城镇化和农业化相互协调，促进工业化、信息化、城镇化、农业现代化同步发展。"① 此后，新型城镇化概念逐渐为人们所熟知，2012年中央经济工作会议再次正式提出"把生态文明理念和原则全面融入城镇化全过程，走集约、智能、绿色、低碳的新型城镇化道路"。从上述描述中可以看出，新型城镇化注重工业化、信息化、城镇化与农业现代化的良性互动与协调发展，把生态文明理念与原则作为重要的指导思想贯穿城镇化建设的全过程。此外，除了发展方式与建设理念，新型城镇化更强调对人权益的保护，城镇化的过程是农民转化成市民的过程，"城镇化是以人为核心的城镇化"②。

过去的城镇化建设过于注重追求城市规模的扩大以及空间的扩张，其出发点与落脚的更多的是落在城镇建设上。新型城镇化则以人为核心，一方面，我国农村人口众多，根据全国第六次人口普查，中国大陆人口总数约为13.40亿，居住于城镇的人口约6.66亿，居住于乡村的人口约为6.74亿，乡村人口约占大陆人口总数的50.3%。③因此，城镇化就

---

① 参见《坚定不移沿着中国特色社会主义道路前进 为全面建成小康社会而奋斗——在中国共产党第十八次全国代表大会上的报告》。

② 参见李克强：新型城镇化的核心是人　必须保护农民利益，http://news.xinhuanet.com/2013lh/2013-03/17/c_115053973.htm。

③ 参见2010年第六次全国人口普查主要数据公报，http://www.gov.cn/test/2012-04/20/content_2118413.htm。

必然意味着大量农村富余劳动力会逐步集中至城镇，以完成农民向市民的转换。在这一过程中，新型城镇化需要围绕以人为核心来开展各项工作，其中一个重要的内容就是要逐渐打破户籍制度对城乡人口自由流动的限制，以实现人的迁徙自由。另一方面，新型城镇化并非简单地实现农民向市民的转换，更为重要的是，在农民向市民转换完成后，其能公平地享受到城市公共服务等资源，包括教育、就业、医疗、社会保障等，使其能享受到作为城市居民应有的社会福利。如若不然，就会出现城市的二元结构从而导致城镇化难以得到真正实现。

2. 新型城镇化的意义

新型城镇化是我国现代化进程中的一个基本问题，协调推进新型城镇化是我国经济社会发展的战略问题，对国民经济发展与社会改革建设具有重要意义。第一，新型城镇化是实现现代化进程的必然要求。新型城镇化强调人的城镇化，本质要求工业化、信息化、城镇化、农业现代化同步发展。我国幅员辽阔，人口众多，要实现国家现代化进程就必须要实现新型城镇化。第二，新型城镇化为经济社会发展提供强大的内在动力。新型城镇化是国家经济增长、结构转型和社会发展的重要战略选择，要求产业的调整与升级以强化城镇化的产业支撑。并且，人的城镇化意味着进入城镇的农村富余劳动力在消费观念和消费结构上的升级，是拉动内需的巨大潜力所在。第三，新型城镇化战略的实施能促进国家经济社会改革。新型城镇化要求跳出传统就“城镇化”论“城镇化”的思维模式，需要对户籍制度、土地制度、粮食安全、财税体系、社会保障和公共服务等进行相关改革，以协调推进新型城镇化进程。

以人为核心是新型城镇化最为显著的特点，确保城镇化进程中人的权益保护是协调推进城镇化战略实施的核心内容。一方面要求城乡人口自由流动，确保农村富余劳动力能顺利进入城镇；另一方面要求进入城镇的农村劳动力能享受到作为城镇居民应有的公共服务资源以及相关社会保障，确保其能真正融入城镇，实现人的城镇化。要实现以上两方面内容，需要进一步提高农业现代化水平，使新型城镇化与同业现代化相辅相成。同时需要城镇通过财政、税收等手段来加大对社会公共服务的供给，并且要保证以上资源供给能公平分配到城镇居民手中，以防出现城镇结构二元化。

然而，我国的户籍制度由于历史与现实的因素，恰恰成为了阻碍新型城镇化战略实施的一道藩篱。我国城乡人口尚未真正实现自由流动，且很多城镇公共服务资源亦与户籍挂钩，使许多进城农民尚无法真正享受到作为城镇居民应有的社会公共服务。为此，要不断深化户籍改革，使之逐渐适应新型城镇化战略实施的要求。

二、我国户籍制度对新型城镇化战略实施的影响

1. 我国户籍制度的历史沿革

我国当前的户籍制度源于20世纪50年代，主要为配合当时国家工业化赶超战略而逐步建立，目的是在计划经济体制之下实现农业辅助工业、农村支撑城市从而加快国家工业化。户籍制度的建立把全体公民划分为“城市人”和“农村人”两个阶层，对城乡人口自由流动进行了严格限制，并在实现人口管理职能的同时附加了许多利益分配功能，在社

会资源分配方面带有明显的城乡特色，中国逐渐形成了城乡二元结构社会。

改革开放后，我国经济飞速发展，逐步确立了社会主义市场经济体制，在此基础上，劳动力市场亦得到了不断发展，国家在严格控制城镇人口增长的同时也逐步放开了对某些人群如科技骨干等在城镇落户的限制。随着国民经济进一步发展，大量农村富余劳动力浮出水面。与此同时，我国乡镇企业异军突起，使相当数量的农民开始进入乡镇务工经商。为应对城镇人口激增带来的压力，国家部门逐步出台了相关政策，以满足部分人落户城镇的要求。

进入21世纪后，我国城镇化不断发展，市场资源配置方式要求户籍制度进行进一步改革。此时的改革已经不仅是农民在城镇落户问题，更多的是需要逐步解决户籍制度背后的城乡二元结构的利益格局。这是一个需要农业现代化与城镇化协调发展，社会公共服务资源公平分配的综合性改革。

2. 我国户籍制度改革对新型城镇化战略实施的意义

如上文所述，我国当前户籍制度源于计划经济特殊时期，是出于对当时国家工业化赶超战略需要而建立的制度。户籍制度对维护当时社会秩序，保持城乡人口和劳动力结构、分布与平衡起了积极作用。但随着我国社会主义市场经济体制的建立，城乡二元户籍制度与社会发展愈来愈不适应，其弊端亦充分显现，已经成了我国新型城镇化战略实施的巨大阻力。

户籍制度改革是协调推进新型城镇化战略实施的重要内容，需要打破阻碍城乡人口自由流动的壁垒，实现农村富余劳动力顺利向城镇转移，形成平等、竞争以及尊重人选择的人性化机制。同时，当前户籍制度承载了过多的利益分配功能，对于大多数人来说，不同的户籍意味着能获取到的社会公共服务资源亦各不相同。故此，户籍制度改革理所当然地要求逐步剥离附加于户籍上的各种利益，使人们能公平地享受到相关社会公共服务资源。这不仅是以人为核心的新型城镇化的要求，同时也是社会主义公平正义本质的体现。

三、我国户籍制度改革的相关法律问题

新型城镇化的核心是人，最终要实现的是人的城镇化。户籍制度改革是新型城镇化过程中的重要内容，其本质内容也是围绕人来展开。从法律思维与方式出发，我国户籍制度改革大体涉及户籍制度的功能定位、公民的迁徙自由以及户籍制度改革后如何在法律上保障人公平享有社会公共服务资源等问题。

1. 户籍制度的基本功能定位

户籍制度实际上是国家有关机关依法搜集、确认、登记有关公民身份、亲属关系以及法定地址等公民人口基本信息的法律制度。① 从户籍制度的定义可以看出，户籍制度的基本功能是国家机关对公民人口基本信息的管理，包括搜集、确认、登记有关公民身份、亲属关系以及法定地址等。然而，我国的户籍制度不但禁锢人口的自由流动，还人为地将人口分为“农业户口”和“非农业户口”，并在“农业户口”和“非农业户口”的基础上

① 参见黄仁宗：《城镇化抑或迁徙自由——反思我国户籍制度改革的价值取向》，《求实》，2002年第5期。

附加各种不同的利益，使户籍制度除了其本身的人口管理功能外，还成了社会利益的分配载体。户籍制度直接与公民的教育、医疗、劳动、就业、住房、人事、社会保障等挂钩，造成不同户籍的人在享受社会利益上的差别待遇，既扭曲了户籍制度的内容与范围，又有违社会公平这一基本原则。

户籍制度的基本功能应是掌握户口信息，为公民依法行使权力和履行义务提供依据，为国家其他各项行政管理和社会管理奠定基础。① 就法律属性而言，户籍制度应是一项具有行政法属性的国家行政管理制度，国家依其进行人口管理。而附加于户籍制度上的差别利益分配制度偏离了户籍制度本身所具有的功能与定位，使户籍制度额外承担了更多的政治、经济调节功能，导致了不同的户籍有着不同的“含金量”，形成了城乡二元结构社会。

在国外，户籍制度的功能与定位大多在于实现对人口的基本管理，户籍制度单纯地作为一种国家行政管理制度而存在。以日本为例，其户籍制度主要包括户籍簿的设置、户籍申报与记载、户籍订正、采用电子信息处理户籍事务等内容，主要起到登记身份和民事公证的作用，一般在办理婚姻、新生儿出生、死亡、继承人认定和遗产继承等手续时使用。② 意味着日本的户籍制度并没有调控人口流动的功能，也与教育、劳动、就业、社会福利等不相关联。在法国，主要是通过社会保险号码、户口本、身份证、驾驶证等证件来实现对人口的控制与检查，同时设立了专门的身份官吏来管理公民的出生、死亡与结婚等。总体而言，国外的户籍制度主要功能是为掌握人口的基本信息，进行人口管理，在此基础上再进一步实现国家的其他各种行政管理职能。其户籍制度并不具备调控人口功能，也不与社会利益分配挂钩。

2. 户籍制度改革与公民迁徙自由

迁徙自由是公民人身自由的一个重要内容，也是公民的一项基本权利。迁徙自由意味着公民能在法律范围内根据自己的意愿选择住所，可以积极调动公民的主观能动性，是公民追求幸福权利的必要条件，对经济、社会、民主与法治具有巨大的促进作用。在国外，大多国家把迁徙自由作为一项基本权利写于宪法之中，如《日本宪法》规定：“在不违反公共福利的范围内，任何人都有居住、迁徙及选择职业的自由。”③ 《德国联邦基本法》规定：“所有德国人在联邦领土内均享有迁徙之自由。”④ 其他国家如瑞典、意大利等都在其宪法中确认了公民迁徙自由的权利。我国 1954 年《宪法》曾经明确规定：“中华人民共和国公民有居住和迁徙的自由。”⑤ 尽管当时我国实现该权利的条件尚不成熟，但是从宪法文本中不难看出其在迁徙自由这一基本权利上的价值取向。1958 年我国颁布《中华人民共和国户口登记条例》，开始对人口的自由流动实行严格限制。公民户口的迁移需

① 参见万川：《当代中国户籍制度改革的法学思考》，《北京社会科学》，2012 年第 4 期。

② 参见黄桂琴：《外国户籍法律制度比较研究及启示》，《河北法学》，2012 年第 12 期。

③ 参见《日本国宪法》第二十二条。

④ 参见《德国联邦基本法》第十一条。

⑤ 参见 1954 年《中华人民共和国宪法》第九十条第二款。

要经过户口登记机关严格的行政审批,① 使人口的自由流动特别是城乡之间的人口流动受到了极大的限制。可以说，该户口登记条例实际上违反了1954年《宪法》中关于迁徙自由的规定。而我国1975年《宪法》则取消了1954年《宪法》有关迁徙自由的规定，之后一直没有恢复。

我国的户籍制度除拥有人口管理的基本功能外，还对人口的自由流动实行严格的限制，相关户口管理部门对人口的自由流动具有相当大的审批权，极大地禁锢了人口的自由流动，使我国人口特别是城乡人口之间无法平等地享有经济社会发展所带来的机会。当前我国正大力协调推进新型城镇化战略实施，户籍制度已经成了阻碍农村人口城镇化的巨大障碍。实行户籍制度改革，保证公民的迁徙自由，不仅是维护公民基本权利的举措，亦是新型城镇化战略实施的必然要求。

3. 户籍制度改革社会公共服务资源分配

根据户籍制度的基本功能定位以及对人迁徙自由这一项基本权利的价值取向，户籍制度改革的一个重要内容就是要打破阻碍人口自由流动的藩篱，实现城乡人口的自由流动，充分发挥劳动力市场在新型城镇化建设过程中的积极作用。同时，依据经济社会发展的实际情况，逐渐剥离附加在户籍制度上的利益分配功能，使户籍制度逐步回归至其对人口管理的基本功能定位上，最终消除城乡二元结构，实现社会公平。

户籍制度对人口自由流动的限制以及附加上社会利益的分配功能曾对我国经济社会发展有一定作用，是特殊历史时期下的产物。随着社会的不断发展，附加在户籍制度上的利益分配功能势必要逐渐剥离。当前我国协调推进新型城镇化战略实施，其核心就是要保证人的权益。在对户籍制度进行改革之后，将面临另一个巨大挑战，即如何保障社会公共服务资源的公平分配。一方面大量农村富余劳动力进入城镇，另一方面原来城镇居民享有的户籍上的利益被剥离，如何保证二者之间权益的相融，不但是户籍制度改革，也是新型城镇化战略实施所要解决的核心问题。

实现社会公共服务资源的公平分配，其中一个重要的手段就是通过法律去加以确认和保障。对于教育、劳动、就业以及社会保障等相关问题，法律应在新型城镇化战略实施的大背景下以公平为基本原则，以经济社会发展水平为基础，确保社会利益的分配。

4. 户籍制度改革与相关立法保障

改革需要法律来保驾护航，改革的成果需要以法律的形式加以固定，并要通过立法来进一步促进改革。在户籍制度改革中，对于公民的基本权利、社会公共服务资源的分配等问题，法律无疑能起到强有力的保障作用，使改革受到法律思维的支配，在法律的框架下顺利进行。

第一，加强完善户籍制度改革的基本立法。当前我国户籍立法中属于法律的只有两部：一是1958年第一届全国人大常委会第九十一次会议通过的《中华人民共和国户口登记条例》；二是2003年第十届全国人大通过的《中华人民共和国居民身份证法》。相对于户籍法律，我国对户籍管理的行政法规和部门规章相对较多。如《关于城镇暂住人口管

① 参见《中华人民共和国户口登记条例》第十条。

理的暂行规定》(1985 年 7 月 13 日)、《暂住证申领办法》(1995 年 6 月 2 日)、《重点人口管理工作规定》(1998 年 5 月 25 日)等。尽管现行户籍制度已形成一定的法律法规体系，但总体而言已跟不上经济社会发展的需要，甚至在一定程度上阻碍了我国现代化的进程。

加强完善我国户籍制度改革的法律框架，首先在户籍立法的价值取向上要坚持保障公民迁徙自由的基本权利。从宪法层面研究恢复对公民迁徙自由这一基本权利的确认，在此基础上建立符合市场经济规律的人口迁徙制度，保障新型城镇化战略实施和国家现代化的进程。其次，加强户籍基本立法，明确户籍制度的基本功能与定位，让户籍制度回归到人口管理这一基本功能上。

第二，加强社会领域立法。在明确户籍制度的基本功能定位后，在社会公共服务资源如教育、医疗、劳动、就业及社会保障等原先附加于户籍制度上的利益分配则需要通过进一步立法来加以明确规范，以确保社会公平。教育、医疗、劳动、就业及社会保障等是社会领域立法中的重要内容。目前我国社会领域立法尚处于薄弱阶段，加强社会领域立法，既可以弥补户籍制度改革后社会公共服务资源分配制度的缺失，同时也符合我国社会主义法治建设的要求。

第三，加强完善相关配套法规体系。在明确户籍制度改革基本价值取向及其功能定位后，相关部门需在此基础上进一步建立配套法规，使户籍制度改革从价值取向、基本立法到具体法律实施有着一套完整的逻辑规范体系，确保户籍制度改革的顺利进行。

四、结语

我国协调推进新型城镇化战略实施是一项复杂的系统工程，涉及人口、经济、社会、法律等诸多层面。新型城镇化战略实施要求以人为核心，保障人的权益，实现人的城镇化，其中一个核心环节就是户籍制度改革。以户籍改革为突破口，实现城乡人口之间的自由流动，剥离附于户籍制度上的社会利益分配功能，是新型城镇化战略实施的必然要求。而在该过程中，法律作为社会关系调整以及权利保障最为有效的手段，又必然起着重要的作用。户籍制度改革与新型城镇化战略实施必须以法律为基础，让法律为户籍制度改革和新型城镇化战略实施保驾护航。当然，我国城乡二元结构社会积重颇深，户籍制度改革与实现新型城镇化建设非旦夕之功便能完成，而是需要经过一个生产力充分发展的阶段，在此基础上真正实现新型城镇化，推进国家现代化进程。

长江经济带三大城市群投入产出效率及综合竞争力研究

孙倩倩　黄永明
（武汉大学中国中部发展研究院　武汉　430072）

一、引言

自1957年法国地理学家戈特曼首次提出“大都市带”（megalopolis）这一崭新的城镇群体概念，城市群作为一种特殊形态的城市体系已成为国内外学者关注热点且不断被赋予新的内涵。尤其是20世纪80年代以来伴随全球化进程的迅猛发展，新的国际劳动地域分工格局形成，进一步重塑了全球城市体系，形成六大世界级城市群：美国东北部海岸博时华城市群、北美五大湖城市群、日本太平洋沿岸城市群、英国以伦敦为中心的城市群、北欧西北部城市群以及以上海为中心长三角城市群。而在中国也形成了以北京、上海、广州为中心的京津冀、长三角、珠三角三大城市群经济高地为代表的城市群体系。城市群作为区域竞争的载体，区域经济一体化发展的主要空间组织形式和趋势以及地区参与国家、国家参与全球竞争与国际分工的基本地域单元已成为共识并得到学术界及政府的重视，上升至国家层面，成为我国推进城镇化的主体形态和实现东中西区域协调发展战略的核心载体，在全国生产力布局中起着战略支撑点、增长极点和核心节点的作用并将日益发挥中国区域经济增长极作用。

以长三角，长江中游城市群及成渝城市群为代表的长江经济带因其独特的优势和巨大的潜力，其建设对于有效扩大内需、促进经济发展由东向西梯度推进，形成与丝绸之路经济带的战略互动，打造新的经济支撑带和具有全球影响力的开放合作新平台、调整区域结构、实现中国经济升级具有重要意义而备受关注。但当前研究多将其割裂开来，进行城市群内部区域合作实现一体化，中心城市角色扮演，对其经济联系及一体化的测度等方面深入，或者与成熟的城市群就效率、综合水平进行比较，尚无将长江经济带上三大城市群整体竞争力及城市群城市化综合效率进行实证分析。尤其在当今，价值链的边界拓展到全球范围情况下，城市圈的发展必须纳入世界的分工体系，充分考虑国际国内两个市场。唯有突破传统发展框架，树立全球视野，不再局限于解决区域内部具体问题，而是努力增强区域自身的吸引力和竞争力以获取更多发展机会等自身形态以外的内容（张京详，2001）。这与著名城市地理学者哈维不谋而合，他认为城市研究需要避免一种局限，即或是囿于具体的历史-地理环境，或是将其作为社会变迁的被动结果，而是应与更广泛的社会变迁与经济发展联系起来，将城市的发展与变化视为社会经济转型的产物和推动进一步变革的条件（Harvey，1989）。城市群发展效率作为衡量城市群投入要素资源的配置状况、运行态势和经营管理程度的重要指标，它的提高是实现城市群可持续发展的关键，也是提升城市群竞争力的重要战略决策。

鉴于此，本文将在重新梳理国内外竞争力领域研究进展的基础上，借鉴城市竞争力、区域竞争力和国家竞争力评价指标体系与模型的优秀成果，并结合所研究地区的具体情况，构建新的城市群竞争力评价指标体系，对长江经济带上三大城市群：长三角、长江中游城市群、成渝城市群的竞争力运用主成分分析法，借助 SPSS 软件进行城市群综合竞争力实证分析，与此同时，拟从投入产出效率视角，采用 DEA 模型和 Malmquist 生产效率指数模型，综合测度长江经济带三大城市群的投入产出效率，从而对三大城市群形成宏观全方位的把握。

二、文献综述

长期以来，有关城市效率的研究一直是国内外学术界关注的一个重要领域。具体来说，衡量城市效率的方法主要是指指标体系法，数据包络分析法和生态足迹法三种定量分析法。Charnes 等（1989）应用 DEA 模型分析了 1983 和 1984 年中国 28 个大城市的城市经济效率，证实了 DEA 是研究城市效率的有效方法，Byrnes 和 Storbeck（2002）在其基础上，运用同一数据进行了进一步的扩展研究，发现中国各地区的城市效率有所上升，地区间的合作和城市效率正相关。国内方面，戴永安（2010）利用 2001—2007 年我国 266 个地级及以上城市面板数据，基于传统的 DEA 方法和超效率 DEA 方法从人口、经济和社会角度研究中国城市化效率，考察其时空演变和影响因素，并对中国城市化的全要素生产率做了动态分析和区域比较。刘爱梅、杨德才（2010）关注了城市群的负外部性，认为城市群规模的扩张可能导致“效率陷阱”。李胜会等（2012）通过对三大城市群（长三角、京津冀、珠三角）综合城市化效率研究得出三大城市群地区综合城市化效率总体有效性不足，尤其是大城市效率水平较低，而中小城市效率水平较高等。城市效率的研究也经历了从某一时间点的静态城市效率测度到不同时间点的、具有“时间”因素的动态城市效率的发展历程。近些年学者尤其加大了对“城市区域”的研究。城市群投入产出效率即单位时间内，在一定的生产技术条件下，城市群区域要素资源创造或增值的物质产品和精神产品的有效价值量与总投入（人力、物力和财力）的比值，作为城市群投入要素资源的有效配置、合理利用和经营管理水平的综合体现也成为关注热点。

城市群竞争力作为“城市区域”问题的切入点同样备受关注。国外学者对其研究最早起源于美国经济学家迈克尔·波特（Michael E. Porter）于 1980 年在其著作《竞争战略——分析企业和竞争者的技术》中对于竞争力这一概念的提出。其后相关研究也迅速从企业部门引申扩展到区域领域，伴随城市群的兴起并成为国际竞争的基本单位，城市群竞争力无疑成为学者关注焦点，但大多仍然参考了国家、城市等区域竞争力的研究成果。其中颇有影响力的竞争力基础理论主要是大卫·李嘉图的比较优势理论和迈克尔·波特的竞争力优势理论（这在其著名的竞争三部曲《竞争战略——分析企业和竞争者的技术》、

《竞争优势——创造和维持优良绩效》、《国家竞争优势》中有详细阐述)。国外关于区域竞争力的研究领域主要集中在对于竞争力概念及内涵的阐述，评价模型及指标体系的构建，其影响因素的分析等。其中最具影响力的是波特的国家竞争力“钻石”模型，IMD国家竞争力模型、道格拉斯·韦伯斯特（Douglas Webster）的城市竞争力模型等。

国内对于相关领域的研究始于20世纪90年代末，主要在于吸收、借鉴国外研究成果，且多集中在城市竞争力领域。颇具影响力的主要是倪鹏飞的城市竞争力模型，IUD的城市竞争力“价值链”模型、中国人民大学竞争力与评价研究中心的国际竞争力“三位一体”模型等。

三、城市群综合竞争力测度

1. 研究对象和数据来源

文章选取长江经济带上三大引擎城市群为研究对象，分别是：长三角，长江中游城市群和成渝城市群（覆盖范围如表1所示）。在数据选取方面，基于城市数据的可获得性和代表性，以及避免选取指标数据统计口径不一，研究数据来自于《中国城市统计年鉴》(2012)，部分数据来自相应省市的统计年鉴。

表1　**比较分析对象及范围**

城市群名称	城市群覆盖范围
长三角	上海、无锡、宁波、舟山、苏州、扬州、杭州、绍兴、南京、南通、常州、湖州、镇江、嘉兴、台州、泰州
长江中游城市群	武汉、黄石、鄂州、孝感、黄冈、咸宁；长沙、岳阳、常德、益阳、株洲、湘潭、衡阳、娄底；南昌、九江、景德镇、鹰潭、上饶、新余、抚州、宜春、吉安；合肥、芜湖、马鞍山、铜陵、安庆、池州、滁州、宣城、六安及蚌埠（仙桃、潜江、天门、淮南因为数据问题暂不列入研究范围）
成渝城市群	重庆、成都、遂宁、内江、德阳、绵阳、乐山、眉山、资阳、宜宾、泸州、自贡

2. 指标体系及测度方法

本文通过借鉴国内外关于城市竞争力、国家竞争力、区域竞争力评价指标体系和模型构建的优秀研究成果，本着科学性、综合性、时效性、潜能性和可操作性的原则，结合本地的实际情况，构建了长江中游城市群竞争力的评价指标体系（见表2)。该评价指标体系包括经济竞争力、社会竞争力、环境竞争力、潜能竞争力、辐射竞争力5个系统层指标以及6个要素层指标。

表 2　　**城市群竞争力评价指标体系**

总指标	分指标	指标项
城市群竞争力评价指标体系	经济竞争力	X1：人均 GDP/元 X2：GDP 总量/万元 X3：第二产业生产总值占 GDP 的比重/% X4：第三产业生产总值占 GDP 的比重/%
	社会竞争力	X7：城乡居民储蓄存款余额/万元 X8：社会固定资产投资完成额/万元 X9：社会消费品零售总额/万元 X10：每万人拥有医生数/人 X11：每万人拥有公共交通车数/台 X12：人均道路面积/㎡ X13：人均生活用水量/吨
	环境竞争力	X14：人均绿地面积/㎡ X15：工业固体废物综合利用率/% X16：城镇生活污水处理率/% X17：建成区绿化覆盖率/%
	潜能竞争力	X18：高等学校专任教师数/人 X19：高等学校在校学生数/人 X20：科技支出/万元 X21：教育支出/万元 X22：每百人拥有公共图书馆图书/册
	辐射竞争力	X23：实际利用外资/万美元 X24：客运总量/万人 X25：货运总量/万吨 X26：邮政业务量/万元

在综合测度指标体系中，确定权数的方法有德尔菲法、熵权法、层次分析法、主成分分析法。城市群竞争力评价系统是一个多层次、多指标的复杂、动态的系统。其指标的择取将直接影响最终评价结果的真实性和有效性，因此指标的选取必须科学缜密，严格合理，遵循一定的原则，鉴于此，本文选取适应多指标综合评价方法的主成分分析法。众所周知，主成分分析法作为一种通过客观手法实现权重赋值的方法，利用线性组合通过降维把多个旧指标换成几个新指标，既减少了工作量也剔除了信息重叠的指标，从而使得评估结果更趋于现实，相应的竞争力提升对策也更具有实施效用。

具体分析步骤是：首先将均值化后原始数据构成的向量矩阵标准化，以统一量纲和数量级。其次，由标准化后的矩阵建立相关系数矩阵。由相关系数矩阵求出其特征值和特征向量，由此确定因子载荷矩阵、主成分的个数、贡献率以及累计贡献率。根据选定的主成分以及各自贡献率可以求出相应的综合评价函数及各地区的综合得分，即可完成对问题的相关分析。

3. 实证分析

按照城市群竞争力指标体系查询中国城市统计年鉴及相应省市统计年鉴，计算整理得到城市群竞争力评价指标体系的基础数据。借助 SPSS 统计软件实现基础数据的主成分分析模型操作，并对结果进行处理得到 2012 年长江经济带三大城市群竞争力得分及排名表，如表 3 所示：

表 3　　**中国三大城市群竞争力年度计算结果与排名（2012 年）**

城市群	经济竞争力		社会竞争力		环境竞争力		潜能竞争力		辐射竞争力		综合竞争力	
	得分	排名	得分	排名	得分	排名	得分	排名	得分	排名	得分	排名
长三角	0.73	1	0.67	1	0.56	3	1.47	1	1.89	1	1.13	1
长江中游城市群	0.41	2	−0.06	2	0.76	2	0.47	3	0.27	2	0.39	2
成渝城市群	0.38	3	−0.15	3	1.11	1	0.51	2	0.12	3	0.31	3

尽管长将中游城市群和成渝城市群与长三角的差距可以预知，而计算结果也证实如此。但由于其共属被视为中国经济发展新引擎的长江经济带，且长三角作为发展成熟的城市群其经验模式等极具借鉴意义，故将三者进行横向比较，对于其他城市群的发展也能有参照意义。

计算结果显示，三大城市群结构竞争力数值差异梯度非均衡，长三角排名首位，得分为 1.13，其次是长江中游城市群，得分为 0.39，末位为成渝城市群，得分 0.31。

综合竞争力作为经济、社会、环境、潜能、辐射要素竞争力的合成力，较为全面地反映了城市群的发展潜力，现实竞争力及城市群整体发展质量。从得分来看，长三角综合竞争力分值优势明显，这得益于其雄厚的工业基础，发达的外向型经济及得天独厚的区位优势。长江中游城市群因其优越的区位优势，相当基础的产业及资源丰富的科技教育资源，发展势头强劲，竞争优势明显，但与长三角差距显著。成渝城市群作为我国人口最多、面积最大的城市群，城市劳动力数量和城市迁移人口规模也较大，空间优化仍有较大潜力，环境竞争力位于首位，作为长江经济带的起点，其与长江经济带的龙头长三角和龙身长江中游城市群有着密切的联系。

四、城市群综合效率研究

前文通过构建城市群竞争力指标体系度量了我国长江经济带三大城市群的综合城市化

水平，比较有效地测度和分析了三大城市群城市化水平和质量，该项研究也说明了采用综合竞争力指标体系度量的城市化发展水平更具有内涵。下面对三大城市群综合城市化水平的度量，进一步分析综合城市化的效率。

1. 指标和数据

城市经济学理论将城市产出视为资本、土地、劳动力和技术等要素的函数从城市群数据资料的可获得性及在以往经济效率研究的基础上更全面地反映城市群效率的内涵，本文构建了以固定资产投资总额（经济投入），城市群建成区面积（土地投入），全社会从业人员（劳动投入）组成的投入指标，以城市群 GDP 总量（反映城市群经济规模和实力），社会消费品零售总额（反映社会消费水平和社会福利），市区绿地面积（反映城市生态环境状况）组成的产出指标体系（见表 4）这几个指标虽相互联系，但是反映的侧重点各有不同。数据来源与前部分相同。

表 4　**城市群投入产出效率测度指标体系**

指标类型	一级指标	二级指标
投入指标	经济投入 土地投入 劳动投入	固定资产投资总额 城市群建成区面积 全社会从业人员
产出指标	经济效益产出 社会效益产出 生态效益产出	GDP 总量 社会消费品零售总额 市区绿地面积

2. 研究方法

数据包络分析方法由美国著名运筹学家 A. Charnes 和 W. W. Cooper 以及 E. Rhodes 于 1978 年提出，是一种衡量效率相对有效性的重要的非参数方法。其原理是通过保持决策单元的输入或输出不变，借助数学规划方法确定相对有效的生产前沿面，将各 DMU 投影到 DEA 的生产前沿面上，并通过比较各 DMU 偏离 DEA 前沿面的程度来评价其相对有效性。在处理具有多投入、多产出指标的同类型部门间的效率问题时，DEA 具有明显的优势。借助 DEA 模型和 Malmquist 生产率指数，对所选择的三个城市群进行运算，对城市技术效率、城市生产率变化指数、技术变化指数进行分析，依据 DEA 模型方法可知，CRS 模型与 VRS 模型中的城市群综合效率指数反映的是城市群要素资源的配置、利用水平和规模集聚水平等，而纯技术效率指数则表示的是城市群要素资源的配置、利用水平，规模效率指数表示的则是城市群规模集聚水平。

3. 结果分析

采用 DEA 模型及 Malmquist 生产效率指数模型，分别计算 2002 年、2012 年长江经济带三大城市群投入产出综合效率、纯技术效率和规模效率。

表 5　　2002 年与 2012 年长江经济带三大城市群投入产出效率计算值

城市群	2002 年城市群投入产出效率			2012 年城市群投入产出效率		
	综合效率	纯技术效率	规模效率	综合效率	纯技术效率	规模效率
长三角	0. 937	0. 945	0. 991	0. 821	0. 866	1
长江中游城市群	0. 844	0. 931	0. 967	0. 731	0. 787	0. 970
成渝城市群	0. 782	0. 791	0. 956	0. 567	0. 621	0. 982

总体来看，中国长江经济带三大城市群投入产出综合效率、纯技术效率不理想且呈下降态势，长三角城市群综合效率要高于长江中游城市群和成渝城市群，但规模效率指数有所增加。这一时期中国长江经济带三大城市群投入产出综合效率呈下降趋势，主要由纯技术效率下降所致。由此可见，技术进步在中国城市群发展中的贡献呈减弱趋势，城市群的规模优势也未充分发挥。

五、结论

发挥黄金水道的独特优势，建设长江经济带是新时期我国区域协调发展和对内对外开放，推动发展向中高端水平迈进的重大战略举措，它既可以促进经济发展由东向西梯度推进，形成直接带动近六亿人的发展新动力，也可以促成与丝绸之路经济带的战略互动，从而打造新的经济支持带和具有全球影响力的开放合作新平台。长三角，长江中游城市群和成渝城市群作为经济带上三大引擎，对于其整体竞争力和城市群综合效率的考察对于其今后区域合作，错位发展，产业转移等提供现实依据。

无论是城市群综合竞争力还是综合效率，长三角都明显高于长江中游城市群和成渝城市群，但在环境竞争力及潜能竞争力方面，长江中游城市群和成渝城市群都有很强的发展势头和增长空间。今后随着长江经济带的发展上升国家战略，三大城市群将有望实现区域深化合作，实现跨越式发展。

参考文献

[1] Gottmann J. , Megalopolis or the Urbanization of the Northeastern Seaboard, Economic Geography, 1957, 33(3).

[2] Charnes A, Cooper W. W. , Wei. , Cone Ratio Data Development Analysis and Multi-objective Programming, International Journal of Systems Science, 1989, 11.

[3] 史育龙、周一星：《关于大都市带（都市连绵区）研究的论争及进展述评》，《国外城市规划》，1997 年第 2 期。

[4] 于洪俊、宁越敏：《城市地理概论》，安徽科技出版社 1983 年版。

[5] 姚士谋、朱英明、陈振光：《中国城市群》，中国科技大学出版社 2001 年版。

[6] 陆大道：《我国区域开发的宏观战略》，《地理学报》，1987 年第 2 期。

[7] 秦尊文：《长江中游城市群构建》，湖北人民出版社2010年版。
[8] 李红锦、李胜会：《基于DEA模型的城市群效率研究》，《软科学》，2011年第5期。
[9] 刘爱梅、杨德才：《论我国三大城市群发展的效率陷阱》，《现代经济探讨》，2010年第7期。
[10] 李胜会、冯邦彦：《基于综合城市化的城市群效率研究》，《学术研究》，2012年第1期。
[11] 方创琳、关兴良：《中国城市群投入产出效率的综合测度与空间分异》，《地理学报》，2011年第8期。

后　记

城乡统筹发展是国家在新的历史时期作出的重大战略决策。党的十八大报告明确指出，“解决好农业农村农民问题是全党工作重中之重，城乡发展一体化是解决三农问题的根本途径，要加大统筹城乡发展力度，增强农村发展活力，逐步缩小城乡差距，促进城乡共同繁荣”。十八届三中全会通过的《中共中央关于全面深化改革若干重大问题的决定》明确提出，“城乡二元结构是制约城乡发展一体化的主要障碍。必须健全体制机制，形成以工促农、以城带乡、工农互惠、城乡一体的新型工农城乡关系，让广大农民平等参与现代化进程、共同分享现代化成果”，这为中部地区在新形势下进一步统筹城乡发展指明了新的方向。

2014年12月13—14日，由武汉大学中国中部发展研究院、河南省发展改革委和郑州大学主办，郑州大学商学院承办的第五届中国中部发展论坛——“中国中部发展论坛2014”在河南郑州举行。本次论坛的主题是“中部地区城乡统筹发展的思路与对策”。来自国家发展改革委、中部六省发展改革委和有关高校的领导和专家以及区域经济领域知名学者共120余名代表齐聚一堂，围绕中部地区城乡统筹发展的理论与实践、新型城镇化的创新与探索、破解城乡二元经济结构的思路与对策、城乡公共服务均等化的思路与对策、构建和谐城乡关系体制机制与政策等进行了广泛而深入的交流。论坛收到代表们提交的论文70余篇，经组织专家评审、原作者修改完善，选出其中优秀论文集结成书。

本书的出版得到了国家发展改革委地区经济司、武汉大学中国中部发展研究院各理事单位，以及国内相关领域专家学者的大力支持，武汉大学出版社的领导和编辑也给予了鼎力支持，在此一并感谢！